내생사회

머리와 손발의 소통 이야기

내 생 사 회

머리와 손발의 소통 이야기

이덕희 지음

율곡출판사

들어가는 글

선비, 구름 위에서 내려오다

어릴 때부터 "아무개 머리 참 좋다" 라는 말을 참 많이 듣고 자랐다. "누구누구는 손재주가 좋다" 라는 말보다 많이 들었다. 집, 친척, 동네나 할 것 없이 머리 좋은 형은 늘 닮아야 할 우상이었다. 그런데 사회에 나와보니 그렇지 않았다. 손가락이 각자 재능이 다르지만 서로 조화를 이루어 손의 기능을 발휘하듯이 사회도 머리 좋은 사람, 손재주 좋은 사람 등 재능이 다른 많은 사람들이 서로 조화를 이루며 만들어가고 있었다. 또 많이 들었던 것은 "아무개는 부잣집 애다" 라는 말이다. 부잣집은 선망의 대상이었고, 누구나 부자가 되려고 부지런히 일하였다. "아무개는 공부는 별로 못했는데 요새 돈 잘 번다더라" 라는 말도 많이 들었다. 어렸을 때 공부는 좀 못해도 나중에 돈을 잘 벌면 용서가 되었다. 공부를 잘하거나 돈을 잘 벌면 세칭 출세하므로 모두 거기에 매달렸다.

그런데 이 둘은 근래 와서 서로 삐거덕거린다. "옛날에는 부잣집 애들이 공부는 별로였는데 요즘에는 공부도 잘하더라", "개천에서 용 난지 오래되었다", "금수저, 은수저, 흙수저", "아무개 건물주가 되었다더라." 머리 좋은 사람은 세상 물정 모르고 지적 폭력을 휘둘렀고, 돈 많은 사람은 절제 없는 탐욕을 부렸다. 우리의 의식은 선비에 있는데, 현실은 사업가의 세상이 되어가고 있었다. 결국 어릴 때 많이 듣던 '머리 좋은 애'와 '부잣집 애' 간에 어떻게 조화시킬 것인가의 문제이다. 역사적으로는 '사'와 '농공상'의 조화이며, '머리의 세계'와 '손발의 세계' 간 소통 문제이기도 하다.

돌이켜보면 우리는 손발을 별로 대접하지 않았다. 머리처럼 손발을 존중하며, 또 서로 상대방 안으로 들어가 소통했어야 하였는데 그러지 못하였다. 인문계 고등학생과 4년제 대학생은 고개 들고 다녔으나 실업계 고등학생과 전문대생은 고개 숙이고 다녀야만 하였다. 왜 그렇게 머리와 손발은 멀어지게 되었을까? 이제 그 궁금증을 풀어보려 한다. 너무 가까이 있어 잘 몰랐지만, 부지불식간에 우리를 근본적으로 지배하는, 머리 중시의 DNA를 확인하는 작업이기도 하다. 그 DNA를 찾아 거꾸로 시간여행을 해보고자 한다. 먼저 조선 말에서 일제강점기까지 가보고, 그다음 더 거슬러 조선시대를 본 후, 다시 훌쩍 뛰어 현대로 오는 여정이다. 아직도 진행형인 머리에 대한 손발의 반란 여행이다.

반란의 시작은 실학이었다. 유교 도덕성의 공허함을 뼈저리게 반성한 내생적 몸부림이었지만 실학은 결실을 보지 못하고 반란에 그쳤다. 거대하게 밀려오는 서쪽 바람에 불가피하게 편승하기 위하여 동도서기東道西器를 내세웠지만, 이 또한 머리 따로 손발 따로의 모순만 드러내고 결국 나라를 잃어버렸다. 제국주의 야욕이라는 외부적인 요인도 있었지만, 환경 변화를 기회로 활용하지 못한 우리 내부의 요인이 컸다. 대대로 인간 도덕심에 너무 낙관적으로 의존한 탓이다. 원리적이고 관념적이어서 구체적인 사물의 세계는 애써 멀리하였다. 부국강병은 요원하고 양반 문치 카르텔과 사농공상의 서열만 공고해져 갔다.

세상 변화를 읽지 못하고 일제강점기라는 암흑기를 맞이하였고, 모든 것을 주체적으로 할 수 없는 자기 모순의 시련을 겪어야만 하였다. 해방 이후 눈을 떠보니 세상은 저만치 가 있어 따라잡기 위하여 열심히 살았다. 나름 성공적이었고 대견하였다. 그러나 남들이 오랜 시간 이루어 놓은 것을 빌려 과속으로 달려온 나머지 군데군데 허술한 데가 많다. 대나무 마디처럼 제대로 매듭짓지도 못하였다. 이제 막상 앞에 아무도 없는 길을 가려 하니 두렵고 마음처럼 되지도 않는다.

실학은 여전히 미완의 과제로 남아 있다. 동서고금은 매듭을 제대로 지으려면 머리의 세계와 손발의 세계가 서로 밀고 당기는 과정이 필요함을 일러준다. 그러나 머리가 앞서고 손발이 따라가는 세상을 오래 살아온 나머지 손발의 세계가 무너져 균형을 잃어버렸다. 이제 머리에서 아래로 내려가 손발을 일으켜 세워 서로 소통하며 가야 한다. 시간이 걸리더라도 천천히 가야 갈 수 있는 길이다.

이미 우리는 손발에 대한 푸대접으로 많은 비용을 치르고 있다. 바로 필자가 이 책을 구상하게 된 현실적인 이유이기도 하다. 세 가지 질문이 있다.

첫째, 정녕 우리에게 도덕적 자본주의는 불가능한 것인가? 부동산과 학벌에 대한 집착은 굳건한 양반 문치 카르텔과 사농공상 서열이 우리에게 물려준 유산이다. 그 배후엔 쉽게 부귀영화를 누리겠다는 욕망이 깔려 있다. 한번 이루어진 성취를 별 노력 없이 계속 누리고자 하는 의식은 강남불패 신화와 대치동 불빛으로 현현하고 있다.

둘째, 재난은 왜 계속 되풀이되는가? 성수대교 붕괴, 삼풍백화점 붕괴, 세월호 침몰 등 그렇게 뼈에 사무치게 겪고도 계속 되풀이되고 있다. "소 잃고 외양간 고친다"는 속담이 무색할 정도로 잊을 만하면 다시 나타나 우리의 자존심에 깊은 상처를 남긴다. 소 잃고도 외양간 고치지 않는 안전불감증이 오늘도 뉴스를 장식하고 있다.

셋째, 혁신은 우리 곁에 있는가? 그동안 캐치업 경제에서 혁신경제로 이전하기 위하여 엄청난 연구개발비의 마중물을 부었는데도 물이 시원하게 솟구치지 않는다. GDP 대비 연구개발비, 연구원 수, ICT 인프라 등 투입 면에서는 뛰어나나 기술 이전, 창업 활동, 지적재산권 보호 등의 산출 면에서는 많이 뒤처져 있다. 우리 경제의 미래가 걸려 있는 절박한 상황인데도 혁신의 투입과 산출 사이가 여전히 블랙박스다.

필자는 이런 당면 문제들이 사회 곳곳에서 일을 제대로 하지 않아 발생한 것으로 보고, 이를 '내생성' 부족이라는 좀 거창한 말로 표현하였다. 내생성이라는 것은 한마디로 표현하기 어렵지만 '스스로 뿌리를 내리고 싹을 틔우는 것'이라 얘기해도 좋을 듯하다. 그리고 내생성은 손발과 머리가 상호 작용하면서 서로로부터 검증받는 과정에서 자라난다고 생각하고, 그런 사회를 '내생사회'로 명명하였다. 필자는 이 책에서 우리는 왜 그동안 내생성이 결여된 사회가 되었는지에 대하여 부족하나마 일관되게 증명하고자 하였다. 그리고 마지막에 내생사회로 가기 위해서 지금 시점에서 어떻게 해야 하는지를 제안하면서 마무리하였다.

필자는 경제학을 전공하였지만 다른 학문에도 관심이 많아 인문학, 자연과학 등에도 기웃기웃하면서 소위 융합 학문을 하고자 노력하였다.

그런 차에 2015년에 『공자가 다시 쓴 자본주의 강의』라는 책을 내었다. 그 책에서 자본의 논리와 자본의 윤리가 공존하는 '도덕적 자본주의' 가 가능한가에 대한 질문에 대한 답을 우리 유학의 인仁사상에서 찾아보려고 하였다. 당시 집필 과정에서 양자 간에 '내생성' 이라는 연결고리가 희미하게 보였다. 도덕성이 구호로 생기는 것이 아니라 자기 일에 지성至誠을 하면 저절로 깃드는 것이 아닌가 하고 생각하였다. 거기에 힌트를 얻어 이 책의 집필에까지 이르게 되었다. 아무튼 우리나라가 실력 있는 탄탄한 나라가 되었으면 하는 바람에서 학문 영역과는 상관없이 자유롭게 평소의 생각을 정리하였다. 또한 코로나19 확산이라는 사상 초유의 사태가 새로운 도약을 위한 구조조정의 소중한 기회라는 점에서 그 방향 설정에 도움이 되었으면 한다. 그래서 조선의 선비들이 구름 위에서 내려와 진정 실사구시實事求是를 할 수 있게 되기를 소망한다.

이 책을 시작하기 전에 몇 가지 독자들의 양해를 구하고자 한다. 첫째, 유학의 리理와 기氣는 매우 심오한 다층적 의미를 지닌다. 또 시대 상황과 화자에 따라 그 의미가 변해 왔다. 그럼에도 본서에서는 '이와 기' 를 '이론과 실제' 로 다소 좁게 보고 전개하였다. 비전문가로서 동양 철학의 심오한 측면을 단순화시킨 점에 대해 관련 전문가들의 애정 어린 양해를 바라고 앞으로 더 깊은 공부로 대신하고자 한다.

둘째, 이 책은 거시적 · 평균적 관점에서 기술되었다. 예를 들어 양반과 중인의 교류가 미약하다는 것은 당시 조선 사회의 일반적인 상황을 얘기한다. 물론 양반과 중인 간에 상당한 교류를 한 경우도 있다. 그러나 여기 기술은 일반적인 상황을 염두에 두고 기술하였음을 밝힌다.

셋째, 되도록 객관적 자료에 의존하여 기술하려 노력하였다. 그렇지만 객관적 자료에 의존하더라도 과거 사실이 명백하지 않고 필자들의 해석에 좌우되는 경우가 많다. 필자도 예외가 아니어서 상상력을 동원하여 자의적으로 해석한 경우가 많다. 이 부분에 대해서는 너그러이 이해해주기를 바란다.

마지막으로 이 책이 나오기까지 애정과 수고를 아끼지 않으신 율곡출판사의 박기남 대표님, 박정헌 상무님, 차은지 선생님께 깊은 감사의 말씀을 올린다.

2020년 지루한 장마의 끝자락에서

이덕희

차 례

세 번째

원리적 유교사회

네 번째

내생성이란?

다섯 번째

내생사회

첫 번째

외생사회의 단면들

1. 널뛰기 사회

2. 하버드 PC방

3. 캐치업 DNA

4. 멀고 먼 소재 · 부품 · 장비 국산화

5. 건물주가 꿈

6. 가방끈이 길어야

7. 염불보다 잿밥

외생사회란 외부로부터 생하는 사회를 말한다. 그 발전 동인이 남에 의해 촉발되어 굴러가는 사회이다. 주지하다시피 우리나라는 오랫동안 줄곧 외부의 것을 가져다가 이를 지향해야 할 무엇으로 삼아왔다. 정치, 경제, 문화, 종교, 사상 등 많은 것이 우리 고유의 것이 아닌 남이 만들어 놓은 것을 가져다가 활용한 것이었다. 심지어 그것을 만든 나라보다 더 지고지순至高至純한 것으로 섬김으로써 경직적인 모습을 보였다. 우리가 직접 만든 것이 아니다 보니 속이 비어 있는 경우가 많았고, 낯설 때도 많았다.

어느 사회건, 외부로부터 문물을 가져다 썼다 하더라도 그 수용 과정에서 변용이 일어나고 내생성이 개입되기 때문에 '외생사회'라고 한마디로 규정하기 어렵다. 그럼에도 불구하고 우리 사회는 거시적으로 보아 외생적인 역사를 이어왔으며, 지금도 그 관성에서 크게 벗어나지 못하고 있다. 외생성은 우리 사회 구석구석에 남아 여러 갈등과 모순의 근본 원인이 되고 있다. 우리 사회가 중심을 잡지 못하고 높은 휘발성을 보이는 것은 바로 외생사회의 한 단면이다.

01

널뛰기 사회

흔히 우리 스스로를 가리켜 “냄비 근성을 지녔다” 하여 냄비처럼 빨리 달아오르고 또 빨리 식어 버리는 성향을 지닌 국민으로 얘기한다. 뭔가 화젯거리가 있으면 벌떼처럼 일어났다가 금방 시들어 버리는 습성을 빗대어 말한 것이다. 대개 좋은 면보다는 나쁜 면으로 얘기할 때 사용한다. 필자가 생각해도 어떤 사건이나 흐름에 민감하게 반응하여 우르르 몰리는 성향이 우리에게 있는 것 같다.

한때 고속 경제성장을 구가하던 시절, 우리는 동양 최초, 아시아 최초, 국내 최대, 최고 등등이라는 표현을 뉴스에서 많이 보았고 회자되었던 것을 기억한다. 경제개발의 상징으로 국민 개개인에게 자긍심을 심어주어 잘살기 위해 모두 노력하도록 하는 데 큰 힘이 되었음에 틀림없다. 그 이후 어느 정도 살게 되어 삶의 질을 추구하게 되면서 우리들의 관심이 예전 같지 않지만, 여전히 최고, 최초, 최대를 좋아한다.

아직도 그 관성이 남아 우리는 다른 나라와 우리나라를 비교하기를 좋아한다. 그중에는 내세우고 싶은 것들도 있지만 감추고 싶은 것들도 많다. 우리나라의 인터넷 평균 속도는 세계 1위이고 정보화 지수는 2

위, 전자정부 발전지수는 3위로 이 지표들은 IT 강국답게 자랑할 만한 것들이다. 최근 많은 개도국들이 한국의 IT 발전상을 배우고자 우리나라를 방문하는 이유이다. 반면 OECD 국가 중 저출산율 1위, 자살률 1위, 교통사고 사망률 4위, 노인 빈곤율 및 자살률 1위, 사회복지지출 최하위, 연평균 근로시간 2위, 임금격차 1위, 통근시간 1위 등 불명예스러운 것들의 순위가 꽤 높다. 이는 사회가 빠르게 변하면서 긴장도와 스트레스가 매우 높고 불안정적이라는 것을 나타낸다. 그 결과 행복지수가 2020년 153개국 중 61위로 매우 낮은 편이다.

표 1-1 한국의 위상을 나타내는 지표들

저출산율 1위 (OECD 36개국, 2019)
자살률 1위 (OECD 36개국, 2018)
교통사고 사망률 4위 (OECD 35개국, 2017)
자동차 1만대당 교통사고 발생건수 3위 (OECD 29개국, 2017)
노인 빈곤율 1위 (OECD, 2018)
노인 자살률 1위 (OECD, 2015)
노인 인구 증가율 1위 (OECD 34개국, 2013)
GDP 대비 낮은 사회복지 지출 비율 1위 (OECD 29개국, 2019)
인터넷 평균속도 1위 (아카마이 226개국, 2017)
대학등록금 국공립 8위, 사립 4위 (OECD 36개국, 2019)
대학진학률 1위 (OECD, 2019)
정보화 지수 2위 (Economist 64개국, 2017)
연평균 근로시간 2위 (OECD 36개국, 2017)
최저임금 증가율 1위 (2011~2014, OECD 22개국)
임금 격차 1위 (OECD, 2019)
전자정부 발전지수 3위 (UN 가입 193개국, 2018)
통근시간 1위 (OECD 26개국, 한국 58분, 평균 28분, 2016)
행복지수 61위 (UN 153개국, 2020)

문제는 이러한 지표들이 중간 정도에 있지 않고 극과 극을 달린다는 점이다. 사회가 안정되어 여러 현상들이 평균으로 수렴하는 것이 아니라 양극단으로 발산하고 있다. 성숙한 사회일수록 안정적이고 조용한 편이다. 사건 사고가 적고, 경제 성장률도 낮아 역동성은 떨어지지만 모든 행위의 예측 가능성은 높다. 〈그림 1-1〉에서 A처럼 변동성이 심하면 단기적으로 아주 높은 성과를 이루기도 하지만 반대로 매우 낮은 성과도 있어 길게 보면 성과가 B보다 낮게 될 우려가 있다.

그림 1-1 변동성과 성과

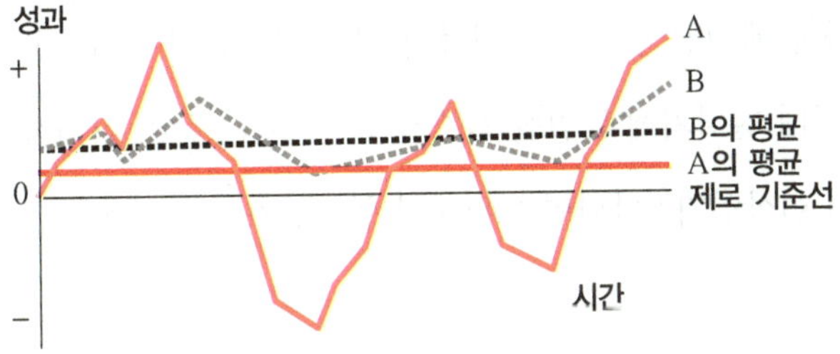

자료 : 토마스 존슨, 안데르스 브램스 지음, 박정숙 옮김, 『측정할 수 없는 이익』, 에코비즈, 2005, p.110의 그림을 수정.

우리 사회도 어느새 저성장 시대에 접어들어 역동성이 많이 떨어져 가고 있다. 향후 점점 안정성이 높은 사회로 변화할 것으로 예상되지만, 다른 국가들에 비해 여전히 휘발성이 높은 사회에 속한다. 예로 든 극단적인 현상들은 아마도 냄비 근성과 남과 비교하기를 좋아하는 우리의 잠재의식과 결코 무관하지 않으며, 변화하는 환경과 어우러져 드러난 현상일 것이다.

아파트가 인기면 모두 모델하우스로 몰려갔고, 조기 유학이 붐이면 너도나도 기러기 가족을 자처하였다. 어느 사회건 그럴 수 있지만 우리는 좀 심하다는 생각이 든다. 마음이 미혹해서일까? 불안해서일까? 적어도 우리 삶의 근거가, 아니 존재의 근거가 내부에 있지 않고 외부에 있음이 분명하다. 그렇지 않고서는 우리 사회가 땅속에 뿌리를 단단히 박지 못하고 바람에 이리저리 쉽게 흔들릴 수가 없다.

그러면 왜 외부에서 존재의 근거를 찾고 바람을 좇으려고 하는가? 모두가 바보가 아닌 이상 분명 그렇게 하는 것이 이득이 되기 때문일 것이다. 나름 터득한 삶의 방식이요 알고리즘인 것이다. 이제 그 방식과 알고리즘을 배태한 환경과 조건들이 더 궁금해진다. 우리에게 어떤 내력이 있길래 널뛰기에 특별한 재주가 있는가? 더불어, 이러한 널뛰기는 우리만의 현상인가? 아니면 보편적인 현상인가? 하는 질문도 자연히 생긴다.

02

하버드 PC방

널뛰기의 오지랖은 상호에도 그대로 이어진다. PC방 주인이 얼마나 아량이 넓은지 상호가 '하버드 PC방'이란다. 이 PC방에 다니면 하버드대에 갈 수 있다는 것인지, 아니면 주인이 이 PC방을 열심히 운영하여 돈을 벌어 아들, 딸을 하버드대에 보냈다는 것인지. 후자면 나름의 사연이 있어서 봐줄 만하다. 이도 저도 아니면 어떻게 그런 조합이 가능한 것인지…….

가만히 주위를 둘러보면 납득이 되지 않는 이름들이 참 많다. BMW 노래방도 그렇고 모텔 캘리포니아도 그렇다. 자동차 브랜드와 노래방, 미국 주 이름과 모텔이 도무지 연결이 되지 않는다. 무릇 직업이라는 것은 자신의 얼굴이요, 신명을 바쳐 자신의 정체성을 이루어 나가는 중요한 그 무엇이다. 단순히 생계를 이어 나가는 수익원을 초월하는 자아실현의 장이며, 큰돈을 버는 비즈니스 이전에 자신의 이름을 걸고 전심으로 임해야 하는 신성한 일터인 것이다. 때문에 이름을 지을 때도 무작정 유행을 좇는 것이 아니라 자신의 내력과 연결이 되도록 지어야 마땅하다.

아파트나 건물 이름은 더 심하다. 로즈빌, 캐슬, 비버리힐스, World Mark 등 그 회사, 그 지역과는 아무 상관이 없는, 그저 이름이 멋있어서 혹은 그냥 유행이라서 좇아 지은 경우가 많다. 그러다 보니 도무지 족보를 짐작할 수 없는 언어들이 일상에 난무하고 있다. '외국 이름들이 한국에 와서 참 고생을 많이 하고 있구나' 라는 생각이 들 정도이다. 심지어 사람 이름을 짓는 데도 외국 이름을 가미하고 유행을 좇다 보니 몰개성적이고 유사한 이름들이 넘쳐나 구분이 되지 않는다. 어느 여자골프대회에서는 김지은 1, 김지은 2, 김지은 3, 김지은 4……식으로 표기하는 사태가 벌어졌을 정도이다. 성도 김, 이, 박, 최에 집중되어 있는 데다 이름까지도 유행 따라 짓다 보니 이런 일들이 벌어진다.

주체성 없는 명명은 어제오늘의 일이 아니라 꽤 오래되었다. 무엇보다 외래어 표기에 잘 드러나 있다. 우리의 발음에 맞게 표기하는 것이 아니라 외국 사람들이 발음하기 편리하도록 표기하였다. 예를 들어 부산은 Pusan, 대구는 Taegu, 광주는 Kwangju 등으로 외국 사람들의 발음에 맞추다 보니 우리의 지명이 실제로 바뀌는 웃지 못할 일이 벌어진다. 초기 외국인 선교사가 세운 학교 이름도 예를 들어 배재학당 경우 Pai Chai로 표기하여 지금 들으면 무슨 말인지 알기 어렵다. 지명의 경우는 그간 외국어 표기 기준을 만들고 지속적으로 수정하여 Busan, Daegu, Gwangju로 바뀌었지만 경우에 따라서는 예전 표기를 그대로 쓰고 있어 여전히 혼란스러운 상황이다.

이름의 영문 표기도 마찬가지이다. 김, 이, 박의 성씨는 처음부터 Kim, Lee, Park로 표기해 지금은 당연히 그렇게 표기해야 하는 것으로 사람들이 알고 있다. 필자는 미국 유학 이전까지 '이' 씨를 세계 공통적으로 'Lee'로 표기하는 줄 알았다. 그러나 미국 유학 중 중국 학생들이 자신의 성을 Li, Yi 등으로 표기하는 것을 보고 '아하! 각자 발음에 맞게 또 개인의 선호에 따라 다양하게 표기하는구나'라는 사실을 알게 되었다. 우리나라에서도 일부 사람들은 Gim, Yi, Bak 등으로 표기하지만 극히 드물며, 전자의 표기가 오랜 세월 동안 지속되다 보니 거의 일반 명사화되었다.

언어의 주체적 표기가 군데군데 나타나고 있지만, 과거 습성이 여전히 우리의 무의식 속에 남아 있다. 2015년 정부는 소비를 진작시켜 경기를 활성화할 목적으로 '코리언 블랙 프라이데이Korean Black Friday' 행사를 대대적으로 실시한 적이 있다. 행사의 취지는 공감하는데 한 가지 아쉬운 것이 '블랙 프라이데이'라는 명명이다. 원래 '블랙 프라이데이'는 미국의 11월 마지막 목요일인 추수감사절 다음 날인 금요일로서 연중 최대의 쇼핑이 행해지는 날이다. 'Black'은 상점들이 이날 연중 처음으로 장부에 적자red ink 대신 흑자black ink를 기록한다는 데서 유래하였다. 나름의 유래가 있는 것인데, 우리는 아무런 생각 없이 그대로 들여와 쓰고 있다. 조금만 생각하면 우리 고유의 문화와 연관된 기발하고 좋은 이름들이 많을 텐데……. 아쉽다. 필자가 생각한 이름은 '비지데이'이다. 옛말에 "싼 게 비지떡이다"라는 말이 있듯이 할인을 많이 하니까 값이 싸다는 의미가 있고, 또 많은 사람들이 모이므로 'busy바쁘다' 하기 때문에 적절한 이름이 아닐까 생각한다. 나중에 공식 명칭을 '코리아세일페스타'로 바꾸긴 하였지만 여전히 아쉬움은 남는다.

우리의 언어 습관에 대해 상당히 비판적으로 얘기하였지만 실제 일상생활에서 기발하고 훌륭한 이름들이 많이 생겨나고 있다. 예로서 젊은이들이 특정한 날짜에 이름을 붙여 이벤트를 즐기는 것을 들 수 있다. 초기에는 발렌타인 데이2월 14일, 화이트 데이3월 14일처럼 외국 것을 들여오더니 점차 우리만의 개성이 담긴 날을 만들어 내었다. 자장면 먹는 블랙 데이4월 14일, 삼겹살 데이3월 3일, 치킨 데이9월 9일, 빼빼로 데이11월 11일가 대표적이다. 중국에서는 우리나라와 달리 11월 11일을 광군절光棍節이라 하는데 이는 애인이나 배우자가 없는 독신자들을 '빛나는 막대기'에 비유한 것으로 이 날은 서로 선물을 주고받으며 위로해주는 날로 즐기고 있다. 이를 알리바바가 마케팅에 활용하여 광군절은 중국판 '블랙 프라이데이'가 되어 엄청난 매출을 올리고 있다. 설사 업계의 마케팅 차원에서 시작되었다 하더라도 각기 재기발랄한 이름짓기의 좋은 사례들이라 할 수 있다.

무심코 행해지는 언어 습관 속에 우리의 존재감은 사라져가고 있음을 발견한다. 이름은 비록 물 위에 드러난 빙산의 일각처럼 사소해 보이지만 물 밑의 거대함을 느낄 수 있는 그런 것이다.

03

캐치업 DNA

요즘에 와서 새삼 느끼지만 우리나라 사람들은 정말 노래를 잘한다. TV의 노래 경연 프로그램을 보면 감탄이 절로 나온다. 어디서 그러한 감정과 성량이 나오는지. 그래서 모두 TV 앞에서 울고 웃으며 열광한다. 예로부터 한이 많은 민족이라 그 한을 노래로 분출하다 보니 그런 것 같다. 그런데 그 수많은 노래의 제목과 가수는 기억할지언정 작곡가나 작사가는 잘 알지 못한다. 어느 건축가가 한탄한 것처럼 유명 건물의 건설사는 기억해도 설계를 한 건축가는 모르는 것이 한국의 현실이듯이, 정작 노래와 건물을 창작한 사람보다는 노래를 부른 가수와 설계도를 따라 그대로 표현한 사람들이 더 대우받는 것이 현실이다.

엄밀히 말하면 노래 부르는 것은 기예에 가깝다. 노래 경연도 원곡을 모방하거나 편곡으로 변용하므로 넓게 보아 모방의 범주에 속한다. 아무리 가수가 자신의 창법에 따라 변형을 하더라도 청중들은 원곡의 느낌을 염두에 두고 비교 · 평가하게 되어 있다. 원곡의 분위기를 완전히 무시할 수가 없고, 얼마나 그것을 잘 살리느냐가 관건이라 하겠다. 특히 아마추어의 경우는 더 그러하다. 결국 모방과 캐치업에 재주가 많기에 다양한 노래 경연 프로그램을 만들 수 있었고 또 그에 열광하게 되는 것으로 보인다.

해외에 수출될 정도로 노래 경연 프로그램의 폭발적 인기는 캐치업 재주가 우리의 DNA처럼 되었음을 반증한다. 그러나 이것이 마냥 반갑지만 않은 것은 거기에 머물러서는 안 되기 때문이다. 노래의 세계에서도 참여자는 모방에서 시작하지만 궁극적으로는 자기 세계를 개척해서 거장으로 우뚝 서야 하는 과제를 안고 있다. 경제도 마찬가지로 자기 세계를 개척해야 하는데 십여 년 넘게 모방의 틀에 갇혀 좀처럼 전진하지 못하고 있다. 당장은 무슨 일이 일어날까마는 비장한 각오로 우리의 미래를 위해 소리 없이 준비해야 하는 일이라 실로 염려가 된다.

캐치업 DNA는 가깝게는 6.25 동란 이후 하루빨리 선진국을 따라잡겠다는 캐치업 전략으로부터 직접적으로 규정된다. 매년 10%를 넘는 경제성장이 미덕이었고 자랑거리였다. 얼마나 신속하게 선진 해외기술을 수입하여 가공, 조립하여 다시 수출하느냐가 관건이었다. 소위 조립가공무역, 중간진입전략[1]은 매우 성공적이었고, 여타 개도국의 모범 사례였다. 실로 동남아, 남미, 아프리카의 개도국들의 현재 상황을 고려하면 찬사를 받기에 충분하다.

해외로부터 핵심기술이나 부품, 소재를 들여와 완제품을 생산하여 자체 브랜드로 수출하는 것은 쉽지 않은 일이며, 그런 가운데 원천기술

---

1. 제품의 원천기술을 가져다가 응용기술을 개발하고 이를 상업화하는 전략이다. 이는 생산 · 가공기술이 어느 정도 축적된 상태에서 가능한 것으로 원천기술을 개발하는 초기 진입이나 완제품을 수입하는 후기 진입보다 비용 면에서 유리하다.

을 창출할 수 있는 능력이 배양된다. 실로 우리나라는 그러한 과정을 통해 산업의 경쟁력을 향상시키고 국부를 창출한 세계 몇 안 되는 나라들 중 하나이다. 따라서 지금까지 해 왔던 것과는 조금만 달리하면 내생적 성장으로 진입할 수 있는 경계선에 서 있다. 반도체, 디스플레이 등 ICT 분야에서 그 가능성이 나타나고 있지만, 아직 산업 전반적으로 외생적 성장의 관성에 머물러 있다고 하겠다. Bottom-up의 내생적 발전으로의 패러다임 시프트를 통해 스스로 혁신을 해야 하는 단계로 넘어가야 함에도 오랫동안 외생적 발전의 덫에 걸려 있는 형국이다.

길을 만드는 것이 아니라 이미 닦아 놓은 길을 가는 데 너무 익숙해진 탓이다. 스스로 사업을 일으켜 부자가 된 자수성가형과 부모한테서 물려받아 부자가 된 상속형에 관한 재미난 통계가 있다. 2015년 기준 세계 400대 부호 중 자수성가형은 65%로 미국 71%, 중국 97%, 일본 100%, 한국 0%로 나타났다[2]. 자산 10억 달러약 1조 2000억 원 이상 부자 가운데 상속형은 한국이 74.1%로 세계 평균 30.4%의 2배 수준에 달한다[3]. 그만큼 경로 의존적 관성이 지배하여 경제의 역동성이 떨어져 있다. 더구나 저출산, 고령화 등으로 우리 사회의 노화 현상이 급속하게 진행되고 있어 우려하지 않을 수 없다.

이러한 분위기는 창업 활동에도 반영되어, 창업에 대한 사회 분위기가 많이 바뀌었음에도 불구하고 아직 저조한 편이다. 세계지적재산권기

2. Bloomberg, 'Bloomberg Billionaires Index', 2015.
3. Peterson Institute for International Economics(2016)가 1996~2015년 20년간 포브스 억만장자 명단을 분석한 자료이다.

구WIPO가 발표한 2018 '글로벌 혁신지수Global Innovation Index'에 따르면 우리나라는 전체 조사 대상 126개국 중 12위를 차지하여 상당히 높은 편이다. 그러나 15~64세 인구 대비 창업 수는 43위로 저조하였다. 또한 한국과학기술기획평가원KISTEP이 매년 발표하는 과학기술 혁신역량 평가에서도 OECD 34개국 중 창업활동지수가 2017년 23위를 차지하여 전체 과학기술 혁신역량지수 7위에 비해 상당히 뒤처져 있다.

사회 전체적으로 위험을 감수하지 않고 안주하려는 성향이 강하게 깔려 있다고 하겠다. 그렇다고 기존 산업들의 고용 흡수력이 높은 것도 아니기 때문에 심각한 청년실업을 타개하기 위해서는 기술 혁신을 통한 창업으로 물꼬를 틀 수밖에 없는 상황이다. 그래도 K-pop이나 코로나 19 방역 경험은 새로운 가능성을 열어주고 있어 고무적이다. K-pop을 위시한 한류는 계속 세계적인 주목을 받고 있어 새로운 문화산업의 모델을 제시할 수 있을 것으로 기대된다. 코로나 19의 방역에서 나타난 정부의 돌봄정신, 민관협력, ICT 기반 분산통합관리 시스템 등은 오랜 캐치업 DNA를 변형시킬 수 있는 가능성을 보여주고 있다.

04

멀고 먼 소재 · 부품 · 장비 국산화

2019년 7월 일본 수출규제조치 때 그 규제조치가 우리나라 전자산업에 주는 충격이 커서 필자는 적잖이 놀랐다. 일본이 반도체, 디스플레이 관련 3개 품목의 수출을 규제하자 삼성, SK, LG를 비롯한 우리나라 반도체 · 디스플레이 업체들은 생산 중단이라는 위기에 처하게 되었다. 당장 대안을 찾기가 쉽지 않아 난감한 상황이었다. 글로벌 공급망 체계에서 전혀 예기치 않았던 일이 벌어진 것이다. 이후 국내 업체들은 다방면의 노력을 기울여 불화수소, 포토레지스트, 플루오린폴리이미드 등 3개 소재를 다른 국내외 업체로부터 조달함으로써 위기를 타개하였다.

많은 것을 생각하게 해주는 사건이었고, 이로 인해 몇 가지를 알 수 있었다. 첫째, 글로벌 공급망 체계에 매우 취약한 구석이 있다는 점이다. 촘촘하게 짜여진 네트워크에서 한 부분이 연결이 안 되면 언제라도 전체 시스템이 무너진다는 점을 확인시켜 주었다. 둘째, 평소에 공급선을 다변화하지 않으면 환경이 바뀔 경우 난감한 상황이 발생할 수 있다는 점이다. 셋째, 우리의 부품, 소재, 장비 기술이 여전히 해외 의존적이라는 점이다. 부품, 소재, 장비의 국산화를 아주 오래전부터 강조해 왔음에도 불구하고 여전히 그 벽이 높음을 실감하였다. 여기에는 두 가지 측면이 있을 것이다. 하나는 우리의 기술 수준이 낮아 수입에 의존하지 않을 수 없는 측면이다. 실제 부품, 소재, 장비의 상당 부분이 아직 높은 기술적 장벽에 가로막혀 있다. 다른 하나는 우리의 기술 수준으로 충분히 국산화할 수 있음에도 기술개발 투자 비용이나 소요 시간으로 보아 수입하는 것이 이득이라는 경영적 판단이다. 글로벌 기술 경쟁이 치열해짐에 따라 후자의 원인으로 국산화를 하지 않는 경우가 늘어나고 있다.

글로벌 밸류체인Global Value Chain ; GVC에서의 비용과 편익은 상호적이지만 핵심 기술력이 없으면 그만큼 협상력이 약화될 수밖에 없음을 새삼 일깨우는 사건이었다. 남들이 흉내낼 수 없는 기술력을 꾸준히 연마해야 하는 이유이다. 우리의 부품, 소재, 장비의 경쟁력은 완제품에 비해 여전히 열세를 면치 못하고 있다. 반도체 소재와 장비의 국산화율은 2017년 기준 각각 50%와 18%에 머물러 있다.[4] 반도체 소재는 일본과 미국 기업이, 반도체 장비는 미국, 일본, 네덜란드 기업이 강세를 보이고 있다.[5] 비단 반도체뿐만 아니라 세계적인 건조능력을 지닌 조선산업도 기자재의 자급률은 20～30%에 불과하다[6]. 의료장비에서도 독일, 일본 등 외국산 의존도가 심해 내시경의 경우 일본산 의존도가 80～90%에 이른다. 산업 전반적으로 보면 정부가 2001년 '부품소재전문기

4. 국제반도체장비재료협회(SEMI) 추정자료.
5. 박광순 · 주대영 · 김종기 · 이석우, 『주요 제조장비산업의 글로벌 경쟁력 확보 방안』, 산업연구원, 2015.
6. 김순철, "소부장산업 육성, 중소기업을 중심으로", 『KIET 산업경제』, 2020년 4월호, pp. 134～136.

업 등에 관한 특별조치법' 을 제정한 이후 부품의 경쟁력은 많이 향상되었으나 소재와 장비는 크게 개선되지 않고 있다. 한 · 중 · 일 관계에서도 한국은 중국에 대해 부품에서 큰 흑자를 보이나, 소재 및 장비 부문에서는 일본에 대해 만성적인 적자를 보이고 있다.[7]

그도 그럴 것이 그동안의 연구개발 투자액 추이를 보아도 부품산업의 연구개발 투자액이 월등히 높다. 매출 100억 원 이상 총 5,870개 기업을 대상으로 부품 · 소재 · 장비 기업으로 분류하였을 때 부품 분야가

그림 1-2 부품 · 소재 · 장비 산업의 연구개발 투자액 추이

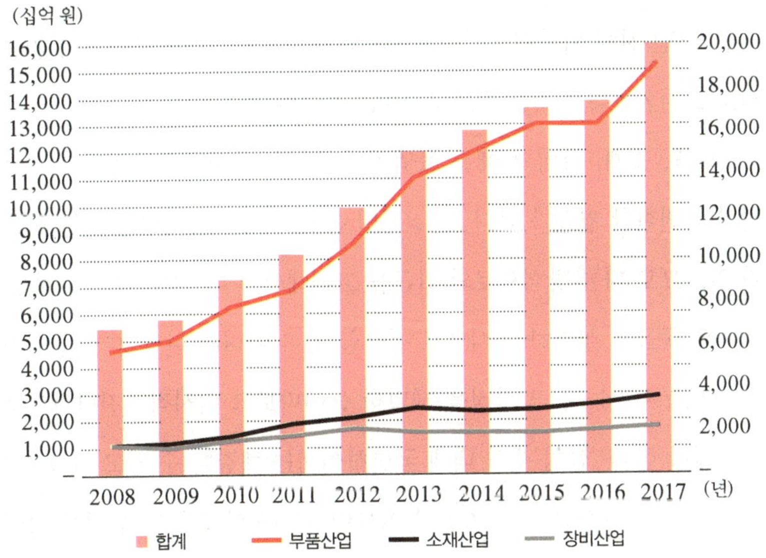

출처 : 김갑수, "한국 산업구조 진단과 아키텍처 관점의 혁신 전략", KAIST 기술경영전문대학원, 『내생적 혁신』, 율곡출판사, 2019, p.63.

---

7. 사공목 · 이문형 · 신현수 · 조철, 『한 · 중 · 일 부품소재산업의 분업구조 변화와 과제』, 산업연구원, 2011.

전체 연구개발 투자액의 76%를 차지하고, 소재 및 장비 분야는 절대액도 적을 뿐만 아니라 증가 추세도 매우 더딘 모습을 보이고 있다. 부품산업에 대한 꾸준하고도 과감한 연구개발 투자가 서서히 성과를 나타내고 있다고 볼 수 있겠다.

그렇다고 연구개발 투자액만 늘리면 된다는 식으로 접근해서는 곤란하다. 부품산업도 일본에 대해서는 여전히 열세에 놓여 있기 때문이다. 사실 부품, 소재, 장비의 국산화는 아주 오래된 문제이다. 필자가 1986년 학부 졸업 이후 산업연구원에 들어갔을 때 이미 부품, 소재, 장비의 국산화를 연구자들이 여러 연구들을 통해 얘기하기 시작하였다. 어언 35년 전에 외치던 것을 아직도 외치고 있다. 기술 추격에서 기술 선도로 전환한다는 것은 참으로 어렵고도 간단치 않은 문제다.

부품, 소재, 장비의 예를 들었지만, 기실 기술력 향상을 위해서는 발상을 전환할 필요가 있다. 고질적인 문제로 기존 방식의 틀로는 한계가 있으므로 다른 방식으로의 접근을 고려해야 한다. 평균적인 통계 분석으로 목표를 설정하는 식으로 접근할 것이 아니라 현장에서 일이 어떻게 이루어지는지 그 과정을 세밀히 들여다보고 미시적 · 전략적으로 접근해야 한다. 산업 섹터 내에 국한하여서는 해결할 수 없고, 교육 시스템과 산업 시스템이 잘 조합이 이루어지도록 함께 놓고 생태계 지형을 그려야 한다. “소를 키우자”라고 외치는 사람보다 소를 직접 키우는 사람이 많아지도록 인력수급 체계를 재편하지 않고서는 풀기 어려운 문제로 보인다.

05

건물주가 꿈

해마다 노벨상 수상자 발표 시기가 오면 듣는 얘기가 있다. "우리는 언제 노벨상을 받나?", "기초과학에 투자 늘려야", "한 우물을 파라", "일본에 25 : 0" 등등 자존심을 자극하는 문구들이 언론에 오르내린다. 그래서 향후 노벨상에 가장 근접한 과학자들에는 누가 있는지를 설문조사하여 발표하기도 하고, 기존 노벨상 수상자들을 연구하여 어떻게 하면 노벨상을 탈 수 있는가에 대해 전문가들이 모여 토론하는 세미나를 열기도 한다. 이 정도로 우리 모두 노벨상에 가위눌려 있다.

스포츠는 어떠한가? 올림픽 때가 오면 "육상, 수영 등 기초 종목에 힘써야 한다", "엘리트 체육에서 생활체육 시스템으로 바꾸어야 한다" 등의 말이 매번 되풀이되고 있다. 생활체육이나 사회체육이라 하는 것은 평소에 스포츠가 우리 생활에 들어와 삶의 한 부분이 되는 것을 말한다. 동네별로 축구 리그를 만들어 평소에 시합을 하고, 점차 전국 리그로 올라가 토너먼트 형식으로 하여 최강자를 선발하는 식으로 저변을 풍부하게 만들어야 이를 바탕으로 프로축구 리그가 활성화되면서 자연스레 축구가 강한 나라가 된다. 어느 종목이든 그런 식으로 접근해야 계속해서 제2, 제3의 김연아나 박태환이 나올 수 있다.

과학기술 혁신도 별반 다르지 않다. 국민들의 일상생활에 과학기술이 가까이 있고 또 많은 사람들이 그러한 분야에 종사하며, 각자 하는 일에 혁신이 일어나야 궁극적으로 훌륭한 과학기술 혁신이 일어나 노벨상 수상도 가능할 것이다. 그러면 특별히 정부가 몇몇 과학자들에 집중 투자하여 노벨상을 받게 하는 정책들을 펴지 않아도 될 것이다. 설사 하더라도 저변이 취약할 때보다 투자의 효과는 훨씬 높을 것이다. 결국 국민의 에너지가 어디에 가 있느냐의 문제이다.

아이러니한 것은 그렇게 성토하면서도 우리들은 돌아서서 부동산 가격을 걱정하고 아파트나 상가 분양을 받기 위해 여기저기 수소문하며, 자기의 위치를 보전하고 출세하기 위한 관계에 골몰한다. 소위 지대 추구행위[8]에 과도하게 에너지를 집중시킨다. 부동산의 경우가 대표적이다. 일례로 조선일보 2016년 7월 15일자의 광고지면 45,130cm^2 중에서 부동산 광고지면이 26,550cm^{2}로 전체 광고지면의 58.8%를 차지한다. 이를 보면 아파트, 토지, 상가, 건물 등 부동산에 국민적 관심사가 매우 높다는 것을 알 수 있다.

가계가 보유한 순자산(=자산－부채) 중 부동산 비중이 한국은 75.4%로 호주 74.3%, 프랑스 68.5%, 독일 67.4%, 이탈리아 66.3%, 영국

8. 생산이나 창조를 통해 사회 전체의 후생을 증가시키는 것이 아닌 기존 자원의 이전이나 배분을 통해 이익을 추구하는 모든 행위를 말한다. 땅으로부터 발생되는 지대(rent)를 추구하는 부동산 투기, 시장에서의 독점적 지위를 유지하기 위한 로비 활동, 자격증이나 면허증 수의 제한, 심지어 절도 등도 해당된다.

57.5%, 캐나다 57.0%, 일본 43.3%, 미국 34.8% 등 여타 OECD 국가들에 비해 매우 높게 나타나고 있다[9]. 또한 2019년 자료에 의하면 소득이 높을수록 부동산 자산의 비중이 높고, 소득 하위 20%와 상위 20% 간의 소득 격차는 4.8배인데 자산 격차는 9.3배이고, 그중에서도 부동산만 놓고 보면 12.3배로 더 크다.[10] 결국 부동산이 부의 격차를 키우고 있다. 그 결과 국민들이 노력해서 생산한 총생산GDP의 56%가 비근로소득이고, 이 중 절반 정도약 370조 원가 부동산 매입 차액과 임대소득에서 발생하고 있다.[11]

그만큼 부동산은 우리에게 각별하다. 부동산 경기가 경제성장을 지탱해 왔다고 해도 과언이 아닐 정도로 경제성장의 중요한 동인으로 그 역할을 하였다. 경기 침체를 맞이하면 제1의 처방으로서 부동산 경기 활성화 대책이 매번 동원되었다. 그러나 부동산이 어떤 것인가? 우리 마음속에 부동산은 재신 그 자체이며, 또 재산 증식의 중요한 수단으로 군림해 왔다. 아파트를 사면 곧 집값이 오르며 그 어떤 투자보다 수익성이 높다. 부동산은 빠른 시일 내에 부를 축적할 수 있는 대표적인 수단이다. 오랜 시간 그렇게 경험하였기 때문에 대부분 당연하게 받아들이고 있다.

평소에 가만히 있다가도 갑자기 집값이 폭등할 조짐을 보이면 과거

---

9. OECD 자료로서 한국은 2017년, 호주, 캐나다는 2016년 기준이며 나머지는 2015년 기준이다. 한국은행과 통계청이 작성한 『2017년 국민대차대조표(잠정)』를 참조하였다.
10. 신한은행, 『2020 보통사람 금융생활 보고서』, 2020.
11. 2007~2015년 국내총생산(GDP)에 근거함. 김정호, "이제는 부동산 정책에서 발상의 전환이 필요하다", 『부동산 포커스』 105호, 한국감정원, 2017.

의 기억이 떠올라 망령처럼 되살아나는 것이 부동산에 대한 우리들의 추억이다. 집 없는 사람은 집값이 폭등하면 어떡하지 하면서 더 오르기 전에 집을 사려고 무리한 대출을 감수한다. 집 있는 사람은 집값을 더 올리거나 혹은 더 오를 것을 기대하고 파는 것을 미룬다. 여기에는 불로소득을 얻을 수 있을 거라는 기대심리가 강하게 작용한다. 더 지속이 되면 이성보다는 감성이 지배하는 비정상적인 경제 행위로 전이된다. 부동산은 금액이 크고 개인이 평생 모은 전 재산이기 때문에 위험이 매우 커서 이익이나 손실이 크게 발생한다. 그 정도쯤 되면 더 이상 자기 일에 집중하기 어려워 혁신과 같은 생산적인 행위가 끼어들 여지가 없다.

성장이 좀 낮으면 어떠한가? 낮으면 낮은 대로 받아들이고 오히려 체질 개선의 개회로 삼는 것이 현명하다. 국민들의 비정상적인 경제 행위가 있다면 이를 교정하고 되도록 근절되도록 정책을 펴나가야 지속적인 성장을 할 수 있다. 시간이 걸리더라도 국민이 경제 행위를 바르게 할 수 있도록 정책의 방향을 설정하는 것이 옳다. 그러지 않고 단기적 성과에 매달려 무리수를 두다 보면 환부가 점점 커져 나중에 곪아 터지는 사태가 발생한다.

2016년에 한 방송사가 조사한 바에 따르면 고등학생의 장래 희망 직업이 공무원이 22.6%로 1위, 건물주와 임대업자가 16.1%로 2위로 나타났다.[12] 청소년들에게 건물주가 얼마나 좋아 보였으면 그러한 생각을 하게 됐을까? 많은 청소년들이 미래의 꿈으로 건물주가 되고 싶다는

12. 종합편성채널 JTBC가 2016년 3월에 조사한 내용이다.

나라에서 과연 노벨상과 혁신을 기대할 수 있겠는가? 상당한 청년 창업가들이 돈 벌면 빌딩을 사야지 하는 생각에 젖어 있는 나라에서 과연 훌륭한 벤처창업가가 나올 수 있겠는가?

06

가방끈이 길어야

학벌 추구도 부동산 투자와 유사한 성격을 지닌다. 좋은 학교를 나오면 더 좋은 직장을 얻고 사회에서 더 좋은 대우를 받으며 살 수 있다는 것이 통념이다. 이는 우리 사회 평균적인 사람들의 경험으로부터 기인한다. 학벌은 부동산처럼 한 번 손에 넣으면 평생 따라다니며 여러 가지 이득을 안겨준다. 그것이 너무도 뼈에 사무쳐서 그런지 우리는 유달리 좋은 학교에 집착을 한다.

사실 살아보면 좋은 학교 나왔다고 해서 반드시 행복한 삶을 사는 것도 아닌데……. 우리 모두 인생을 정직하게 마주해야 하는데, 알 수 없는 노릇이다. 좋은 학교에 가서 좋은 교육을 받고 대우를 받아 가며 살겠다는 욕망은 누구나 가질 수 있다. 건전한 시민 사회를 형성하는 토대이기도 하다. 사실 우리나라가 이만큼 살게 된 것도 좋은 학교 가서 많이 배우고자 하는 열망이 있었기에 가능하였다. 개인에게 교육은 하나의 희망의 사다리였고 삶의 중요한 동력이었다. 그래서 열심히 공부하였고, 저 멀리 외국 유학도 마다하지 않았다.

이처럼 학벌 추구의 순기능이 적지 않으나, 그 역기능도 만만치 않다. 대표적인 예가 인력 수급의 부조화 현상이다. 사회가 요구하는 인력과 학교가 배출하는 인력이 일치하지 않는 현상을 말한다. 기능직, 기술직은 사람을 구하기 힘들어 구인난을 겪고 있는 반면, 사무직은 일자리가 없어 구직난을 겪고 있는 것이 대표적이다. 경영, 금융, 법률, 문화, 예술 등 인문사회 분야는 구직난을 겪는 반면 건설, 기계, 재료, 화학, 식품가공, 농·어업, 단순생산직 등 이공계 분야는 구인난을 겪고 있다.[13] 사회에서는 이공계 인력을 많이 요구하는데 학교는 인문계 인력을 상대적으로 많이 배출한다는 얘기이다. 뿐만 아니라 실업고, 전문대학 등 이공계 직업학교를 졸업한 인력이나 특정 기술과 기능을 가진 사람들이 많이 필요한데도 우리 사회의 구조상 그것을 충족시키지 못하고 있다.

학생들은 대기업에서 일하기를 선호하는데, 일자리는 중소기업이 훨씬 많아 상당수의 대졸자들이 실업 상태에 놓여 있는 현상도 인력 수급의 부조화 현상이다. 13~29세의 청년이 선호하는 직장으로 국가기관 25.4%, 공기업 19.9%, 대기업 15.1%, 중소기업 3.7%, 벤처기업 2.7%로 나타났으나, 기업 규모별 일자리는 대기업 17.2%, 중견기업 9.9%, 중소기업 72.8%로 나타났다.[14] 대기업이 직업의 안정성이나 대우 등 여러 가지 면에서 중소기업에 비해 근무 여건이 우수하기 때문에 선호되는 것은 당연하다. 하지만 이러한 불균형 상태가 지속되고, 그 갭

---

13. 한국고용정보원, "구인 · 구직 동향", 『고용이슈』 2017년 9월.
14. 전자는 통계청 『사회조사』 2017 참조. 후자는 고용노동부, 한국고용정보원, 『2016 고용보험통계연보』 참조.

을 해외 인력으로 충당하거나 방치하게 되면 우리의 중소기업 경쟁력은 약화될 수밖에 없고 혁신의 저변이 그만큼 취약할 수밖에 없다.

전공 불일치 또한 인력 수급의 부조화 현상이라 할 수 있다. 한국의 경우 대학 때 전공한 분야와 졸업 후 일하는 분야가 일치하지 않는 현상이 두드러진다. 전공 불일치 비율이 2015년 기준으로 한국은 50%로 OECD 국가 중 제일 높으며, 독일, 핀란드는 25% 내외로 낮게 나타나고 있다. 학교에서 공부한 것과 졸업 후 하는 일과의 연결은 개인에게 자아실현을 통한 생애의 행복감을 높여주며, 국가 차원에서도 경영의 효율성과 경쟁력을 높여주는 요인이다. 그러나 우리나라에서는 자기 적성과 재능이 전문대학이나 실업계 고등학교에 더 적합한데도 그와 상관없이 4년제 대학에 가야 한다는 인식이 팽배하다. 또한 본인의 학과 적성을 고려하기보다 무조건 명문 대학을 고집하는 성향도 높은 전공

그림 1-3 국가별 전공 불일치 비율

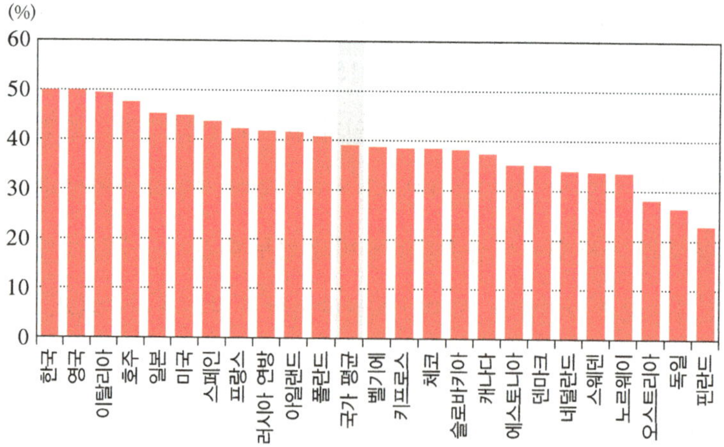

출처 : OECD, The Causes and Consequences of Field-of-Study Mismatch, 2015.

불일치 현상에 크게 기여하고 있다. 우리나라의 높은 전공 불일치 비율은 교육 시스템과 산업 시스템이 서로 불일치하며, 개인의 적성과 재능을 제대로 살리지 못함을 보여준다.

교육과 현장 간 구체적인 일의 내용도 잘 연결이 되지 않거니와 좋은 대학에 들어가거나 대학원 같은 더 높은 학력을 지니면 출세한다는 막연한 생각들이 학벌에 대한 집착으로 나타나고 있다. 사회적 요구와 개인의 행복 같은 가치와 상관없이 좋은 대학에 가기 위해 온갖 수단과 방법들이 동원되고 있으며, 그로 인한 사회적 비용도 점점 커지고 있다.

사교육 시장이 대표적으로 날로 확대일로의 모습을 보이고 있다. 국내외 유수의 대학을 졸업한 우수한 인재들의 참여가 늘면서 사교육

그림 1-4 OECD 국가별 사교육 참여도(2012)

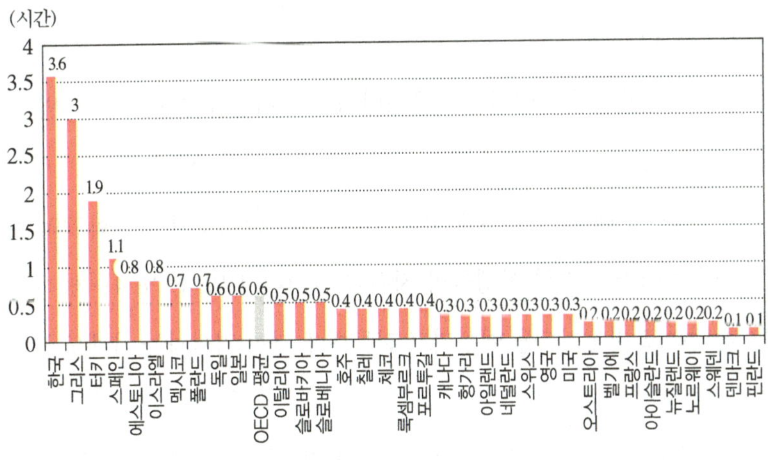

주 : 학부모 부담, 영리회사에 의해 조직된 방과 후 수업에 주당 평균 참여 시간임.

자료 : PISA(2012), *2012 Results : What Makes Schools Successful? Resources, Policies and Practices* Volume IV, Table IV.3.27, 문성빈, "OECD 회원국의 방과 후 학습활동 참여 현황", 『교육정책포럼』, 한국교육개발원, 2015년 7월에서 재인용.

시장은 점점 고도화되고 있다. 우수한 인재들이 사회의 혁신을 고민하는 것이 아니라 "어떻게 하면 학생들로 하여금 시험을 잘 보게 할까"에 에너지를 쓰는 것은 자원의 낭비다. 2012년 OECD 국제학업성취도평가Program for International Student Achievement ; PISA에 따르면 한국 학생의 방과 후 학습활동 참여 시간은 주당 평균 6.5시간으로 그리스 7.2시간, 터키 7.2시간에 이어 세 번째로 높다. 이 중 사교육에 해당하는 학원 참여는 3.6시간으로 OECD 국가 중 제일 높다.

자연히 가계의 교육비 지출도 늘어나 중고생 이상의 자녀를 둔 40대 이상의 경우 소비지출 중 교육비 비중이 가장 높다. 40대 평균 가구의 예를 들어 보면, 월소득 683만 원 중 소비지출은 371만 원이며, 이중 교육비는 103만 원으로 28%를 차지하여 식비 75만 원, 주거비 62만 원보다 월등히 높다. 50대, 60대에서도 마찬가지로 교육비 비중이 가장 높게 나타나고 있다.[15]

작금의 사회경제 현실과 이율배반적으로 마찰을 빚고 있는 학벌 추구 현상은 언젠가는 바뀌게 될 것이다. 실제 그러한 조짐들은 이미 나타나고 있다. 근래 과거 실업계 고등학교인 마이스터고와 특성화고의 취업률이 높아져 우수한 학생들의 지원이 늘어나고 있다. 또 4년제 대학을 졸업하고 전문기술을 배우려고 전문대에 다시 입학하는 사례도 늘어나고 있다.

노동시장의 미스매칭으로 인한 사회 비용을 줄이기 위해서는 어릴

15. 신한은행, 『2020 보통사람 금융생활 보고서』, 2020.

때부터 각자 제자리를 찾아갈 수 있도록 길을 열어주어야 한다. 각자 자기 일에서 높은 행복감을 느낄 수 있도록 사회 시스템을 어떻게 변화시킬지를 생각해 볼 때다. 막연한 학벌 추구에 쏟는 전 국민의 과도한 에너지를 보다 생산적인 곳에 쓸 수 있도록 지혜를 모아야 한다.

07

염불보다 잿밥

지금까지 살펴본 널뛰기 사회, 비주체적 언어습관, 캐치업 DNA, 핵심기술 부족, 부동산 집착, 학벌 중시 현상은 우리 사회의 외생적 발전의 단면들이라 할 수 있다. 우리가 외부의 문물과 접하여 만들어 낸 것으로 우리 내부의 것과 외부의 것의 합작품이라 할 수 있다. 이를 통해 우리의 DNA에 외생적 발전의 요소가 강하게 새겨져 있음을 짐작할 수 있었다. 내부의 것에 관해선 다른 장들에서 자세히 살펴보도록 하고 외부의 것, 즉 외부 문물이 가지고 있는 외생적 속성에 대해 얘기해보자.

외부 문물이라 함은 반드시 해외로부터 온 것에 국한되는 것이 아니라 이제는 인류가 추구하는 기술과 문명에 관한 것이기도 하다. 축약하면 자본주의의 진화를 가리키며, 우리도 여기에 적극적으로 동참해 왔다. '과학기술'과 '자본'을 두 축으로 하는 자본주의는 인류의 보편적 질서로 지대한 영향을 끼쳐 왔다. 이 질서에 순조롭게 편입하느냐 그렇지 않느냐가 국가의 운명을 좌우할 정도로 강력한 패러다임으로 그 지위를 공고히 해 왔다.

그러나 모든 패러다임에 명암이 있듯이 자본주의 또한 그 기세가 너무 과하여 초심을 잃을 위험에 처해 있다. 지나친 자기이익 극대화가 결국 모두를 불행하게 만드는 일이 빈번하게 발생하고 있으며, 물질적 풍요가 정신적 피폐를 초래하는 등 주와 객이 바뀌는 현상이 다반사가 되어가고 있다. 대기업의 무차별적 확장이 중소기업과 상인들의 생존을 위협하는 사례가 빈번하다. 집은 주거라는 사용 가치에서 벗어나 엄청난 경제적 이득을 가져다주는 투자의 대상이 된 지 오래다. 한때 정겹던 골목길이 어느 날 대자본이 들어와 임대료를 높여 원주민과 기존의 상인들이 떠나는 일로 몸살을 앓는다[16].

모든 내력적 가치가 시장 거래에서 형성된 자본의 가치에 압도당한다. 과정의 집합인 내력 가치보다 시장에서 수요와 공급에 의해 형성된 관계적 가치가 월등하게 높아짐으로써 과정을 생략하고 바로 결과를 손에 넣으려는 인센티브가 강하게 작동한다. 자본이라는 것은 모든 내력적 가치의 총합이어야 자연스러우나 그렇지 못하고 자본의 힘이 자신의 실력 이상으로 너무 거대하게 군림하는 일이 벌어지고 있다. 따라서 모두가 염불이라는 자연스러운 과정보다는 자본[돈]이라는 잿밥에 관심을 보인다.

일찍이 독일의 프랑크푸르트학파는 자본주의의 이러한 속성을 '도구화 현상' 이라 부르며 꼬집었다. 프랑크푸르트학파는 자본주의가 발

16. 젠트리피케이션(gentrification) 현상이라고도 한다. 1964년 영국의 사회학자 루스 글래스(R. Glass)가 노동자들의 거주지에 중산층이 이주해 오면서 지역 전체의 구성과 성격이 변하는 것을 설명하면서 처음 소개하였다. 이로 인해 지역이 활성화되거나 외지인에 의해 원주민이 다른 곳으로 이주하는 등 복합적인 변화를 겪게 된다.

달할수록 상품과 서비스의 쓰임의 가치를 나타내는 사용 가치보다는 시장에서의 수요와 공급이 결정하는 교환 가치가 지배하게 된다고 하였다. 그래서 도덕성이나 윤리와 같은 인간의 다른 고매한 가치까지도 교환 가치에 종속하게 된다고 하였다. 아도르노Theodor W. Adorno, 1903~1969는 시장에서 교환할 수 있는 유용성을 가진 것만이 가치를 지니고 사람들의 선택을 받으며, 그 이외에 교환할 수 없는 일체의 것은 가치를 지니지 못하고 시장에서 소외된다고 하였다.[17] 하버마스J rgen Habermas, 1929~는 자본이나 권력 같은 비인간적인 질서가 가족, 학교, 문화 영역의 인간적인 세계로 침범함으로써 사회의 근본적인 갈등과 모순이 유발된다고 하고 이를 '생활 세계의 식민화' 라고 불렀다[18].

사실 인간의 모든 문명 행위 속에는 도구화 속성이 들어 있다. 애초에 인간이 숭고한 목적으로 도모하였던 일들에 나름의 패턴이 생기고 이러한 과정들이 반복되고 고착화되면 그 패턴에 이르는 수단들이 매우 중요한 관건이 된다. 그래서 거꾸로 수단이 목적이 되어 버리는 경우가 발생한다. 인간의 행복을 실현하기 위한 수단인 돈이 중요해지면서 돈의 획득 자체가 목표가 되어 버리는 사태가 보편화되는 것이다. 사람들이 그렇게 생각할수록, 그러한 사람들이 많아질수록 그 가치는 더 오르고 모든 영역으로 확장되어 도구화 과정은 더욱 광범하게 진행된다. 결국 모든 행위에서 개인들은 중심을 잃어 흔들리게 되면서 내생적이 아닌 외생적인 사회로 변한다.

---

17. 연구모임 사회비판과대안 엮음, 『프랑크푸르트 학파의 테제들』, 사월의책, 2012, pp.44~53.
18. 연구모임 사회비판과대안 엮음, 『프랑크푸르트 학파의 테제들』, 사월의책, 2012, pp.202~225.

사용 가치를 포기하지 않음으로써 교환 가치를 건전하게 하는 동시에 교환 가치가 과도하게 지배하는 것을 방지할 수 있다. 냉엄한 자본의 논리를 지키면서도 따뜻한 자본의 윤리를 소홀히 하지 않으며, 거침없이 말을 하면서도 침묵의 공간을 남겨두는 이유이다. 그런 노력에도 불구하고 사람들이 자본주의가 견인하는 거대한 흐름에 빨려들어가면서 꼬리가 몸통을 흔들거나 염불보다는 잿밥이 행세하는 세상이 되고 있다. 자본주의에 편입될수록 내력적이며 주체적이기 힘든 세상이 되어 나의 존재 내면으로부터가 아닌 거센 외생적인 바람에 휩쓸려 가는 것이다.

문제는 정보화 사회가 이러한 경향을 더욱 촉진시킨다는 점이다. 도로에서 자동차의 속도가 매우 빠르면 역설적으로 정체 현상이 쉽게 일어나는데, 특히 병목지점이나 어느 한 곳에 사고가 생기면 아주 심한 정체 현상이 일어난다. 마찬가지로 모든 것이 디지털화로 기계처럼 규격화되어 어느 한 곳 막힘이 없이 사통팔달하게 되면 사회 전체적으로 속도의 효율성은 증대되나 자칫하면 심하게 체하게 되는 현상이 발생한다. 아날로그는 울퉁불퉁하지만 심하게 체하게 하지는 않는다. 그러나 디지털화가 진행되면서 그 투박한 질감은 점점 사라지고 대신 기계적인 매끈한 규격이 그 자리를 채운다. 그것에 우리의 개성을 끼워 맞추어야 디지털 사회를 잘 살아갈 수 있다. 애매모호함은 인간의 상상력을 자극한다. 하지만 디지털은 그 여백을 허락하지 않는다.

과학기술과 자본을 쌍두마차로 하는 지금의 자본주의는 외생적 발전에 쉽게 노출되어 있다. 우리 주위를 비행하는 무수한 것들을 잘 엮으면 얼마든지 출세의 기회를 잡을 수 있다. 더구나 앞서가본 경험이 없는 후발국은 기회와 상실 사이에서 양자택일의 선택을 강요받는다. 후발국에게는 얼마나 외부 환경 변화에 잘 편승하느냐가 관건이기 때문에 어떤 일을 오랫동안 천착함으로써 생기는 내면적 깊이와 정갈한 멋과는 거리가 있다.

우리의 경우 역사적으로 결과들이 먼저 주어진 것들이 많아 잿밥의 달콤함만 취하려는 경향이 강하다. 자연스러운 과정을 밟지 않았기 때문에 뿌리 얕은 나무처럼 바람에 이리저리 휘날리고, 행동은 없고 언어의 성찬만 난무하며, 언제라도 폭력으로 변질될 위험이 있다.

두 번째

동도서기

1. 실학, 내생사회의 맹아

2. 군함의 충격과 동도서기

3. 서양 문물의 외형적 수용

4. 일제강점기, 내생사회의 좌절

17～19세기 실학은 우리의 역사 속에서 내생적 발전의 중요한 계기였다. 또한 실학은 성리학이 서구의 과학과 문물을 접하면서 내면적 가치관 중심의 공허함을 반성하고 실용적 가치를 중시하면서 나타난 사조였다. 리理에만 주었던 눈길이 기氣에도 갔고, 사士에만 향하였던 관심이 농공상農工商으로 확장되었다. 구체적인 사실로부터 바른 이치를 구하고實事求是, 이용과 후생利用厚生이 있은 연후에야 도덕이 바로 설 수 있다는 인식이 생겼다. 이들의 사상 체계는 허술하고 사회의 주류도 되지 못하였지만, 내생성의 가능성을 충분히 보여주었다.

19세기 서양 군함의 출현은 사람의 마음을 중시하고 물物에 대해서는 애써 초연하였던 유학을 뿌리째 흔들기에 충분하였다. 그 고충의 산물로 나온 것이 "동양의 도에 바탕을 두고 서양의 기술을 추구한다"라는 동도서기東道西器였다. 유학이 서학을 만나 빚어낸 불가피한 선택이었고, 21세기를 사는 오늘의 한국을 규정하는 데 중대한 영향을 미친 미완의 과제였다. 이후 나라를 잃어 내생적 발전의 동력은 상실되었고, 그 가운데 서양 문물은 스펀지에 스며드는 물처럼 파고들었으며, 미국이 새로운 외생성의 발원지로 서서히 대두되었다.

01

실학, 내생사회의 맹아

실학의 탄생

실학이 내생적 발전의 씨앗이었다는 것은 두 가지 측면에서 얘기할 수 있다. 하나는 조선이 개국 이래 채택한 유학이 이상과 현실 사이에 문제가 많아 스스로 모순을 해결하려는 측면이고, 다른 하나는 중국을 통해 들어온 서구 문물의 영향에 의해 내부 모순을 발견한 측면이다. 이 두 측면이 융합하여 실학을 탄생시켰다는 것이 대체적인 역사학자들의 시각이다. 유학이 백성들의 실생활보다는 의리義理 중심의 인간 도덕성을 지나치게 강조하다 보니 백성들의 생활은 점점 피폐해질 수밖에 없었다. 이러한 비실용적 유교질서에 반기를 들고 새로운 질서를 모색하고자 하는 움직임, 소위 개신유학改新儒學의 움직임이 그 중심에 있었다. 여기에 유학의 비현실성을 자각하고 당시 청나라를 왕래하면서 서구 문물을 보고, 느끼고, 확인하면서 새로운 질서를 모색하고자 한 일련의 유학자 그룹북학파이 더해져서 실학이라는 새로운 흐름을 형성하였다고 볼 수 있다.

이러한 움직임에는 조정도 영향을 받아 민의를 적극 살펴 정치에 반영하려 하였던 18세기 영·정조 시대의 통치철학도 실학의 탄생에 한몫을 하였다. 영조재위 기간 1724~1776는 균역법均役法을 실시하여 납포의 양을 줄여 백성들의 부담을 경감하고 신문고申聞鼓를 설치하여 백성들의 소리를 듣는 등 민생의 안정을 꾀하였다. 정조재위 기간 1776~1800는 소수이지만 하층민인 박제가, 유득공, 이덕무와 같은 인재를 등용함으로써 사士 중심에 매몰된 당시 사회질서에서 농공상農工商의 중요성을 일깨웠다. 또한 서울 출신 위주의 인재 등용에서 벗어나 지방의 인재들도 등용하여 개혁과 통합의 정치를 실시하였다. 이처럼 영·정조 시대에는 확고한 하향식 질서 속에서 미약하나마 상향식 질서의 싹이 틀 수 있는 환경이 조성되기 시작하였고, 또 이러한 환경에서 실학과 같은 개혁적 학문의 비전이 형성될 수 있었다.

사실 유학은 경전 해석으로 불변의 진리를 깨우치려는 주자학 또는 성리학에 오랫동안 매몰되어 왔었다. 그러나 공맹孔孟의 가르침과는 달리 사회는 심각하게 오염되어 있었고, 세상은 하루가 다르게 변화하며, 서구 문물이 충격으로 서서히 다가오고 있는 시점에서 주자학의 무력함은 자명한 일이었다. 수기치인修己治人으로 요약되는, 도를 깨쳐 인간세의 도덕적 사회를 실현하고자 하였던 공맹 사상으로 돌아가자는 움직임이 자연스럽게 일어날 수밖에 없었다. 소위 개신유학의 움직임이었다. 천리天理라는 비현실적 의리에 매몰된 유학으로부터 벗어나 수기치인이라는 본래의 공맹 사상의 본질을 회복하려는 자각에서 출발하였다. 이러한 움직임에는 청나라를 통하여 들어온 서구 문물의 영향도 컸었다.

자기해탈自己解脫이라는 소아小我적 경전 해석에 매몰된 소승불교가 중생구제라는 대승불교로 자기를 혁신한 것처럼 유학도 수기치인의 진정한 의미를 찾고 실천력을 갖춘 개신유학으로 거듭나고자 한 것이 바로 실학의 출발이었다[1]. 자기를 수양하고 나아가 사회를 올바르게 다스리기 위해 실학자들이 취한 접근은 크게 3가지 학문적 의의를 갖는다. 첫째, 하늘의 도天道에서 분리된 인간의 도人道로 관심 사항이 옮아간 것이다. 세상이 점점 복잡해짐에 따라 하늘의 원리와 인간세의 원리 간에 괴리가 점점 커지면서 인간의 문제는 자체 원리로 해결할 수밖에 없다는 인식이 확산되었다. 둘째, 불변의 진리를 좇는 경학經學 : 修己에서 세상을 다스리는 경세학經世學 : 治人으로 무게 중심이 옮아갔다. 이론 중심과 개인의 도덕성만으로는 세상 문제 해결에 한계를 절감하고 실제 문제로 눈을 옮겼다. 셋째는 리理 추구 일변도에서 기氣 추구가 접목되는 학문의 방법론적 변화를 경험한다. 즉, 인문학 중심에서 사회과학으로, 이론 중심에서 이론과 실제가 균형을 찾아가는 현상이다. 그런 면에서 유학에서 개신유학으로의 진화는 실학의 내생성 측면을 충분히 증명한다. 경학에서 경세학으로 진화가 이루어졌다는 것은 이론 위주에서 사람을 다스리는 실질적인 측면을 중시하기 시작하였다는 면에서 리와 기의 연계를 의미한다.

실학의 탄생에는 북학파의 역할을 빼놓을 수 없다. 앞서 얘기한 중국을 통해 들어온 서구 문물의 영향에 의해 유교사회 내부 모순을 발견

1. 유형원 외 저, 강만길 외 역, 『한국의 실학사상』, 삼성출판사, 1985, pp.18~20.

한 측면으로 실학의 외생적 단면이기도 하다. 북학은 『맹자孟子』 등문공장藤文公章에 나오는 말로 우리나라에서는 17 ~ 18세기 청나라에서 일어난 학문을 가리켜 북학이라고 불렀다. 북학을 이용후생지학利用厚生之學이라고도 하며, 북학파를 이용후생학파로 분류하기도 한다. 당시 청나라는 서구 문물이 활발하게 유입되어 고증학考證學이라는 실사구시의 학풍이 지배하고 있었다. 이에 조선의 학자들은 당시 중국의 수도였던 연경燕京 : 지금의 북경을 여행하면서 알게 된 새로운 문물을 책을 통해 소개하였다. 청나라의 문물은 홍대용1731 ~ 1783의 『담헌연기湛軒燕記』, 박지원1737 ~ 1805의 『열하일기熱河日記』, 박제가1750 ~ 1805의 『북학의北學議』 등 기행문을 통해 소개되었으며, 실사구시의 학문 조류 형성에 큰 영향을 미쳤다[2]. 이들은 의리 중심의 성리학의 공허함을 비판하고 실용을 강조하였다. 그 대표적인 예가 『북학의北學議』인데, 박제가는 배, 수레, 성벽, 도로, 교량, 농기구, 병기, 궁궐, 우물, 기와, 창호 등 일상생활 관련 기구과 시설, 기술에서부터 상업, 군사, 제도, 정치, 풍속에 이르기까지 다양한 분야에 걸쳐 중국 문물을 소개하면서 논의하였다[3]. 이러한 면은 유형원1622 ~ 1673, 이익1681 ~ 1763과 같은 이전의 실학자들이 사농士農 중심이었다면 북학자들은 사농 중심에서 공상工商으로 관심을 이전시키는 데 기여를 하였다고 평가할 수 있다[4]. 비록 청을 통한 서구 문물의 접촉으로 야기된 인식의 전환이지만 유학에서 실학이라는 내생적 발

2. 한국고중세사사전 2007.
3. 유형원 외 저, 강만길 외 역, 『한국의 실학사상』, 삼성출판사, 1985, pp.271 ~ 326.
4. 유형원 외 저, 강만길 외 역, 『한국의 실학사상』, 삼성출판사, 1985, pp.29 ~ 30.

전의 단초를 마련했다는 점에서 그 의의가 있다.

실학의 계보

실학의 범주에 속하는 수많은 학자들이 있지만 그 계보를 얘기하자면 대체로 유형원–이익–북학파홍대용, 박지원, 박제가 등–정약용–최한기로 이어진다는 데 큰 이견이 없어 보인다. 반계 유형원1622~1673의 『반계수록磻溪隧錄』은 농본주의에 입각한 경자유전耕者有田[5], 균전제均田制[6]와 같은 획기적인 정치제도의 개편에 역점을 두어 경학과는 다른 경세학적 측면을 보여주고 있어 개신유학의 선구적인 면모를 보여주고 있다[7].

성호 이익1681~1763은 일부 역사학자들이 진정한 실학의 선구자로 평가할 정도로 실학의 초기 학문 조류 형성에 큰 기여를 하였다. 그는 비록 전통적인 주자학 계열의 풍토하에서지만 유학의 새로운 방법론과 해석을 주문하였다. 그의 저서 『성호사설星湖僿說』을 보면 하늘과 인간의 관계에 주목하여 시세時勢에 조응한 인간의 노력이 중요하다는 인식을 가졌으며, 양자 간 조응이 될 때 조명造命이라 하고 천명天命과 구분하였다. 하늘의 이치에 부응한 인간 의지와 그 연결 과정에서 인간의 사실

5. 농사짓는 사람이 농지를 소유한다는 원칙이다.

6. 국가 토지를 소유하고 백성들에게 골고루 나누어주는 제도로 토지를 받은 백성들이 병역의 의무를 지며 부병제와 함께 병농일치의 제도이다. 원래 중국 북위에서 당나라까지 시행된 토지제도로 우리나라에서는 이와 일치하는 제도가 실시되었는지는 불확실한 것으로 알려져 있다. 유형원도 균전제를 주장하였으나 실시되지는 못하였다.

7. 유형원 외 저, 강만길 외 역, 『한국의 실학사상』, 삼성출판사, 1985, pp.27~28.

인식의 중요성을 강조하였다[8]. 또한 의리보다는 예를 중시하여 실천적인 측면을 강조하고 도덕과 사실을 분리하였다[9]. 이는 불변의 하늘의 이치에 순응해야만 하는 기존의 수동적 인간으로부터 인간 현실의 문제를 직시하는 능동적 인간으로 변화함을 의미한다. 서학의 영향으로 학문 다양성에 눈을 뜨면서 동시에 자기 정체성에 대한 객관적 시각을 가지기 시작하였음을 보여주고 있다.

홍대용, 박지원, 박제가 등 북학자들은 앞서 살펴본 대로 중국 기행을 통해 현장에서 보고 느낀 것을 소개하여 이용후생이라는 경세학의 구체적인 화두를 던져 실학이 보다 구체성을 띠는 데 큰 기여를 하였다. 동시에 이익을 비롯한 실학자들의 새로운 주장들을 뒷받침하는 구체적 사실들을 제공함으로써 실학이 더욱 탄력을 받게 되는 계기를 마련해주었다. 그러나 이후 중국을 통한 서구 문물의 접촉이 더욱 빈번해지고 급기야 천주교라는 서학이 직접 전해지고 외세가 점점 다가오면서 실학도 상당한 혼란을 겪게 되었다. 정치적 혼란과 더불어 실학은 위정척사衛正斥邪라는 조정의 정책에 영향을 받아 상당히 위축되는 국면을 맞이하게 된다. 하지만 거대한 세상의 변화를 거스를 수는 없는 법. 실학 사상은 강진이라는 국토 남단 유배지에서 정약용을 통해 내공을 다지게 된다.

다산 정약용1762~1836에 오면 실학 사상은 상당한 진화를 보인다.

---

8. 강만길 · 정창열 외 9명, 『다산의 정치경제 사상』, 창작과 비평사. 1990. pp.33~34. 사실 인식에 대해서 우하영(1741~1812)은 그의 저서 『천일록(千一錄)』에서 형이상학적 사변에서 벗어나 있는 그대로의 사실 분석과 경험, 자연 현상에서 이치 발견이 중요하다고 하였다. 이우성, "실학연구입문", 『한국의 실학사상』, 삼성출판사, 1985, p.33 참조.

9. 강만길 · 정창열 외 9명, 『다산의 정치경제 사상』, 창작과 비평사, 1990, pp.39~40.

정약용의 사상은 천주교의 영향을 많이 받은 것으로 보인다. 그 대표적인 예가 하늘의 도와 사람의 도 간의 관계인데, 정약용은 유학에서의 하늘을 천주교의 천주와 대비시켜 하늘이 부여하는 명命을 적극적으로 따라야 한다고 주장하였다. 하늘이 인간의 마음을 속속들이 꿰뚫어보고 감시하고 있다는 하늘의 경고를 중시함으로써 하늘이 명령하는 바를 인간이 적극적으로 실천하여야 한다는 점을 강조하였다[10]. 그러면서도 인간의 성이 선한 의지라는 유교적 입장에서 벗어나 악한 의지도 인간 스스로 선택할 수 있다고 하여 인간의 자유 의지를 허용하는 점은 천주교의 입장과 일맥상통한다[11]. 이는 유학의 천인합일 풍토에 서학의 천인분리적 요소가 유입된 것이라 할 수 있다. 하늘의 의지에 순응하는 존재로서의 인간이 아니라 현실에 적극적으로 개입하여 문제를 해결해야 한다는 비전으로 후일 정약용이 다방면에 걸쳐 방책을 제시하게 되는 매우 중요한 출발점으로서의 의미를 갖는다. 이러한 점들을 미루어 볼 때 당시 정약용에게 하늘과 인간 간 관계는 천주교와 유학의 타협의 산물로 서학의 그림자가 짙게 드리워져 있음을 짐작할 수 있다.

이후 정약용은 도덕적 이상보다는 사실과 실천적인 영역으로 실사구시의 여정을 떠나게 된다. 도덕은 옛날의 법도가 현재에도 변함없이 그대로 적용되지만 사실의 세계는 끊임없이 변화하므로 배움을 게을리하지 말아야 함을 강조함으로써 도덕과 사실의 세계를 구분하였다. 마치 아담 스미스1723~1790가 『국부론』을 통해 경제를 도덕이나 윤리와

10. 금장태, 『실학과 서학』, 지식과 교양, 2012, pp.195~196.

11. 금장태, 『실학과 서학』, 지식과 교양, 2012, p.207.

결별시켜 경제학을 탄생시키는 계기를 이룬 것과 유사한 맥락이다. 또한 저서 『기예론技藝論』에서는 각자 맡은 기예(=과학기술)에 힘쓰면 예의가 발전하고 예의가 발전하여 덕성을 이룬다고 함으로써 도덕과 사실의 영역을 연계시켰다[12]. 현대의 학문 영역으로 말하자면 이공계 영역과 인문사회 영역을 연계시킨 것이라 볼 수 있다. 요즘처럼 매우 분화된 개별 학문 내에서 이론과 실제 간의 관계에 관한 연결 문제에까지 미친 것은 아니지만, 적어도 넓은 의미에서 인문학과 사회과학 간, 인문학과 자연과학 간 관계에 관한 연결 문제를 고민하고 나름의 체계를 제시하고자 하였다.

특히 과학기술의 중요성에 대한 그의 인식이 돋보인다. 그의 대표적 저서인 『경세유표經世遺表』에서 기술과 기초과학의 중요성을 다음과 같이 말하였다.

> "백공의 기교는 모두 수리數理에 기초하는 바 구句, 고股, 현弦의 법칙과 예각, 둔각의 상호 보완에 대한 원리를 명백하게 이해한 다음에야 비로소 기술을 체득할 수 있다. 진실로 장기간에 걸쳐 스승으로부터의 가르침과 학습을 쌓지 않고서는 끝내 기술을 소유할 수 없을 것이다[13]."

정약용은 장기간에 걸친 기초과학의 연마 위에 기술이 축적된다는

12. 강만길 · 정창열 외 9명, 『다산의 정치경제 사상』, 창작과 비평사, 1990, pp.39 ~ 44.
13. 강만길 · 정창열 외 9명, 『다산의 정치경제 사상』, 창작과 비평사, 1990, p.113.

점을 강조하였다. 그의 이러한 인식은 천문학, 기상학, 물리학, 지리학, 건축학, 조선학, 의학, 농학에 이르기까지 방대한 저술 업적으로 이어졌다. 나아가 토지소유제도 개혁, 새로운 농업경영 방식 도입, 기술관료 육성 등 과학기술이 발전할 수 있도록 제도적인 개선 방안도 적극 제시하였다[14].

정약용은 경학 위주의 주자학 중심에서 벗어나 현실의 문제를 적극 고민하고 해결하는 경세학으로 무게 중심을 옮기는 데 큰 족적을 남겼다. 인문학으로부터 사회과학으로, 심지어 과학기술 세계까지 확장시켰다는 측면에서 충분히 내생적 발전의 면모를 보이고 있다. 정약용은 문과와 이과를 넘나드는 기술관료로서의 경험을 바탕으로 천인분리의 서양 문명과 과학기술 방법론에 대한 이해를 유교사회에 접목하여 내재화시키는 매우 힘든 작업을 수행하였다. 서구 문명의 유입과 서학 탄압이라는 혼란기와 정치적 유배의 어려운 환경하에서도 흔들리지 않고 도도한 세상 변화의 흐름을 감지하고 이기에 대한 균형 감각과 양자 간의 연관 관계에 대한 비전을 제시하였다.

혜강 최한기1803~1877는 정약용과는 41년간의 시간적 간극이 있는 데다 철학 체계도 사뭇 다르다. 최한기는 서양의 자연과학에 상당히 영향을 받아 그 방법론을 수용하면서도 유학에 발을 딛고 기학氣學이라는 새로운 철학 체계를 제시하였다. 그의 철학이 세상에 얼마나 확산되었느냐를 떠나 나름 상당한 공부와 깊은 고민의 산물이라 아니 할 수 없

14. 강만길 · 정창열 외 9명, 『다산의 정치경제 사상』, 창작과 비평사, 1990, pp.110~118.

다. 즉, 조선 실학의 진화 계보에서 내생성이 최한기를 통해 그대로 지속되고 있음을 알 수 있다.

그 노력의 결정체가 『기학氣學』으로 집약되며, 이후 『인정人政』을 통해 실천적인 방책으로 이어졌다. 기학이 최한기의 철학 체계인 인문학이라면 인정은 그 철학 체계의 현실적 적용인 사회과학 체계라 할 수 있다. 최한기는 여기에 그치지 않고 청나라를 통해 들어온 서양의 자연과학 서적들을 적극 공부하여 학문 방법의 엄밀성을 자신의 기학 체계 내에 융해시켰다. 그의 철학 체계는 훨씬 더 방대하고 전체적 일관성을 유지하고 있다. 천인일치天人一致로부터 하늘의 기운, 즉 그 원리를 터득하고 인간 세상에 적용하여 그 기운을 실현시켜야 한다고 하면서 천인운화天人運化를 핵심 개념으로 제시하였다. 그는 다분히 자연과학적이면서도 인문학과 자연과학을 연계시키는 큰 그림을 그리려고 하였다.

또한 최한기는 운화運化 또는 기화氣化라는 메커니즘을 통해 이기 간의 맥락적 구조에 직접 들어가 천지만물의 원리를 설명하고자 하였다. 천인운화로 대표되는, 리의 세계와 기의 세계의 조화에서 그 중간자로서 운화기화의 역할을 강조하였다. 운화는 대기운화大氣運化(대자연의 운행 원리), 통민운화統民運化(사회의 운행 원리), 일신운화一身運化(개인의 운행 원리)의 3가지로 대표되며, 하늘과 인간 간, 사물과 인간 간, 사물과 사물 간, 인간과 인간 간을 포함하는 천지만물의 운화로 확장된다. 현대 학문에 비유하면 대기운화에 해당하는 자연과학이 통민운화의 사회과학을 통해 일신운화의 인문학에 연계되는 체계를 이룬다[15]. 여기서 더 나아

15. 혜강 최한기 지음, 손병욱 역주, 『기학』, 통나무, 2004, pp.378 ~ 385.

가면 요즘처럼 물리, 생물, 화학의 기초과학이 현실에 적용되어 공학으로 변신하거나 철학, 역사 등 인문학이 현실에 적용되어 정치학, 사회학, 법학, 경제학, 경영학 등 사회과학의 탄생으로 확장된다고 하겠다.

그는 기학의 중요한 세 가지 기준으로 첫째, 유형이어야 하고, 둘째, 운화 또는 기화에 관한 것이어야 하고, 셋째, 증험證驗이 가능한 것이어야 한다고 제시하였다[16]. 이러한 주장은 서양의 천문학이 바탕이 된 것으로 보인다. 하늘이 움직이는 원리, 즉 이를 운화 또는 기화라 하는데, 이를 밝히는 것이 먼저이고, 다음으로 사람들의 모든 행위가 이에 순응함으로써 천인일치의 경지에 이른다고 하였다. 뉴턴의 만유인력 법칙과 같은 과학 원리를 운화의 한 예로 볼 수 있는데, 이러한 과학 원리들이 사회와 인간 세상에도 조화롭게 적용되어야 한다는 것으로 물학物學에 상당한 무게 중심을 두고 있다고 하겠다.

최한기는 학문하는 방법에서 머릿속의 작용이 아닌 실제 눈으로 보고 확인하고 측정할 수 있어야 한다고 하여 유학의 방법론과는 다른 방법론적 인식의 지평을 열었다. 사물 인식에서 추측이 아닌 측험測驗이라는 과학적 방법론을 거론하여 이기 간 연결고리를 언급하는 진전된 모습도 보였다. 규정할 수 없는 여백을 남겨두는 미덕의 한자 문명하에서 유형과 실증의 엄밀함을 주장하고 정신 세계와 물질 세계를 포괄하는 새로운 체계를 세우고자 하였다. 하지만 서양의 자연과학 방법론을 유학적 틀 속에 넣다 보니 운화, 기화 등과 같이 추상적이고 모호함의 한

16. 혜강 최한기 지음, 손병욱 역주, 『기학』, 통나무, 2004, pp.345~355.

계는 불가피하였다.

미완의 비전

실학 학풍의 형성에 북학파의 역할은 지대하다. 그들은 중국 여행을 통하여 서쪽으로부터 불어오는 새로운 문명의 바람을 온몸으로 맞으면서 조국 조선을 생각하며 새로운 꿈을 키웠으리라. 그들의 견문은 오랜 잠에 깨어나지 못하던 조선을 깨우는 촉발제 역할을 하였다. 그렇게 크게만 보였던 중국을 객관적으로 바라볼 수 있게 되었고, 동시에 조선의 자주성과 정체성을 생각하였다. 담헌 홍대용과 초정 박제가는 둘 다 연경을 방문하여 서구 문물을 접하고 새로운 문명에의 비전을 주창한 북학파의 대표적인 인물이다. 두 사람 모두 실용적 접근을 강조하였지만 홍대용은 자연과학 분야에, 박제가는 사회과학 분야에 중점을 두고 있어 그 결이 조금 달랐다. 두 사람은 퇴계와 율곡을 거치면서 심화된 유학의 인간 심성론에 발을 디디고 있었지만 머리는 물학物學을 향하고 있었다[17]. 그러면서 자연스럽게 사회과학과 자연과학으로 향하였다. 인간의 심성론은 슬로건이고 물학은 구체적 현실이다. 사는 슬로건이고 농공상은 구체적 현실이다. 두 사람은 이 둘이 연결되지 않고 따로따로 떨어져 있는 것에 대해 개탄하면서 오랜 숙원인 리와 기의 연계 가능성을 새롭게 발견하였던 것이다.

17. 문석윤 외 저, 재단법인 실시학사 편, 『담헌 홍대용 연구』, 사람의 무늬, 2012, pp.32 ~ 33.

홍대용은 경이로운 서양 문물을 눈앞에 두고 말로는 고매한 인간 심성을 외치면서 온갖 탐욕을 일삼는 사대부의 이중성을 대비시켰다. 그리고 허학이 아닌 실학을 해야 한다고 다짐하였다. 유학이 역점을 두는 인권人權처럼 물권物權이 엄연히 존재한다고 보고 심학心學처럼 물학物學을 바라보았다. 심학의 이기론을 물학에 적용할 수 있도록 이기 관계를, 이-형이상학-이론, 기-형이하학-실제로 명확히 구분하였다. 그래서 인간 심성론을 사물로까지 확장하여 초목도 생명체로서 인의예지를 실천하고 있으며, 모든 자연 현상이 각자 나름대로 인을 실천하고 있다고 하였다[18]. 인간과 물이 각각 다르지만 하늘 아래 동등하다以天視之 人物均고 하고 물학에 관심을 쏟을 것을 주문하였으며, 그 방법론으로 규기窺基와 추수推數를 제시하였다. 즉, 기구를 만들어 관측하고 수학적으로 계산하여 원리를 발견해 나가는 것이다[19]. 천인합일이라는 인간 중심주의의 기존 유학과는 달리 오히려 인간과 자연의 질서가 다르다는 근대 서양의 세계관과 유사하다. 물의 원리를 이해하고 그에 충실하지 않으면 과학기술의 성취를 설명할 수 없기에 자연히 그러한 방향으로 생각이 흘러간 것으로 이해된다.

홍대용의 주된 저서로 『임하경륜林下經綸』, 『의산문답醫山問答』, 『주해수용籌解需用』 등이 있다. 『임하경륜』은 정치, 행정, 군사, 교육 등의 개혁을 다룬 사회과학서이고, 『의산문답』은 인간, 자연, 사회, 역사 등 철학적 질문을 다룬 심오한 인문서이다. 『주해수용』은 산수와 기하를

18. 문석윤 외 저, 재단법인 실시학사 편, 『담헌 홍대용 연구』, 사람의 무늬, 2012, pp.42～68.
19. 문석윤 외 저, 재단법인 실시학사 편, 『담헌 홍대용 연구』, 사람의 무늬, 2012, p.90.

다룬 수학서이다. 저서의 스펙트럼이 말해주듯이 홍대용은 전통 유학에 발을 두고 물학자연과학으로 확장해 인문-사회-자연과학을 두루 망라하였다. 인간도 물도 천지를 구성하는 동등한 요소라는 홍대용의 사상은 인권뿐만 아니라 물권도 동일하게 지켜져야 한다는 측면에서 생태계적 시각과도 관련이 있어 요즘 세태에도 시사하는 바가 크다.

박제가는 경제 부문에서 여러 개혁적인 방안을 제시한 현실적인 경세가였다. 18~19세기 서양 문물로 조선이 들썩일 때 그 선봉에 양반 계층들이 있었으나, 박제가는 유득공, 이덕무 등과 더불어 몇 안 되는 서얼 출신이었다. 자연히 박제가는 신분차별이 적은 청나라에 관심을 가졌으며, 4차례에 걸친 연행을 통해 중국 및 서양 문물을 접하였다. 그는 거기서 중국 문명의 발전은 바로 상업 및 무역을 통해 문명의 이기들을 교역함으로써 가능하였다는 것을 목격하였다. 박제가는 『국부론』의 아담 스미스와 같이 생산과 소비의 순환 시스템에 기초한 자유 시장 및 무역론자였던 것이다[20]. 그는 각자 기술을 연마하고 비교우위에 있는 물건을 서로 교환함으로써 모든 국가들이 높은 수준의 부를 창출할 수 있다는 비전을 본 것이다. 때문에 그는 서양의 과학기술을 적극 도입할 것을 주장하고 중국으로 기술유학을 보내는[21] 동시에 서양 선교사를 초빙하여 수학, 천문, 각종 농공상 기술을 우리 젊은이들에게 가르쳐야 한

---

20. 이헌창, "초정의 이용후생사상과 국부론", 안대회 외 저, 재단법인 실시학사 편, 『초정 박제가 연구』, 사람의 무늬, 2013, pp.109~192.

21. 박제가 저, 이익성 옮김, 『북학의(北學議)』 외편, 「재부론(財賦論)」, 을유문화사, 2011, pp.273~274.

다[22]고 하였다. 기술의 도입과 교육, 상업의 장려와 통상무역을 통해 부국강병을 이루어야 한다는 주장은 그의 대표 저서인 『북학의北學議』에 잘 나타나 있다.

『북학의』 외편의 「병오소회丙午所懷」에서는 보다 구체적인 문제를 지적하였다. 서얼 출신인 박제가는 본인이 겪은 공고한 신분제의 폐단을 잘 알기 때문에 가장 큰 걸림돌인 사농공상제 폐지와 같은 매우 혁신적인 방안을 다음과 같은 논리로서 제시하였다.

> "무릇 놀고먹는 자는 나라의 큰 좀입니다. 놀고먹는 자가 나날이 불어나는 것은 사족士族이 나날이 성해지기 때문입니다. 이 무리가 거의 온 나라에 퍼져 있으니 한 가닥 벼슬로는 이들을 다 얽어낼 수 없습니다. 그러나 반드시 처치하는 방법이 있어야 뜬소문이 일지 아니하고 국법이 시행될 것입니다. 그러므로 무릇 수륙에서 교통하여 무역하고 판매하는 일은 죄다 사족에게 허가하여 문서에 올리기를 청합니다. 혹 밑천을 마련해 빌려주고 가게를 설치해 주어서 좋은 성과를 올리는 자에게는 높은 벼슬에 발탁하는 것으로 권장하는 것입니다. 날마다 이문을 추구하게 하여 놀고먹는 자들의 형세를 점차 줄게 하고 각자 업을 즐기는 마음을 열어주어서 호강한 권세에 의지하는 심보를 사라지게 하면 이것도 또한 풍속을 변화시키는 데 하나의 도움이

---

22. 박제가 저, 이익성 옮김, 『북학의(北學議)』 외편, 「병오소회(丙午所懷)」, 을유문화사, 2011, pp.202~203.

될 것입니다."[23]

당시 심각한 양반 카르텔의 폐단에 대해 양반들을 상업 및 무역에 적극적으로 참여시켜 신분 문제와 농공상업의 촉진을 동시에 해결하고자 하는 아이디어가 돋보인다. 이러한 주장은 시대를 초월하여 요즘에도 유효하다. 중소기업의 기능 인력은 구하기 힘들고 4년제 이상 대졸자들은 공공기관이나 대기업에 직장을 구하려 하고 있어 인력 수급에 심각한 불균형 현상을 초래하고 있다. 같은 직종 내에서도 현장보다는 사무실에서 일하고자 하는 수요가 훨씬 많다. 부동산 같은 불로소득으로 부를 획득하려거나 출신을 배경으로 출세를 하여 부귀영화를 지속하려는 욕구가 강하다. 단지 신분제라는 사회제도로 표면화되어 있지 않

표 2-1

	홍대용(1731~1783)	**박제가**(1750~1805)
천*인관계	분리, 천인불일치	분리, 천인불일치
영역	인문사회, 자연과학	인문사회
영향	중국 및 서양 과학기술	중국 및 서양 문물
이기균형	균형	기 중심
이기연계	인문-사회-자연	인문-사회

* 여기서 천은 천지만물(자연)을 포괄한다.

23. 박제가 저, 이익성 옮김, 『북학의(北學議)』 외편, 「병오소회(丙午所懷)」, 을유문화사, 2011, pp.203 ~204. 정조가 왕명으로 관리들에게 시정의 폐단을 고칠 방안을 구언하는 한편 폐단을 고칠 구폐책(救弊策)을 올리게 하였을 때, 박제가가 올린 상소문이다. 상소문에서 박제가는 상공업 장려, 신분차별 타파, 해외통상, 서양인 선교사의 초청, 과학기술교육의 진흥 등 국가를 부강하게 하고 국민의 생활을 향상시킬 것을 건의하였다.

을 뿐이지 여전히 양반 문치 카르텔의 습성과 사농공상의 서열이 우리의 의식 속에 살아 있는 것이다.

그러면 정약용과 최한기는 어떠한가? 정약용과 최한기는 실학의 큰 흐름에서 맥을 잇고 있지만 사뭇 다른 학문 체계에 속한다. 정약용은 반계-성호-북학파로 이어지는 주류 실학파의 계보에 속한다고 볼 수 있지만 최한기는 이와는 다소 이질적이다. 물론 정약용이 세상을 떠난 후 최한기가 나타나기까지 40여 년간의 시차도 간과할 수는 없다. 최한기는 '기氣' 라는 개념을 수면 위로 등장시켜 기존 '리理' 중심의 유학 전통과는 매우 다른 면모를 보인다. 현대의 과학 방법론과는 다르지만 당시 서양의 과학기술과 자연과학 방법론에 상당한 영향을 받은 것으로 보인다[24]. 반면 정약용은 전통적인 리 중심의 형이상학적인 측면에 서서 형이하학적인 기의 세계로 확장시켜 이기 간의 균형을 추구하였다. 정약용이 인문학에서 사회과학, 나아가 과학기술로의 확장에 큰 기여를 한 반면, 최한기는 인문학-사회과학-자연과학을 상호 연계시키는 원리를 세우고자 한 점이 돋보인다. 정약용은 인문 영역에 해당하는 사서육경보다는 사회과학 영역에 해당하는 일표이서『경세유표』, 『목민심서』, 『흠흠신서』에 더 방점을 둔 반면, 최한기는 오히려 인문과 자연과학을 아우르는 기학 체계 수립에 더 역점을 두고 이의 현실 적용인 인정人政을 논하고 있다. 외형적 학문 체계는 유사하나 그 내용에 이르는 인식이나 방법론은 서로 큰 차이가 난다고 할 수 있다. 그러나 천인관계에 관해서는 두 사

24. 임형택, 『21세기에 실학을 읽는다』, 한길사, 2014, p.292.

람 다 성선설뿐만 아니라 성악설도 허용하여 천인분리적 입장에서 천도에 인도가 순응해야 한다는 천인일치를 주장하므로 서로 유사하다.

표 2-2

	정약용(1762~1836)	**최한기**(1803~1877)
천인관계	분리, 천인일치	분리, 천인일치
영역	인문사회, 과학기술, 형이상 + 형이하	인문사회, 자연과학, 형이상
영향	천주교, 서양 문물	서양 자연과학
이기균형	균형	기 중심
이기연계	인문-사회-기술	인문-사회-자연

이상 네 선각자들은 시기적으로 보면 홍대용과 박제가가 중국 및 서양 문물을 접하는 데 첨병 역할을 하여 상당히 혁신적이면서도 다소 파편화된 면모를 보인 반면, 정약용과 최한기는 시간이 좀 흘렀기 때문에 보다 균형적이고 체계적인 성격을 띤다. 홍대용과 박제가는 연경을 직접 체험해서 그런지 오히려 생각이 더 진보적이고 자유롭다. 천도와 인도 간 관계에서 보면 홍대용, 박제가는 양자가 서로 다르다고 보고 굳이 일치시키려 하지 않은 반면 정약용과 최한기는 다름을 인정하면서도 일치시켜야 한다는 사상을 가졌다. 그런 면에서 정약용과 최한기에게는 비록 후대지만 초기에 너무 나간 진자 추를 다시 중심 가까이로 위치 지우려는 노력들이 엿보인다. 뿐만 아니라 정약용 시대에는 천주교 박해 등이 고조되면서 무게 중심이 위정척사 쪽으로 기울었기에 그와 같은 시대적 상황의 영향을 받았으리라 생각된다. 정약용과 최한기 사이에도 차이가 있는데, 정약용은 제도권 정치에 몸담았을 뿐만 아니라 천주

교 박해 사건에 연루되기도 하여 상당히 현실적인 주장을 편 반면, 최한기는 야인으로 자유분방하게 지내면서 방대한 독서를 통해 상상력을 키우고 이를 자신의 학문 체계를 이루는 데 활용하였다.

분야로 보면 홍대용-최한기, 박제가-정약용이 각각 학문 부류의 맥을 같이 하고 있다. 홍대용-최한기 경우 인문-사회-자연과학을 통합하는 체계를 세우려 노력하였다. 두 사람 사이에 70여 년의 시간 격차가 있지만 다분히 과학자다운 태도를 엿볼 수 있다. 유학-과학의 기본적인 상충으로 인해 통합 체계를 세우기가 쉽지 않은 일이라 비약과 허술함이 있지만, 최한기의 기학에 가면 상당한 정교함과 체계를 갖추게 된다. 박제가-정약용은 인문-사회과학으로 확장하면서 현실을 개조하려는 실천적인 면모를 보인다. 박제가는 서얼 출신이라는 신분적 제약, 정약용은 천주교 박해라는 시대적 상황이 그들의 철학 색깔에 크게 작용하였을 것이다. 실세 두 사람은 15년의 차이밖에 없어서 거의 같은 시대를 살았기 때문에 상당한 공감대가 있었을 것이다. 앞서 박제가가 『북학의』「병오소회」에서 사족이 농공상 분야에 적극 참여할 것을 제안한 것과 마찬가지로 정약용도 새로운 사민론四民論과 관료론官僚論을 주장하였다. "사가 벼슬 하지 않고 국가 운영에 참여하지 않으면 농공상에 참여해 그 발전에 도모해야 하며, 농공상에 종사하는 사람이 뛰어나면 벼슬을 주어 국정에 참여할 수 있는 길을 열어주어야 한다고 하였다"[25]라고 하여 두 사람의 생각이 거의 동일하였다.

25. 정약용, 『여유당전서(與猶堂全書)』, 제1집 9권, 시문집, 조기준, 『한국자본주의 발전사』, 대왕사, 1991, pp.420~421에서 인용.

여기 네 선각자가 있기까지 많은 사람들의 생각과 경험들이 뒷받침되었음은 두말할 나위 없다. 당시 여러 갈래의 연행과 해행海行(일본 방문)을 다녀왔던 양반, 중인, 평민 등 다양한 계층의 사람들이 보고 느낀 소회와 기록들이 광범위하게 공유된 결과였다[26]. 400여 년 가까이 단단하게 굳어진 유학이라는 껍데기를 깨고 세상으로 나온 실학이라는 그 어린 새는 조선 역사에서 분명 소중한 탄생이었다. 세상을 향한 그 자각적 몸짓이 있기까지 참으로 오랜 시간이 걸렸다. 비록 날지는 못하였지만 기존의 인식과 모순을 해결하고 미래의 비전을 제시하고자 하였던 실학자들의 선구적 노력은 참으로 눈물겹다. 그래서 그들의 날갯짓은 더욱 눈부시다. 그들은 머리도 중요하지만 손발도 중요하며, 이론리과 함께 실제기의 중요함을 일깨워주었다. 인문학으로부터 사회과학으로 진화했을 뿐만 아니라 자연과학에까지 손길을 뻗쳤다. 그 과정에서 이론과 실제의 연계라는 과학적 방법론이 필요하다는 인식의 싹을 틔우는 성과를 내었다. 이기 간 맥락적 구조가 자연과학에까지 미치지 못하였지만 적어도 인문사회 영역에서는 어느 정도 진전을 이루었다. 사농士農뿐만 아니라 공상工商도 사회의 중요한 기능을 담당한다고 자각하였다. 박제가는 『북학의』에서 농업뿐만 아니라 공상도 재화 생산이 가능하고 국부에 큰 도움을 주며, 공상이 발달하여야 농업도 발달한다는 농공상 균형 발전을 얘기하였다[27].

---

26. 안대회, 「초정 사상의 성립 배경과 그 영향」, 안대회 외 저, 재단법인 실시학사 편, 『초정 박제가 연구』, 사람의 무늬, 2013, pp.21~102.

27. 조기준, 『한국자본주의 발전사』, 대왕사, 1991, pp.423~424.

그럼에도 이러한 사상적 조류가 우리 내부의 필요성에 의해서가 아니라 외부의 문물에 의해 촉발된 점, 실사구시를 지향하는 이러한 선각자들의 문제 의식과 성과들이 사회 주류가 되지 못하고 일부 지식인들의 머릿속에만 있었다는 점들을 간과할 수 없다. 정약용은 『기예론技藝論』에서 다음과 같이 기술하였다.

> "농사하는 기술이 정교하면 차지하는 땅이 적어도 곡식소출이 많으며, 그 힘들이는 것은 가벼워도 곳간은 좋고 충실할 것이다…… 베 짜는 기술이 정교하면 드는 물자는 적어도 실은 많이 나오고, 힘들이는 것은 많아도 올이 고르고 고울 것이다…… 온갖 공장의 기술이 정교하면 궁실과 기구를 제조하고 성곽과 선박·차량·가마 따위의 제도까지도 모두 편리하며 견고하게 될 것이니, 진실로 그 방법을 다 알아서 힘껏 시행한다면 나라는 부유해지고, 군사는 강성해지며, 백성도 부유하면서 수壽할 터인데, 눈여겨보면서도 도모하지 않는다."[28]

결국 이용과 후생이 없으면 유학이 지향하는 정덕正德도 불가능하다로 집약할 수 있을 것 같다[29]. 도덕은 구호로 외친다고 달성할 수 있는

28. 조기준, 『한국자본주의 발전사』, 대왕사, 1991, pp.362~363.

29. 박제가는 『북학의(北學議)』 「자서(自序)」에서 "이용과 후생은 둘 중 하나라도 갖추어지지 않으면 위로 정덕을 해친다"라고 하였고, 박지원은 『열하일기(熱河日記)』 「도강록(渡江錄)」에서 "이용이 있는 뒤에야 후생이 가능하고, 후생이 있은 뒤에야 정덕이 가능하다"라고 하였다. 안대회 외 저, 재단법인 실시학사 편, 『초정 박제가 연구』, 사람의 무늬, 2013, p.76.

것이 아니라 구체적인 생활 속에서 달성되는 그 무엇이라는 깨달음이었다. 서양 문물의 충격하에서 단순히 기존의 것을 서양의 것으로 대체하는 것이 아니라 전통 유학의 기초 위에 서양의 것을 통합시키고 확장하려는 노력들이었다. 주체적인 시도였으며 내생적이었다. 그렇지만 그들의 주장과 당시 현실 간의 괴리를 감안하면 실학은 허술한 면이 많다. 그 허약성으로 인해 오히려 19세기에 오면 수구 세력이 조선 사회를 지배하였고, 그 결과 실학이라는 내생적 발전의 발아는 모이지 못하고 흩어져 버렸다.

02

군함의 충격과 동도서기

동도서기의 배경과 조건

지금까지 얘기한 내생적 발전의 발아로서 실학에 대한 기술은 일부 선각자들의 머릿속의 작용에 관한 것이었다면 동도서기東道西器는 머릿속의 작용이 바깥 세상과 부딪혀 전개되는 현실적 작용에 관한 얘기라 할 수 있다. 그래서 보다 구체성을 띤다. 그런 면에서 동도서기는 실학이라는 사상적 조류와 연속성을 지니고 있다.

앞서 살펴본 대로 일부 선각자들의 실사구시적 자각에도 불구하고 실제 사회의 주류는 성리학 중심으로 흘러갔다. 이론과 실제, 생각과 행동 사이에 괴리가 있었다는 얘기로 어느 사회든 관성이 있기 마련이라 사회 변혁이라는 것은 그만큼 어려운 것이다. 그러나 시간이 흐를수록 도도한 외세의 물결은 불가항력적 기세로 다가왔다. 특히 1866년 조선반도에 로즈 제독이 이끄는 프랑스 군함의 출현은 너무나 큰 충격이었다. 군함의 출현은 조선인의 눈을 의심하게 할 정도로 위협과 충격으로 다가와 스스로의 정체성을 의심하는 혼란을 초래하기에 충분하였다.

거대한 흐름에 거역할 수 없고 유학의 전통은 우리의 의식 속에 도도히 흐르고 있는 상황에서 선택의 순간이 다가온 것이다.

당시 주류는 서학의 사邪를 배척하고 성리학의 전통을 바로 세우고자 하는 위정척사衛正斥邪파였다. 거세게 몰아치는 서세에 어떻게 대처할 것인가가 관건이었으며, 이를 둘러싸고 의견이 여러 갈래로 나누어지는 형국이었다. 동도동기東道東器의 위정척사파가 한쪽에 있었다면 다른 한쪽에 서도서기西道西器의 개화파가 있었다[30]. 타협할 수 없어 평행선을 긋는 양자 사이에 동도서기가 들어오는 것은 자연스러운 현상이었다. 개화에 대한 입장으로 보면 개화파는 일본 메이지 유신과 같이 서양의 과학기술을 적극 수용하는 것은 물론 정치 체제까지 개혁하자는 입장인 반면, 동도서기는 서양의 과학기술만을 받아들이자는 중국의 양무개혁과 유사한 온건적 성격을 띤다고 하겠다.[31]

동도서기는 동도동기의 위정척사파와 서도서기의 개화파의 중간적 입장으로 그 뿌리에 따라 3부류로 나누어진다. 먼저 개화파의 한 부류로 온건적 개화파에 해당하거나 개화파와는 다소 구별되는 부류가 있다. 반대로 위정척사파의 한 부류로 자주적 개화 또는 위정척사파의 사상적 분화로 형성된 부류가 있다. 나머지는 개화파나 위정척사파 어디에도 속하지 않고 중간적인 입장을 취하는 부류이다. 종합해볼 때 동도

30. 동도동기의 대표로는 이항로의 위정척사운동, 서도서기의 대표로는 서재필의 독립협회운동을 들 수 있다. 홍원식, 『동도관의 변화의 한국근대철학의 전개』, 『東亞人文學』 제15집, p.178.

31. 동북아역사재단, 한일문화교류기금 편, 『한국과 일본의 서양문명 수용』, 경인문화사, pp.327~336.

서기는 그 발원지가 다양하지만 위정척사파와 개화파의 가운데서 양자를 절충한 입장이라 할 수 있다[32].

양측의 절충이라 하지만 동도와 서기 간의 무게 중심은 달랐다. 실제 당시 위정척사파가 주류였고, 과학기술을 위시한 서기에 대해서는 전반적으로 관대하였으나, 천주교의 서학에 대해서는 완강한 반대 입장의 기류가 팽배하였다는 점을 감안하면 동도서기라 하더라도 동도에 상당한 무게를 두었음을 알 수 있다. 말하자면 동도서기는 도의 강한 관성이 지배하고 있었던 당시 사회적 상황을 반영한 산물임을 부인할 수 없다. 도덕인의道德仁義의 사회에서 우리의 영혼은 포기할 수 없으니 사상은 받아들일 수 없지만, 대신 생활의 이기利器는 영혼에 영향을 미칠 수 없으니 서양으로부터 얼마든지 편한 대로 들여와서 쓰더라도 괜찮을 것이라는 생각이었다. 여전히 리理 중심적인 사고에 젖어 있었다. 그러나 그게 말처럼 쉽게 되질 않았다. "호랑이 굴에 잡혀가도 정신만 차리면 된다"는 것인데, 겁에 질려 혼비백산한 상황에서 정신이 온전할 리가 없다. 문명이라는 것은 정신과 물질이 혼합되어 분리하기 어려운 성질을 가지는데, 서양의 문명이 거세게 밀려오는 상황에서 우리의 혼만 지키면 된다는 식은 현실과는 동떨어진 얘기였다.

서구의 엄청난 문물을 목격하고 충격을 받은 상황에서는 부지불식간에 서구의 정신이 사람의 마음속으로 스며들기 마련이고, 그렇게 되면 구호와 실제가 유리되어가는 자기 모순의 상황이 벌어질 수밖에 없

32. 노대환, 『동도서기론 형성 과정 연구』, 일지사, 2007, pp.10~14.

다. 그러니 사실 동도서기를 표방하였지만 내용적으로는 서도서기로 서서히 진행되는 상황이었다. 형식과 내용의 부조화로 인해 혼란만 가중되어 갔다.

동도서기의 기본 논리는 도와 기는 서로 분리 가능하다는 것에 기초하고 있다. 주역의 도기론道器論에서 기원된 것으로 도는 형이상의 것, 기는 형이하의 것으로 한 사물의 두 측면을 가르킨다[33]. 도는 한 사물에 내재된 원리라면, 기는 그 원리로 움직이는 실체적 현상을 가리킨다. 쉽게 얘기하면 도는 이론, 정신 세계를, 기는 실제, 현상 세계에 매칭된다. 좀 더 깊은 이해를 위해서는 조선시대 퇴계학파 계열과 이이학파 계열 간 진행된 이기논쟁에 대한 이해가 필요하다[34]. 이기이원론 대 이기일원론으로 집약되는 견해에 따라 다소 차이가 있지만, 도와 기는 이론적으로 분리될 수 있으나 실제에서는 한 몸이다. 건축물의 설계와 실제 건축물이 분리될 수 없듯이 둘은 밀접하게 연관되어 있어서 사실상 분리가 불가능하다. 이렇듯 동도와 동기가 한 몸이고 서도와 서기가 한 몸일진대, 서로 다른 몸의 동도와 서기를 합친다는 것은 이치에 어긋난다.

좀 더 논의를 진전시켜보자. 동도와 서기의 관계는 인문학인간 관계, 정신-자연과학생활의 이기, 물질의 관계도 있지만 사실 각 분야에서 이론과 실제 간의 관계를 포함한다. 이 둘 관계가 혼재되어 있다고 할 수 있다.

---

33. 申箕善의 『農政新編』 서문, 1881, 홍원식, 앞의 책, p.184 ~ 185. 여기서 도(道)와 기(器)는 유학의 오랜 논쟁거리인 리(理)와 기(氣)에 포괄적으로 매칭된다고 하겠다.

34. '이기논쟁'에 관해서는 본문 세 번째 원리적 유교사회 1. 관념적 도덕주의의 '이기논쟁'을 참조하길 바란다.

물론 당시의 동도-서기 관계는 전자인 인문학-자연과학의 관계적 의미가 강하다. 정신 세계는 유학 전통으로, 물질 세계는 서양의 과학기술로 조합할 수 있다는 것이다. 그러나 유학엔 유학 고유의 역사적·문화적 배경이 있다. 유학은 동양 문명을 살아가는 인간들의 자연과 사람을 이해하는 방식의 산물이다. 마찬가지로 서양의 과학기술도 서양 고유의 유구한 역사와 문화 속에서 인간들이 축적해온 지혜의 산물이다. 이러한 배경을 무시한 채 서양의 과학기술을 유학과 공존시키려 한 것은 기본적으로 모순을 안고 있다.

따라서 동도서기는 형식적으로는 인문학-자연과학의 조합으로 보이지만 내용적으로는 이론과 실제 간 관계가 선행되어야만 하는 과제이다. 유학 사회에 부족한 자연과학과학기술을 접목시키려면 자연과학의 이론과 실제에 직접 들어가 그 원리와 방법론을 정밀하게 파헤쳐야 그 가능성을 발견할 수 있을 것이다. 그러기 위해서는 이론과 실제가 서로 밀접하게 소통이 되어야 한다. 이것이 필자가 이 책을 관통하여 이기 간 맥락적 구조를 강조하는 이유이다. 우리의 경우 이론과 실제 간 관계는 실학에서 보았듯이 인문학에서 상당한 진전을 이루나 자연과학에서는 그다지 진전을 이루지 못하였다. 홍대용, 정약용, 최한기 정도가 깊이 고민한 정도이다. 이러한 실학의 특질은 사람 관계를 중시하고 원리를 추구하는 오랜 유학 전통이 다가올 격동의 시기에도 큰 변화 없이 지속될 거라는 것을 이미 예고하고 있었다.

이러한 논의는 일견 일본 근대화의 배경 사상이 된 소라이학徂徠學이 주장한 천도天道와 인도人道의 분리 및 계층적 관계 해체를 연상시킨다[35]. 천도와 인도의 분리는 하늘의 도와 인간의 도는 서로 일치될 수 없다는 양자 간의 비환원주의적인 원리가 작동된다[36]는 것으로 형이상학적인 차원에서의 리와 기의 관계에 관한 것이다. 즉 인문학 내에서의 이론과 실제에 관한 것이다. 하지만 동도서기와 무관하지 않다. 천도와 인도가 분리된 상태에서의 동도서기와 그렇지 않은 상태에서의 동도서기의 실현은 아마 다를 것이다. 분리가 동도서기에 보다 부합된다고 할 수 있다. 분리될 경우 도에 유연성이 있어 서기를 수용하기가 훨씬 수월하다. 그렇지 않고 천도와 인도가 합일을 지향할 경우 인도의 운신의 폭이 좁아 서기 수용에 상당한 한계를 가질 수밖에 없다.

도덕인의를 중시하고 자연의 질서에 순종하는 입장에서 이를 거역하는 문명이기의 발달은 쉽게 받아들일 수 없는 것이다. 다행히 실학 움직임이 일어나 실제를 중시하는 학풍이 상당히 진전되었다. 그럼에도 불구하고 사회의 주류를 형성하지 못하였기 때문에 계속 확장되지 못하였고, 그런 까닭으로 동도서기 또한 제대로 수용할 수 있는 상황이 아니었다. 겉으로는 동도서기를 표방하였지만 여전히 우리나라는 리 중심에 머물러 있었다는 얘기다.

아무튼 동도서기는 동양의 심오한 인문학과 서양의 발달된 자연과학을 함께 취하려고 하는 야망에서 출발하였지만, 도-기 간, 즉 보다 포괄적으로는 이-기 간 연결 문제인 이론과 실제 관계가 결여되었고 내용적으로도 취약하였다. 인문학에도 이론과 실제가 있고, 자연과학에도

---

35. 마루야마 마사오(丸山眞男), 『日本政治思想史研究』, 東京大學出版會, 1952.
36. 이덕희, 『부뚜막이 닳도록』, 이엔비플러스, pp.150~151.

이론과 실제가 있다. 즉, 리와 기가 어떻게 상호 작용해서 리가 생성되고 또 기가 변하는가에 대한 방법론적 문제 의식이 결여되어 있었다.

"당시 우리나라가 처한 상황에서 어쩔 수 없는 일이 아닌가" 라고 반문할 수 있다. 그러나 이미 이에 관해서는 일찍이 공자가 '하학이상달下學而上達' 로 언급한 바 있다. '하학이상달' 은 "아래를 배워 위에 달한다" 라는 개념으로 논어의 여러 군데에서 등장할 정도로 공자의 주요 가르침 중 하나이다. 『논어』에서 공자 제자들의 어록을 모아 놓은 「자장편子長篇」을 보면 자하子夏가 문하생들과의 대화에서 "널리 배우고 그 뜻을 돈독히 하라. 절실하게 묻고 가까운 데에서 생각하라. 그리하면 인이 그 속에 있나니라博學而篤志 切問而近思, 仁在其中矣" 라고 이야기하는 내용이 있다.[37] 일상적 삶에서 '하학이상달' 을 몸소 실천하다 보면 인을 완성할 수 있다는 의미이다. 공자의 인은 구체성이 결여된 생각이나 언어가 아니라 구체적인 삶에 기초해 어떤 원리에 도달할 수 있는 존재이다. 바로 인문학 측면에서 이론과 실제 간의 관계를 얘기하고 있다. 형이하학적 세계를 깊이 탐구하여 형이상학적 세계로 도달하는 상향식 방법론에 대한 언급이다[38]. 비천한 삶에서 고귀한 인문 사상을 구현한 공자의 삶 자체가 바로 '하학이상달' 을 말해주고 있는 것이다.

동도서기를 적극적으로 주창하였던 당시 선구자들도 이를 모르지는 않았다. 동도서기론을 처음 제기하였던 박규수1807~1877의 문하생으로 동도서기론을 적극 펼쳤던 김윤식1835~1922도 그의 저서 『신학육

37. 김용옥, 『논어 한글역주 3』, 통나무, 2008, pp.550~555.

38. 이덕희, 『공자가 다시 쓴 자본주의 강의』, 센추리원, 2015, p.115.

예론新學六藝論』에서 기에 기반한 신학문을 얘기하였다. 육예는 예禮(예의 범절), 악樂(음악), 사射(활쏘기), 어御(말타기), 서書(서예), 수數(수학)로 인간 삶의 구체적인 행위로서 기의 세계를 말하며, 일상생활 속의 지극 정성으로부터 도덕인의가 태어난다는 것을 강조하였다.

> "이른바 과거의 학문은 삼대三代에 사람을 가르치던 법이 아닌가? 삼대에 사람을 가르치던 법은 육예六藝 바깥을 벗어나지 않는다…… 육예란 과거나 지금이나 구하여 쓰는 도구이고, 그 항목은 여섯으로 포함하지 않는 것이 없다. 도덕인의道德仁義는 리理이고 육예는 기氣이다. 도덕인의는 모두 육예 가운데를 쫓아서 생기기 때문에 '아래를 배워 위에 도달한다하학이상달' 고 한다. 기를 버리고 리를 말하면 리가 앞으로 어찌 더해지겠는가? 이제 책을 읽는 선비는 모두 스스로 성문聖門(성인의 도에 들어가는 문)의 학도라고 하는데…… 그 하는 바를 살펴보면 육예와는 절대로 가깝지 않다. 이러한즉 신학문이 어떤 것인지 이해하지 못할 뿐만 아니라, 아울러 성문이 사람을 가르친 까닭이 어떤 것인지를 모르니 가히 탄식할 만하다."[39]

구한말 학부대신 등의 주요 관직을 두루 맡으며 동도서기론의 선봉에 섰던 신기선申箕善, 1851~1909도 "기에 차이가 있으면 이 또한 따라서

39. 최윤수, 「동도서기 논리와 민족담론의 해석」, 『동양철학연구』 제38집, 2004, p.288.

변한다"라고 하여 실제를 중시하는 유연한 입장을 보인다. 그는 율곡 이이의 주기론主氣論이 주장한 이통기국理通氣局, 즉 "이는 통하고 기는 국한된다"는 입장을 취하는데, 이는 시공을 초월하지만 기는 시공에 국한될 수밖에 없으며, 이와 기는 연계되어야 하므로 이 또한 기의 제약에 영향받을 수밖에 없다는 것이다. 즉, 기 중심의 이기 간 맥락적 연계를 강조하면서 동도서기의 입장을 피력하였다. 또 그는 "지금의 유자들은 이기에 실견이 없는 공설을 너무 쉽게 말하고 현실을 직시하지 않고 공허한 담론만을 생산한다"라고 비판하였다[40].

일본, 미국을 방문하여 수학하면서 서양의 근대 문명을 우리나라에 본격적으로 소개한 유길준兪吉濬, 1856~1914도 유사한 주장을 하였다. 그는 저서 『서유견문西遊見聞』에서 개화를 실상의 개화와 허명의 개화로 나누어 자기의 처지에 합당한 실상의 개화를 할 것을 주문하였다. 현실에 기초한 이치를 탐구하여 내재화시켜 나가는 내생적 발전을 암시하고 있다.

> "개화는 실상의 개화와 허명의 개화로 분별된다. 실상의 개화는 사물의 이치와 근본을 깊이 연구하고 고증하여 그 나라의 처지와 시세에 합당케 하는 경우다. 허명의 개화는 사물에 대한 지식이 부족하면서도 남이 잘된 모습을 보면 부러워서 그러든지 두려워서 그러든지, 앞뒤를 헤아릴 지식도 없이 덮어놓고 시

40. 이명주, 「신기선의 동도서기 교육론」, 『교육사학연구』 18(2), 2008. pp.61~86.

행하자고 주장하여, 돈을 적지 않게 쓰면서도 실용성은 그에 미치지 못하는 경우다. 외국과 처음으로 통한 자가 한 번씩은 허명의 개화를 겪지만, 오랜 세월이 지나면서 수없이 많은 경험을 얻게 되면 비로소 실상의 개화로 나아가게 된다…… 아아 개화하는 일은 남의 장기를 취하는 것에만 있는 것이 아니라, 자신의 훌륭하고 아름다운 것을 보전하는 데에도 있다. 남의 장기를 취하려는 생각도 결국은 자신의 훌륭하고 아름다운 것을 돕기 위한 것이기 때문에, 남의 재주를 취하더라도 실용적으로 이용하기만 하면 자기의 재주가 되는 것이다[41]."

그러나 현실은 선구자들의 주장과는 사뭇 달랐다. 선구자들의 리와 기의 연계에 대한 의식에도 불구하고 실제 적용에서 한계가 있어 이상에 머무를 수밖에 없었다. 서기 수용에 가장 적극적인 개화파의 입장에서 보면 동도가 서기로 나아가지 못하고 발목을 잡는 형국이 되어 오히려 동도서기는 비판의 대상이 되었다. 하지만 서기는 거역할 수 없는 대세였고, 거꾸로 서기가 서도를 불러오는 현상마저 벌어져 천주교, 기독교가 민중에 급속도로 퍼져나갔다. 이는 결국 하학이 부재한 상태에서의 상달만을 추구한 우리 유학의 특질이 빚어낸 모습이라고 할 수 있다.

---

41. 유길준 지음, 허경진 옮김, 『서유견문』, 서해문집, 2013. pp.398 ~ 399.

유학과 과학의 충돌

유학의 도덕성과 서학의 합리성의 결합은 그럴듯해 보이지만 일종의 돌연변이 같은 것이다. 유학과 과학은 쉽게 융화될 수 없는 모순을 안고 있다. 유학에서의 인간은 하늘처럼 성인으로 구현되어야 할 목적으로서의 존재이지만 과학에서의 인간은 물체의 입자처럼 계량의 대상인 하나의 수단이 되기 때문에 양자는 근본적으로 충돌을 일으킨다[42]. 과학에서의 인간은 하나님에 귀의해야 할 영생적 존재로서의 인간天道과 자연을 합리적으로 탐구하고 스스로 이롭게 활용하는 존재로서의 인간人道의 상호 분리가 전제될 때 성립된다. 즉, 천도와 인도의 분리 이후에 인간의 자유 의지가 허용되면서 과학이 스스로 진화할 수 있는 것이다. 그렇지 않고 하늘의 도와 인간의 도가 조화되어야 하는 유학에서는 과학 스스로 독립하기가 어려운 구조이다. 자연에 순응해야만 하는 인간이 자연을 개조의 대상으로 삼는 것은 이치에 맞지 않기 때문이다. 그러니 상호 이질적 구조의 유학과 과학이 충돌하는 것은 지극히 자연스러운 현상이다. 유학과 과학의 모순에 발목이 잡혀 인문학과 자연과학 내에서의 이론과 실제 간 관계에까지 제대로 이르지 못한 것으로 보인다. 특히 자연과학은 더 그러하다.

좀 더 논의하면 학문 방법론 측면에서 과학과 유학은 서로 충돌한

---

42. 생물학, 생명 시스템과 같은 현대과학에서는 인간을 물체의 입자가 아니라 자기 조직화하며 환경에 적응하는 개체로 인식하는 등 계속 진화하고 있다. 그러나 18~19세기 근대과학에서는 뉴턴 물리학의 기계론적 세계관이 지배적이었다.

다. 과학적 접근 방법은 자연의 구체적인 현상으로부터 이치를 발견하는 귀납적 방법론실사구시, 격물치지의 측면이 강한 반면 성리학은 하늘의 이치, 즉 도덕적 인의에 의해 지배되고 이에 인간이 순응함으로써 세상의 올바른 질서가 형성된다는 연역적 방법론이 강하다[43]. 기본적으로 리의 세계는 불변을 추구하는 데 반해 기의 세계는 변화무쌍하다. 그러나 장구한 세월에 걸쳐 인간 지식의 발달은 리理 세계 또한 고정불변하지 않으며, 적어도 인간의 도덕적 인의도 시대에 따라 변할 수밖에 없음을 확인해 왔다. 그러니까 인간 문명에서 내생성이란 리와 기 간의 상호 작용, 즉 귀납적 방법론과 연역적 방법론이 쌍방향으로 이루어져야 가능함에도 유학은 줄곧 연역적 방법론에 경직적으로 머물러 있었던 것이다.

앞서 살펴본 실학 시대의 취약한 이기 간의 상호 작용이 동도서기 시대에도 그대로 이어졌음을 알 수 있다. 정약용과 최한기 정도에서 이기 간 관계에 관한 인식으로 확장되었을 뿐 대부분은 거기에 미치지 못하였다. 상당한 진보적 성향을 보인 북학파를 비롯한 많은 학자들이 공리公利가 중요하다 하면서도 의리義理가 선행이 되어야 한다고 하였다[44]. 공리는 실용적 이익을 말하는 것으로 서구의 과학기술에 기초한 경제적 효율성 개념이라 할 수 있다. 이는 우리의 뿌리인 의리의 바탕 위에 공리를 받아들여야 한다는 것으로 바로 동도서기와 연결된다. 그때까지

43. 小川晴久, 「十八世紀의 哲學과 科學의 사이 : 洪大容과 三浦梅園」, 『東方學志』 20, 1978, 노대환, 『동도서기론 형성 과정 연구』, 일지사, 2007, p.37에서 재인용.

44. 노대환, 『동도서기론 형성 과정 연구』, 일지사, 2007, pp.32～34.

조선이 걸어온 대명의리大明義理의 관성이 북학파들의 몸속에 여전히 남아 있음을 증거한다. 서양 과학기술의 수용은 적극적인 데 반해 천주교는 배척한 것도 같은 맥락이다. 성호 이후 서학을 적극적으로 수용하는 그룹들도 처음에는 서양 과학기술에 관심을 보이다가 점차 천주 교리에 관심을 이전시켜 리 중심으로 흘러갔다[45]. 이러한 일련의 모습들이 동도서기의 실천이 얼마나 어려웠던가를 말해주고 있다.

인문학에서 사회과학으로 확장되든 또는 자연과학으로 확장되든 중요한 것은 이기가 서로 맥락적으로 연결되느냐이다. 이기 간의 균형도 실제로 이기가 서로 연결되지 못하면 한낱 구호에 그치고 만다. 마찬가지로 이기 간 균형이 일그러지면 이기의 연결도 어렵기 때문에 서로 상보적인 관계에 있다. 많은 실학자들이 의리보다 공리가 중요하다고 또 의리와 공리 모두가 중요하다고 인식하였지만, 구체적으로 그 내용에 들어가지 못하였다. 대다수 인재들이 여기에 머물렀고 소수만이 그 안으로 들어갔다. 박지원, 홍대용, 박제가 등 북학파와 정약용과 최한기 등의 소수 선각자들이 하늘의 도와 인간의 도가 다를 수 있음을 인식하고 실생활에 도움이 되는 학문을 해야 한다고 역설하였다.

서기를 그대로 받아들이면서 그 배후의 서도도 별 저항 없이 받아들이는 것이 자연스런 현상이다. 눈으로 보이는 물건이나 풍습이 경천동지할 만한 것이라면 그 앞에서 흔들리지 않을 사람이 어디 있겠는가? 자연히 배후의 사상에 호감을 갖게 마련이고, 전체적으로 이해하려는 것

45. 금장태, 『실학과 서학』, 지식과 교양, 2012, p.49

이 인지상정이다. 우리의 경우 유학이 스스로 진화하여 천도와 인도의 분리 단계를 거쳐 물학자연과학이 발전할 길을 열어주는 것이 자연스런 내생적 발전의 모습이었다.

하지만 불행하게도 우리는 그 문턱에서 좌절하였다. 나라의 안위가 위태로운 상황에서 정상적인 문명의 진화 과정을 밟을 수 없었고, 그 사이 서양 문물이 물밀듯이 들어와 동도서기는 중심을 잃고 표류하였다. 유학과 과학이 화해하지 못한 채 유학동도은 천주교와 기독교 앞에 서서히 무너져 내려갔다.

도 중심 논의

서기가 갑오개혁1894과 을미개혁1895을 계기로 본격적으로 실생활에 들어오면서 유학과의 갈등이 점점 고조되었다. 자연히 동도와 서도의 문제로 옮겨갈 수밖에 없었다. 이러한 상황에서 과연 동도를 계속 고집할 수 있는가라는 현실적인 문제에 부딪혔다. 그렇다고 완전히 서도로 갈 수 없는 상황이어서 그 대안으로 대두된 것이 동도변용론東道變容論이었다. 다양한 신흥 종교, 사상철학이 나타났다. 또다시 리를 중시하는 우리의 재능이 빛을 발휘하였다. 실리보다는 명분으로 가게 되면서 기와의 거리는 여전히 좁혀지지 않았다.

동학東學과 대동교大同教가 그 대표적인 예이다. 동학은 최제우1824~1864가 1860년에 하늘의 계시를 받아 만든 것으로 조선 왕조의 운이 다하고 서학이 밀려와 사회가 혼란한 시기에 새로운 사회를 건설하기 위한 사상으로 대두되었다. 유교가 천주교라는 서학의 영향과 시대 상황을 반영하여 변형된 새로운 패러다임이라 할 수 있다. 유교가 군자의 선비와 소인의 일반 백성을 신분제로 나누었다면 동학은 일반 민중들도 천주를 섬기면 군자가 될 수 있다는 인내천人乃天 사상으로 집약할 수 있다. 그런 면에서 민중 속으로 급속하게 확산되어 나갔다. 2대 교주 최시형1827~1898을 거치면서 사람뿐만 아니라 사물도 하늘이라는 사상으로 확대되었고, 급기야 1894년 동학농민운동으로 전개되었다. 3대 교주 손병희1861~1922는 1905년 동학을 천도교라 개명하였고 그후 동학은 만민평등을 위한 사회개혁 사상으로 이어졌다.

대동교는 박은식1859~1925, 장지연1864~1921 등이 중심이 되어 1909년 조직한 것으로 유교 사상에다 양명학과 캉유웨이康有爲, 1858~1927의 대동 사상大同思想[46]을 융합하여 우리의 실정에 맞게 변형한 유교 개혁 사상이다. 대동교는 실학의 연장선상에서 유교의 개혁을 지향하였다. 주자학에서 벗어나 지행합일知行合一을 적극 주장하며, 위태로운 상황에 처한 나라를 구하고자 애국계몽 사상을 고취시키고 부국강병을 실천하고자 하였다. 앞서 얘기한 동도서기의 세 부류 중 위정척사파의 한 부류로 자주적 개화 또는 위정척사파의 사상적 분화로 형성된 부류를 중심으로 전개되었다.

개화기를 맞이하여 서도를 접하면서 우리의 것을 좀 더 객관적으로

---

46. 청나라 말기 불안정한 개화기에 캉유웨이는 저서 『대동서(大同書)』를 통하여 중국 유학 사상에 기반한 남녀 평등, 가족제도 폐지, 인종차별 소멸, 계급 철폐, 농공상업 공영, 세계 정부에 의한 평등의 이상 세계를 제시하였다. 임석진 외 편저(2009), 『철학사전』, 중원문화 참조.

바라볼 수 있는 시각을 가질 수 있었고, 그런 가운데 기존 유학에서 서도의 요소를 발견하게 되면서 유학을 변용하는 형태로 나타난 것이 동학과 대동교라 할 수 있다. 다분히 내생성의 요소를 지니고 있다. 사실 이러한 움직임이 큰 세력을 형성하여 쭉쭉 뻗어 나갔어야 함에도 나라를 빼앗긴 데다 서기와 더불어 천주교, 기독교가 확장되면서 그 동력을 점점 잃고 말았다.

만일 우리에게 기를 중시한 역사가 있었다면 상황은 달라졌을 것이다. 비록 동도서기가 어렵지만 서기에 세심한 관심을 기울여 원리를 터득하고 실생활에 적용하는 실용적 학문에 비중을 두었다면 동도와 큰 마찰 없이 유연하게 대처할 수 있었을 것이다. 실생활에 도움이 되는 각종 기술과 방식들을 적극 수용하고, 또 우리의 실정에 맞게 개량하는 일에 많은 노력을 기울였을 것이다. 시간이 지남에 따라 자연히 과학기술 역량도 확대일로에 있었을 것이다. 그러나 성리학의 관성이 강한 나머지 과학기술 역량의 축적은 상당히 지연되어 해방 이후에 본격적인 궤도에 진입할 수 있었다. 안타깝게도 변화의 시기에 동도냐 서도냐의 도에 걸려 정작 기에까지 내려갈 수 없었다.

서양 문물이 들어오면서 과학기술에 관심을 가지기 시작하였으나 여전히 이기 간 관계는 요원하였다. 리 중시의 DNA가 서구 문물을 만나 동도서기라는 사생아를 탄생시켰으나 더 이상 성장하지 못하였다. 동도서기로서 정체성을 유지하려 노력하였으나 거대한 소용돌이에 중심을 잃어버리고 말았다. 마치 콘크리트 건물에 기와 지붕을 덧씌운 건축물이 어색한 풍경을 자아내듯이 동도서기는 태생적으로 자기 모순을 안고 있었다.

동도서기는 진행형

구한말 시대적 상황에서는 동도서기를 할 수밖에 없었다. 진정한 동도서기를 하기 위해서는 누군가는 열심히 서도서기를 해야만 하였다. 하지만 시대 상황상 노골적으로 서도서기를 내세울 수 없어 내용과는 상관없이 형식적으로는 동도서기가 될 수밖에 없는 상황이었다. 조선 지식인들의 치열한 고민이 있었고, 자의반 타의반의 세태가 원망스러운 그런 시대였다. 독립 국가를 유지하려는 고육지책에서 불가피한 선택이었지만 자기 모순이 내재되어 있었다.

그러다 나라를 빼앗겨 버렸다. 그동안 모든 고민들이 한순간에 정지되어 버렸다. 암흑기였다. 동도냐 서기냐 이러한 논의들이 무의미하게 되면서 수면 밑으로 가라앉아 버렸다. 하지만 부지불식간에 서도서기는 계속 진행되었다. 해방이 되자 봇물처럼 터져 줄기차게 서도서기를 하였다. 종교뿐만 아니라 인문학, 사회과학, 자연과학 등 광범한 서양 학문이 들어왔다. 그것은 지금도 정치, 경제, 사회, 문화, 예술, 체육 등 전방위적으로 진행되고 있다.

문제는 이대로 서도서기만 할 것인지, 아니면 동도서기를 제대로 할 것인지, 또는 끝내 동도동기를 한 번 해볼 것인가이다. 그러나 이 질문은 어쩌면 무의미할 수 있으며 결코 과거와 같이 유학 대 과학의 구도에 기초하여 성립되지 않는다. 지금 동도는 유학만을 지칭하지 않을뿐더러 실제 동도와 서도를 구분하기가 어렵다. 오랜 세월 동안 동도와 서도는 혼재해 왔고 현재 상태에서 동도니 서도니 소유권을 주장하는 것은 별 의미가 없다. 서기는 더더욱 동서양 구분이 무의미하다. 그보다는 얼마나 인류에 이로운 가치를 창출하느냐가 관건이다. 중요한 것은 도와 기 간 맥락적 구조와 도와 기 간 균형을 이루냐이다. 즉, 동이 주체가 되어 도와 기 간 밀접한 인과적 관계를 형성하면서 스스로 새로운 문명을 만들어 나가느냐의 문제이다.

동도와 서기의 조합은 도덕성과 물질 문명이 상호 견제와 균형을 통해 일방이 독주하지 못하도록 한다는 측면에서 그 내재적 모순에도 불구하고 분명 긍정적인 요소를 가지고 있었다[47]. 소위 '유교적도덕적 자본주의'로 표현되는 동아시아 국가들의 경제성장 모델의 주요 요인인 동시에 아시아적 가치의 핵심이다. 그러나 적어도 우리의 경우 일을 만들어 추진하고 성사시켜 나가는 주체적 과정과 내생적 발전을 고려하면 그렇게 낙관적일 수만은 없다. 피할 수 없는 운명처럼 그것이 오늘을 규정짓는 틀이 되어 화석처럼 될까봐 두려운 것이다. 더구나 지금 디지털 시대의 기술 경쟁과 다가올 미래를 생각하면, 동도서기가 구한말 소용돌이 시대 당시 변화의 주역이 아니라 수세적인 모습의 상징으로 각인된 것이 안타깝다.

그 관성의 열차에 올라타 오늘도 우리는 어디론가로 가고 있다. 그 방향도 중요하지만 순전히 우리가 만든 열차에 타고 있지 않아 어딘가

---

47. 최윤수, 「동도서기 논리와 민족담론의 해석」, 『동양철학연구』 제38집, 2004, pp.277~321.

불편하다. 핵심 기술은 수입한 것인데다, 좌석 방향도 크기도, 내부 시설 배치도 우리 몸에 잘 맞지 않다. 하지만 다른 선택이 별로 없고 많은 사람들이 이용하고 있어 우리의 중요한 일상을 이루고 있다. 중요한 것은 그 열차 기술을 배우고 익혀 나중에 우리 몸에 맞고 더 빠르고 안전한 열차를 만드는 일이다. 실제 KTX의 경우 처음 프랑스 TGV 열차를 도입한 이후 KTX 산천이나 SRT 등으로 진화하고 있다.

마찬가지로 그간의 역사는 근본적으로 이기의 체계가 온전히 우리 것이 아닌 데서 오는 갈등과 모순이라는 점, 즉 이기 체계의 주체성에 대해서 일깨워주고 있다. 리만 고집하는 것은 공허하고, 기만 고집하면 방향성과 가치를 잃어버린다. 그래서 리와 기가 서로 상대방 속으로 들어가는 것이 중요하다. 이기의 연결고리는 서양이 만든 과학이 그 실마리를 제공하였다. 그간 서양으로부터 열심히 배우고 수용하였으나 리 중심의 원리주의가 너무 강해 여전히 서로 간에 장벽이 높다. 그만큼 외생성이 강해 우리 내면에 뿌리를 내리지 못하고 있다.

현재 우리가 겪고 있는 중진국으로서의 어려움들은 바로 이러한 자각과 우리의 마음 한편을 불편하게 하였던 것들이 서서히 수면 위로 나타나면서 여러 방면에 걸쳐 한계에 봉착한 데서 비롯된 것이 아닌가 한다. 그동안 열심히 익혀 왔던 방법론을 우리 것에 적용하여 그 가치를 밝혀 보편성을 획득하는 노력이 더 적극적으로 이루어져야 한다. 이러한 과정이 지나면 우리의 실제에 기초한 새로운 원리들을 세우는 일로 옮겨갈 것이며, 그래야만 리와 기가 서로 연결되고 과정과 결과가 일체화되면서 내생적 사회로 진화할 수 있을 것이다.

동도서기는 실학의 연장선상에서 실학의 또 다른 버전이었다. 자주적 · 내생적 사회를 향한 열망을 품고 있었으나 리 중심의 유학적 유산을 결코 뛰어넘지 못하였다.

03

서양 문물의 외형적 수용

문물의 향유

경제 위기가 닥치면 대개 남미의 아르헨티나, 베네수엘라, 혹은 남유럽의 그리스, 스페인, 포르투갈, 이탈리아 등의 나라들이 단골로 입에 오르내린다. 이들의 특징은 대개 제조업의 기반이 약하고 주로 관광업이나 서비스 등 생산보다는 소비가 우월한 국가들이다. 한마디로 열심히 일하는 것보다는 소비하는 데 재주가 있는 나라들이다. 대신 독일, 스위스, 일본, 대만 등은 반대로 경제 위기가 오면 오히려 안전 자산으로 선호되어 더 탄탄함을 과시한다. 이들은 소비보다는 생산에 강점이 많은 나라들이다.

우리나라도 그동안 산업화를 성공적으로 이끈 대표적인 국가로서 후자의 부류에 속한다. 하지만 1인당 국민소득 3만 달러 언저리에 오랫동안 머물러 있으며, 최근에는 지속 가능한 산업경쟁력 유지에 어려움을 겪고 있다. 혁신이 주도하는 경제로의 이행이 절심함에도 일종의 함정에 빠져 있다. 어느 때부터인가 우리나라도 소비가 생산보다 더 우월한 위치에 있으며, 일의 처리에서 꼼꼼하지 못한 구석을 보이고 있다. 이는 근대화의 시작이라 할 수 있는 서양 문물의 수용 형태와 관련이 있으며, 오늘날 우리나라의 산업화 패턴과 당면 문제들과도 연결되어 있다. 즉, 소비와 향유 중심의 서양 문물 수용의 관성이 강하게 남아 있다.

구체적인 예를 들어보자. 지금 우리가 사용하는 유리 거울이 조선에 들어온 것은 1690년 이후부터인 것으로 추측된다. 그때부터 중국에서 수입하던 청동 거울이 유리 거울로 바뀌게 되었다. 1765~1766년 북경을 여행하였던 홍대용의 『을병연행록』에 의하면, 러시아인들이 1721년 이후 주로 머물던 북경의 옥하관을 통해 유리 거울이 조선인들에 판매되어 조선으로 흘러들어 온 것으로 추측된다[48]. 또 다른 통로는 일본을 통해 들어오는 것으로, 민간무역을 통해 인삼, 실, 목화를 수출하고 은, 칼, 거울을 수입하였다[49]. 분명 유리 거울은 청동 거울보다는 상을 정확하고 또렷하게 비추어 사람들에게 꽤 높은 인기를 얻었다. 하지만 조선 내에서 유리 거울을 만들려는 노력은 별로 찾아볼 수가 없다. 1800년대 와서도 결코 제조하지 못하였다. 단지 이규경李圭景, 1788~?이 『오주연문장전산고五洲衍文長箋散稿』의 「유리변증설」과 『오주서종박물고변五洲書種博物攷辨』의 「유리류」에서 유리 제조방법을 소개하는 정도에 그치고 있다.

이처럼 조선시대 때에는 문명의 이기를 향유하는 데 그치고 이를 직접 만들거나 그 원리를 이해하고자 하는 노력은 매우 미흡하였다. 사농

48. 강명관, 『조선에 온 서양 물건들』 휴머니스트, 2015, p.153.
49. 강명관, 『조선에 온 서양 물건들』 휴머니스트, 2015, p.156.

공상의 유교 질서가 외래 문물의 수용에 그대로 투영되었기 때문이다. 상공업엔 신분이 낮은 사람이 종사하고, 지체 높은 분들은 도덕인의를 습득하고 실천하는 일에만 관심을 두다 보니 외래 문물이라 하더라도 사회 전체적으로 관심이 낮았다. 그런 연유로 지배계층인 유학자들이 유리 거울을 제조하거나 원리를 탐구하는 일에 관심을 가지지 못하였고 중국이나 일본으로부터 수입하여 소비하는 데 관심을 보였다.

안경도 노안을 극복하는 획기적인 물건이어서 1600년대 선비들 사이에서 상당한 인기 품목이었다. 선비들은 책을 읽고 마음의 수양을 쌓는 것이 중요한 덕목이나 나이가 들면 시력이 약해져 책을 읽지 못하는 것이 큰 걸림돌이었다. 안경은 이를 해결해주는 신기한 문명의 이기였다. 이런 연유로 양반들 사이에서 상당한 수요가 있었다. 이에 반해 안경을 직접 만들기 시작한 것은 이보다 훨씬 이후인 1700년대 중반이 되어서야 가능하였으며, 안경의 원리에 관한 책자는 그보다 50년 이후인 1800년대에 만들어졌다[50]. 문명의 이기를 먼저 향유하고 난 후 원리를 깨우치고 직접 생산하게 되는 것은 자연스러운 이치이나 그 간극이 너무 크다. 이를 보면 당시 사회의 모습이 어떠하였는지 짐작이 가능하다.

자명종도 사정은 별반 다르지 않다. 자명종은 1600년대 초에 중국과 일본을 통해 조선에 처음 들어왔다. 『인조실록』에 의하면 1631년 정두원이 진주사進奏使[51]로 북경에 파견되었다가 스페인 출신의 예수회 신

50. 강명관, 『조선에 온 서양 물건들』 휴머니스트, 2015, pp.18~73.

51. 조선시대 중국과의 관계에서 외교적으로 알려야 할 일이 발생하였을 경우 임시로 파견한 사신을 지칭한다.

부인 로드리게스로부터 들여온 여러 물건 중 하나가 자명종이었다[52]. 그 이후 여러 형태의 시계가 중국과 일본을 통하여 들어오기 시작하였고, 시간을 알리는 그 정확도와 편리성에 매료되어 상류층에서는 앞다투어 자명종을 들여왔다. 홍대용은 저서 『을병연행록乙丙燕行錄』과 『연기燕記』를 통해 1766년 북경 체류 중 경험하였던 다양한 시계들을 자세하게 묘사하였다[53]. 또한 이덕무도 일본에 관한 정보를 정리하여 편찬한 『청령국지蜻蛉國志』[54]에서 자명종 시계, 종루 위에 자명종을 올려놓은 누시계대樓時計臺, 품속에 지닐 수 있는 작은 회중시계 등에 대해 언급하였다[55].

이렇듯 기행문을 통해 시계에 대해 견문한 것을 자세히 소개하고 또 조선으로 들여오는 데 굉장한 노력을 기울인 반면 그것을 제조하는 데는 관심이 적었다. 여러 문헌들을 종합해볼 때 1600년대 후반에 오면 시계를 제조하기 시작한 것으로 추정이 되지만 여전히 제조와 관련된 전반적인 기반은 열악하였다. 시계 수리와 관련된 일화가 이를 잘 말해준다. 승정원일기에 따르면 1724년 청나라 옹정제가 증정한 문신종問辰鐘[56]이 고장 나자 관상감에서 수리할 사람이 없어 지방의 장인을 불러 고치게 하였다는 기록이 있다. 문신종보다 더 정교한 문종問鐘의 경우는 수리할 사람이 없어 고칠 수 없다고 전한다[57]. 신기한 물건이 있으면 수

52. 강명관, 『조선에 온 서양 물건들』 휴머니스트, 2015, p.208.

53. 강명관, 『조선에 온 서양 물건들』 휴머니스트, 2015, pp.220～232.

54. 청령국(蜻蛉國)은 일본을 가리키는데, 땅의 모양이 잠자리와 닮아 붙여진 별칭이다.

55. 강명관, 『조선에 온 서양 물건들』 휴머니스트, 2015, pp.237.

56. 앉혀 놓게 만든 시계의 일종

소문하여 자기의 손에 넣으려는 열망은 대단하나 일단 입수하고 난 후의 태도가 문제였다. 그 물건의 원리를 파헤쳐 스스로 만들어 보려는 노력이 뒤따르지 않고 향유에만 그치는 풍토였다.

유리 거울, 안경, 자명종 등 몇몇 물건들에 국한한 예만 보아도 조선에서 서양 문물을 수용할 당시의 실상을 짐작할 수 있다. 이후 개화기를 맞이하였지만 제국주의 열강들의 침략 야욕 속에 정치적인 상황이 급박하였기 때문에 차분히 산업의 기반을 다질 겨를이 없었다. 미처 준비할 시간도 없이 새로운 문명의 이기들이 밀려 들어오는 형국이었고, 건잡을 수 없는 소용돌이 속에서 받아들이기에 급급한 상황이었다. 이후 일제강점기에는 우리 주체적으로 일을 도모할 수 없었기 때문에 점점 소비 지향적으로 되어 갔다.

문물 향유 풍토는 인문을 중시하는 조선 유학의 특질에 기인한다. 구체적 사물보다는 인간 심성을 다스림으로써 도덕적인 사회를 건설할 수 있다는 이상에 따라 문물의 원리나 제조에 대해서는 그다지 관심을 두지 않았다. 대신 문명의 이기를 활용하는 소비에 사회 지배층의 관심이 쏠렸다. 이러한 풍토는 해방 이후 산업화 과정에서 모방형 캐치업 경제 형태로 나타났으며, 외국산 브랜드 선호, 만성적인 여행수지 적자 등의 현상에서 알 수 있듯이 면면히 이어지고 있다.

---

57. 강명관, 『조선에 온 서양 물건들』 휴머니스트, 2015, p.214.

기술과 과학의 단절

앞서 안경에 대해서 언급하였지만, 안경의 경우 최초 조선에 도입된 것은 17세기 초반으로 추정된다. 이호민李好閔, 1553~1634의 『안경명』이 1606년에 쓰여졌고, 이수광李睟光, 1563~1628이 1614년 쓴 『지봉유설』에서 안경이 언급된 것으로 보아 그렇게 보는 것이 맞을 듯하다. 초기에는 상당 기간 양반들을 중심으로 애용되다가 19세기에 오면서 서울에도 안경 공방이 여럿 생길 정도로 일반 대중으로 확산되었다[58].

반면 안경의 원리에 대한 관심이나 이해는 허술하여, 서양 사람이 밝힌 렌즈의 원리를 중국을 통해 들여온 이후 별다른 진전이 없었다. 볼록 렌즈와 오목 렌즈의 원리를 소개한 『원경설』을 정두원鄭斗源, 1581~?이 1630년 들여온 이래 170여 년 동안 이에 대해 침묵을 지켜 왔다. 그러다가 정약용의 1798년 『마과회통』에 와서야 비로소 렌즈의 원리에 대해서 제대로 언급이 되었다. 당시 우리의 과학기술에 대한 관심과 이해가 매우 열악하였음을 짐작할 수 있다. 원리에 대한 기록이 없다 하여 원리에 대한 관심이나 기술이 존재하지 않았다고 단언할 수 없다. 아니 분명 안경 제조기술이 존재하였을 것이다. 그러나 기록으로 활자화되지 않았다는 것은 상류층의 관심이 적었다는 것을 말해준다. 사대부에서의 관심이 적다는 것은 곧 국가 차원에서의 관심과 역량이 미약하다는 것이고 그만큼 민간에의 확산이 더딜 수밖에 없다. 안경이 처음 조선

58. 강명관, 『조선에 온 서양 물건들』 휴머니스트, 2015, pp.18~73.

에 들여온 이후 거의 2세기가 흐른 19세기에 들어와서야 안경의 원리에 대해 제대로 들여다보기 시작하였다. 심지어 이호민은 그의 저서 『안경명』에서 나이가 들면서 눈과 귀가 멀게 되는 것은 상제의 뜻이니 물건안경을 빌려 보는 것은 상제의 뜻을 거스르는 것이다라고 할 정도이니 가히 짐작이 간다[59].

망원경도 그 사정은 비슷하다. 1630년 정두원이 『원경설』을 중국으로부터 가져오면서 망원경도 함께 가져왔다. 망원경은 오랫동안 귀하고 신기한 물건으로 취급되었다[60]. 1708년 허원이 망원경을 정식으로 조선 왕실에 들여왔으나 왕을 상징하는 태양을 바라보게 하는 요상한 것이라 하여 영조가 부숴버릴 정도로 별 관심을 끌지 못하였다[61]. 이러한 상황에서 망원경의 광학적 원리에 대한 눈길을 줄 리가 더더욱 만무하다. 19세기가 되어서야 비로소 망원경 원리에 관심을 보이기 시작하였다.

19세기의 이러한 상황에 대해 이규경은 다음과 같이 기술하였다.

> "우리나라에는 주인疇人[62]의 자제라 할지라도 측량에 소홀하고, 또 간평簡平(해시계), 무진撫辰(별관측기), 혼천渾天(천체관측기), 혼개통헌渾蓋通憲(이슬람식 천문시계), 대환大環, 미륜彌綸(낚싯줄), 원

59. 강명관, 『조선에 온 서양 물건들』 휴머니스트, 2015, p.19.
60. 강명관, 『조선에 온 서양 물건들』 휴머니스트, 2015, p.78.
61. 강명관, 『조선에 온 서양 물건들』 휴머니스트, 2015, p.97.
62. 천문(天文) · 역산(曆算) · 악률(樂律) 등을 대대로 전하여 업으로 삼는 사람.

경遠鏡(망원경), 적도의赤道儀(천체망원경) 같은 의기儀器들이 없다. 따라서 단지 중국과 서양이 이미 측량한 유적遺績만 의지하고, 실제로는 한 가지도 측량한 적이 없으니, 참으로 한탄스러운 일이다."[63]

이규경은 광학 원리에 관심이 있었지만 정확하게 이해하지는 못하였으며, 중국이나 일본의 문헌들을 여기저기 인용하는 데 그쳤다[64]. 그나마 망원경을 직접 체험하여 자세하게 망원경을 설명하는 것은 최한기의 『추측록』에서의 기록이다. 그러나 그도 오목 렌즈나 볼록 렌즈의 광학 원리에 상세히 들어간 것이 아니라 망원경의 구성 원리를 소상히 언급한 정도이다[65]. 앞서 언급한 시계도 시계가 조선에 들어온 1630년대 이후 한참 지난 1600년대 후반에 들어서야 비로소 만들기 시작하였다. 자명종은 제작 방법이 더 복잡해서 그런지 그에 관해 기록으로 남겨두지 않아 기술자들에게 전파하는 데 상당한 제약이 있었다고 전해진다[66].

원리에 관심을 보였다 하더라도 직접 만들어보지 않고 수입된 책자에 기술된 것을 이해하는 수준에 그치면 진정 원리를 이해할 수 없으며, 또 새로운 발견으로 이어지기 어렵다. 기술이 없는 과학, 현장이 부재한

---

63. 이규경, 「測量天地辨證說」, 『五洲書種博物考辨』, p.789, 강명관, 앞의 책 p.126에서 재인용.
64. 강명관, 『조선에 온 서양 물건들』 휴머니스트, 2015, pp.128~130.
65. 강명관, 『조선에 온 서양 물건들』 휴머니스트, 2015, pp.132~133.
66. 강명관, 『조선에 온 서양 물건들』 휴머니스트, 2015, p.262.

이론이라 할 수 있다. 『중용』의 핵심 중 하나인 성교론性教論에서 性이라는 것은 誠에서 明, 즉 일의 본질을 가까이 하여誠 원리를 깨우치는明 것을 말하며, 教라는 것은 明에서 誠, 즉 원리를 배워明 본질에 가까이 가는誠 것을 말한다. 이 두 가지가 서로 교섭하여 일체화되어야 온전해진다[67]. 이를 학문하는 자세에 응용하자면 실제를 궁구하여 원리를 깨우치는 것性과 원리를 배워 실제의 핵심에 가까이 가는 것教이 서로 균형을 이루어야 사물의 본질을 제대로 파악할 수 있다는 것이다. 그러나 우리의 경우 역사적으로 양자가 균형을 이루지 못하고 줄곧 후자인 교가 지배해온 것이다.

서양 문명의 힘은 기와 리 간 맥락적 구조, 즉 기실제로부터 리이론를 추출하고, 리가 가진 확장성으로 다시 리를 견인하는 상보적 체계를 구현하였다는 데 있다. 무엇보다 수학과 과학의 발전이 리와 기 간의 연결고리로서 중요한 역할을 하였다. 과학이라는 실증적 방법론의 발전으로 인해 이론과 실제를 잘 매개하여 대중들을 설득할 수 있도록 그 객관성을 확보할 수 있었다. 그 결과 과학은 국경을 초월하여 보편 타당성을 지니며 확산될 수 있었다.

반면 동양의 리는 기와 리 간 명시적인 연결고리가 없는 리만의 세계를 추구하였다는 점에서 그 한계를 지닌다. 그것도 인간 관계의 리를 중시하여 인간과 물의 관계에 관한 리에는 좀처럼 눈길을 주지 않았다. 그런고로 기의 세계에 대해서는 총체적으로 미약하였기 때문에 리와 기

67. 김용옥, 『중용 한글역주』, 통나무, 2011, pp.533～538.

간의 관계가 취약하였으며, 특히 물과의 관계에서 이-기 간 관계는 거의 부재한 결과를 초래하였다. 이는 서양 문물의 수용에서도 그대로 나타나 기기술만 수용하고 배후의 리과학의 관계에까지 미치지 못하는 결과를 가져왔다. 따라서 사람들의 관심은 문물을 도입하여 향유하는 데 집중되었고, 문물의 배후 원리는 도외시되었다. 리를 중시하는 풍토에서 만일 과학기술에 관심이 있었다면 원리에 분명 관심을 보이고 파헤쳤을 것이다. 그러나 조선 사회는 물과의 관계를 중시하지 않았기 때문에 과학기술의 원리에는 무관심하였다. 요즘 용어로 하면 공학기술을 소홀히 해 자연히 자연과학도 함께 관심에서 멀어진 경우이다.

개화기 당시 이러한 수용 행태에 대해 비판이 없었던 것은 아니다. 1896년 독립신문에서 당시 조선의 개화를 "서투른 목수가 헌 집을 고치면서 새 기둥을 준비하지도 않고 헌 기둥을 모두 뽑아 버리는 형국"에 비유하였다[68]. 매일신문에서도 "개화하는 사람은 실학은 무엇인지 모르고 머리 깎고 양복만 하면 다 된 줄로" 알고 행동하는 실태를 비판하면서 '참 개화'와 '실학'의 의미를 상기시켰다[69].

이러한 세태에 대해 당시 김홍집 내각의 공무대신[70]이었던 신기선은 자주적인 개화를 주장하고, 유교에 중심을 두고 이용후생을 위한 서

68. 『독립신문』 건양 원년(1896) 5월 23일 '논셜', 연세대학교 국학연구원 편, 『서구문화의 수용과 근대개혁』, 태학사, 2004, p.5에서 재인용.

69. 『매일신문』 광무 2년(1898) 7월 28일 '론셜', 연세대학교 국학연구원 편, 『서구문화의 수용과 근대개혁』, 태학사, 2004, p.5에서 재인용.

70. 갑오경장(1894) 때 국내 공작 · 교통 · 체신 · 건축 · 광산 등의 사무를 관장하였던 중앙관청의 최고 책임자를 말한다. 요즘의 장관에 해당한다.

구 문물을 채택할 것을 주문하였다[71]. 소위 동도서기를 강조하였다. 고종도 이를 공감하고 신기선을 학무대신[72]으로 임명하여 자주적인 개혁을 위한 교육 개혁을 추진하였다[73].

그럼에도 불구하고 서양 문물이 동양으로 확산되는 서세동점이라는 거대한 시대 흐름은 거역할 수 없었으며, '마음 따로 몸 따로' 의 모순만 드러내었다. 머리가 생각하는 이론과 손발이 경험하는 실제 세계의 불일치라는 근본적인 문제가 내부적으로 쌓여만 갔다. 리를 중시하고 기를 소홀히 하는 조선 유교의 특질이 실제를 소홀하게 하고 현장을 등한시하는 풍토로 그대로 이어졌다. 이는 자연을 대상으로 이치를 궁구하여 인간에 이로운 문물을 만드는 일에 진정으로 들어가지 못하게 만들었다. 경천동지할 만한 서양 문물이 들어와 급속히 확산되는데도 애써 외면하는 모순을 자아내었다. 뒤늦게 깨닫고 관심을 보이지만 마음은 급하고 머리와 손발이 따로 놀아 이기 간 단절이 지속되고 말았다. 동도서기의 모순이 구체적인 문물 수용에 그대로 드러나고 있었다.

이러한 모순은 무슨 일이든 처음부터 자기 주도적으로 하지 못하는 습성으로 이어졌으며, 선진 문물을 먼저 습득하여 이익을 취하는 것에 모두가 관심을 보이는 형태로 나타났다. 오랜 기간 동안 이러한 행태들이 지속되어 외생적 발전의 모습으로 패턴화된 것으로 보인다. 자연히 내생적 발전 역량이 허약해져 서구 문물을 그대로 수용해 향유하는 데

71. 김경미(1998), 「갑오개혁 전후 교육정책 전개과정」, 연세대학교 대학원 박사학위 논문, p.125.
72. 조선 말기 교육행정을 관장하던 중앙관청의 최고책임자.
73. 구희진(2004), 「한국 근대개혁기의 교육론과 교육개혁」, 서울대 대학원 박사학위논문 p.127.

집중되고 우리의 풍토에 맞게 개량하거나 재창조하는 역량으로 이어지지 못하였다.

변용이 없다

원리를 궁구하지 못하였기 때문에 자연히 제조와 변용도 열악할 수밖에 없었고, 실제 그러한 단계에 이르기까지는 상당한 시간이 걸렸다. 앞서 언급한 안경의 경우 그동안 중국을 통해 수입해 사용해 오다가 18세기 중후반에 와서 만들기 시작하였다. 최초는 그 이전인 17세기 경주에서 수정을 이용하여 만든 것으로 추정되지만 보다 일반화된 것은 18세기 중후반 무렵인 것으로 추정된다. 당시 문헌에 따르면 수정으로 만든 안경은 노소와 원근의 차이를 잘 이해하지 못한 채 만들어져 상당히 조악한 것임을 짐작할 수 있다[74]. 주로 중국, 일본에서 수입된 것을 복제하는 수준이었다. 또한 수정은 유리와는 달리 가공하기가 쉽지 않기 때문에 자유롭게 변용하기 어렵다. 즉, 유리 소재의 활용이 그 변용에서 매우 중요한 관건이나, 당시 조선에서는 수정을 주로 사용하고 유리는 한참 뒤인 19세기 이후부터 사용하기 시작하였다. 강세황이 1785년 중국 방문 이후 "중국은 서양으로부터 유리 만드는 법을 배웠고 조선은 유리 만드는 방법을 모른다"라고 주장한 것이나, 이규경의 역서인 『오주연문장전산고五洲衍文長箋散稿』의 안경에 관한 「애체변증설靉靆辨證說」에

74. 강명관, 『조선에 온 서양 물건들』 휴머니스트, 2015, pp.30~34.

서 "조선에는 유리로 만든 안경이 없다"라는 주장으로부터 유추할 수 있다[75]. 따라서 처음 안경을 제조한 이후 1세기 이상 동안 거의 복제 수준에 머물러 있었다고 보는 것이 타당하다.

시계의 경우 자명종은 17세기 중후반 이후 만들기 시작하였다. 서울에서는 관상감[76], 지방에서는 부산의 왜관 가까이에 있는 동래, 밀양, 그리고 나주 등지에서 중국과 일본으로부터 들여온 시계를 복제하는 형태로 제조되었다. 그러나 이것도 그렇게 활발하지 못하였는데, 자명종이 당시 생활 수준으로 보았을 때 상당한 고가여서 상류층 중심으로 수요가 이루어져 수량이 매우 적었다. 또한 자명종의 기술이 정밀하지 못하여 고장이 잦았는데, 이를 수리할 수 있는 사람이 매우 적었다. 기본적으로 당시 농경 사회인 조선에서는 분, 초를 기준으로 하는 정밀한 시간 단위의 필요성이 그리 높지 않았기 때문에 1876년 개항 이전까지는 시계가 일상생활에서 널리 사용되지 못하였다[77]. 이처럼 시계 시장 형성이 극히 미미하였기 때문에 자명종의 변용으로 이어지기까지 상당 기간 복제에 머무를 수밖에 없었다. 일반 대중이 시계를 사용하고 다양한 형태의 시계가 나오게 된 것은 19세기 후반 이후 20세기 들어와서였다.

무기도 또 다른 예 중 하나이다. 조선은 주로 중국을 통해 서양의 무기 기술을 도입하였다. 서양의 무기 기술을 도입하고 무기 제조공장을

---

75. 강명관, 『조선에 온 서양 물건들』 휴머니스트, 2015, p.73.

76. 조선시대 천문 · 지리 · 역수(曆數) · 점산(占算) · 측후(測候) · 각루(刻漏) 등에 관한 일을 담당하기 위해 설치하였던 관서.

77. 강명관, 『조선에 온 서양 물건들』 휴머니스트, 2015, pp.260~263.

짓고 신식 군대를 양성하여 자강을 목표로 하였다. 그러나 재정 사정이 열악하고 기술을 흡수할 수 있는 역량이 현격히 부족하였기 때문에 요즘과 같은 기술이전은 불가능하였다. 결국 무기 제조보다는 무기 수리나 탄약 제조 등에 머무를 수밖에 없었다. 무기 제조기술 습득을 위해 1880년 군계학조단軍械學造團이라는 유학생을 파견하였으나 조선 정부의 빈약한 재정과 기기창 설립 지연으로 귀국 후 유학생 활용이 제대로 이루어지지 않았다. 우여곡절 끝에 1889년 구식 소총을 제작하는 소규모 공장이 설립되기도 하였으나 청나라가 제조한 구식 전장식 총을 수입하는 것이 주류였다[78]. 이러한 상황은 그 이후에도 크게 개선되지 않아 무기 제조기계를 수입하였음에도 그 원리를 익히는 일을 소홀히 함으로써 변용은커녕 무기 조립조차도 여의치 않았다. 심지어 충분히 제조 가능한 탄약도 오히려 수입에 의존하는 상황으로 전락하였다. 열강들의 패권 다툼이라는 급박한 상황에서 무기는 점점 수입에 의존하게 되었다[79].

변용의 단계에 이르는 중요한 요소는 제조와 원리의 상호 작용이다. 원리라는 이론적 측면리과 제조라는 실제적인 측면기이 서로 밀접하게 연계되어야 궁극적으로 변용이 가능하다. 그러나 당시 상황을 짐작하면 변용이라는 것은 요원한 단계임을 알 수 있다. 문제는 제조에서 복제 단계의 기간이 길어 변용 단계로 좀처럼 넘어가지 못하였다는 데 있다. 또 하나 중요한 요소는 주체적 변용이다. 이 또한 이론과 실제 간 연

78. 김연희, 『한국 근대과학 형성사』, 들녘, 2016, pp.86~95.

79. 김연희, 『한국 근대과학 형성사』, 들녘, 2016, pp.102~103.

계가 되었을 때 가능하다. 이는 내생적 발전의 중요한 측면으로 스스로 일을 추진하는 가운데 획득하는 창조력에 관련된다. 이론과 실제 간에 연계가 이루어지면 외부의 문물이 들어와도 일정 기간이 지나면 곧 자신들의 환경에 맞게 변용을 하는 능력이 발휘된다. 응용과 변용의 시기가 지나면 자기 고유의 이론을 창출하는 단계로 이어지는 것이 자연스런 진화 과정이다. 따라서 이러한 일련의 과정을 생략하고서 이론을 만드는 단계로 간다는 것은 불가능하다. 대한제국 시절 급진 개화파들 중 일부는 누가 주체가 되어 개화하여도 개화만 하면 된다는 식의 사고를 가졌다[80]. 때문에 갑오개혁이 일본의 강요에 의해 이루어졌다 해도 개의치 않았다. 누가 개혁을 하고 어떻게 개혁을 하는가에 대한 과정을 무시하고 개혁만 하면 된다는 결과 중심의 사고가 얼마나 위험한지를 말해주고 있다. 결과 위주의 하향식 풍토가 우리를 얼마나 타율적으로 만드는지를 우리는 식민 경험을 통해 통렬하게 반성하였다.

고종은 대한제국을 선포하고 동도서기를 실현하고자 하였으나 실제는 서도서기가 될 수밖에 없었다. 즉, 서양을 얼마나 효율적으로 받아들이느냐에 나라의 발전이 달려 있었다. 우리의 현 위상이나 미래를 위해서는 충분히 그 단계에서 벗어나야 함에도 불구하고 그 관성이 아직도 강하게 남아 있다. 그 비근한 예가 아직도 우리 국민들이 영어, 수학의 가위에 눌려 있다는 점이다. 서양을 효율적으로 받아들이는 첫 번째 수단이 바로 영어요, 수학이다. 기본적인 의사소통 수단인 영어와 과학

80. 연세대학교 국학연구원 편, 『서구문화의 수용과 근대개혁』, 태학사, 2004, p.54.

기술의 논리적 언어인 수학을 잘해야 서양의 과학기술과 문물을 잘 받아들일 수 있다. 사실은 그 이후의 변용과 새로운 것의 창조가 더 중요함에도 그 수단에 지나치게 에너지를 쏟는 기형적인 구조가 너무 오래 지속되고 있다. 중요한 것은 영어, 수학 자체에 함몰되는 것이 아니라 실제 생활과 연계하여 어떻게 적용하고 어떤 의미를 지니는가를 아는 것이다.

우리의 유학 전통이 리 중심으로 전개되어 기 중심의 역사가 일천하기 때문에 서양의 과학기술과 조우하여 스스로 변용할 수 있는 기반이 너무 취약하였다. 그래서 처음부터 서양의 것으로 새롭게 하는 선택을 취할 수밖에 없었다. 농공상의 기반이 취약할 뿐만 아니라 이론과 실제 간의 상호 작용은 더더욱 열악하기 때문에 불가피하였다. 앞서 예를 든 안경, 자명종, 무기 등과 같이 대부분의 근대 문물들은 전적으로 외국에서 기기와 기술을 들여와야 했다. 문제는 그것이 오래 지속되어 부지불식간에 우리의 DNA처럼 되어 간다는 데에 있다.

한편 모든 문물이 안경이나 자명종과 같진 않았다. 우리의 전통 산업인 농업은 양상이 달랐다. 농업 기반의 경제·사회였기 때문에 기존의 농업 방식에 서양 농법이 적극 도입되는 형태를 띠면서 차별되어 전개되었다. 수입과 복제에 의존한 다른 부문들과는 달리 전통 농법과 서양농법의 접목에 의한 개선, 개량의 사례들이 나타났다. 주로 서양 농학의 번역 소개로 시작되어 점차 응용·변용된 서적들이 출간되는 형태로 진화되었다. 대표적인 서적이 안종수安宗洙, 1849~1896가 쓴 『농정신편農政新編』인데, 그가 일본과 중국에서 구한 서양 농법 관련 서적들을 참고로 하여 발간하였다. 그 이후 서양 농법 관련 서적 발간이 붐을 이루어 양계 관련 『양계법촬요1989, 작자 미상』, 나완의 『농학입문1908』, 신규식의 『가정양계신편1908』, 권보상의 『농업신론1908』, 장지연의 『접목신법1909』, 『소채재배전서1909』, 김진초의 『과수재배법1909』 등의 출간으로 이어졌다[81].

뿐만 아니라 서양 농법을 적용한 시범농장인 농무목축시험장이 설립되어 상당한 진전을 이루었다. 1883년 미국 사절단인 보빙사報聘使의 일원이었던 최경석崔景錫, ?~1886이 보스턴 박람회와 월코트Walcott, J. W. 모범농장을 시찰한 후 기계농법, 온실, 목장 등의 농업기술을 도입하고자 서울 인근에 설립하였다. 조선 정부는 벼 베는 기계, 탈곡기, 인분 뿌리는 기계, 저울 등 미국의 농기계를 수입하고, 캘리포니아로부터 젖소, 말, 조랑말, 돼지도 들여왔으며, 목화, 꽈리, 담배, 양배추, 샐러리, 케일, 순무, 볍씨, 맥류, 콩, 포도, 복숭아, 밤 등 300여 종의 종자를 수입하였다. 최경석은 시범농장에서 재배에 성공한 경험을 종자와 함께 전국 각지에 확산시켜 새로운 품종 개발과 농가의 생산성 향상에 적잖게 기여하였다. 그러나 이렇게 의욕적으로 시작한 시범농장 사업도 최경석의 갑작스런 사망으로 거의 중단되어 계승되지 못하였다. 이후 조선 정부는 간헐적으로 서양 농업 기술자들을 초청하여 기술을 전수하는 정도밖에 하지 못해 강한 추진 동력을 확보하지 못하였다[82].

게다가 서양 농법을 적극 도입하길 원하였던 조선 정부의 의도와는

81. 김연희, 『한국 근대과학 형성사』, 들녘, 2016, pp.130~131.
82. 김연희, 『한국 근대과학 형성사』, 들녘, 2016, pp.131~134.

달리 실제 농가의 현실은 매우 열악하여 상당한 괴리를 노정하였다. 예를 들어 『농정신편』에서 제시된 여러 종류의 시비법비료 종류, 비료 주는 법 등은 당시 농가에서는 활용될 수 없었다. 그중에는 살충제 만드는 법도 있었으나 대부분의 농가는 주원료인 소태나무나 흰겨자 씨를 갖고 있지 않았다. 이처럼 우리 농가의 사정을 고려하지 못한 서양농법이 소개되었기 때문에 그 활용도가 낮을 수밖에 없었다. 그나마 사정이 나았던 농업 부문에서조차 이러한 속사정으로 많은 시행착오를 겪어야 하였다[83].

통신의 경우도 농업과 유사하게 변형의 노력이 있었다. 김학우金鶴羽, 1862 ~ 1894는 1880년대 조선 초기 전신 구축에 큰 기여를 한 인물이다. 그는 모르스 전신부호를 한글에 맞게 고안하여 전신의 정착에 크게 공헌하였다. 개인의 창의적인 노력의 소산이 쌓여 점차 기술력이 축적되면 후대에 가서 큰 기술적 업적을 이룰 수 있다. 그러나 안타깝게도 일본의 대륙침략의 일환인 '한일통신협정'이 1905년 맺어졌고 이로 인하여 조선의 통신권을 침탈당해 이 또한 단절되는 운명을 맞이하게 되었다.[84]

외래 문물을 수용하여 그것을 변용하는 가운데 내생성의 씨앗을 심을 수가 있는데, 이를 생략하는 관행이 오랫동안 누적되면 나중에 스스로 새로운 것을 만들어가는 능력을 잃게 되어 지속성을 유지할 수 없다. 외래 이론의 명칭이나 용어를 받아들일 때에도 그것을 우리의 언어로 바꾸는 과정에서 그 정확한 의미를 새기게 되고 한 번 더 심사숙고하게

83. 김연희, 『한국 근대과학 형성사』, 들녘, 2016, pp.135 ~ 138.

84. 김연희, 『한국 근대과학 형성사』, 들녘, 2016, p.206.

된다. 그 과정에서 스스로 생각하는 힘이 발현된다. 그럼에도 우리는 그러한 과정을 생략한 경우가 많기 때문에 언어와 사고가 심각하게 오염되어 왔다.

최근 해마다 11월이면 할로윈 축제로 우리 사회가 몸살을 앓는다. 우리의 고유 내력과 관련이 없는 외래문화를 무분별하게 수용하고 상업화에 이용하는 것은 지양하여야 한다. 원래 문화라는 것은 외국에서 수입하여 그 나라에 맞게 정착되는 과정을 거치는 것이고, 크리스마스를 비롯한 현재의 우리 문화들도 과거 다른 나라들로부터 들여와 그렇게 변형되면서 정착되어 왔다. 문화에는 그와 같은 측면이 자연스럽다. 그러나 워낙 열악하였던 과거에는 그렇다 하지만 이제 국력이 높아졌으니 격조 높은 문화 민족으로서 위상을 보여줄 때가 충분히 되었다. 아무런 변용의 과정 없이 그대로 들여와 흉내 내는 것은 우리 스스로의 자존이 허락하지 않는다. 할로윈 축세에 관한 논란은 복제 중심의 문물 수용구조와 맥이 닿아 있다.

단편적 서양 문물 견문

지금까지 서구 문물의 수용 행태를 미시적으로 살펴보았다면 이제부터는 좀 더 넓은 시야에서 살펴보자. 좋든 싫든 서양 문명의 힘은 동양으로 흘러넘쳤고 동양은 스펀지가 물을 빨아들이듯이 서양 문명을 흡수하였다. 이 대세는 불가항력적이었으며, 지식인들을 중심으로 서양 문물을 견학하는 움직임이 나타나기 시작하였고 정부도 견학단을 조직하여 서양으로 파견하였다. 그러나 이 모든 행위들은 큰 계획하에 주도면밀하게 이루어진 것이라기보다는 어디로 가야 할지 뚜렷한 방향을 정하지 못하는 혼란스런 가운데 행해졌다. 크게는 동도서기라는 조선의 시책 하에 이루어져 내용과 형식의 불일치라는 근본 모순을 지닐 수밖에 없었다. 또한 일본과 청나라를 비롯하여 러시아, 미국 등 열강들의 조선에 대한 주도권 싸움 속에 우리 내부의 분열로 말미암아 문물 수용에서 주도적이지 못하고 수세적인 모습을 띠었다.

자연히 서양 문물 견문이 체계적이지 못하고 단편적이었다. 먼저 조선 정부 차원에서 서양 문물 견문을 위한 노력에 대해 살펴보자. 공식적인 견문단은 일본에 파견한 조사시찰단일명 신사유람단, 紳士遊覽團, 청에 파견한 영선사領選使, 미국 견문단인 보빙사절단報聘使節團이다. 조사시찰단은 1876년 조선이 일본과 강화도조약을 맺은 후 김기수와 김홍집을 각각 1, 2차 수신사로 일본에 보낸 이후 일본의 문물을 견학하는 차원에서 이루어졌다. 당시 일본은 1868년 메이지 유신 이후 서양 문물을 적극적으로 받아들여 상당한 수준의 개화를 이루고 있어서 일본을 견학하는 것은 곧 서양 문물을 접하는 것이었다. 물론 훨씬 이전부터 중국을 통해서 서양 문물을 접하였지만, 중국은 여전히 세계 중심이라 자처하여 서양 문물 수용에 소극적인 터였다.

당시 조정의 기본 노선이 위정척사였기 때문에 시찰단의 모집과 파견은 비공식적인 형태로 진행되었다. 1881년 4월 10일부터 7월 2일까지 조준영趙準永, 박정양朴定陽, 엄세영嚴世永, 강문형姜文馨, 조병직趙秉稷, 민종묵閔種默, 이헌영李憲永, 심상학沈相學, 홍영식洪英植, 어윤중魚允中, 이원회李元會, 김용원金鏞元 등 12명의 조사를 중심으로 각각 수행원 2명, 통역관 1명, 하인으로 한 반당 5명으로 구성하여 모두 60명을 파견하였다. 각 반별로 내무성, 외무성, 대장성, 문부성, 공부성, 사법성, 농상무성, 육군, 세관 등 전담 분야를 정하여 약 2개월 반 동안 시찰하였다. 귀국 후 각 분야별로 시찰한 것을 여행기 형식의 시찰기류視察記類와 시찰 보고서 형식의 문견사건류聞見事件類로 나누어 100여 권의 분량으로 작성하여 조정에 제출하였다[85].

동 보고서가 있기까지 일련의 과정에서 조선은 일본을 통한 서양 문물의 실상을 파악하고자 나름 체계적으로 접근한 것으로 보인다. 정부의 각 분야별로 어떻게 개혁을 하고 있는지를, 또 서양 문물을 어떠한 방법으로 수용하고 있는지를 볼 수 있는 기회였다. 다만 견문을 어떠한 시각으로 접근하였는지의 내용과 또 그 이후 견문한 것을 어떻게 활용하였는지가 문제일 것이다. 시찰단 파견 전후의 정황으로 보아 면밀히 준비하였다고 볼 수 없으며, 또 한 번의 견문으로 그쳐 속속들이 파악하기 어려웠다. 개화보다 위정척사가 지배하는 기류에서 개화의 기운을 한 곳으로 결집시키지 못하는 상황이었다. 그럼에도 조사시찰단의 결과는 이후 갑오경장을 비롯해 을미개혁 등 사회 전반에 직간접적으로 상당한 영향을 미친 것으로 판단된다.

영선사는 신사유람단과는 달리 신무기 제조기술 학습과 미국과의 수교 관련 협의에 국한된 임무를 띠고 1881년 9월 26일에 톈진 기기국

85. 한민족문화대백과, '조사시찰단' 참조.

에 파견되었다. 영선사 김윤식金允植, 1835~1922을 필두로 학도 20명과 공장 18명의 유학생 38명, 통역 및 수종 인원 31명 등 총 69명의 인원이었다. 11월 30일에 텐진에 도착하였지만 유학생들의 업무 능력 파악에 상당한 시간을 소요하여 이듬해 2월에서야 유학생들의 담당 업무가 정해졌다. 학도들은 주로 화학 · 전기 · 제도 · 화학 제조법 및 외국어 등 이론적인 분야를, 공장들은 제련 · 기계 조작법 및 기계모형의 제조 등 실습 분야를 학습하였다. 그러나 몸이 아프거나 능력 미달, 기타 사정 등으로 5월까지 19명이 중도 귀국하였고, 임오군란의 발생으로 학습이 중단되기도 하였다. 많은 어려움 끝에 결국 5,000냥 상당의 소수기기小手機器를 구입하여 1882년 11월에 모두 귀국하였다[86]. 영선사는 소기의 목적을 충분히 달성하였다고 할 수 없다. 그 배후에는 갑작스런 임오군란의 발생, 재정 부족 등도 있지만, 신무기 제조 학습보다는 미국과의 수교 문제에 더 역점을 둔 탓도 있다. 또 귀국 후 훈련받은 유학생들을 활용하여 기술을 확대 · 발전시킬 수 있는 학교와 연구시설을 갖추지 못하였다는 점도 큰 아쉬움을 남긴다[87]. 많은 우여곡절이 있었지만 영선사는 1883년 3월 삼청동 북창北倉에 최초의 기기창機器廠을 건설하는 계기가 되었다.

보빙사절단은 1883년 7월 당시 임오군란 이후 조선에 대한 청나라의 간섭이 심해지는 시점에서 미국이 조선이 독립국임을 인정하기 위해 파견한 특명전권공사 푸트Lucius H. Foote 방문에 대한 답례로 미국에 보

86. 한국학중앙연구원, 『한국민족문화대백과』 영선사(領選使) 참조.

87. 박성래, 신동원, 오동훈, 우리 과학 100년, 현암사, 2001, pp.21~22.

내졌다. 정사 민영익閔泳翊, 부사 홍영식洪英植, 종사관 서광범徐光範, 그리고 수행원 유길준兪吉濬과 변수邊燧, 고영철高永喆, 무관 최경석崔景錫, 현흥택玄興澤 등 11명이 참여하여 일본조사시찰단보다는 작은 규모였으며, 기간도 9월 2일 도착 이후 10월 12일 귀국까지 약 40일간이었다. 세계박람회, 시범농장, 방직공장, 의약제조회사, 해군연병장, 병원, 전기회사, 철도회사, 소방서, 육군사관학교 등 다방면의 기관들을 시찰하였다. 그리고 워싱턴의 내무성 교육국을 방문하여 미국의 교육제도에 대하여 소개받았다. 우편제도, 전기시설, 농업기술 등 발달된 산업기술 및 제도에 대한 관심이 높았고 이후 우정국 설치, 경복궁의 전기 설비, 육영공원育英公院, 농무목축시험장農務牧畜試驗場 등이 설립되는 계기가 되었다[88]. 우리나라 최초 관립 근대교육기관인 육영공원1886은 배재학당1885, 이화학당1886 등과 더불어 미국식 교육제도를 조선에 도입하는 역할을 하였다. 농무목축시험장을 통해 미국의 농업 관련 기구, 기계, 재배 방식 등이 도입되었다.

보빙사절단은 조선에 대한 일본과 청나라 간의 세력 다툼 속에서 일본과 청나라를 견제하기 위한 또 다른 열강으로서 미국을 활용하고자 하는 정치적 목적이 강하였기 때문에 문물 수용에 준비가 덜 되었으며, 지리적으로도 아주 멀어서 일본 조사시찰단에 비해 여러 한계를 지니고 있었다.

조사시찰단, 영선사, 보빙사절단에서 본 것처럼 위정척사라는 조선

---

88. 위키백과, '보빙사' 참조.

의 기본 노선에 따라 정부 차원의 공식적인 견문은 분명한 한계를 가지고 있었다. 이러한 한계를 극복하고 도도히 밀려오는 서양 문명의 파도를 타고 개인적인 차원에서 서양 문물 견문에 대한 노력들도 많았다. 17~18세기 조선의 선비들이 중국 연경 여행을 통해 선진 문물을 접하고 기행문을 작성하였듯이 서쪽으로부터 불어오는 거대한 문명의 바람을 직접 쐬고 싶어 하는 사람들의 욕구가 강했다. 이에 정부는 1894년 갑오경장 이후 관비 유학생을 선발하여 일본으로 보냈으며, 1904년 러일전쟁 이후 급격히 늘어 1905년 무렵에는 재일 유학생 수가 600~700명 정도였다[89]. 그중에서도 선구적 역할을 한 유길준과 서재필이란 인물을 언급하지 않을 수 없다.

유길준은 우리나라 최초의 일본 및 미국 유학생이다. 1881년 일본에 조사시찰단의 일행으로 갔다가 당시 후카자와 유키치의 경응의숙慶應義塾에 입학하여 유학생이 되었다. 그러나 1882년 조미조약이 체결되고 임오군란이 발발하여 정세가 급변하자 조정에 외교 전문가가 필요하게 되어 유길준은 1년 반 만에 귀국하게 되었다. 귀국 후 외교 및 통상 업무를 관장하는 통리기무아문에서 일을 하였다. 그러다가 1883년 미국의 문물을 시찰하는 보빙사의 일행으로 또다시 미국으로 건너가게 되었다. 거기서 Governor Dummer Academy라는 일종의 대학 진학 예비학교에 입학하여 수학하였다. 그러나 이도 잠시, 1884년 갑신정변이 발발하여 모든 유학생들의 귀국령에 따라 1885년 2년 만에 귀국하는

89. 권태억, 『일제의 한국 식민지화와 문명화』, 서울대학교출판문화원, 2014. pp.65~71.

운명을 맞이하게 되었다[90]. 일본과 미국 유학 둘 다 정규 과정을 이수하지 못하고 본국의 사정에 의해 미완으로 막을 내렸다. 격변의 시기에 타의로 특정한 길을 선택해야만 했던 유길준의 실존적 번민은 매우 컸을 것으로 짐작된다. 일본이냐 청나라냐의 갈림길에서 섣부른 주장이 자신의 안위를 위태롭게 할지 모르는 상황이었다. 갑신정변을 주도한 개화파에 가깝다는 이유로 유길준은 귀국 후 체포되어 가택 연금 상태에 들어가게 되었다. 6년여의 연금 상태 동안 유길준은 그의 대표작인 『서유견문西遊見聞, 1895』을 집필하였다.

서유견문에 유길준의 사상이 잘 드러나 있다. 조선의 고매한 유학자의 눈에 비친 서양은 어떠하였는가? 조선은 그의 앵글을 통해 서양 문물을 접하게 된다. 유길준은 스코틀랜드의 만국공법 사상에 근거하여 독립국가로서의 주권과 인민의 권리를 역설하였고[91] 건전한 상업주의, 즉 이익과 도덕의 조화[92], 실용성과 효용성 있는 학문과 지식 등에 기초한 문명사회 건설을 강조하였다. 한 개인의 서술로 전체를 온전하게 파악할 수는 없다. 개인은 감성적일 수 있으며 주관적이다. 또 상당한 정보가 후쿠자와의 『서양사정西洋事情, 1866～1870』 등 서적을 통해 입수된 간접적인 것으로 직접 눈으로 확인한 것이 아니다[93]. 그런 연유로 제도나 문물이 탄생한 소이를 속속들이 알 수가 없으며 무비판적 혹은 미화

90. 유영익, 『甲午更張硏究』, 일조각, 1990, pp.90～100.
91. 유길준 원저, 장인성 저, 『서유견문』, 아카넷, 2017, pp.39～50.
92. 유길준 원저, 장인성 저, 『서유견문』, 아카넷, 2017, pp.51～56.
93. 유길준 원저, 장인성 저, 『서유견문』, 아카넷, 2017, p.14.

할 가능성도 있어 실체를 정확히 파악하는 데 한계가 있다. 문물 수용자가 겪는 피할 수 없는 일이다.

그럼에도 그의 눈은 정확하였다. 바로 실학이 추구하였던 사회가 눈앞에 펼쳐지고 있었던 것이다. 그가 체험하였던 경이로움은 바로 글로 옮겨졌고, 갑오경장에 적극적으로 가담하기까지 한다. 그러나 야속하게도 세상은 그의 의도대로 되지 못하고 결국 나라를 빼앗기고 말았다. 유길준이 생각한 이상과 현실은 너무나 동떨어져 있는 상태에서 외래 문물이 그대로 유입되어 큰 혼란을 초래하였다. 유학 중심 사회였던 조선은 그야말로 '마음 따로 몸 따로'의 어색한 동거가 심화되어 갔다. 그 가운데 리[이론]와 기[실제] 간 간극이 점점 벌어져 또 다른 모순을 잉태해 갔다. 이것이 바로 동도서기의 실체였다.

유길준은 『서유견문』을 통해 점진적 개혁을 통한 문명 사회 건설을 모색하였다. 그는 어디까지나 유학에 뿌리를 둔 조선 유학자로서 서양 문물의 파고를 맞이하여 실용적인 길을 모색하였다. 일본, 미국, 영국, 프랑스, 포르투갈, 싱가포르 등 당시로서는 비교적 많은 국가들을 경험하면서 다양한 시각 속에 조선을 객관화시키고자 노력하였다[94]. 지식과 기술의 주체적인 습득을 통해 이론과 실제 간의 간극을 좁힐 수 있다는 서양 문물의 주체적 변용에 대해서도 간과하지 않았다. 그런 면에서 유길준은 실학의 계승자였다.

유길준과 유사하게 일본과 미국을 유학하여 조선 독립에 한평생 기

94. 일본, 미국을 제외한 국가들은 미국 유학을 마친 후 귀국길에 들른 국가들이다.

여한 서재필徐載弼, 1864~1951을 소개한다. 그는 1883년 개화파인 김옥균의 제안에 따라 16명의 동료와 함께 일본 유학을 떠났다. 유길준과 마찬가지로 후쿠자와 유키치의 경응의숙에서 일본어 연수를 받았고 그 후 육군 도야마학교에 들어가 군사교육을 받았다. 이후 조선 정부의 정세가 급변하여 1884년 7월에 귀국하였다. 곧바로 갑신정변에 가담하였으나 역적으로 몰려 1885년 6월 미국으로 망명하였다. 미국 생활은 험난하였으나 불굴의 의지로 공무원 생활을 시작하여 급기야 1888년 컬럼비안대학교현 조지워싱턴대학교 의학부에 입학하였다. 그 이후 의사가 되어 1894년 병원을 개원하였으며, 그 해 미국인 뮤리엘 암스트롱과 결혼을 하였다.

1894년 무렵 조선의 정국은 동학농민운동, 갑오경장, 청일전쟁 등의 소용돌이 속에서 걷잡을 수 없이 혼란에 빠졌다. 이런 와중에 서재필은 당시 김홍집 내각의 권유로 귀국하여 조국의 개혁을 위해 힘쓰게 된다. 먼저 국민의 상황 인식과 의식 개혁을 위해 1896년 독립신문을 창간하고 독립협회와 협성회를 만들었다. 언론과 강연 등을 통해 미국식 민주주의 정착을 위해 기반을 다지는 일을 적극 도모하였다. 그러나 이러한 노력들은 왕정이 기본인 조정과 마찰을 빚었고, 급기야 1898년 다시 미국으로 돌아가게 된다. 그가 돌아가자 독립협회, 독립신문도 중단되는 운명을 맞이하게 된다. 미국에서 인쇄 문구 사업을 시작하여 경영하던 중 조선이 일본에 합병되었다는 소식을 접하고, 1919년 3.1 운동을 계기로 다시 조국의 독립을 위해 헌신하게 된다. 이후 각종 국제회의 참여, 기고 활동 등 미국을 무대로 상해 임시정부와 연계하여 조선의 독립을 위해 노력하였다[95].

서재필은 일찍이 미국으로 건너가 미국을 기반으로 활동하면서 조선의 독립을 도모하였다. 때때로 귀국하여 정부의 고위 직책을 맡기도 하였으나 미국 시민이었기 때문에 조선에 뿌리를 둔 다른 지식인과는 달리 한 발짝 떨어져 조국을 바라보았다. 유학자로서 서양 문물을 수용하는 입장에서 이상과 현실 사이에서 깊이 고민한 유길준과는 달랐다. 유길준은 조선에 깊게 들어가 조선의 문제를 해결하려고 노력한 반면 서재필은 조선을 벗어나 객관적으로 보려는 위치에서 조선의 문제를 해결하고자 노력하였다.

서재필은 국제 정세의 거시적 감각이 뛰어났기 때문에 나름 객관적인 시각을 가질 수 있었다. 조선이 당당한 국가로서 독립을 쟁취하기 위해서는 미국처럼 되어야 한다는 일종의 계몽의 대상으로서 바라보았다. 조국의 자주독립과 자강을 위해서 어떻게 할 것인가에 대해 매우 실천적으로 접근하였다. 외국에 나가면 애국자가 되듯이 시간이 지날수록 서재필의 조국 독립에 대한 열의는 더 커져만 갔다. 먼저 그는 언론을 통해 독립을 도모하는 길이 매우 중요하다고 생각하고 조선의 사정을 세계에 알리는 동시에 조선에 서양 문물을 소개하고 국민을 계몽하는 데 앞장섰다. 독립신문을 만들고 독립협회, 협성회, 만민공동회, 미국한국친우회 등 자주 독립을 위한 단체 결성 및 회의 개최를 주도하였다. 또한 기독교의 보급을 매우 중요하게 여겨 언론을 통해 기독교를 전파

95. 김승태 저, 『서재필』, 역사공간, 2011, pp.11~156.

함으로써 유교의 구질서를 타파하고 민주주의의 새 질서를 이식하는 역할에 역점을 두었다[96]. 독립신문의 기사를 통해 농공상을 과학화하고 실무교육을 강화하며, 국내자원을 개발하여 외국과의 통상을 활발히 할 것을 주장하였다[97].

하지만 오랜 세월을 두고 진화한 서양 민주주의라는 정치적 질서를 조선에 단번에 이식하는 것은 쉽지 않았다. 왕정 사회와 심한 마찰을 빚을 수밖에 없었고, 경제, 사회, 문화 등 다방면에서 조선의 현실과는 괴리를 노정하였다. 신문을 통해 서양 문물이나 정세를 소개하는 것은 매우 효과적인 방법이나 1898년 당시 발행된 신문은 3,000부수로 여전히 독자가 제한되어 한계가 있었다. 어느 사회든 나름의 내력이 있기 마련이고, 그 내력과 이질적인 문물이 들어오면 사람들은 혼란을 겪는다. 언행이 불일치하고 모든 일이 허술하게 이루어져 그 사회적 비용은 엄청나다. 더구나 모든 과정을 주체적으로 감수하지 않을 시에는 내생성 부재라는 희생을 치른다. 이러한 불가피한 상황에도 불구하고 서재필이 조선에 미친 영향은 지대하여 일제강점기와 해방 이후 미국 문물이 한국에 큰 영향을 끼치게 된다.

문명의 전환이라는 혼란기에 초래되는 여러 모순을 두고 개인을 탓할 수는 없고, 당시 조선이 처한 상황에 의한 불가항력적인 측면을 인정하지 않을 수 없다. 서양 문물 견문을 치밀하게 준비하지 못하였고, 몇몇 개인에 의존함으로써 국가 차원에서 체계적인 실천으로 이어지지 못

96. 연세대학교 국학연구원 편, 『서구문화의 수용과 근대개혁』. 태학사, 2004, p.58.

97. 조기준, 『한국자본주의 발전사』. 대왕사, 1991, pp.433~434.

하였다. 그나마도 일본, 중국, 미국 중심으로 견문이 이루어져 우리를 객체화시키지 못하였다. 특히 지리적으로 가까운 일본, 중국을 통한 서양 문물의 접촉은 일차적으로 굴절된 것이어서 또 다른 왜곡의 가능성을 가지고 있었다. 모든 것이 파편화되어 이루어져 우리 정체성의 가치를 선별하는 객관적인 눈을 제대로 가질 수가 없었던 것으로 보인다. 민족적 특수성을 보편화할 수 있는 과학적 사고가 결여됨으로써 스스로의 경험으로부터 지식과 지혜의 개명으로 이어지는 길이 차단되기 시작하였다. 결국 서양 문물의 주체적 수용에 한계를 지닐 수밖에 없었고, 그것도 일본의 침략으로 단절되는 운명을 맞이하게 되었다.

04

일제강점기, 내생사회의 좌절

외생성의 심화

아무리 좋은 문물이라도 이를 주체적으로 수용하여야만 의미가 있고 스스로 문명 선진국이 될 수 있다. 조선이 나라를 빼앗기게 된 소이는 바로 스스로의 힘이 약하였기 때문이다. 다시 말해, 외세에 스스로를 지킬 수 있는 힘이 약하였다. 열강의 틈바구니 속에서 위기 때마다 청나라, 일본, 러시아, 미국 등 외세를 끌어들여 위기를 막는 것은 마치 개인이 파산에 직면하여 여러 카드로 돌려 막는 것과 유사하다. 스스로 건전한 생태계를 유지할 수 없는 상태이다. 순간적인 위기는 모면할 순 있으나 빚이 눈덩이처럼 불어나 결국 파산에 이르게 된다. 요즘에 적용해보면 치열한 국가들 간 경쟁에서 해외의 과학기술 등에 지나치게 의존하는 꼴이다. 우리 스스로의 혁신 능력을 키우지 못하면 결국 국가 경제는 허술해지고 경쟁력이 약화될 수밖에 없다. 과거의 군사력은 요즘의 경제력에 해당하고, 이는 곧 과학기술력과 연결된다. 이는 혁신이며, 곧 내생적 혁신이라 할 수 있다.

일본은 문명화라는 명목으로 한국의 각종 문물을 근대화시키려고 하였다. 근대 과학기술 문명이 새로이 도입되고 새로운 산업이 탄생하였으며, 수직적 질서 대신 수평적 질서가 등장하였다. 행정, 법률, 토지제도, 철도, 도로, 통신, 우편, 금융 등이 대표적인 것이었다. 오랜 수직적 유교질서와 부패한 관리들의 수탈에 염증을 느낀 일반 대중들이 환영할 만한 요소가 충분히 있었다. 지식인들 중에도 오랜 중국 중심의 질서를 무너트리고 새로이 서양 문물을 수용하여 실력을 키운 일본의 전략을 하나의 모델로 삼고자 하는 그룹들이 생겨났다.

그러나 한국의 문명화 배후에는 대륙 침략의 교두보로서의 한국을 이용하려는 일본의 의도가 깔려 있었다. 그 의도가 노골적인 데다가 문명화를 구실로 강제적·약탈적 시행이 자행되면서 3.1 운동을 비롯해 상당한 반발을 불러일으켰다. 한국 입장에서의 진정한 문명화가 아니었기 때문에 그 본래의 의도대로 진행되지 못하였으며, 모든 행위들이 외생적일 수밖에 없었다. 이는 일본의 한국 침략의 기본 구도를 보면 쉽게 알 수 있다. 한국은 일본과 다른 지역으로 헌법 적용에 예외로 하여 조선총독부가 모든 입법적 권한을 갖는다고 하였다. 말하자면 조선총독부가 천황의 재가를 받아 법률을 만들어 한국을 통치한 셈이다. 뿐만 아니라 참정권, 출판, 집회, 결사 등의 기본적인 권리도 보장되지 않았다[98]. 애초에 한국에는 입법권과 정치적 자유가 없었다. 스스로의 운명을 스스로 결정할 수 없는 상황이어서 모든 문명적 행위가 지속 가능하

98. 朝鮮總督府, '總說', 『朝鮮施政の方針及實績』, 1915, pp.3~4. 권태억, 『일제의 한국 식민지화와 문명화』, 서울대학교출판문화원, 2014, pp.82~84에서 재인용.

지 않았다.

일본이 우선적으로 관심을 보인 경제 근대화도 신기술의 도입으로 상당한 진전을 이루었으나, 외형적 변화 뒤의 진정한 혁신 동력은 확보할 수 없는 한계를 지니고 있었다. 내생적 발전을 이룰 수 있는 중요한 사업권들을 일본에 빼앗겼기 때문이다. 이미 일제 강점 이전부터 경부선1905, 경의선1906 등을 비롯해 일본에 넘어간 철도 부설권은 1904년 러일 전쟁 이후 더욱 확대되었다. 이후 경원선1914, 호남선1914 등이 모두 일본에 의해 부설되어 1915년 총연장 1,600km의 철도망을 갖추었다[99]. 철도망이 국토의 주요 지역을 커버할 정도로 그 외형적인 모습을 갖추었으나 일본의 대륙 침략에 소요되는 물자 수송을 원활하게 하기 위한 목적으로 설계됨으로써 한국 고유의 필요성과는 배치되었다. 또한 전차 도입 등 일체의 계획 수립과 이행에서 한국이 배제된 채 진행되어 내생성의 요소를 찾아보기 어려웠다.

그나마 형편이 나은 농업 부문에서조차 일제 강점 이후 상당한 내생성 상실의 모순을 드러내었다. 일본으로부터의 강제적인 개량 종자의 도입에 의해 쌀과 면화의 생산이 크게 증가하는 모습을 보였다. 그러나 농업의 경우 그 지역의 풍토에 적합한 종자나 영농 방식의 개발이 중요함에도 불구하고 일본으로부터의 개량 종자와 방식이 강제적으로 이식되었다. 다분히 일본이 본국의 쌀 수요를 충족시키고자 한국을 의도적으로 활용한 것이다. 따라서 한국적 풍토에 맞는 자생적 종자 선택이나

---

99. 정재정, 『일제 침략과 한국철도(1892-1945)』, 서울대학교출판문화원, 1999, pp.89~104., 권태억, 『일제의 한국 식민지화와 문명화』, 서울대학교출판문화원, 2014, pp.87~88에서 재인용.

영농 방식의 개발은 크게 제약받을 수밖에 없었다[100]. 당시 벼농사에서 벌어진 일련의 상황은 이를 단적으로 말해준다.

> "지도자의 지시에 따르지 않는 못자리는 짓밟혀지고 정조식正條植[101]에 응하지 않는 것은 모를 뽑아 버리고 다시 심도록 강요된다. 피뽑기는 통일적인 계획 아래 수없이 농민을 동원하여 강행한다. 소위 관의 지도에 따르지 않는 사람은 경찰의 훈계를 받아 강제적으로 행하게 된다. 재래품종에 대해서도 똑같이 일정한 장려품종이 정해지고, 이의 연차적 보급 · 생산 계획이 계통적으로 정연하게 확립되고 정해진 품종 이외의 재배는 금지되어, 농민의 의욕과 관계없이 강력하게 실행된다."[102]

교육은 또 어떠한가? 배우고자 하는 사람들의 열의와 질 높은 교육 내용의 결합은 문명화를 이루는 첩경이다. 인간의 문명은 끊임없는 배움 그 자체이고 창조와 변화도 배움의 과정과 함께하는 것이다. 일본은 이를 잘 알고 있기에 의도적으로 한국의 교육 정책을 일본과 차별화하였다. 일본은 조선교육령을 만들어 한국의 교육방침을 정하였다. 식민지 교육에 충실한 사람들을 길러내기 위하여 고등교육보다는 보통교육

---

100. 김연희, 『한국 근대과학 형성사』, 들녘, 2016, pp.141～142.
101. 못줄을 대어 가로와 세로로 줄이 반듯하게 모를 심는 방식을 말한다.
102. 『조선농회보』 6호, 1940, p.100., 권태억, 『일제의 한국 식민지화와 문명화』, 서울대학교출판문화원, 2014, p.90에서 재인용.

과 실업 및 전문교육에 초점을 맞추었다. 이후 조선교육령 개정을 통해 한국에도 고등교육기관의 설립을 허용하여 1924년 경성제국대학이 설립되었지만 한국인에게는 매우 제한적으로 운영하였다. 이는 곧 한국인들에게는 이론과 같은 학술적 공부의 기회가 극히 제한되고 기능이나 기예와 같은 실제적 지식 연마의 기회만 주어진 것이다[103]. 실생활의 기술이나 산업을 부흥시키는 이공계 분야는 더 열악하여 경성제국대학 이공학부가 1938년에 뒤늦게 설립된 데다, 한국 학생의 비율도 4분의 1 정도에 그쳐 고등과학기술의 학습 기회가 상당히 제약되었다[104]. 내생성이 이론과 실제의 상호 작용에 의해 싹튼다고 할 때 일본의 이러한 방침은 내생성의 한쪽을 말살하는 것과 다름 없었다.

산업 생태계로 비유하자면 일본은 원청업체, 한국은 하청업체와 같은 관계였다. 한국은 원청업체인 일본의 요청과 주문에 맞게 생산만 하면 되지, 새로운 기술을 개발하거나 생산 공정을 새롭게 도입하여 생산성을 높일 하등의 이유가 없는 것이다. 주어진 일만 열심히 하면 되지 전체 구조를 파악하여 일의 방향성을 고민할 필요가 없다. 나무는 볼 수 있을지언정 숲을 볼 수 없는 구조에서 무슨 혁신을 기대할 수 있겠는가? 무슨 일이든 한국적 맥락에서의 적용 노력은 원천적으로 봉쇄된 상황이었다.

일본에 의한 통치에 대해 다양한 견해가 존재할 수 있다. 서구의 과학적 · 합리적 사고에 기반한 사회 운용 시스템의 도입은 분명 긍정적

103. 오천석, 『한국신교육사』, 교육과학사, 2014, pp.234~238, 284~287.

104. 오천석, 『한국신교육사』, 교육과학사, 2014, pp.286~287.

측면이 있다. 특히 부패한 구지배질서에 억압받았던 계층은 새로운 질서에 대한 기대가 분명 있었을 것이다. 그러나 아무리 좋은 것이라 하더라도 강압적으로 이루어질 때는 반드시 화를 불러들인다. 겉으로는 근대 문물로 하루가 다르게 변해갔지만 그 속은 피폐해져 갔다. 주체적으로 살 수 없는 상황이 빚은 자기 모순적 혼란이었다. 새로운 세상을 열어가겠다고 하루가 멀다 하고 수많은 규칙과 제도를 도입하였다. 이를 따르지 않을 시에는 헌병경찰을 동원하여 강압적으로 억눌렀다. 그야말로 공포였고 폭력이었다.

"아무리 어려워도 식민의 경험만은 겪지 말았어야 하였다"라고 반복해서 되뇌이는 까닭은 식민이 문명 발전에서 자연스런 진화의 길을 봉쇄하였기 때문이다. 모방과 반복에서 변용이 나오고 변용이 지속되면 창조의 단계로 간다. 그러한 진화의 경로가 식민으로 인해 단절과 왜곡의 나락에 빠졌다. 36년간 우리 민족은 부지불식간에 무비판적 수용에 길들여져 버렸다. 내생성이라는 것은 과정의 문제인데, 그 과정이 매우 비정상적으로 흘러간 것이다. 자기가 일상적으로 행하고 있는 것을 자기의 언어로 기술하여 상대방이 수긍하도록 해나가는 일련의 과정에서 내생성이 발아한다. 다시 말해, 인간이 행하는 실제적인 일에서 어떤 의미 있는 것을 추출하여 체계화시켜 나가는 일을 말하며, 그것은 자율적일 수밖에 없고, 행위와 그 행위 주체자의 존재가 서로 일체화될 때 가능하다. 따라서 실제와 이론, 이론과 실제 간에 행위자를 매개로 끊임없는 소통의 과정을 수반하는 것이다. 일제 강점 기간은 근대 문명의 이식이라는 긍정적인 측면이 있음에도 불구하고 근본적으로 타율적 · 비주체적이어서 내가 행한 노력의 산물이 진정 내 것이 아닌 모순을 양산하였다.

제국주의자들이 그 넘치는 에너지를 주체하지 못하고 분출하는 격변의 시기에 마음을 한 곳에 두지 못하고 우리는 정처 없이 방황하였다. 모든 제도가 주어졌고, 스스로 일을 만들어 도모함으로써 터득해가는 모든 문명적 행위가 불가하였다. 실제를 궁구하고 이론화를 고민하는 일은 먼 나라 얘기가 되었으며, 그러는 사이 이론과 실제 간의 간극은 더 벌어져 갔다.

자기 배반의 역사

일제 식민지 시대에서 시간이 흐를수록 우리는 점점 일제 강점의 실상을 알아 갔다. 자기의 존재가 아무 의미가 없다는 무력감이었고 살아도 생명감을 느낄 수 없는 자기 모순의 상황이었다. 일본으로부터의 독립만이 살 길이라는 자각이 일어났고, 그렇지 않고서는 우리는 한 발짝도 내딛 수 없었다. 동시에 시간이 갈수록 일본의 지배는 부인할 수 없는 엄연한 현실로 다가옴에 따라 '친일' 이라는 문제가 대두되면서 우리 내부의 분열을 초래하였다. 서양 문물을 수용하여 나름의 근대화를 도모하고자 하였던 모든 노력들이 중단되고 '독립' 과 '친일' 이라는 문제가 우리들의 의식을 지배하기 시작하였다. 그리고 우리에게 남은 것은 '타율적 존재' 였다.

독립은 조금이라도 의식이 있는 사람이면 누구나 생각할 수 있는 주제였다. 한일합방 이후 처음에 일반 대중들은 긴가민가하였을 것이다. 유교의 구질서가 무너지고 새로운 질서의 세상이 열릴 거라는 기대도 있었을 것이다. 하루아침에 새로운 제도들이 시행되고 그야말로 신천지가 열리는 듯 하였다. 그러나 점점 시간이 갈수록 우리나라가 우리의 나라가 아니라 일본의 나라라는 것을 깨닫기 시작하였다. 그것을 뼈저리게 느끼게 한 것이 바로 일상생활에 깊숙이 파고든 헌병경찰이었다. 헌병경찰은 초기 합방 반대 세력을 진압할 목적으로 설치하였으나 점점 관할 업무가 늘어나 일반 주민들의 상당한 일상생활을 관장하였다. 헌병경찰의 관할 업무는 첩보 수집, 의병 토벌을 비롯하여 범죄의 즉결처분과 민사 쟁송의 조정, 집달리, 세관, 산림 감시, 우편호위, 검역 및 방역, 강수량 측정, 밀수입 단속, 노동자 단속, 일본어 보급, 농사 개량 등 광범한 범위에 걸쳐 있었다[105]. 이들은 제복과 칼로 무장하였기 때문에 일반 주민들에게 공포와 강압의 상징으로 군림하였다. 합병 전에는 헌병경찰이 주로 도시에 배치되었으나 합병 이후에는 농촌 지역까지 확산되었다. 여기에 순사주재소, 순사파출소까지 더해져 전국에 헌병과 순사가 미치지 않는 곳이 없었다. 1910년 헌병기관 653개, 헌병 2,019명이던 것이 1911년에는 각각 935개와 7,749명으로, 경찰의 경우 1910년 481개소 5,881명에서 1911년 678개소 6,222명으로 늘어났다[106]. 심지어 학교까지 제복과 칼로 무장한 교사가 배치되어 그야말로 남의 세상이 되었음을 실감하지 않을 수 없었다.

105. 강만길, 『고쳐 쓴 한국 현대사』, 창비, 2006. p.26.
106. 강만길, 『고쳐 쓴 한국 현대사』, 창비, 2006. pp.25~26.

1800년대 후반 이후 1905년 을사늑약까지 열강들의 조선 침략 의도에 대하여 위정척사파와 개화파로 크게 두 갈래로 나누어 대응하였다. 그러던 것이 을사늑약 이후 일본의 조선 침략이 점점 노골화됨에 따라 '자주독립' 이라는 목표로 서로 규합하려는 움직임이 나타났다. 특히 3.1 운동을 계기로 여러 갈래로 나누어 진행되던 움직임들이 '자주의식' 과 '민족독립' 이라는 의식이 크게 고조되면서 구심점을 찾아가기 시작하였다. 3.1 운동 당시 세계 정세는 미국이 주창한 민족자결주의와 1917년 러시아 혁명의 성공이 휩쓸던 시기여서 3.1 운동도 이러한 움직임에 크게 영향을 받았다. 그럼에도 불구하고 국내는 일본의 지배가 점점 강화되어 군사 행동을 비롯한 항일투쟁에 여러 제약이 있었기 때문에 중국, 소련 등지로 거점을 옮길 수밖에 없었다. 자연히 독립운동은 국내외, 좌우익 등 여러 갈래로 복잡하게 진행되었다.

독립운동은 크게 우익과 좌익의 두 갈래로 나누어졌다. 우익은 3.1 운동을 주도하고 국내 및 상해, 만주, 연해주를 중심으로, 좌익은 시베리아, 연해주, 만주, 상해, 국내를 주 무대로 하여 독립 활동을 전개하였다. 1931년 만주사변 이후 일본이 군국주의 체제로 전환하면서 조선인의 전쟁 동원 등 지배의 강압성이 더해짐에 따라 여러 갈래의 독립운동 계열들이 통합하려는 움직임이 본격화되었다. 우익은 우익대로, 좌익은 좌익대로 각자 흩어진 진영들을 통합하여 나갔으며, 나아가 좌우익을 통합하려는 움직임도 꾸준히 전개되었다[107]. 좌우익들은 먼저 독립

107. 강만길, 『고쳐 쓴 한국현대사』, 창비사, 2006, pp.54~151.

을 이룬 후 후일을 도모하자는 일종의 암묵적 합의 하에 각자의 노선은 뒤로 미루어 두었다. 그러나 이에 대응한 일본의 진압이 거세지면서 곳곳에 균열이 일어났고 각자 세력이 약화되면서 당초 계획대로의 통합은 끝내 이루어지지 못하였다.

독립운동은 나라를 지키지 못한 데 대한 대가로서 우리 민족에게 엄청난 고난을 안겨주었으며, 내 나라의 소중함을 절실히 깨닫게 하였다. '자주'와 '독립'이라는 의식을 국민 개개인들에게 심어주었으며, 우리의 운명을 우리가 주도적으로 개척해나간다는 것이 얼마나 소중한지 깨닫게 하였다. 그러나 한편으로 문명 진화라는 시간의 흐름 속에서 보면 독립을 위한 노력은 사실 나라를 빼앗기지 않았더라면 생략하였을 그러한 시간이었다. 지금의 관점에서 보면 근대 국가를 만들기 위해 열강들이 앞다투어 치열하게 경쟁하던 시기에 36년의 시간 동안 우리는 진화하지 못하고 멈춰 버린 셈이었다. 얼마나 국민들의 상실감이 컸었겠는가? 또 얼마나 주눅 들어 하였던가? 이런 상황에서 국민들이 문명의 발전을 위해 건설적인 곳으로 힘을 모으는 것은 불가능하였다. 모두 각자 도생을 위해 갈기갈기 찢어질 수밖에 없는 상황이었다.

독립 이후 어떠한 사회를 만들어갈 것인지에 대한 미래 모습이 당시 세계 정세의 영향을 받아 좌우익으로 나누어 진행되었기 때문에 독립운동의 양상도 그러한 흐름에 자연스레 편승하였다. 좌우익 분열의 씨앗이 보이지 않는 곳에서 그 싹을 점점 키워갔다. 좌우익 진영 간 대결은 독립운동을 전개하는 과정에서 잠시 수면 밑으로 가라앉았을 뿐 양자 간의 분열은 지속되었다. 만일 자력으로 독립을 쟁취하였더라면 사정은 달랐을 것이다. 시간은 더 걸렸겠지만 아마도 좌우의 통합을 통해 자주독립 실현의 계기를 마련하였을 것이다. 그러나 모든 사건들이 타력에 의해 그 계기가 주어지다 보니 진정한 통합을 이루지 못하였다.

좌우익의 뿌리 깊은 골은 한편으로 또 다른 대결 구도를 만들어 내었다. 일본의 문명 근대화 정책에 편승하여 조선의 근대화를 이룩해야 한다는 소위 개량주의 우익 세력들소위 친일파은 좌익 진영보다는 오히려 일본의 편에 서서 좌익 세력 척결에 동조하였다. 식민지배하에서 생존이라는 현실을 받아들여 삶의 안녕을 추구하는 상당한 그룹의 세력들이었다. 여러 갈래의 스펙트럼으로 우리는 분열되어 갔다. 일본 통치의 강압성이 강해질수록 '친일' 이 점점 이슈화되면서 내부 분열의 골은 깊어 갔다. 일본의 편에 서느냐 아니면 그렇지 않느냐, 쉽게 양자를 가를 수 있을 정도로 간단한 문제는 아니나, 각 개인에게 깊은 갈등으로 내면화되었다.

결국 '친일' 이냐 '반일' 이냐가 자연스런 이슈로 대두되었다. 일반 민중들에게는 '독립' 보다 오히려 '친일' 이 더 밀접한 이슈였다. 개인의 영달을 위해 조선총독부의 앞잡이 노릇을 한 일진회, 중추원 멤버와 같은 골수 친일파가 있었다. 서구의 근대 문명을 받아들여 생활 수준을 향상시키고 경제적 이익을 추구하는 사업가들은 사업상 친일이 불가피할 수 있다. 미래의 독립된 나라의 번영을 위해 지금 여러 비난을 무릅쓰고 친일을 선택하였을 수도 있다. 일본이 어떻게 서양 문물을 수용하여 변용하는지 알아보려 친일을 하였을 수도 있다. 낮에는 친일, 밤에는 반일, 반대로 낮에는 반일, 밤에는 친일 등등 무수한 이유와 변명들이 있을 수 있다. 개인과 사회와의 상호 작용을 통한 관계 형성에서 선후를 명확하게 구분하기 어렵다. 나의 선택이 사회의 모습을 형성하는 동시에 사회의 모습이 나의 선택에 영향을 주기 때문이다. 이러한 복잡한 맥락을 무시한 채 일정한 잣대로 서로를 구분하고 또 이를 둘러싼 여러 논란들은 우리 모두가 감당해야 할 하나의 비극으로서 존재할 뿐이다.

친일파로 분류되는 사람들의 수가 일정치 않음은 그 구분이 얼마나 지난한 일인지를 말해 준다. 해방 이후 제헌국회에서 출범한 반민족행위조사특별위원회반민특위는 당초 민족반역자, 부일협력자, 전범 등을 포함하여 약 20만 명을 친일반민족행위자로 추산하였다. 그러다 그 기준을 둘러싸고 여러 논란 끝에 약 7,000여 명으로 줄였다. 이후 오랜 기간 뜸하다가 2005년 한일반민족행위진상규명위원회가 발족하여 조사활동을 편 끝에 1,006명의 친일반민족행위자를 발표하였다. 또한 2009년 민족문제연구소와 친일인명사전편찬위원회가 펴낸 『친일인명사전』에는 4,776명을 친일파로 규정하였다[108]. 이처럼 그때그때의 상황에 따라 기준이 달라 들쭉날쭉하였다.

문제는 '친일' 이냐 아니냐가 아니라 '친일' 이라는 단어와 이에 관계된 모든 논란과 행위에 우리의 자기 배반적 이중성이 얽혀 있다는 사실이다. 우리가 떳떳하게 우리의 운명을 개척해 나가는 의식의 기반이 일제강점기 동안 무너져 버렸다. 위선이 일상화되어 겉과 속이 일치하지 않았고, 본심과는 다르게 시류에 영합하였다. 살기 위해서는 어쩔 수

108. 정운현, 『친일파는 살아 있다』, 책으로보는세상, 2011, pp.25 ~ 28.

없었다. 자기의 삶을 스스로 주재하지 못하고 부초처럼 이리저리 휩쓸려 살게 되는 결과를 초래하였다. 36년의 세월 동안 우리 민족이 겪은 말 못할 내면의 갈등과 상처는 실로 엄청난 것이어서 여전히 치유되지 못한 채 남아 있다.

삶과 지식의 괴리, 내용과 형식의 불일치, 언행불일치 등 오늘날 우리가 안고 있는 무수한 구조적인 병폐들이 일제강점기 때 새겨진 상처들과 결코 무관하지 않다. 자기가 추구하는 일에 관한 담론들이 일상화되지 못한다든지, 본론으로 들어가지 못하고 교언영색으로 주위만 맴도는 생활 습관들도 자기 배반적 성향의 연장선상에 있다고 볼 수 있다. 이러한 것들은 결국 내생성의 중요한 조건인 일을 추구하는 주체들의 절차적 정당성 확보를 어렵게 만든다. 예를 들면 정의를 추구하는 사람들이 정의롭지 못한 경우가 그 전형이다. 오늘날 한국 사회에 소위 '적폐' 나 '내로남불' 이라고 하는 것들이 이와 관련되어 있다.

36년이 지나는 사이 어느새 우리는 타율적 존재가 되어 있었다. 공공 의식은 온데간데없고 사회 전체를 온전히 설계하고 실행할 수 없는 상황을 맞이하였다. 이 관성은 아직도 우리의 의식 속에 남아 면면히 흐르고 있다. 아무리 고도의 정보화 사회를 살아간다 할지라도 이것은 우리가 하루빨리 청산해야 할 과제 중의 과제이다. 이제 더 이상 '친일' 과 같은 자기 모순에 갇혀 살아서는 안 된다. 피지배자의 패배 의식의 질곡에서 벗어나 중심부의 주체로서 의연히 살아가야 한다.

미국에의 외생화 잉태

미국은 우리의 오랜 우방으로서 양국 간의 관계는 1800년대 중반으로 거슬러 올라간다. 양국이 처음 접하게 된 것은 1866년 미국 증기선 제너럴셔먼호가 대동강을 거슬러 올라가 평양에서 개항을 요구하다 벌어진 사건에서였다. 그 이후 1871년 로저스 사령관이 함대를 이끌고 강화도를 침략한 신미양요를 겪으면서 양국은 좀처럼 관계를 맺지 못하였다. 그러다가 조선을 둘러싼 열강들의 복잡한 관계로 말미암아 결국 양국의 문이 열리고 1882년 조미통상수호조약으로 처음 공식적인 외교 관계를 맺게 되었다. 이때부터 양국 간에 산업, 통상, 기술, 언론, 교육, 의료, 종교 등 다방면에 걸쳐 교류가 이루어지기 시작하였다. 이후 미국은 조선이 서구 문물을 수용하여 근대 사회로 이전하는 데 중요한 한 축을 담당하게 된다.

일제강점기는 개화파들의 입장에서 보면 비록 나라는 빼앗겼지만 서구 문물을 받아들여 조선을 근대화시키자는 주장이 연속성을 가지고 이어지는 시기라 할 수 있다. 문물의 주체적 수용은 문명의 창조적 진화에 매우 중요한 요소로서 본 책의 주요 주제이지만, 잠시 접어두고 당시의 상황을 살펴보자. 일본에 의한 근대화지만 내용은 서구 문물의 적극적인 도입과 적용이며, 조선의 입장에서 보면 당시 서구 중에서도 미국과의 관계가 점점 돈독해지는 과정이라 할 수 있다. 물론 러시아도 있었지만 아관파천 이후 정세는 미국으로 기울어졌다. 특히 교육, 의료, 종교 등 일상생활을 통한 미국 문물 침투의 영향이 컸으며, 더불어 일본으로부터 벗어나 독립하고자 하는 국민들의 열망이 미국으로 결집되는 흐름이 밑바닥에 흐르고 있었다.

개화파의 선구라 할 수 있는 박규수는 1866년 제너럴셔먼호 사건 이후 미국과 조약을 맺어 자주적으로 통상하고 기술을 도입하여 부국강병을 해야 한다고 주장하였다. 그 이후 차례로 1876년 일본, 1882년 미국과 조약을 맺게 된다. 개화파에도 동도서기 노선을 견지하는 온건적 개화파[109]도 있고 서구 문물을 적극적으로 수용하자는 급진적 개화파[110]가 있듯이, 국가적으로도 친일 개화파와 친미 개화파로 나눌 수 있다. 친일 개화파는 김옥균, 박영효, 홍영식, 김홍집, 김윤식, 어윤중 등을 중심으로 개화파의 주도 세력을 형성하였다. 반면 친미 개화파는 박정양, 이하영, 이채연, 이상재, 서재필, 유길준, 윤치호 등 독립협회 중심으로 활동하는 그룹이다. 미국과의 우호적인 관계 형성에서 이들 친미 개화파의 역할이 매우 컸다. 그중에서도 친미 개화파와 외국 외교관, 미국 선교사 등이 회원인 정동구락부를 모태로 결성한 독립협회와 공정한 사실을 국민들과 외국에게 알리고 자강을 통한 조선의 독립을 추구하였던 독립신문의 역할이 지대하였다.

정동구락부는 1894년 박정양 초대 주미전권공사와 그 일행인 이완용, 이하영, 이채연, 이상재 등과 윤치호, 민영환, 이범진, 이윤용 등 친미, 친러 성향의 인물들이 모여 결성한 정치단체이다. 자주 · 자강적 독립을 지향하고 독립신문을 발행하여 조정 및 국민들로 상당한 호응을

109. 시무 개화파(時務開化派)로서 김홍집, 김윤식, 어윤중, 유길준 등이 해당한다.

110. 변법 개화파로서 김옥균, 박영효, 서광범, 서재필, 윤치호 등이 해당한다.

얻어 1896년 독립협회를 발족하는 등 그 활동을 넓혀 나갔다. 아관파천을 계기로 기존 친일 중심의 변법급진 및 시무온건 개화파들이 물러나고 주도권을 확보하면서 더욱더 탄력을 받았다. 더구나 독립협회의 활동 방향이 보편타당하고 궁극적으로 나라를 부강하게 만드는 방향으로 설정되어 있어서 시간이 지날수록 설득력을 지녔으며, 다른 국가들에 비해 상대적으로 국민들의 마음속에 긴 여운을 남겼다.

초대 주미전권공사인 박정양은 미국 체류 시 기록한 『미속습유美俗拾遺, 1888』에서 미국이 어떻게 민주적이고 부강한 국가를 만들 수 있었는가를 지리, 역사, 정치, 행정, 입법, 군사, 경제, 사회, 교육 등 다방면에서 기술하고 있다[111]. 『미속습유』를 통한 당시 친미 개화파들이 미국을 바라보는 시각이 매우 긍정적이었으며, 풍전등화에 처한 조선에 당장은 아니더라도 물밑에서 서서히 영향을 미쳤다. 『미속습유』가 1888년에 기록되었고 1894년에 정동구락부가 결성된 이후 1895년에 박정양 내각이 출범한 것으로 보아 『미속습유』에 기록된 미국관이 친미 개화파를 통해 1894년 갑오개혁, 1896년 광무개혁 등에 상당히 반영되었다. 미국의 제도가 우리 실정에 적합하지 않아 적용은 쉽지 않았지만 부국으로 나아가는 길에 대한 일종의 장기 비전을 제시하였다고 볼 수 있다. 그런 면에서 교육제도 같은 것은 도입 가능성이 높았으며, 실제 기독교 계통의 학교를 비롯해 미국식 교육제도가 상당히 도입되었다. 따라서 이후 일제강점기에 오면 외형적으로 일본을 통한 서구 문물의 도입이지

111. 한철호, 『친미개화파연구』, 국학자료원, 1998, pp.39~71.

만 내용적으로는 서구 문물의 본류를 알아 가게 되면서 미국에 대한 동경과 좋은 이미지를 형성하게 된다.

국민들의 생활은 1894년 갑오경장을 계기로 크게 바뀌기 시작하였다. 일본의 주도에 의한 개혁이었지만 국민들이 일상에서 느끼는 변화의 모습은 서구 과학기술로 만들어진 서구 문물의 도입이었다. 철도와 통신 · 방송 시설의 구축이 그 첨병 역할을 하였다. 철도의 경우 대부분 일본이 부설하였지만 철도 차량, 철로, 침목 등은 미국에서 수입한 것이다. 예를 들어 객차는 델라웨어Delaware주 윌밍턴Wilmington, 기관차는 볼드윈Baldwin, 철로는 카네기Carnegie 제작소에서 만든 것이며, 침목은 오리건Oregon 산이었다[112]. 철도와 통신 · 방송 시설의 확충으로 삶의 시공간이 확장됨으로써 우선 대중소비 문화가 눈에 두드러지게 달라지기 시작하였다. 소위 '모던', '취미' 라는 단어가 유행하면서 옷차림이나 머리 모양 등 사람들의 외관이 달라지기 시작하였으며, 백화점, 카페, 다방 등이 급속히 증가하였다. 미국의 대중문화가 일본을 통해 급속하게 들어오기 시작하였다. 특히 1924년부터 할리우드 영화가 수입되어 대중들에게 큰 인기를 끌었다[113]. 영화라는 허구를 통해 막연히 미국에 대한 동경이 싹트기 시작한 것이다.

학교와 병원도 예외가 아니었다. 1880년대 선교사들이 세운 기독교 계통의 학교와 병원들에다 일본이 주도한 공립 학교와 병원들이 더해지면서 활발하게 보급되었다. 근대식 교육 체계와 서양 의술은 일상

---

112. H. G. 언더우드 저, 이광린 역, 『한국개신교수용사』, 일조각, 1989, p.10.

113. 한국근현대사학회 엮음, 『한국근현대사 강의』, 한울 아카데미, 2013, p.279.

생활에 큰 실용적 변화를 가져다주었기 때문에 한국이 근대 사회로 변모하는 데 중심 역할을 하였다. 선교사들이 초기에 세운 배재학당, 이화학당, 경신학교, 정신여학교 등은 선교의 목적 이외에 한국의 실정에 맞는 올바른 한국인을 양성하려는 가치 중립적이고 점진적인 개선의 목적에 중점을 두었다. 청년들 사이에서 영어교육에 대한 수요가 점점 늘면서 이들 학교에 입학하는 이들도 점점 증가하였다[114]. 1910년 기준 전국에 801개의 종교계 학교가 있었는데, 그중 미국 장로교계 학교가 412개교, 미국 감리교계 학교가 156개교로 70%를 육박하였다[115].

한편 1894년 갑오경장 이후 교육 개혁에 의해 신식 학교들이 대대적으로 설립되었다. 공립뿐만 아니라 사립학교 설립이 활발하여 1910년에는 총 학교 수가 2,250개나 되었다[116]. 신식 학교는 일본식 체계를 따라 소학교(1905년 이후 보통학교), 중학교(1905년 이후 고등학교), 대학교, 사범학교, 기예학교, 전문학교, 외국어학교로 구성되었다[117]. 그러나 1910년 한일합방 이후 점차 일본의 침략 본성이 드러나면서 이들 학교들은 한국인과 일본인 간에 차별적인 성격을 지니게 되었다. 반면 미국 선교사가 설립한 학교는 선교와 합리성, 실용성과 같은 교육의 보편적 목적이 강하였기 때문에 점점 한국인들에게 가까이 다가갔다.

병원도 미국 선교사들이 선구적으로 서양 의술을 도입함으로써 근

114. 오천석, 『한국신교육사』, 교육과학사, 2014, pp.70 ~ 77.
115. 오천석, 『한국신교육사』, 교육과학사, 2014, pp.191 ~ 192.
116. 오천석, 『한국신교육사』, 교육과학사, 2014, pp.220 ~ 221.
117. 한철호, 『친미개화파연구』, 국학자료원, 1998, p.110.

대 사회로의 이전에 큰 역할을 하였다. 1885년 최초 서양식 국립병원인 제중원[118]이 미국 의료 선교사인 알렌에 의해 설립되었다. 이후 제중원은 경영난 등을 겪으면서 1904년 미국 북장로계 실업가 세브란스에 인수되어 사립병원이 되었다. 이를 계기로 선교사들은 민간을 대상으로 지방에 병원을 세우면서 선교 사업도 확대해 나갔다. 대표적인 것이 미국 북장로회의 평양 캐롤라인 레드병원(일명 평양야소교 제중원)[1906], 대구 제중원[1899], 미국 남장로회의 전주 예수병원[1989], 미국 북감리회의 서울 시의원[1885], 원주 서미감병원[1913], 미국 남감리회의 개성 아이비병원[1908], 캐나다 장로회의 함흥 제혜병원[1903], 용정 제창병원[1915], 호주 장로회의 진주 배돈병원[1913], 영국 성공회의 재물포 성누가병원[1891], 미국 예수재림교회의 평남 순안병원[1908] 등이다[119]. 일제강점기에 오면 기독교와 더불어 일반 대중 속으로 더욱 확산되어 나갔다.

기독교 또한 한국인들의 친미적 정서를 형성하는 데 큰 기여를 하였다. 일제강점기의 암울한 상황에서 종교에 의지하게 되었고, 서구 문물과 더불어 기독교가 확산되었다. 뿌리 깊은 유교사회에서 천주교와 기독교는 초기에 사교로 규정되어 상당한 박해를 받았었다. 그러나 나라가 위태로워져 마음 둘 곳이 없어진 상황에서는 국민들의 마음속에 서서히 자리를 잡아 나갈 수 있었다. 특히 천주교와 기독교는 종교적 구도자로서의 역할뿐만 아니라 서양 의술 및 교육과 결부되어 실생활 측면에서 큰 도움을 주었고 그러면서 국민들의 마음속에 차근차근 뿌리를

118. 1885년 설립 당시 이름은 광혜원이었으나 2주 후 제중원으로 변경되었다.

119. 박형우, 『한국근대서양의학 교육사』, 청년의사, 2008, pp.392 ~ 414.

내려 나갔다. 무엇보다 의료 선교사들이 기독교가 한국에 뿌리를 내리는 데 큰 역할을 하였다. 의료 선교사들이 세운 병원들이 천연두, 콜레라 등 당시 고질적인 질병을 치유하는 데 앞장섬으로써 한국인들이 기독교에 대해 마음을 열기 시작하였다. 1884년 미국 감리교 및 장로교 선교사가 한국에 들어와 선교를 시작한 이후 호주 장로교회, 영국 성공회, 캐나다 장로교회, 미국 남감리교회 등이 잇달아 참여하면서 교회 설립이 활발하였다. 그 결과 1908년 당시 교회가 1,000개 이상, 교인 3만 명, 준교인 12만 명에 달하였다[120]. 이후 일제강점기에 오면 일본의 기독교 탄압 등 우여곡절을 겪지만 자주독립 및 애국계몽 운동에 적극 참여함으로써 내실을 기하였으며, 해방 이후 건국 과정에 깊이 관여하여 더욱 탄력을 받게 되었다.

일련의 격동의 소용돌이 속에서 우리는 한편으로 미국으로부터 서구 문물을 접하였으며, 다른 한편으로 일본이 서구 문물을 수용하여 변화되어 가는 모습을 목격하게 되었다. 그러면서 우리도 서구 문물을 직접 접해야 한다는 것을 자각하게 되었고, 자연스레 미국을 점점 가까이하게 되었다. 거기에는 미국과 교류하여 일본을 능가해야 한다는 욕망이 숨어 있었다.

좀 더 넓게 보면 중국의 영향력에서 벗어나 서구로 향해 간다고 하였을 때 일본의 강점기는 정거장과 같은 것이었으며, 내용적으로는 중국에서 미국으로의 외생화 이전이었다. 하지만 일제강점기는 단순히

120. H. G. 언더우드 저, 이광린 역, 『한국개신교수용사』, 일조각, 1989, pp.114 ~ 127.

정거장이라고 하기에는 그 강도가 매우 높았다. 나라 운영을 일본에게 빼앗겼기 때문에 그 영향력이라는 것은 뿌리가 깊으며, 거기에는 서구적인 것과 일본화된 서구적 요소가 섞여 있는 것이다. 그러니까 전통적인 동양 가치의 중국, 미국, 러시아, 프랑스 등 서구 열강, 같은 동양권이지만 서구 문물을 수용하여 변신하고 있는 일본에 둘러싸여 어떻게 진로를 결정할지 매우 혼란스런 상황이었다. 정상적인 문명의 변천 과정이라면 서구 문명을 접하여 서로 용해되는 과정을 거쳐 우리 나름의 내생적 자기 조직화 과정을 거치는 것이 마땅하다. 그러나 힘의 논리가 지배하는 열강들의 틈바구니 속에서는 그렇게 하는 것이 쉽지 않았다. 물론 당시 개신유학자나 국내외에서 신교육을 받은 지식층을 중심으로 교육, 언론, 종교 등의 분야에서 자강과 실력 양성을 통해 근대 국가를 건설하자는 애국계몽 활동이나 문명의 주체적 수용을 위한 노력들이 다각적으로 일어났다. 하지만 일제의 탄압이 거세지면서 그런 노력들은 지속되기 어려워 점차 약화되거나 해외로 옮겨가 독립운동으로 변화하였다[121].

문명 간에 서로 접하여 영향을 주고받으며 변해가는 과정에서 각 문명 요소들이 어떻게 흘러들어가는지 그 요소들을 분해하여 지형도를 그리는 일은 또 다른 작업이다. 대략적으로 보면 일제강점기 때 우리가 접한 상황은 중국 전통의 유교 문화가 서구의 기독교, 과학기술 문명을 접해 변화해가는 과정이라 할 수 있다. 그런데 서구 문명의 원류인 유럽을

121. 한국근현대사학회 엮음, 『한국근현대사 강의』, 한울 아카데미, 2013, pp.117 ~ 124.

직접 접한 것이 아니라 동양 유교와 만나 변형된 일본식 서구 문물과 유럽 문명의 한 변용인 미국식 서구 문물과 접한 상황이었다.

일본의 경우 근대화 과정을 보면 우리보다는 오래전부터 다양한 서구 문물 수용의 경로를 가졌다. 초기 1500년대에는 포르투갈, 스페인, 1600～1700년대에는 네덜란드, 1800년대에는 미국, 영국, 러시아, 프랑스 등으로 확대하여 교류하였다. 1800년대 중반 메이지 유신 시기에 오면 서구 문물을 본격적으로 받아들여 사회를 개혁하는데, 각 분야별로 적합하다고 생각되는 여러 나라의 문물들을 골고루 받아들였다. 그러다가 점차 1900년대 들어와서는 미국이 강대국으로 성장하며 힘이 점점 강해지고, 특히 2차 대전 패전 이후 미군정기를 거치면서 미국의 영향을 크게 받기 시작하였다. 따라서 일본의 경우 유럽, 미국, 또 일본식 변용 등 여러 요소들이 용해되어 있을 뿐만 아니라 그 수용과 변용의 기간이 비교적 길어 그 진화 과정에서 나름의 자기 조직화의 시간을 가졌다고 볼 수 있다.

반면 우리의 경우는 1600년대부터 서구 문물을 접하기 시작하였는데, 당시 직접 접한 것이 아니라 주로 중국을 통해 일차적으로 여과된 것들이었다. 그러다가 1800년 중후반에 제국주의 열강들의 강요에 의해 개항을 하면서 일본과 미국을 중심으로 서구 문물을 수용하였다. 그런 와중에 나라를 빼앗기는 치욕적인 사태를 겪었기 때문에 그 주범인 일본을 무조건 부정할 수밖에 없었다. 대륙을 지배하고자 하는 일본의 침략 의도가 강압적 · 폭력적 형태로 나타나 그 반감은 점점 더해갔다. 이러한 억압된 욕망이 미국으로 점점 향해 갔고, 2차 대전 후 일본을 패전국으로 만든 미국으로 분출되었던 것이다. 한편으로 미국의 대중 소비문화가 흘러들어와 마음 둘 곳 없는 우리에게 강렬하게 각인되었다.

그러니까 적어도 1800년대 후반에서 1900년대 초중반 동안 우리는 정상적인 문명 진화의 시간을 가질 수 없었다. 내용적으로는 그동안 위정자들이 내세웠던 동도서기는 무너지고 서도서기로 급속히 이전하였다. 자존심이 허락하지 않은 가운데 타율적 존재의 나락으로 점점 빠져 버렸다. 외형적으로는 일본에 동화되어 갔지만 내면에서는 일본의 자취를 탈색시키기 위해 미국을 가까이 하는 또 다른 외생성의 씨앗이 뿌려졌다. 미래를 주체적으로 생산해갈 수 없는 상황에서 소비 쪽으로 욕망이 분출되었고, 이는 대중 소비문화를 지향하는 미국과 잘 부합되었다. 이러한 추세는 해방 이후 가속화되었다.

세 번째

원리적 유교사회

1. 관념적 도덕주의

2. 고전 중심의 학문 방법

3. 사농공상

조선 유학은 사람의 도道가 하늘의 도道에 합치되어야 한다는 천인합일天人合一을 불변의 명제로 설정하였기 때문에 원리적이었다. 구체적인 손발의 세계보다는 사람 심성의 세계를 중시하였다. 그 덕에 '이기심성론理氣心性論'과 같이 인간 마음의 작동 원리를 심층적으로 규명하는 학문적인 성과를 거두었으나, 인문학의 테두리를 벗어나지 못하였다. 송나라 신유학을 모델로 삼은 외생성으로 인해 관념적 도덕주의, 형이상학적 경직성, 유학 본령의 하학이상달下學而上達과는 달리 상학이하달上學而下達의 면모를 보였다.

자연히 문자 중심 사회였고, 문자를 지배한 문과 중심의 사회였다. 과거제를 매개로 '양반 문치 카르텔'의 철옹성을 쌓음으로써 사회의 역동성은 점점 약화되어 갔다. 사士의 과도한 특권으로 인해 농공상農工商은 소외되었고, 사와 농공상 간의 단절은 점점 깊어 갔다. 세종 때의 과학기술 성취는 오래 이어지지 못하였으며, 세상 흐름에 반하는 현실 속에서 실학이 싹텄다. 500년 동안의 경험은 뿌리 깊어 21세기 개명한 오늘날에도 우리의 마음속에 살아 숨 쉬고 있다.

01

관념적 도덕주의

천인합일

우리나라는 유구한 유학의 나라다. 조선 500년 동안 유학이 국시로서 확고히 자리를 잡았다고 하지만 그 기원을 말하자면 훨씬 이전인 기원전까지 거슬러 올라간다. 유학이 우리나라에 최초 전래된 시기에 대해서는 은나라 기자의 동방이주설BC 1100, 한자 전래 이후인 진나라 말기에서 한나라 초기BC 240, 한사군 시기의 낙랑을 중심으로 한 유학 전입설BC 128 ~ AD 313, 고구려 태학 설립 시기AD 372 등 분분하다[1]. 이렇듯 유학이 우리나라에 전래된 것은 훨씬 오래전의 일이었음이 분명하고, 오랜 세월에 걸쳐 정치, 사회, 문화, 생활 등 여러 방면에 서서히 스며들어 우리의 몸과 마음속에 뿌리 깊게 박혀 있음을 부인할 수 없다.

유학이 그리는 세상은 하늘이 보우하여 백성이 착하게 살아가는 그런 세상이다. 하늘이 계시하는 뜻을 백성이 잘 받들어 평화롭게 살아가

1. 윤사순, 『한국유학사 (상)』, 지식산업사, 2012, pp.37 ~ 42.

는 세상을 도덕적 이상 사회로 삼았다. 사람이 욕심을 버리고 하늘의 이치에 맞게 사는 순리적 삶이다. 이때 하늘은 바로 인간이 의지하고 살아가는 천지자연의 섭리이다. 따라서 유학은 하늘과 사람을 일치시키는 것을 최고의 경지로 삼았다. 천지자연의 이치에 인간 세상의 원리를 맞추어 나가는 것으로, 곧 천인합일天人合一 사상이다. 그러므로 인간의 지식을 통해 자연의 제약을 극복해보고자 하는 노력은 애초에 금기시되었다.

자연히 유학은 사람 중심의 인문적 원리를 세워 사회를 다스리고자 하였다. 하늘의 도를 부여받은 천자왕가 도덕적으로 다스리는 것, 즉 인정仁政이 기본 정치 체제인 것이다. 인간은 선천적으로 선하다는 선성설과 같이 인간에 대한 깊은 신뢰와 무한한 긍정이 기본적인 전제로 깔려 있다. 만물의 우두머리인 사람이 올바르게 마음먹고 행하면 세상은 올바르게 될 것이라는 형이상학적 이상 사회를 그린 것이다. 공자 이래 유구한 세월을 거쳐 진화해 온 유학이 비로소 주자에 오면서 나름의 체계를 갖추기 시작하였다. 인간의 인仁을 강조한 공자의 사상은 매우 포괄적이고 유연한 반면 맹자의 사상은 보다 정치적이고 현실적인 인간 세상에 가깝게 정치화되었다. 공자는 사실 의義를 그다지 언급하지 않았다. 보다 원초적인 인을 강조함으로써 굳이 의를 동원하지 않더라도 인간 사회의 문제가 해결될 수 있다고 믿었다. 공자는 깊은 인간애를 바탕으로 인간에 대한 매우 낙관적인 견해를 가지고 있었다고 볼 수 있다. 그러나 인간 사회가 어디 그러한가. 각자 이익을 좇는 존재라 서로 부딪히며 갈등을 일으킬 수밖에 없다. 맹자는 이러한 관계적 문제에 더 고민하여 유학의 질서를 보다 구체화시켜 인의예지(仁義禮智)의 사단(四端)이라는 인간의 심성 체계를 만들었다. 국가의 통치에서도 법과 제도보다는 왕도정치라는 도덕적 정치를 최고의 경지로 삼았다.

유학이 성리학으로 체계가 잡힌 것은 송나라 주자 때이다. 당나라 말기 한유, 이고 등이 불교의 부허함을 극복하고 유학 부흥을 꾀한 것이 성리학의 발단이었다. 그러기 위해서는 하늘과 인간 간의 연결이 중요함을 인식하고 그 철학적 체계를 세우는 데 주력하였다. 주자는 천즉리(天卽理)라 하여 하늘이 부여한 이치가 곧 리이고, 성즉리(性卽理)라 하여 인간이 하늘로부터 부여받은 성이 곧 리라 하여, 결국 하늘의 이치가 곧 인간의 본성이라는 체계를 세웠다. 나아가 사단(인의예지)은 리의 세계이고 칠정(七情 : 喜怒哀懼愛惡慾)은 기의 세계라 하여 사단칠정과 이기론을 연결시키는 체계도 마련하였다. 주자는 하늘과 인간, 나아가 인간의 심성을 연결시킴으로써 유학이 하나의 학문으로서 이론적 체계를 세우고 경전화하는 데 크게 기여하였다.

주자의 성리학은 13세기 말 원나라를 통하여 고려에 들어왔다. 성리학의 도입은 당시 훈고(訓詁)(자구 해석)와 사장(詞章)(시 문장) 중심의 고려의 유학 풍토에서 경전을 해석하고 이해하는 경학(經學)과 개인의 수양을 중심으로 하는 실질적인 풍토로 바꾸고자 하는 노력들에 부합하였다[2]. 이후 점차 상류층에 확산되었으며, 고려 말 정치, 경제, 종교 등 사회의 여러 폐단들과 교차되면서 새로운 패러다임으로 부상해갔다. 그리고

2. 윤사순, 『한국유학사 (상)』, 지식산업사, 2012, p162～165.

급기야 14세기 말 조선 건국과 동시에 통치 철학으로 채택된다. 이는 한국 역사상 매우 획기적이고 중요한 이정표가 되는 사건으로서 천인합일의 인문철학적 · 형이상학적 체계가 조선에 확고히 자리 잡게 되는 시발점이 되었다.

이후 유학은 세월이 흐름에 따라 계속 진화해갔다. 그리고 유학은 양명학이라 불리는 명대의 심학과 청대의 실학으로 이어졌다. 주자는 인간의 세계가 하늘의 세계를 좇아 끊임없이 지향해야 한다고 함으로써 무게 중심을 하늘에 두었다. 반면 양명학은 모든 것을 받아들이는 인간의 마음이 중요하다고 하여 무게 중심을 하늘에서 인간으로 옮겼다. 실학은 인간의 마음으로는 부족하고 실생활이 중요하다고 하여 인간의 마음에서 인간이 관여하는 대상일, 실생활, 물질으로 무게 중심을 옮겼다. 이러한 흐름을 접한 조선은 나름 수용하여 변화를 꾀하지만 일부 사대부에 국한되었고 큰 줄기는 성리학에서 크게 벗어나지 못하였다.

인간의 도덕이라는 것은 무엇인가? 천명天命, 바로 하늘이 인간에게 명하는 것이다. 즉, 천지자연의 이치를 터득하고 이 질서에 순응하여 살아가는 것이 곧 도덕적인 삶인 것이다. 바른 삶을 살면 하늘이 복을 주고 바르지 못한 삶을 살면 벌을 주는 것이다. 비록 사람이 겉으로는 음양이라는 기의 조합 속에 살지만 내면적으로는 도덕적 삶을 살아야 하는 것이 금수초목과 다른 점이다[3]. 여기서 자연의 이치라는 것은 오늘날의 자연과학적 이치가 아니라 자연의 올바른 섭리라는 도덕적 측면을

3. 윤사순, 『한국유학사 (상)』, 지식산업사, 2012, p.278.

얘기한다. 대학大學에서 유래된 격물치지格物致知도 사물의 악한 면을 물리치고 바름을 회복하는 윤리적 측면이 강조되었다. 말하자면 권선징악과 같은 의미이다. 그런 맥락에서 퇴계와 기대승 간의 이기논쟁에서도 사단은 리로서 선한 것이고 칠정은 기로서 선악이 존재하는 식으로 인문학 범주 내 도덕적 측면에서 논쟁이 이루어졌다[4]. 이러한 형이상학적 논쟁의 발전은 조선 유학이 한편으로 학문 체계로서 더욱 정치화되어 가는 측면이 있지만, 다른 한편으로는 실생활과는 점점 동떨어져 가는 측면도 있었다.

양명학이 심즉리心卽理로써 인간의 마음을 강조한 것은 아무리 하늘의 뜻이 훌륭하더라도 받아들이는 인간의 심성이 훌륭하지 않으면 천인합일을 이룰 수 없고 또 실제 그것이 현실이라는 인식의 변화가 있었기 때문이다. 양지良知라 하여 도덕 실천의 주체인 인간의 참된 앎마음에 초점을 맞춘다. 사람의 마음이라는 렌즈를 통해 대상을 인식한다는 의미로 이는 인식론의 상당한 진전이라 할 수 있다. 인간의 마음에 하늘의 세계가 들어 있다고 보고 양지로써 실제 천인합일이 가능하다고 보았다[5]. 마치 기독교 구약의 율법주의를 비판하고 실제 믿음과 성령을 중시한 신약이나, 불교 경전 공부를 통해 해탈하려는 교종教宗보다 자기 자신의 성불을 중시하는 선종禪宗처럼 유학의 경전을 익히는 것보다는 자신의 마음 수양이 더 중요하다는 입장이다. 하늘에 종속된 존재가 아닌 주체적 존재로서의 인간, 누구나 성인이 될 수 있다는 평등한 인간을 바

4. 이동희, 『동아시아 주자학 비교 연구』, 심산출판사, 2018, p.124.
5. 이동희, 『동아시아 주자학 비교 연구』, 심산출판사, 2018, p.116.

라보기 시작한 것이다.

실학은 한 단계 더 나아가 형이상학에서 형이하학으로 중심이 이동한 것으로 볼 수 있다. 인간의 도덕성이나 올바른 심성에 매몰되어 실제 생활을 도외시하는 데서 벗어나 의식주 생활의 윤택에 관련된 학문에 힘써야 함을 강조하였다. 그동안 구름 위에서의 공허함을 자각하고 구름 아래로 내려 온 것이다. 오랫동안의 인문적 세계 주유에서 자연과학적 세계 주유로 진로를 바꾸자는 메시지다. 바로 17～18세기 중국 등 여러 경로를 통해 들어온 서양 과학기술에 대한 조선 유학의 반응이었다. 그럼에도 조선의 큰 줄기는 소중화로서 큰 흔들림 없이 정통 주자학의 명맥을 유지하여 갔다.

이러한 거시적 흐름에도 조선이 주자학적 패러다임을 유지할 수 있었던 현실적 요소는 바로 사대부 중심 사회로 점점 고착화되어간 점도 간과할 수 없다. 사대부는 원래 중국 주나라 때 왕족이나 귀족 중에서 벼슬을 한 사람을 지칭하는 것이었으나 통치이념 등 사회가 변하면서 그 모습도 변해갔다. 사대부는 양반이라는 문, 무반을 지칭하는 관료 계층에서 출발하였다. 당나라 문무 양반의 관료제도가 고려 때 도입되어 지배 관료 계층을 형성하였고, 점차 세력을 공고히 하면서 그 가족 및 가문까지 개념이 확대되어 갔다. 고려 말에는 향리, 서리, 기술관 등 양인중인들도 양반으로 편입될 정도로 세력이 확대되었다[6].

조선시대에 오면 지배계층이 분화되면서 질적 심화 과정이 진행되

6. 이성무, 『조선 초기 양반연구』, pp.32～44.

었다. 과도하게 확대된 양반 세력을 통제하고자 중인들을 양반 계층에서 배제하고 주자학을 신봉하는 신흥 사대부 중심으로 재편하였다[7]. 유학이 새로운 국가 질서가 되면서 새로운 지배계층이 형성되는 자연스런 과정이었다. 중국이 당에서 송으로 바뀌면서 그간의 왕족과 귀족 중심의 사대부 대신 새로운 농법을 활용한 신흥 지주층과 과거제도를 통해 관리가 된 신흥 유자들이 새로운 사대부층을 형성한 것과 유사한 맥락이었다. 마찬가지로 고려 말 성리학과 새로운 토지제도를 주장하는 유자들이 조선을 건국하는 과정에서 신흥 사대부층을 형성하면서 전면에 등장하기 시작하였다. 따라서 송 유학류의 문을 중시하는 관료집단이 조선 사대부층의 핵심 세력을 형성하였다[8].

소위 양반이라는 신분이 중인, 천민 등을 압도하는 신분 질서가 기본이 되면서, 여기에 군역 면제[9], 토지 소유[10] 등 각종 특권들이 집중되어 누구나 부러워하고 선망이 되는 대상으로 군림하였다. 사대부 계층은 점점 철옹성이 되어 갔으며, 과거 및 음서蔭敍제도[11]는 그 철옹성을

---

7. 이성무, 『조선 초기 양반연구』, pp.44 ~ 56.
8. 원래 사대부는 문반의 4품 이상을 대부, 5품 이하를 사라고 한 데서 유래되었다. 그럼에도 사대부가 조선시대 지배계층을 통칭하는 용어로 쓰였다는 것은 조선시대가 문치주의 사회였음을 말해준다. 한국민족문화대백과 '사대부', 이성무, 『조선 초기 양반연구』, p.30.
9. 조선시대 군역을 면제받는 대상은 현재 관직에 있는 양반, 성균관, 사학(四學), 향교의 유생, 2품 이상의 전직 관료를 지낸 양반들이다. 이성무, 『조선 초기 양반연구』, pp.391 ~ 392.
10. 원래 양반들은 지주 집안 출신들이 많은 데다, 15세기 이후 농업기술의 발달로 토지의 생산성이 증가함에 따라 양반들의 토지 소유가 증가하기 시작하였다. 특히 가진 권력을 활용하여 대규모 농지를 소유하는 소위 토지겸병이 일어나면서 자영농이 소작농으로 전락하는 현상이 빈번하였다. 그리하여 국가와 양반으로부터의 과도한 소작료에 시달리는 현상이 벌어졌다. 이성무, 『조선 초기 양반연구』, pp.397 ~ 400.
11. 조선 초기 공신이나 2품 이상 벼슬자의 아들, 손자, 사위, 동생, 조카, 3품 이상 벼슬자의 아들,

더욱 공고히 만들었다. 그 철옹성에 중인들도 들어갈 수 있는 작은 문이 열려 있었지만 민초들의 경쟁 에너지만 고조시켰을 뿐 실질적인 진입장벽은 여전히 높았다. 이러한 사회 흐름 속에 철옹성의 핵심인 주자학적 가치는 점점 조선 사회의 모든 가치의 기저로서 그 위치를 확고히 자리 잡아 갔다. 결국 사대부라는 특권층이 과거제도를 통해 관념적 도덕주의의 주자학을 더욱 공고하게 만드는 매개 역할을 자임하였던 것이다.

사대부 집단은 조선의 관념적 도덕주의 유학이 현실적으로 구현된 화신이라 할 수 있다. 여기에다 왕의 세습이라는 왕정 체제가 가지는 모순 또한 사대부 중심 체제를 불러 왔다. 어린 세자가 왕이 되거나 자격 미달자가 세습으로 왕이 되면서 국가 질서가 혼란하게 되는 일이 자주 발생하였다. 세습으로 왕의 자질이 들쭉날쭉 불안정하게 됨에 따라 결국 유자인 사대부들이 중심을 잡게 되는 시스템으로 진화할 수밖에 없었다. 지배계층이 당시 처한 환경 하에서 스스로 터득한 생존 방식인 것이다. 그러나 이 또한 점점 고착화되면서 마찬가지로 개혁의 대상이었던 구질서의 지배계층처럼 또 다른 새 질서를 위한 개혁의 대상이 될 수밖에 없는 운명이었다.

조선은 주자의 성리학을 채택하여 이상적인 도덕 국가를 실현하고자 하였다. 하늘의 이치를 상징하는 왕권을 사대부를 매개로 사람의 이치와 일치시켜 이상적인 도덕 국가를 만들고자 한 것이다. 새로운 질서

손자, 이조, 병조, 도총부, 사헌부, 사간원, 홍문관, 부장, 선전관 등의 요직을 역임한 자의 아들은 20세가 되면 조부의 관품에 따라 종9품에서 정7품에 이르는 음직(蔭職)을 받을 수 있다. 이성무, 『조선 초기 양반연구』, pp.385~386.

를 유지하기 위해서는 결국 주도 세력이 필요하고 시간이 흐름에 따라 자연스럽게 사대부라는 새로운 지배계층을 형성하게 되었다. 이러한 기조는 18세기 영·정조 이전까지 지속되어 주자학에 강력히 머물러 천인합일을 고수하고 구름 위에서 좀처럼 내려오지 못하였다. 그 가운데서도 퇴계와 고봉 간의 이기논쟁은 관념적 도덕주의로 대변되는 조선 유학 발전의 절정을 이루었다.

이기논쟁

유학에서의 이기에 관한 논의는 생각보다 훨씬 다면적이다. 우선 리는 우주 만물의 움직임에 내재하는 원리, 기는 그 드러난 실제라고 포괄적으로 얘기할 수 있다. 다시 말해, 리는 형이상학, 기는 형이하학, 보다 현대적 언어로 표현하면 리는 이론, 기는 실제에 해당한다고 할 수 있다. 원래 중국에서 이기에 관한 논의는 매우 오래되었다. 먼저 은에서 춘추전국시대를 거쳐 진한 시기까지는 우주론적 측면에서 다루어졌는데, 기는 음양의 기운으로서 모든 만물의 근원으로, 리는 만물의 자연 규율로 여겼다. 가령 후한의 경학자 허신許愼, 30~124은 『설문해자說文解字』에서 "리는 옥을 다듬는 것이다"라 하였고[12], 『莊子』에서 포정庖丁은

12. 『설문해자』는 1만여 한자의 각기 본래의 문자 모양과 뜻, 발음을 종합적으로 해설한 책이다. 5대 10국의 南唐의 학자 서개(徐鍇, 921~975)는 『설문해자계전교감기』에서 "사물의 맥리(脈理)는 옥이 가장 조밀하다"라고 하였다. 張立文 주편, 안유경 옮김, 『리의 철학』, 예문서원, 2004년, pp.13~14.

소의 조직구조에 따라 칼을 놀리는 것을 리에 합당하다고 하였다[13]. 춘추전국시대에 오면 맹자는 사단 중 의와 예를 개별 도덕성이 외재화된 원리로서 리에 해당한다고 하여 행위 주체자의 심성에 초점을 맞추어 리와 기를 언급하였다. 한편으로 기는 끊임없이 모이고 흩어져 생명체를 생하고 멸하게 하는 운동 변화의 원질로서 간주되기도 하였다[14]. 이처럼 이 시기에는 보다 거시적으로 우주 만물의 원리를 규명하려는 관점에서 리와 기를 설명하려는 다양한 시도들이 이루어졌다. 이러한 경향은 대체로 수당 때까지 이어졌으며, 일체의 진리를 깨닫고자 하는 불교나 도교 등 당시 번성한 종교의 영향도 매우 컸었다. 특히 이론적으로 심오한 불교의 영향을 받아 유학도 나름의 이론적 체계를 세우려는 일환으로 이기론이 점점 주목을 받기 시작하였다. 따라서 당시 리와 기에 관한 논의는 각자의 의도에 따라 파편화되어 설명되는 경향이었고, 유, 불, 도의 종교적 특성에 영향을 받아 매우 다양하고 폭넓게 논의되었다.

송대에 오면 불교에 대한 중국 고유의 공맹 사상이 부활하는 가운데 정자[정이] 및 주자의 성리학 체계가 자리 잡으면서 하늘에서 보다 인간세계로 무게 중심이 옮겨 갔다. 인간의 도덕윤리 차원에서 리와 기의 관계를 설명하는 등 인문학적 심화가 이루어지면서 보다 체계화되었다[15]. 송과 명은 기본적으로 리 중심 사회였고, 이는 청대까지 지속되었다.

---

13. 『장자(莊子)』에서 포정(庖丁)이 소를 잡으면서 "천리(天理)에 따른다"라고 한 데서 왔다. 張立文 주편, 안유경 옮김, 『리의 철학』, 예문서원, 2004년, pp.13 ~ 14.
14. 張立文 주편, 김교빈 외 옮김, 『기의 철학』, 예문서원, 2004년, pp.46 ~ 47.
15. 張立文 주편, 김교빈 외 옮김, 『기의 철학』, 예문서원, 2004년, pp.51 ~ 52.

그러나 아편전쟁 이후 서양의 과학기술 문명이 들어오면서 기는 빛, 전기, 질점 등과 결합되면서 고유의 개념이 변질되어갔다[16]. 동시에 리 중심의 성리학이 크게 약화되고 기 중심의 실학이 점점 득세하여 갔다. 자연히 리는 기를 떠나서는 존립할 수 없는 기의 조리로서의 역할이 강조되었다. 왕부지王夫之, 1619~1692는 '리는 기에 의지하고 있는 기의 속성 또는 운동규율'이라고 간주하였다[17]. 이후 서양학문이 점차 확산되면서 리와 기는 이론과 실제라는 보다 중립적인 의미로 수렴되어 갔다.

한국의 경우도 큰 흐름은 중국과 유사하다. 신유학이라는 송명리학의 영향을 크게 받은 조선의 경우 우주론적 이기 개념보다는 인간의 심성론으로 이기 관계를 심화시킨 측면이 두드러진다. 조선은 리 중심 성리학에 경도되어 있었기 때문에 자연과학에 가까운 우주론적 이기 관계보다는 인문학적 도덕주의에 심취하였다. 그 중요한 계기가 바로 퇴계와 고봉 간의 이기논쟁이었다.

퇴계는 인간의 도덕성 체계를 세우려는 이론가였다. 주자의 이기이원론을 사단칠정[18]이라는 인간 심성론으로 연결하려 하였다. 인간의 마음 안에 성리과 정기이 대립한다고 하고, 이 둘은 상보적이면서도 주종을 말하자면 리가 더 근본이 된다는 입장을 취하였다. "천하에 리 없는 기 없고, 기 없는 리 없다. 사단은 리가 발해 기가 따르는 것이요四端 理發

---

16. 張立文 주편, 김교빈 외 옮김, 『기의 철학』, 예문서원, 2004년, pp.55~56.
17. 張立文 주편, 안유경 옮김, 『리의 철학』, 예문서원, 2004년, pp.15~16.
18. 사단이란 『맹자』 「공손추편」에 있는 인의예지의 단서인 측은(惻隱)·수오(羞惡)·사양(辭讓)·시비(是非)의 네 가지를 뜻한다. 칠정이란 『예기』 「예운편」에 나오는 희(喜)·노(怒)·애(哀)·구(懼)·애(愛)·오(惡)·욕(欲)의 일곱 가지 정서를 가리킨다.

而氣隨之, 칠정은 기가 발해 리가 타는 것이다七情 氣發而理乘之. 따라서 기의 따름이 없으면 리가 발현할 수 없고, 기에 리가 탐이 없으면 이욕利欲에 빠지므로 금수禽獸가 된다"라고 해서 이기 중에 리가 더 근본에 위치한다는 입장을 취하였다.[19]

이러한 퇴계의 입장은 주자의 주장과 기본적으로 동일하다. 『주자대전朱子大全』 권46 「답유숙문答劉叔文」에 보면 "사물상으로 보면 이 두 가지는 혼륜해 있어 각각 다른 곳에 존재할 수 없다在物上看 則二物渾淪 不可分開 各在一處"라고 해서 이기의 상보성을 전제한다. 그러면서도 '이선기후理先氣後, 이유동정理有動靜, 이생기理生氣'라 해서 리의 선행을 얘기하고 있다. 세상 만물을 주재하는 원리가 바탕이 되고 이 원리의 다양한 변용이 실제로 나타난 모습이라 해서 세상을 움직이는 기본 동력이 리에 있다는 것이다[20]. 퇴계는 이러한 주자의 이기론을 인간의 심성에 적용, 심화시켰다고 볼 수 있는데, 희노애구애오욕기의 발현의 인간 욕망을 절제하고 인의예지이의 발현의 도덕적 사회를 건설하려는 의도가 강하게 반영된 것이라 할 수 있다.

고봉高峰 기대승奇大升은 성性 : 理과 정情 : 氣이 대립하는 것이 아니라 서로 인과적으로 연결되어 있다고 하고 정이 성을 포함하고 있다고 주장하였다. 정이 발하여 이치에 합당하면 리에 근거한 것이고 합당하지 못하면 기에 근거한 것이라 하였다. 사단칠정론으로 말하면 사단은 칠

19. 이황, 『도산전서(陶山全書)』 권51, 이덕희, 『공자가 다시 쓴 자본주의 강의』, 센츄리원, 2015, p.166에서 재인용.

20. 이덕희, 『공자가 다시 쓴 자본주의 강의』, 센츄리원, 2015, p.165.

정의 부분 집합으로, 사단은 리에서 발하여 선한 것이지만 칠정은 리기를 겸하여 선악을 다 포함하고 있다는 것이다. 개념상 사단과 칠정의 구분이 가능한 것이지 실제로는 칠정이 작용하는 것으로 둘은 분리될 수 없다고 하여 기의 작용의 중요성을 강조하였다[21].

이 주장은 고봉이 퇴계의 주장에 대해 의문을 제기하면서 퇴계에게 보낸 편지에서 시작하였다. 이에 대해 퇴계가 변론의 답장을 보낸 것을 계기로 서로 간에 여러 차례 서신왕래를 통해 논쟁이 전개되었다. 고봉의 지속적인 반론에 대해 퇴계는 앞서 언급한 "사단은 리가 발함에 기가 따른 것이고 칠정은 기가 발함에 리가 탄 것이다"라는 수정된 이기호발설理氣互發說을 제시하기도 하였다. 이후 어언 18년에 걸친 두 사람의 서신 교환은 서로 간의 이해를 넓혔을 뿐만 아니라 각자의 주장도 상호 수렴하는 경향을 보이기도 하였다. 퇴계는 이후 집필에서 수렴된 의견을 반영하듯 『성학십도聖學十圖』에서 인간의 마음이라는 것은 두부 자르듯이 자를 수 없으며, 리와 기로 구분할 수 없는 복합적 작용이라고 하였다.

하지만 두 사람의 기본 입장은 크게 변하지 않았다. 퇴계는 기본적으로 이발, 즉 리를 중시하였고, 고봉은 기발, 즉 기를 중시하였다. 퇴계는 맹자의 성선설과 주자류의 도덕적 이상 사회를 건설하고자 하는 의지가 매우 강해 관념적 · 정태적 접근으로 이기 관계를 바라보았다. 반면 고봉은 기가 실제로 발하는 것이고 리는 그 안에 내장된 것으로 보고

21. 윤사순, 『한국유학사 (상)』, 지식산업사, 2012, pp.308 ~ 310.

동태적인 접근을 취하였다. 방법론 측면에서 퇴계는 가치 판단이 개입되는 규범적 접근으로 현대 학문에서 주로 인문학적 입장에 가깝다. 이에 대해 고봉은 칠정기의 발현이 그 상황에 합당하면 사단리이라는 입장을 취하는데[22], 이는 실증적인 접근으로 주로 자연과학적 입장에 가깝다. 이는 중용의 '喜怒哀樂之未發 謂之中, 發而皆中節 謂之和' 라 하여 "희노애락이 발하지 않는 상태를 중근본이라고 하고, 그것이 발하여 절도에 합당하면 조화로운 것이다" 라는 구절에서 보듯이 조화로운 상태는 순전히 기만의 작용으로 볼 수 없고 리의 작용이 포함되어야 가능하다는 것과 상통한다.

퇴계와 고봉 간의 사단칠정 문제는 과학의 영역처럼 정오가 명확한 것이 아니라 오묘한 인간 심성에 관한 것이기 때문에 누가 옳고 그르다고 판단하기 어려운 문제이다. 오히려 서로 간의 다른 의견을 주고받음으로써 인간 심성에 대한 이해의 폭을 넓힌 점에 그 의의가 있다고 하겠다. 이후 이 논쟁은 주리론과 주기론으로 전개되어 각자의 그룹을 형성하면서 진화하였다. 그중에서도 성혼은 퇴계를 이어 도심, 인심으로 구분하여 도심은 사단으로 리가 발한 것이며, 인심은 칠정으로 기가 발한 것이라는 견해를 피력하였다. 이에 반해 율곡 이이는 심마음의 구조보다는 심의 작용에 초점을 맞추어 사단도 칠정도 모두 기의 작용에 해당한다고 주장하였다. "발하는 것은 기이고 발하는 소이가 리이다發之者氣也, 所以發者理也" 라고 하였다[23]. 이후 퇴계계열의 주리론은 주로 영남 지역을

22. 윤사순, 『한국유학사 (상)』, 지식산업사, 2012, pp.318~319.

23. 윤사순, 『한국유학사 (상)』, 지식산업사, 2012, pp.323~325.

중심으로, 율곡계열의 주기론은 기호 지역을 중심으로 학파를 형성해 나갔다.

16～17세기 당시 세상의 흐름은 하늘신에서 인간 중심으로 옮겨가고 있었다. 서양은 르네상스 문예부흥을 거쳐 과학혁명의 시대로 접어들고 있었기 때문에 관념적 리보다는 역동적인 기 중시로 옮아가고 있었다. 또한 이론과 실제 간의 상호 작용을 통한 새로운 과학이론의 발견이 활발하게 일어났다. 조선 유학도 율곡을 계기로 현실 경험을 중시하는 움직임이 일어났다. 율곡은 성리학의 실제적 실현을 강조하고 국민을 편안하고 이롭게 하는 여러 개혁안들을 제시하였다. 개혁안들이 실제 정책으로 받아들이진 않았지만 율곡의 사상은 17～18세기 양명학과 서학의 영향과 더불어 실학이라는 탈성리학적 사조를 불러일으키는 단초로서의 역할을 하였다[24].

임진왜란1592～1598으로부터 정묘호란1627 및 병자호란1636~1637에 이르는 일련의 전란을 겪으면서 조선은 국가 체제를 새롭게 정비하지 않으면 안 되었다. 이에 따라 조선 유학은 성리학의 실제적 응용과 실천에 초점을 맞추었다. 보수적 성향의 성리학자들은 일상생활에서 예禮를 어떻게 실천할 것인가에 관심을 두었으며, 개혁적 성향의 성리학자들은 탈성리학적 경향에 관심을 두었다[25]. 주류 성리학자들은 전란의 재발을 방지하기 위한 부국강병에 힘쓰기보다는 오히려 예의, 예절을 세우는 데 힘을 쏟았다. 예를 들어 효종의 서거에 그 계모인 자의대비의 복상을

24. 윤사순, 『한국유학사 (상)』, 지식산업사, 2012, pp.329～357.

25. 윤사순, 『한국유학사 (상)』, 지식산업사, 2012, pp.363～364.

둘러싸고 1년으로 할지 3년으로 할지를 두고 노론과 남인이 대립하였다. 이 문제는 1년 복상으로 결말이 났지만 이후 거의 20여 년 동안 논란이 끊이질 않았다[26]. 이렇듯 실제 국력을 키우는 일보다는 형식적인 일에 국력을 소모하는 일이 빈번하였다. 유학자들 사이에서는 이러한 비현실적 사태를 반성하여 이기통합론을 주장하거나 명으로부터의 양명학을 수용하는 등의 사조가 있었지만 소수에 그쳤다. 여전히 유학의 두 가지 흐름은 지속되어 18~19세기에 오면 보수적 성향의 유학자는 위정척사파, 개혁적 성향의 유학자는 실학을 거쳐 개화파로 이어졌다.

주리론과 주기론의 사상적 흐름이 형성되어 나갔다고 하지만 넓게 보면 정주 성리학 범위 내에서의 두 흐름이었기 때문에 리 중심적 성향이 짙었다. 주기보다는 주리가 여전히 주류를 형성하였다고 볼 수 있다. 한때 김장생1548~1631, 송시열1607~1689 등 주기론자들이 세력을 형성하기도 하였지만, 통치 원리는 도덕적 엄격성을 강조하고 리를 중시하는 정주성리학의 틀을 벗어나지 못하였다. 주기론이라 하지만 인간의 도덕적 심성과 이의 실천에 국한되어 있었으며, 어디까지나 인문학적 영역 내에서 형이상학을 중시하는 입장이었다. 말하자면 수기치인修己治人이라는 유학의 거시적 명제 내에 있었다. 그리고 이들 유학자들이 실제 지배 세력을 형성하고 있었기 때문에 획기적으로 방향을 전환하는 것은 매우 어려웠다.

조선은 원래 성리학, 사농공상의 가치 서열, 그리고 양반 중심의 신

---

26. 윤사순, 『한국유학사 (상)』, 지식산업사, 2012, pp.385~396.

분 질서를 기본 체계로 하여 높은 수준의 도덕적 사회를 건설하고자 하는 확고한 신념에서 출발하였다. 그러기 때문에 흔들림 없는 리를 필요로 하였고, 그런 분위기에서 발생한 이기논쟁은 학자들 간의 건설적 소통으로서 매우 고무적인 조선 유학의 성취였다. 한편으로는 후학들이 퇴계와 고봉 간의 논쟁을 더 발전적으로 계승하였더라면 하는 아쉬움이 남는다. 그랬더라면 리와 기 간에 맥락적 관계가 더욱 끈끈하게 되고, 이는 학문 방법이나 일의 추진에서 이론과 실제가 따로 분리되지 않고 상호 인과관계가 더욱 밀접하게 되는 계기를 마련하였을 것이다. 리 중심에서 벗어나 기에도 눈길을 주었을 것이다. 이론과 더불어 실제, 또 명분과 더불어 실리도 중시하는, 좀 더 균형 잡힌 사회를 지향하였을지 모른다. 그래서 이후 북학파를 필두로 한 실학자들의 세력이 더 큰 시대적 흐름을 형성하였을 수도 있었겠다는 상상을 해본다.

이기논쟁은 매우 철학적이고 논리적이었으나 수학이나 평균적인 통계로 실상을 진단하는 것처럼 현실과는 거리감이 있었다. 당시 상황으로 보아 문의 지배가 불가피하였다 하더라도 기가 중시되었더라면 이론보다 실제가 중요시되고, 실제가 중요시되면 세상 변화와 더불어 자연스레 인간의 심성보다는 실질적인 생활에 가까이 갈 가능성을 배제할 수 없었을 것이다. 그러나 문 지배와 리 중시가 결합되면서 인간 심성론의 테두리가 워낙 두터웠기 때문에 실사구시, 자연과학 등 그 밖의 세계로 나아가는 데 한계를 가졌다. 후세에 정약용처럼 걸출한 경세적 비전을 내세우는 것은 가능하였지만, 최한기처럼 과학적우주론적 상상력을 가지기는 어려웠다.

학문의 경직성

논어의 첫 구절은 "학이시습지 불역열호學而時習之 不亦說乎", "때때로 배우고 익히면 이 또한 즐겁지 아니한가?" 이다. 인생을 살아감에 있어 배움이 얼마나 중요한지, 동양의 대표적인 고전인 논어의 제일 첫 구절이 배움에 관한 것일 정도이니 가히 짐작이 간다. 필자도 중고등학교 시절 수업시간에 들은 기억이 어렴풋이 있지만 그 의미를 제대로 알게 된 것은 40세가 훌쩍 넘어서였다. 그래서인지 우리는 어릴 적부터 배움에 큰 의미를 부여하였다. 소위 공부라는 행위가 우리 의식을 거의 지배하다시피 하였다. 동네에서 누구 집 애가 공부 잘한다고 소문나면 모두 우러러보고 부러워하는 분위기였다. 거기다 좋은 대학에 입학이라도 하면 동네 잔치를 벌일 정도였다. 그래서 공부 잘하면 모든 것이 용서되는 그런 사회 분위기가 형성되었으며, 이것은 지금도 별반 다르지 않다. 사실 배움의 즐거움이라 할 때 배움은 학교 공부에만 국한되지 않는다. 세상 사는 모든 것이 공부인 것이다. 그만큼 공부는 삶의 원초적인 부분이며 즐거움 그 자체이다. 그러나 우리의 경우 책상에 앉아 성현의 글을 배우거나 지식을 습득하는 공부, 다시 말해 주로 머리로 하는 학교 공부만을 지나치게 존중하는 문화가 만들어진 것도 사실이다. 과거에는 그럴 만한 사회적 분위기가 있어 수긍이 간다 하지만 문제는 요즘과 같이 세상이 복잡다기하게 변하였는데도 여전히 학교 공부의 위력이 대단하다는 것이다.

우리 사회에서 학교 공부의 절대성은 오랜 유학의 유산과 깊은 관련이 있다. 무엇보다 조선 500년을 지배한 성리학에 힘입은 바 크다. 대부분의 백성들이 문자를 읽고 쓸 수 없는 시대에 문자 해독을 통한 성현들의 지혜를 깨우치는 것은 대단한 일이다. 또한 출세의 지름길이었기 때문에 유학 경전의 습득은 거의 절대적이었다. 성리학의 위상이 가히 짐작이 간다. 모든 사람들이 사서삼경을 깨우치고자 하는 열망으로 가득하였다. 한문 해독이라는 문자 장벽과 과거제도라는 출세 장벽이 모든 지식인들이 넘어야 할 대상이 되면서 유학 경전을 통한 공부는 점점 우리의 일상을 지배하여 갔다.

조선시대 학문이라고 하는 것은 폭넓게 보아 종교를 포함하여 유학, 불교, 도가 사상[도교]이라 할 수 있다. 물론 유학이 주류이고 불교와 도가 사상은 주류가 아니다. 중국에서는 유학, 불교, 도가 사상이 시대에 따라 주류를 달리 하였고, 일본은 신도와 불교 중심에 유학, 도가 사상이 가미되었다. 조선은 유학의 폐단과 불교의 공허함을 대신하여 신유학[성리학]을 새로운 국시로 채택하였기 때문에 성리학의 위상은 거의 절대적이었다. 반면 불교는 초기에는 왕실에서도 섬길 정도로 그 관성이 남아 있었으나 점차 위세가 떨어져 나중에는 민중들의 삶을 달래는 기복 신앙으로서의 역할에 그쳤다. 도가 사상은 노장 사상으로서 소수 유자 그룹들에 의해 그 명맥을 유지해 나갔으며, 특히 기를 중시하는 사유에 영향을 미쳤으나 세가 크게 확대되지는 못하였다.

중국은 전통적으로 유학과 도가 사상이 주류를 이루는 가운데 불교가 유입되면서 보다 다양한 모습을 보인다. 시대마다 주류 사상과 학문이 달라 한나라까지는 유학이, 이후 당나라까지는 불교와 도가 사상이 융성하였고, 송나라 이후는 신유학 및 양명학이 대두되어 지배하였다. 물론 학문의 흐름을 시대별로 정확하게 구분할 수 없을뿐더러 서로 영향을 주고받으며 진화하기 때문에 더 자세한 관찰이 필요하다. 통치 철학은 유학이 줄곧 주류를 형성하였으나 영토가 광대하고 인구가 많아 학문의 다양성이 높았다. 춘추전국시대의 제자백가를 계기로 다양성의 기틀이 마련된 것으로 짐작이 된다.

일본은 또 다른 형태의 학문의 역사를 가지고 있다. 일본은 오랫동안 섬나라로 격리되어 있어서 원래 자기들의 조상신을 모시는 신도神道라는 영역을 가지고 있었다. 그러다가 6세기 불교가 도입되면서 신도가 쇠퇴하였으나 17세기 에도 시대에 다시 부활하여 불교와 공존하고 있다. 또한 거의 동일한 시기에 유학성리학이 본격적으로 수용되어 막부의 통치 철학으로 적극 활용되었다. 따라서 신도와 불교가 주류가 되고 거기에 유학이 가미되어 서로 영향을 주고받으며 진화해 왔다. 신도라는 나름의 세계가 존재한 사실과 신도가 중국의 도가 사상과 같은 기능을 하면서도 실제 그 이상의 위치를 점하고 있다는 것이 특징이다[27].

이제 유학으로 범위를 좁혀 보도록 하자. 동아시아 삼국이 유교 국가라 하지만 각자 특징이 다르다. 유학의 비교 관점으로 여러 측면이 있지만 본 책의 주제와 관련이 있는 천인관계天人關係와 이기론理氣論을 중심으로 살펴보고자 한다.

---

27. 신도가 일본의 토착 신앙과 중국으로부터 온 도교와 융합하여 형성되었다는 견해와 원래 일본의 토착 신앙이 진화되어 형성되었다는 견해가 있다. 森嶋通夫 저, 이기준 역, 『왜 일본은 '성공'하였는가』, 일조각, 1982. pp.39 ~ 40.

중국은 유학을 체계화시킨 나라로서 하늘과 사람 간의 관계에 대해 유연한 입장을 취하였다. 유학은 기본적으로 사람은 하늘로부터 명을 받아 도덕적으로 살아가는 존재이기 때문에 천인합일을 원칙으로 한다. 그러면서도 인간은 인간 사회를 만들어가는 존재이기 때문에 하늘과 반드시 일치되지 않는 측면이 있다. 그래서 공맹 사상은 인과 의, 즉 하늘이 부여한 도덕성의 근본인 인을 수양하고 사람들 간의 원리인 의를 세워야 한다는 것을 동시에 얘기하였다. 이러한 공맹 사상의 실천 원리로서의 하늘이 명한 성을 인간이 따르는 것, 즉 수기지도修己之道의 입장인 천인합일과 인간 개별 존재를 인정하고 도덕적으로 다스려야 한다는 치인지도治人之道의 입장인 천인분리를 포용하고 조화를 꾀하였다[28]. 이를 위한 방법론으로서 성誠을 다해야 한다는 것이 중용의 핵심 메시지이다. 말하자면 하늘의 도와 인간의 도 간의 관계를 늘 고민하고 연계를 위해 어떻게 해야 하는지가 유학의 기본 과제라 할 수 있다. 신유학의 효시인 주자는 순천리 합인심順天理 合人心이라 하여 하늘의 이치에 순응하면서도 민심인간의 마음에 합당해야 한다고 함으로써 양자 간의 조화를 강조하였다. 리와 기의 관계도 음양으로 이루어진 기의 현상적인 움직임과 그 배후의 원리인 리가 서로 상보적으로 주재하는 것으로 보고 주자는 이기상호주재론理氣相互主宰論을 폈다. 유학의 효시 국가답게 중국은 유학의 보편적 성격을 확립하려 하였다.

한국은 하늘의 명命이 곧 인간의 성性이라고 하는 천인합일에 무게

28. 이기동 지음, 정용선 옮김, 『동양삼국의 주자학』, 성균관대학교 출판부, 2010, pp.192~196.

중심을 두었다. 하늘의 도와 인간의 도가 현실적으로 다름에도 불구하고 전자와 후자를 일치시켜 인간이 끊임없이 하늘의 도에 가까이 가야 함을 강조하였다. 고려 말과 조선 초 유학의 수장인 이색李穡, 1328~1396은 만물이나 인간이나 모두 하늘로부터 부여받은 고유의 성을 가지고 있고天命之性, 이 고유한 성을 지극히 궁구하여 깨닫는 것이 곧 리가 되므로性卽理 하늘이 곧 리가 된다天卽理고 하였다. 자연의 운행 원리에 따라 인간의 일을 다스려야 자연과 인간 사회가 혼연일체 조화롭게 된다는 것이다[29]. 이처럼 조선 유학은 하늘과 사람 간에 간극이 없다天人無間고 보고 사람의 행실을 수양해야 할 대상으로 삼았다. 자연의 운행은 인간이 어찌할 수 없기 때문에 인간에게 주어진 하나의 조건으로 보고 인간의 내면으로 파고들어 갔다. 사람이 행실을 바르게 하면 얼마든지 하늘의 도를 구현할 수 있다는 매우 낙관적인 견해에 호소하였다. 따라서 퇴계와 율곡을 비롯하여 조선 중기로 갈수록 점점 인간 심성론으로 흘러 사단칠정논쟁과 같은 이기론으로 집중되어 갔다. 앞서 이기논쟁에서 살펴본 대로 유학자들 사이에 주리론자와 주기론자의 그룹이 있었지만 실제 사회 질서는 정주성리학에 기초한 엄격한 도덕적 원리를 추구하였기 때문에 리 중심의 형이상학적 사조가 지배하였다. 천인합일이라는 하늘 쪽의 무게 중심이 인간 심성으로 들어가면서 인간의 불변적인 도덕성을 굳건하게 확립하고자 하였다.

일본의 유학은 중국이나 한국처럼 그 위상이 높지 않았다. 3세기경

---

29. 이기동 지음, 정용선 옮김, 『동양삼국의 주자학』, 성균관대학교 출판부, 2010, pp.198~206.

에 전래된 초기 유학은 그 존재가 매우 미미하였고, 13세기 유학이 도입되기 시작하였으나 신도의 보조적인 역할에 그쳤다. 그러다가 16세기에 들어와 후지와라 세이카藤原惺窩, 1561~1619에 의해 유학이 비로소 독자적인 영역을 가지게 되었다. 초기에는 천인여일天人如一이라 하여 우리나라의 천인합일과 유사한 형태를 띠나 점차 유학의 실제 적용에 초점을 맞추면서 천인분리적 성격이 나타났다. 즉, 수기지도에서 치인지도로 무게 중심이 옮겨 갔다. 天이 神으로 변화하여 인간 존재와 매우 밀접한 존재가 되면서 선을 행하면 복을 받고 악을 행하면 화를 받게 된다고 함으로써 인간의 주체적인 행위의 결과에 따른 길흉화복을 연결지었다. 이러한 변화 과정에서 神道의 영향이 컸으며, 구마자와 반잔熊澤蕃山, 1619~1691이 주장한 천명天命의 직분職分과 신만물일체 사상新萬物一體思想[30]으로 이어졌다. 천명의 직분은 天子, 公, 候, 伯, 子, 男, 卿, 大夫, 士, 農, 工, 商 등 모든 인간이 각기 처한 직분에 하늘이 부여한 명을 다해야 한다는 것이다[31]. 나아가 천명이 인간 개체에만 그치지 않고 모든 만물에까지 미친다고 함으로써 하나의 유기체로 파악하는 인식으로 진화되었다. 이 또한 일본 고유의 독특한 신관神觀의 영향이라 할 수 있다[32]. 이러한 경향은 이토오 진사이伊藤仁齊, 1627~1705에 오면 완전한 천인분리로 이어진다. 그는 『어맹자의語孟子義』에서 "대체로 천이란 오로지 자연에서 나온 것이니 인력으로 능히 할 수 있는 바가 아니며 명이란 인력

30. 양명학의 체계를 세운 왕수인의 주요 사상인 만물일체론을 계승하고 있다.

31. 이기동 지음, 정용선 옮김, 『동양삼국의 주자학』, 성균관대학교 출판부, 2010, pp.229~236.

32. 이기동 지음, 정용선 옮김, 『동양삼국의 주자학』, 성균관대학교 출판부, 2010, pp.236~237.

에서 나온 듯 하지만 실은 인력으로 능히 미칠 수 있는 바의 것이 아니다……"라고 하여 하늘과 독립된 인간의 개체적 존재를 상정하였다[33]. 소위 소라이학徂徠學을 창시한 오규 소라이荻生徂徠, 1666~1728는 이를 더욱 계승하여 개인과 집단, 사와 공과 같은 인간 사회의 부분과 전체 간 관계에까지 확장시켰다[34].

유학이 일본 고유의 신도와 결합되면서 천인합일에서 천인분리 현상으로 이어졌다. 이에 따라 이기론도 영향을 받아 리 중심에서 점차 기 중심으로 변화해 갔다. 천명관과 유사하게 초기 후지와라 세이카에서는 리 중심이었으나 구마자와 반잔에 오면 기 중심으로 변화되고, 이토오 진사이에 오면 완전히 기 중심으로 기울어진다[35]. 도덕적 이념보다는 치열한 생존 경쟁을 통해 패권을 중시하는 무사 중심의 질서에 유학이 융합됨으로써 리보다는 기 중심의 유학이 자연스레 드러난 것으로 볼 수 있다. 동시에 막부 중심의 봉건질서에 의해 결여된 도덕성을 유학이 보완하였다. 이 점이 일본이 서양 문명의 파고를 타고 메이지 유신을 가능하게 하였던 주요 요인으로 평가되고 있다[36]. 다시 말해 무치에서 문치를 보완하여 도덕성을 확충하였고, 기 중심의 전통적 사회 풍토가 유학 내 기를 중시하는 성격과 궁합을 이룸으로써 서양의 과학기술 문명에 대해 거부감이 크지 않았다. 반면 조선은 줄곧 리 중심의 문치로

---

33. 이기동 지음, 정용선 옮김, 『동양삼국의 주자학』, 성균관대학교 출판부, 2010, pp.238~242.
34. 마루야마 마사오(丸山眞男),『日本政治思想史硏究』, 東京大學出版會, 1989, pp.71~115.
35. 이기동 지음, 정용선 옮김, 『동양삼국의 주자학』, 성균관대학교 출판부, 2010, pp.288~308.
36. 박훈, 『메이지 유신은 어떻게 가능하였는가』, 민음사, 2014, pp.131~218.

흘러 17~18세기에 이에 반기를 든 실학의 움직임을 맞이하였다.

한국과 일본의 유학 특색은 양명학과 서양 학문의 수용에서도 그대로 드러났다. 양명학은 동양 유학 전통에서 내생적으로 탄생한 새로운 패러다임으로서 모든 것이 인간의 올바른 마음인 양지良知에서 출발한다고 하였다. "대개 학문이란 나의 마음에서 얻는 것을 중시한다. 내 마음에 구하여 잘못된 것은 비록 그 말이 공자에게서 나왔다고 하더라도 감히 옳다고 말할 수 없다…… 마음에 비추어서 옳다면 비록 그 말이 범상한 사람에게서 나왔다고 하더라도 감히 잘못된 것이라고 할 수 없다……"[37]고 하여 절대적 진리에서 벗어나 상대적 진리 세계로 향하고 있다. 정통 유학이 지향하는 하늘의 불변 원리로부터 내려와 인간 심성으로 들어갔다. 유학의 리학이 심학으로, 진리의 보편성에서 개별성으로, 관념에서 체험으로, 이론에서 경험으로 이동하면서 화석처럼 굳어진 것이 아닌 살아 움직이는 진리를 추구하였다. 왕수인王守仁, 1472~1528은 그 방법론으로 '치양지致良知'라 하여 공부를 통해 양지에 이르는 것과 스스로 행위로써 양지를 다하는 '지행합일知行合一'의 쌍방성을 중시하였다.

한국의 경우 양명학이 들어왔지만 리 중심의 성리학 체계 속에 흡수되어 양명학 원래의 특성이 다소 무뎌져 버렸다. 한국 양명학의 거두인 정제두鄭齊斗, 1649~1736는 왕수인의 심즉리를 받아들이면서도 심의 본체인 성에 이르는 것을 강조함으로써 양명학의 특성인 인간의 욕구를

37. 王守仁, 『傳習錄』 중 '答羅整菴少宰書', 최재목 지음, 『동아시아의 양명학』, 예문서원 p.7에서 재인용.

긍정하거나 명교名教[38]와 예법禮法을 부정하는 것과 같은 인간 사회의 현실을 적극 받아들이지 않았다[39]. 왕수인이 제시한 방법 중 공부를 통해 양지에 이르는 것만을 강조하였다. 결국 굳건한 리 중심의 유학적 특질이 양명학의 수용에서도 그대로 투영되어 나타났으며, 그로 인해 양명학을 소극적으로 받아들였다.

일본의 경우는 앞서 언급한 바와 같이 천인분리적 유학 성향이 양명학을 잘 흡수할 수 있는 조건이 되었다. 일본 양명학의 거두인 나카에 토쥬中江藤樹, 1608~1648는 왕수인의 치양지를 받아들이되 심즉리는 받아들이지 않았다. 대신에 황상제皇上帝라는 인격화된 天을 설정한다든지 인간의 악을 근절시키기 위해 명덕을 중시함으로써 인간 현실에 가까이 가는 학문으로 전개되었다[40]. 이로써 일본은 한국보다 양명학을 더 적극적으로 수용하였다.

양 국가의 이러한 학문적 특질은 이후 전개되는 서양 문명의 수용에서도 그대로 이어졌다. 짐작이 가겠지만 일본의 기 중심적 유학은 서양 과학기술 문명을 큰 저항 없이 받아들일 수 있는 조건이 되었다. 일찍이 1500년대부터 포르투갈로부터 서양 문물을 받아들였으며, 에도 시대인 1600년대에는 네덜란드로부터 서양 의학과 과학기술이 들어와 소위 난학蘭學을 형성하였다. 반면 한국은 유학 과잉이라는 학문의 경직성으로 인해 서양 과학기술의 도입이 늦어지게 되었다. 그리고 1800년대 후

---

38. 사람이 마땅히 지켜야 할 바를 가르침.
39. 최재목 지음, 『동아시아의 양명학』, 예문서원, pp.201~202.
40. 최재목 지음, 『동아시아의 양명학』, 예문서원, pp.204~217.

반 서구 열강들에 의해 개항되면서 서양 문물이 한꺼번에 들어오게 되었다.

조선이 기존 질서가 변화하는 것을 꺼려 외래 문물을 도입하지 않고 있다가 뒤늦게 한꺼번에 도입하여 급속하게 확산되는 현상을 보이는 이면에는 문물의 수용 패턴이 자리하고 있다. 수용하되 그것을 자기의 실정에 맞게 변용하는 과정을 거치느냐의 문제이다. 변용 과정이 부재할 경우 문물을 아예 받아들이지 않거나 혹은 받아들이더라도 변용 없이 그대로 받아들이게 되는, 양극단을 달리기 쉽다. 가령 고려에서 조선으로 넘어갈 때 중국은 이미 송의 신유학을 거쳐 명의 양명학이 태동할 무렵에 있었다. 조선은 후발자의 입장에서 이미 체계가 잡힌 선발자의 신유학을 되도록 신속하게 받아들여야 하기 때문에 별다른 여과 과정 없이 그대로 받아들이게 된다. 따라서 별 고민 없이 천인합일이라는 문자화된 명제를 그대로 수용하였다. 천도와 인도를 선험적으로 일치시켜 버렸기 때문에 인도로부터 천도가, 반대로 천도로부터 인도가 상호 맥락적으로 연계되는 과정이 생략되어 버렸다. 바로 일방적 수용자가 가지게 되는 경직성이라 할 수 있다. 경직적 수용은 다시 원리를 추구하고 개념을 중시하는 방향으로 피드백되면서 조선 유학의 특질로 굳어져 갔다. 실제에서 이론을 생성시키거나 반대로 이론을 실제에 적용하고 해석하는 상호 간의 과정이 생략되기 때문에 발생하는 불가피한 현상이다.

학문의 경직성은 우리의 사고를 일정 틀에 가두어 버려 편협성과 경직성을 야기시킨다. 평소 변화하지 않고 있다가 위기를 겪고서야 한꺼번에 변화하는 습성도 이와 무관하지 않다. 어떤 계기로 대세 조짐이 보이면 일제히 편승한다. 일단 편승하면 거기에 경직되어 새로운 것이나 이질적인 것에는 상당한 저항을 보인다. 명나라가 양명학으로 성리학의 도덕적 엄격주의를 벗어나 인간의 정을 포용하는 유연성을 보이고 있을 때 조선은 송나라 유학에 집착하였다. 명나라에서 청나라로 바뀌어 고증학, 서양 과학이 넘나드는데도 조선은 명나라를 고집하였다.

02

고전 중심의 학문 방법

선왕지도

유학은 선왕지도를 거울로 삼아 훌륭한 선대 치자들의 덕성을 기리고 숭배하는 것을 중요한 덕목으로 하고 있다. 후대에 전범이 되는 선대 왕들은 요堯, 순舜, 우禹, 탕湯, 문文, 무武, 주공周公으로 요약되며 공자는 이들의 행적과 가르침을 본받아 실천하려 하였다. 이는 증자, 자사, 맹자 등으로 이어져 면면히 내려갔다[41]. 동시에 선왕의 가르침은 문명이 진화하면서 점점 문자화되어 확산되어갔다. 그렇지만 하나의 학문으로서 체계를 갖추지는 못하였다. 그러던 유학이 하나의 원리적 체계를 갖추기 시작한 것은 바로 불교의 영향이었으며, 그 움직임이 송나라에 들어오면서부터 본격화되었고, 바로 주자가 그 지대한 역할을 하였다. 그 이후 유학은 신유학, 주자학, 성리학이라 불리게 되었다.

신유학의 움직임은 주자 이전에 한유韓愈, 768~824라는 당나라 말기

41. 이기동 역해, 『대학 · 중용강설』, 성균관대학교 출판부, 2014, pp.13~15.

의 유학자에서 시작되었다. 한나라 이후 견고하던 유학이 불교가 들어오면서 그 심오한 체계에 흔들리기 시작하였다. 현세와 내세를 몇 개의 층으로 구분하여 인간과 우주 만물의 광대한 윤회 체계를 다루는 불교 앞에 유학은 왜소할 수밖에 없었다. 불교가 점점 중국인들의 마음속으로 파고들어 수·당 시대에는 불교문화가 꽃피면서 유학은 더더욱 위축되었다. 그러나 원래 중국 문화의 뿌리는 고대 요순 임금으로부터 내려오는 유학이었기 때문에 언제라도 부활할 수 있는 기반을 갖추고 있었다. 마침내 당 말기에 이르러 현세를 멀리하는 불교의 공허함에 영향을 받아 중심을 잃은 유학에 대한 반성이 내부로부터 일어났다. 그 발단은 바로 한유의 『원도原道』에서 시작되었다. 원도는 "도의 근원을 캐다"라는 뜻으로 고래 선왕지도의 가르침의 본질로 돌아가자는 것이다. 그런데 그냥 돌아가자는 것이 아니라 새롭게 변용하여 돌아가자는 것이며, 그것은 유학의 견고한 실학화였다. 불교와 도교와 같이 구름 위에서 형이상학적 세계를 추구하지 말고 구름 밑의 형이하학적 세계로 내려오게 하는 것이었다[42]. 동시에 불교와 같이 철학적 체계를 세우는 것이었다. 이후 이고李固, 주돈이周敦頤, 장재張載, 정이程頤, 구양수歐陽脩, 사마광司馬光 등을 거쳐 주자에 와서 결실을 보게 되었다.

한유 이후 계승자들은 고래로부터의 비논리적 서사들에 논리적 체계를 부여하기 시작하였다. 그중에서도 이기론은 형이상학화의 정수로서 수많은 논쟁과 설을 유발시키는 구심점 역할을 하였다. 이기론은 만

42. 김용옥, 『대학·학기 한글역주』, 통나무, 2016, pp.29~31.

물을 리와 기라는 요소로 구성하여 설명하려 하였다. 막연하였던 하늘의 도천도와 사람의 도인도 간의 관계를 원리에 해당하는 리와 실제에 해당하는 기라는 인자로서 우주 만물을 설명하려 함으로써 보다 과학적인 접근을 보였다. 하지만 한유의 초기 문제의식과는 달리 이후 계승자들은 유학의 철학적 체계를 세우는 데 집중한 나머지 점점 형이상학화 경향을 보였다. 유학의 형이상학화 현상은 조선으로 오면 더욱 두드러져, 예를 들어 이기론 같은 것은 사람의 도인 인성론으로 확장되면서 퇴계와 고봉 간 이기논쟁과 같이 보다 심오하게 전개되었다.

조선이 유학의 형이상학화를 더욱 공고히 한 대표적인 예가 대학大學의 격물치지格物致知에 대한 해석이다. 주자는 물物을 일이나 사태라 간주하고 그것을 궁구하여 원리에 이른다고 하여 다소 포괄적으로 해석하였다. 그러니까 인간이 겪는 일상의 일들에 성誠을 다함으로써 이치를 깨닫는다는 중용의 메시지가 오버랩되어 있다. 격물의 과정을 거친 후 지혜에 이른다는 방법론적 측면이 강조되면서 실천까지도 염두에 둔 해석이라 할 수 있다. 그러나 이는 시간이 흘러 사서四書 공부가 출세의 도구로 점점 변질되면서 공리공론空理空論적인 경향을 보였다. 격물이 시사하는 사물이나 사건을 궁구하는 일반적인 방법론적 측면은 점점 간과되어갔다[43].

조선은 주자의 사서를 그대로 받아들여 교본으로 삼았기 때문에 경직적인 면모를 보였다. 격물치지의 경우 사물을 궁리하여 이치에 도달

43. 김용옥, 『대학 · 학기 한글역주』, 통나무, 2016, pp.21~107.

하는 것보다는 사물을 궁리하는 사람의 마음가짐인 거경居敬[44]에 오히려 관심을 두었다[45]. 고래로부터 유학이 추구하는 수기치인의 프레임 하에서 성의 회복, 인의예지 실현 등에 초점을 맞춤으로써 고유의 유학적 과제인 선왕지도에 충실하게 된다[46]. 따라서 물욕을 극복하고 도덕성을 구현하거나 본래의 성을 회복하는 방향으로 격물치지가 응용되었다. 외부의 사물이나 일과의 상호 작용을 통해 이치를 밝히는 과정을 거침으로써 하늘이 부여한 인간 내면의 성을 깨닫게 된다는 신유학적 패러다임이 온전하게 수용되지 못하였다. 조선은 천인무간天人無間이라는 확고한 관념을 가지고 있어 하늘이 부여한 성을 알기 위해 외물을 탐구하는 간접적인 과정이 불필요하였던 것이다[47]. 사람들이 지극한 도덕적인 경지에 도달할 수 있도록 자신들의 부도덕을 끊임없이 교정하고 수양하면 된다는 세계관을 지니고 있었다. 따라서 우주론보다는 인성론 중심으로 전개되었다. 조선 중기 유학의 거두인 회재晦齋 이언적李彥迪, 1491~1553이나 퇴계가 전개한 조선 유학의 면모를 보면 잘 나타나 있다.

주자는 격물치지를 다음과 같이 해석하였다.

---

44. 주자학의 학문 수양 방법의 하나로 늘 한 가지를 주로 하고 다른 것으로 옮김이 없이 심신이 긴장되고 순수한 상태를 유지함으로써 덕성(德性)을 함양함을 이른다.

45. 이동희, 『동아시아 주자학 비교 연구』, 심산출판사, 2018, p120~137.

46. 격물의 해석에는 여러 갈래가 있는데, 정현과 이고는 "외물이 나에게로 온다(來)", 정이천과 주희는 "내가 외물에 이른다(至)", 사마광은 "물욕을 막는다(扞禦)"라고 해석하였다. 조선의 경우는 엄격한 도덕주의 성리학으로 말미암아 사마광 식으로 격물치지를 해석하는 경향이 강하였다고 생각한다. 격물 해석의 유형에 관해서는 김용옥, 『대학·학기 한글역주』, 통나무, 2016, pp.88~96 참조.

47. 이기동 지음, 정용선 옮김, 『동양삼국의 주자학』, 성균관대학교 출판부, 2010, pp.261~262.

"소위 치지가 격물에 있다는 것은 나의 지知를 이루기 위해서는 사물의 리를 궁구하는 데 있음을 의미한다. 본래 신령한 나의 지가 다 작용하지 않는 것은 외부 사물의 이치를 궁구하지 않기 때문이다. 따라서 이미 알고 있는 이치를 바탕으로 사물의 리理를 하나하나 추극推極한다면 어느 날 활연히 천하만물 공통의 리가 관통하게 된다. 그럼으로써 나의 심心의 전체대용全體大用이 밝아진다."[48]

"오늘 일물一物의 리理를 궁구하고 내일 또 일물의 리를 궁구하여 그 쌓이는 것이 많으면 그런 후에 탈연脫然하게 관통하는 곳이 있게 된다."[49]

회재는 이를 다음과 같이 해석하였다.

"대학의 가르침은 격물치지에서 시작된다. 무릇 천하의 만물과 서사庶事에 본말本末과 시종始終이 없는 것이 없으니 능히 그 본말시종의 리를 궁구하여 그 선후완급先後緩急을 알게 된다면 진덕수업進德修業하여 순조롭게 진척되어 도에 이르게 되는 것이 멀지 않을 것이다."[50]

---

48. 이기동 지음, 정용선 옮김, 『동양삼국의 주자학』, 성균관대학교 출판부, 2010, p.266.
49. 『朱子語類』 권18 楊道夫錄, 이기동 지음, 정용선 옮김, 『동양삼국의 주자학』, 성균관대학교 출판부, 2010, p.186.
50. 이기동 지음, 정용선 옮김, 『동양삼국의 주자학』, 성균관대학교 출판부, 2010, p.266.

개개 사물의 이치를 궁구하여 만물의 이치에 도달한다는 것을 모든 일에 본말과 시종이 있기 때문에 거기에 따르면 덕성이 쌓여 도에 이를 수 있다는 것으로 해석하였다. 주자와 회재 간에는 다소 차이가 있는 것으로 보인다. 주자의 해석에는 인간이 외물과의 관계에 있어서 하나하나 터득해 축적해가다 보면 어느 시점에 전체의 이치를 깨닫게 된다는 양자 간에 비약적 도약의 방법론이 들어 있다. 만물의 이치가 이미 만들어져 있는 것이 아니라 하나하나 터득해 만들어가는 측면을 열어놓고 있다. 또한 현실태인 기와 그 현실태의 작동 원리인 리 간의 관계를 함축하고 있다. 실제 양자 간의 관계는 항상 일치하지 않는 복잡한 측면을 지니고 있고, 그 간극을 메우려 노력하는 것이 공부요, 수양인 것이다. 반면에 회재의 해석은 도에 이르는 일반적인 방법을 언급함으로써 전통적인 유학의 방법의 범주에 있다. 하늘에 내재된 원리가 이미 존재하고 있어 개인의 일상의 수양을 통해 그 원리를 깨닫고 서로 일치시켜 나가는 측면을 강조하고 있다. 여기에는 천인무간의 인식이 깔려 있으며, 기와 리, 부분과 전체 간 역동적 관계를 시사한 신유학 패러다임으로 확장되고 있지 못하다.

퇴계에 오면 인성론적 경향이 리 중심의 이기론 철학으로 깊게 전개되었다. 천인무간에 기초하여 하늘과 나와 일치된 상태를 공아公我, 불일치된 상태를 사아私我라 하고 공아를 확충하고 사아를 격퇴하는 것을 수양이라 하였다. 천리와 인욕, 도심과 인심, 사단과 칠정을 각각 공아와 사아로 대비하여 후자들을 버리고 전자들을 함양할 것을 주문하였다. 퇴계는 결국 주자의 이기론을 인성론으로 전환하면서 리와 기를 분리하고 리 중심적 수양론을 폈다.

주류 유학자들의 사상뿐만 아니라 또한 당시 중앙집권적 관료 체제를 굳건하게 하기 위해 관료들의 부패를 방지하고 도덕성을 고양시켜야 하는 현실적인 요청도 작용하였다. 이러한 요인들로 인해 조선 유학은 다분히 인문학적 측면에 국한되어 사회과학이나 자연과학적인 측면으로 인식이 확장될 수 없었다. 돌이켜보면 자연과학은 요원하였으며 사회과학으로의 인식 전환도 17～18세기 실학의 움직임 때 비로소 이루어졌다. 이러한 초·중기 유학의 성격이 조선 유학이 문자 중심으로 흐르게 되는 중요한 단초 역할을 하였다. 이것이 조선 유학이 줄곧 관념적 도덕주의라는 경직성을 띠게 되는 배경의 한 단면이다.

유학의 가르침이 기본적으로 선왕지도에 있다는 것은 무게 중심이 과거에 있다는 것이고, 오늘을 사는 준거가 과거에 있다는 의미이다. 자연스레 고전 해석이 중요할 수밖에 없었다. 한유로부터 주자에 이르는 일련의 유학자들은 불교와 도교의 지배로 어지러워진 세상 속에서 옛 유학의 부활을 위해 온고이지신溫故而知新의 정신으로 유학을 새롭게 하고자 하였다. 요즘의 용어를 빌리면 주자는 유학의 이론화를 통한 보편적 체계를 마련하고자 하였다. 그러나 실제 그렇게 될 수 있는 조건이 구비되어 있지 않아 실용적으로 전개되지 못하였으며, 불교나 도교에 비해 상대적으로 실질적이라 하지만 또 다른 차원에서 공리공론으로 흘렀다. 더구나 조선은 이를 그대로 받아들여 인성론 중심으로 전개함으로써 공리공론적 성격을 더욱 강화시켰다. 인성론 중심의 이기론 전개는 유학을 이론적으로 한층 심화시킴으로써 조선 인문학의 성취로서 높이 평가할 만하다. 그럼에도 불구하고 신유학의 포괄적 패러다임이 사람 중심으로 전개된 점과 외물에 대해 적극 도전하기보다 수양이 먼저라는 수동적 자세는 많은 아쉬움이 남는다.

우리가 전통이라 할 때 일반적으로 '옛것의 재현' 이라는 의식이 자리 잡고 있다. 우리의 전통문화를 지키는 방식도 보존 위주로 되어 있고 개량을 통한 진화가 드물다. 예를 들어 우리에게는 국악, 공예, 서예, 한옥, 한지 등등 많은 전통문화가 있지만 개량하기보다는 옛것을 재현하는 데에 그치는 경우가 많다. 그만큼 박제화석화되어 있어 선현들의 생각과 손길이 우리 일상에 이어져 함께 호흡하지 못한다. 이처럼 현실과 유리된 전통들은 오늘을 사는 우리들에게 큰 공감을 주지 못하고 그 명을 다하는 경우가 많다. 훌륭한 전통 기술을 보유한 사람들이 후계자를 찾지 못하는 경우도 허다하다. 기술만 받아들이고 원리를 세우지 못하거나, 원리만 받아들이고 우리의 몸이나 일과는 유리되어 있기 때문이다.

한자, 문자 중심 사회를 열다

앞서 조선이 후발자로서 성리학을 받아들이면서 형성된 경직적인 학문 성향에 대해서 얘기하였다. 비단 성리학에 국한된 성향이 아니며 이후 모든 문물 수용에서 수용하지 않거나 아니면 변용 없이 전적으로 받아들이는 양극단의 모습을 보이는 것이 특징이었다. 성리학의 경우도 버티다가 고려 말 이후 조선 건국의 과정에서 전적으로 수용하였다.

별다른 여과나 변용 없이 받아들인 배경에는 앞에서 설명한 대로 여러 요인들이 있지만, 한자라는 문자의 성격도 한몫하였다. 문자 숭배에 과도한 에너지를 쏟은 나머지 유학의 공리공론적 성격이 강하게 된 점을 지적하고자 한다.

조선시대 때 주된 공부 방식은 한자로 된 경전을 읽고 해석하여 그 뜻을 새기는 것이었다. 전고典故, 즉 전례와 고사를 표본 삼아 현재와 미래를 살아가는 것이 주된 방식이었기 때문에 경전을 읽는 것은 필수적인 일이었다. 조선시대 왕들은 경연經筵이라 하여 고위 관리 및 홍문관 신하들과 공부하는 자리를 마련하여 유교 경전과 역사를 익히고 국사를 논하였다. 주된 교재로 논어, 맹자, 대학, 중용의 사서와 시경, 서경, 역경, 예기, 춘추의 오경, 그리고 역사책인 자치통감資治通鑑, 자치통감강목資治通鑑綱目 등이 사용되었으며 대부분이 한자로 된 경전이었다. 양반들도 별반 다르지 않아 동일한 서적을 익혔으며, 과거시험을 통과하여 벼슬하기 위해 어릴 적부터 한문공부에 매진하였다. 대부분의 평민들은 글공부에서 소외되어 있었지만 조선 후기에는 중인들도 아이들에게 한문공부를 시키기 위해 마을 서당에 보냈다. 그럼으로써 출세의 길을 모색하였다. 대개 천자문千字文을 시작으로 명심보감明心寶鑑, 격몽요결擊蒙要訣을 거쳐 십팔사략十八史略이나 자치통감의 역사책을 배우고, 이후 소학小學으로 유학의 기초를 쌓고 나서 본격적으로 사서오경을 배우는 순서로 진행되었다. 따라서 한자를 모르면 세상을 알 수 없을뿐더러 고위직에도 오를 수 없었던 사회였다.

그렇다면 한자는 어떤 언어인가? 한자는 한 글자 한 글자가 하나의 단어로서 뜻이 부여되어 있는 대표적인 표의문자表意文字이다[51]. 한글이나 영어처럼 한 글자가 뜻을 지니지 못하고 서로 조합해야만 뜻을 지닌 단어로서 기능을 하는 표음문자表音文字와 다르다. 표음문자는 발음에 기초한 문자이기 때문에 모든 말의 표기가 가능하다. 0과 1의 조합으로 모든 정보를 표기하는 디지털 문자에 가깝다. 반면 표의문자는 모든 말의 음성을 표기할 수 없어 말과 문자 간 거리가 있다. 아날로그적 성격이 강하고 고유의 세계를 지니고 있다. 언어는 그 시대를 살아가는 사람들의 생각과 가치관이 배어 있는데, 한자도 역시 유학이라는 동 시대 사람들의 생각과 가치관과 결부되어 있다. 결국 언어와 문화는 밀접할 수밖에 없다.

한자는 한족이 자신들의 말을 표기하기 위해 만들어낸 표의문자로 알려져 있다. 누가 만들었는가에 대해서는 복희伏羲, 주양朱襄, 창힐倉頡, 저송沮誦 · 창힐, 범梵 · 겁로怯廬 · 창힐 등 여러 가지 설이 존재한다. 정설은 없으며 대개 황제의 사관인 창힐倉頡, BC 4666 ~ BC 4596년이 문자에 관심이 많아 상형문자를 고안하기 시작한데서 비롯되었다는 것이 『순자荀子』, 『한비자韓非子』, 『여씨춘추呂氏春秋』 등의 기록으로 전해지고 있다[52]. 한자의 자형은 오랜 세월에 걸쳐 변화하여 초기에 상형문자로 시작하여 갑골甲骨, 금문金文, 전서篆書, 예서隸書, 해서楷書, 행서行書, 초서草書 등으로 바뀌었다. 갑골과 금문은 상형과 기호의 특성이 강하고 문자로서의 획과 부수가 고정된 형태가 아니었다. 전서, 예서로 오면서 요즘

51. 이돈주, 『한자학총론』, 박영사, 2004, p.101.

52. 이돈주, 『한자학총론』, 박영사, 2004,. pp.101 ~ 107 및 한국민족대백과 '한자' 참조.

한자와 같이 네모난 형태로 변화되었고, 해서는 오늘날 표준 한자 모양으로서의 형태를 갖추었다. 행서와 초서는 해서의 속기체로서 복잡하고 다양한 형태를 띠었다[53].

한자의 구성은 六書라 하여 상형, 지사, 회의, 형성, 전주, 가차의 6개 형태로 나뉜다. 상형象形은 사물의 형태를 그린 것으로 日, 月, 山, 川 등의 글자가 해당된다. 지사指事는 사물의 공통된 이미지를 추상화하여 나타낸 것으로 上, 下, 一, 二, 三, 五 등의 글자가 해당된다. 회의會意는 두, 세 글자를 모아 하나의 뜻을 이루는 것으로 信, 武와 같은 글자가 이에 해당한다. 형성形聲은 뜻을 지시하는 형부와 소리를 지시하는 성부로 이루어진 글자로 한자의 80～90%가 형성으로 이루어져 있다. 대개 같은 형부를 쓰면 유사한 뜻을 지니고, 같은 성부를 쓰면 유사한 발음으로 쓰이는 것이 일반적이다. 전주轉注는 동일한 부수를 쫓아 유사한 뜻을 이루는 글자를 가리킨다. 예를 들이 考, 耋, 耄, 耆 등은 '老'라는 부수를 통하여 같은 그룹으로 되어 그 뜻도 '老'와 동일하다고 보는 것이다. 가차假借는 전주와 반대로 한 글자가 여러 개의 뜻으로 쓰이는 경우를 말한다. 令은 본래 "호령하다"라는 뜻으로 쓰이지만 縣令이라고 할 때는 우두머리라는 뜻으로 쓰인다. 마찬가지로 長은 "길다"의 뜻도 있지만 會長이라 할 때는 우두머리라는 뜻으로 쓰인다[54].

한자는 앞서 얘기한 대로 자형이 상형, 갑골, 금문, 전서, 예서, 해서, 행서, 초서 등으로 변화해 왔다. 그리고 같은 해서라 해도 개인과 유

53. 심경호, 『한학입문』, 황소자리, 2013, pp.32～35.

54. 심경호, 『한학입문』, 황소자리, 2013, pp.35～37.

파에 따라 조금씩 모양이 다르다. 예를 들어 해서체의 대표인 구양순歐陽詢체는 건물의 골격처럼 간결하고 날씬하고 각이 져 있으며, 안진경顏眞卿체는 둥실하고 퉁퉁하고 각이 덜 져 있다. 소위 글자 폰트에 해당하는 것으로 한자에는 무수히 많은 폰트가 존재한다. 또한 한자는 개인과 유파에 따라 널리 통용되는 정자正字를 대신하는 글자인 속자俗字나 획수를 줄인 약자略字도 많이 통용되고 있다[55]. 뿐만 아니라 한 글자에 다양한 뜻이 존재하고 문장으로 들어가면 음과 뜻을 알아도 정확한 해석이 어려운 경우가 많다. 이는 고사에서 유래된 成語이자성어, 사자성어가 많은데 그 배경 이야기를 모르면 정확하게 해석하기 곤란하기 때문이다.

그런 면에서 한자는 맥락적 언어라 할 수 있다. 문법이 견고하여 변용이 자유로운 언어라기보다는 그때그때의 상황에 의존하여 그 기능을 발휘하는 측면이 강하다. 훌륭한 가수라도 모든 노래를 잘할 수 없고 또 모든 노래가 감동적이지 않다. 어떤 노래는 다른 가수가 부를 때 훨씬 감동적이다. 가수와 노래와의 궁합이 잘 맞을 때 훌륭한 작품이 탄생한다. 노래의 감동은 가수와 노래와의 시공간적 맥락 속에 있으며, 나아가 그 노래를 듣는 청취자의 맥락이 개입될 때 우리는 최상의 감동을 맛볼 수 있다. 이와 같은 원리가 적용되는 것이 바로 한자의 세계라 할 수 있다. 한자는 서로 간에 여백이 존재하여 다양한 해석들이 개입될 여지가 있다. 그만큼 독자들에게 자율권을 주고 있다. 이는 한자가 맥락적이라는 얘기이고, 반대로 얘기하면 그만큼 범용성이 떨어진다는 얘기이다.

55. 심경호, 『한학입문』, 황소자리, 2013, pp.40 ~ 41.

정교함이 떨어지고 표준화하기 어렵다는 얘기이다. 같은 문장을 두고 여러 갈래의 해석이 존재하고, 과거 고문들이 주로 해석을 달아 놓은 주해가 많은 이유가 바로 한자의 이러한 특징 때문이다.

언어학자 소쉬르는 한자의 이러한 측면을 들어 비과학적 언어라 비판하였다. 소리 나는 대로 표기하는 것이 불완전하여 말과 문자 간 간극이 존재한다. 또한 글 쓰는 자와 읽는 자 간의 거리도 있어 소통에 여러 장애가 많다. 영어처럼 정교한 문법이 없고 명사, 동사, 형용사, 부사, 접속사, 조사, 전치사 등의 품사가 문장 내에서 변화무쌍하게 사용되고 있다[56]. 정교한 문법의 부재와 품사의 높은 유연성으로 인해 언어의 확장 가능성이 제한되어 수많은 용례를 익혀야 하는 수고를 해야 한다. 표의문자의 비애로서 소쉬르를 비롯한 서양의 언어학자들은 한자를 열등한 문자라 폄하하였다. 그들은 문자는 그림으로 시작하여 표의문자를 거쳐 표음문자로의 진화 과정을 거친다고 하고, 한자는 합리적인 방식으로 언어를 반영하지 못하는 문자라 평가하였다[57].

표음문자든 표의문자든 인간의 언어란 것은 그러한 측면이 충분히 있으며, 처음부터 완전한 체계를 세워 놓고 만들어가는 것이 아니라 그때그때의 인간 사고와 문화에 따라 변화되어 가는 것이다. 정도의 차이가 있을 뿐이다. 한문언어학자 허영삼은 서양 언어학자들의 이와 같은 한자에 대한 견해는 객관적이고 과학적인 지식에 기반하지 못한다고 주장하였다. 이들의 견해는 중국인들의 사유 체계나 유교 철학과 같은 문

---

56. 심경호, 『한학입문』, 황소자리, 2013, pp.75~78.

57. 허영삼, 『한자와 에크리튀르』, 대우학술총서 605, 아카넷, 2011, pp.13~18.

화에 대한 이해 부족에서 비롯된 것이라 하고 언어와 문화의 상호 관련성이라는 차원에서 한자의 합리성을 밝히고 있다[58]. 그럼에도 불구하고 영어, 한글과 같은 표음문자는 수학과 같은 성질의 것이 있어서 나름의 일관된 법칙으로 스스로 확장해가는 측면이 뛰어나다. 0과 1의 조합으로 모든 정보를 표기하는 오늘날의 디지털 정보와 유사하다. 반면 한자와 같은 표의문자는 서사적 문자라 자기 고유의 폐쇄된 체계를 가지고 있어 그 계를 벗어나면 확장하기 어려운 측면을 지닌다. 그러나 자기 세계 내에서 확실한 의미를 지니고 깊이와 감동을 자아낸다. 말하자면 아날로그 세계에 가깝다.

태초에 침묵이 있었고, 거기서 침묵의 부분 집합인 언어가 나왔고, 그 언어의 부분집합인 과학이 탄생되었다. 과학적 사고는 그 모태인 언어의 한계로 인해 더 많은 한계를 가질 수밖에 없기 때문에 소위 과학적 사고와 방법론에 기초한 환원주의는 불가능한 것이다[59]. 언어철학자 비트겐슈타인은 이러한 언어의 한계로 인해 실상을 온전히 파악할 수 없으며, 철학의 명제들은 언어의 논리성에 대한 정확한 이해가 전제되어야 가능하다는 견해를 그의 대표작 『논리철학논고』에서 피력하였다. 그의 유명한 주장인 "말할 수 없는 것에 대해서는 침묵해야 한다"는 3차원의 실제 세계를 2차원의 언어와 과학적 사고가 온전히 담을 수 없다는 것이다. 그리고 그 담을 수 없는 부분은 스스로 드러나기 때문에 그 부분에 대해서는 침묵을 해야 한다는 것으로 언어나 과학과 같은 논리

58. 허영삼, 『한자와 에크리튀르』, 대우학술총서 605, 아카넷, 2011.
59. 박병철, 『비트겐슈타인 철학으로의 초대』, 필로소픽, 2014. pp.176~198.

세계의 한계를 분명히 한 것으로 보인다[60].

비트겐슈타인의 이러한 주장에 비추어볼 때 한자는 동양인들의 사고를 고스란히 반영하고 있다. 한자의 유연성과 비과학성은 만물은 고정된 불변의 원리가 적용되는 것이 아니라 상황에 따라 가변적이라는 세계관이 언어의 구조와 조응된 결과라 할 수 있다. 표음문자가 나름 온전한 원리를 가지고 있다고 자랑하지만 한자는 표음문자가 가지는 한계를 자체 내에 수용하는 포용성을 지니고 있다. 좀 더 거시적 시각에서 보면 한자는 결코 열등한 문자가 아니며 새로운 문명과 조화로울 수 있는 가능성을 지니고 있다고 하겠다. 4차 산업혁명과 같이 정보가 넘쳐나는 시대에 이모티콘, 캐릭터 등 이미지나 그림이 의사소통의 효율적인 수단이 되어가는 현실로 볼 때 한자의 상형적 성격과 상당히 부합하는 측면이 있다. 점점 깊이가 상실해가는 시대에 한자의 기능은 사물과 사태의 의미를 항상 깨우쳐주어 내력적인 사회를 만드는 데 기여할 것이다. 한 번 생각해볼 일이다.

다시 조선의 현실로 돌아가면, 한자는 넘어야 할 하나의 엄청난 산이었다. 말할 수 없는 영역까지 침묵하지 않으려고 엄청난 에너지를 쏟아야만 하였다. 그것은 애초에 불가능한 일이었지만 모두에게 넘어야 할 산으로 다가갔다. 산이 높을수록 골이 깊기 마련이라 공리공론의 늪으로 깊이 빠져갔다. 한자 해독능력 자체가 출세의 수단이었다. 신언서판身言書判[61]이라 하여 글씨나 문장력이 그 사람의 됨됨이를 알 수 있는

60. 박병철, 『비트겐슈타인 철학으로의 초대』, 필로소픽, 2014, pp.78~130.

61. 중국 당나라 때 관리를 등용하는 시험에서 인물평가의 기준으로 삼았던 몸(體貌)·말씨(言

매우 주요한 상징이었다. 서예書藝 혹은 서도書道라 하여 한문 글씨가 예술로서, 나아가 하나의 도道로서 일상생활의 큰 비중을 차지하였다. 서예의 발달이 바로 문자 중심의 사회임을 증거하고 있다. 한 자 한 자에 그 의미가 들어 있고 은유와 상징성이 있어 문자 자체가 하나의 역사요 문화요 작품이요 예술로 승화될 수 있었다. 문자 중심의 사회는 곧 공리공론 중심의 사회이며, 서예가 발달하고, 훈민정음을 만들고, 한자를 단순하게 간자화하는 일련의 움직임들이 당시 조선사회가 상당한 문자 중심 사회임을 반증한다.

조선 사람들은 태어나 맨 처음 천자문을 통해 한자를 접하였다. 천자문은 하늘 천天, 따 지地로 시작한다. 바로 유학의 우주론과 자연관의 근본인 천지에 대한 묘사부터 시작하여 만물에 대한 견해를 그리고 있다. 그러기 때문에 한자는 곧 유학이라 해도 과언이 아니다. 어린 아이가 아직 아무런 사고가 형성되어 있지 않는 상태에서 천자문이라는 한자를 통해 세계를 처음 접한다. 한자에 기초한 문자와 말로 모든 대화와 일상생활을 하고 있기 때문에 유학의 세계관은 점점 공고히 되어갈 수 밖에 없다. 결국 조선이라는 유학 사회는 한자라는 문자와 더불어 점점 관념적 사회로 깊이깊이 들어갔다.

조선이 대단한 문자 중심 사회라는 것을 보여주는 또 하나의 사례가 정조 때 일어난 '문체반정文體反正' 사건이다. 18세기 말 서학 등 외래 문물이 개방의 물결을 타고 서서히 몰려오던 시기에 문체도 과거 정형

辯) · 글씨(筆跡) · 판단(文理)의 네 가지를 이르는 말이다.

화된 틀에서 벗어나 자유로운 문체로의 변화가 일어나고 있었다. 특히 박지원의 『열하일기』가 그 자유로운 문체의 선봉에 있었다. 『열하일기』는 단순히 문체의 변화에 그치는 것이 아니라 허학에서 벗어나 실학으로 가야 한다는 새로운 유학 움직임의 징표로서 의미를 지닌다. 이는 당연히 기존 질서에 대한 도전으로 비춰졌기 때문에 노론 중심의 지배계층은 다시 옛 문체로 돌아가야 한다고 하였고, 정조는 이를 받아들여 당시 유행하던 서학, 패관잡기稗官雜記, 명말청초明末清初 문집 등을 배격하였다[62]. 지금 생각하면 문체는 그리 중요한 일이 아니지만, 당시 문체는 문자 중심 사회를 대표하였으며, 기존 질서의 상징으로서 이후 오랜 세월에 걸쳐 우리의 의식을 지배하여 왔다. 필자가 1987년 대학 졸업 후 산업연구원에 들어가 처음 연구 보고서를 쓸 때만 해도 공공기관 보고서 작성에 일정한 문체가 통용되었다. 그 문체 준수가 매우 엄격하여 선배들로부터 상당한 훈련을 받았었던 기억이 난다. 그러니까 불과 30~40년 전에만 해도 조선의 문자 중심 사회의 흔적이 많이 남아 있었다고 하겠다.

조선은 문자 해석에 많은 에너지를 쏟다 보니 역설적으로 문자에 갇혀 버리게 되었다. 수단인 언어가 넘어야 할 거대한 산이기 때문에 삶, 생활, 실제의 경험 세계 이전에 글, 문자, 이론의 언어 세계가 먼저 우리 의식에 자리 잡았다. 어릴 때부터 머리가 좋고 지식을 좋아하는 사람이라면 먼저 한자를 깨우쳐야 했고 자라면서 한자로 된 사서오경을 독파

62. 한민족문화대백과, "문체반정" 참조.

해야만 벼슬하여 입신양명할 수 있었다. 그러니 경험 세계와 언어 세계 간에 단절은 자연스런 현상이었다. 돌이켜보면 문과생인 필자는 한자가 아닌 영어 세대로서 조선시대 지식인들과 별반 다르지 않는 경로를 걸어온 것 같다. 어릴 적 중학교 때 처음 영어를 접하였을 때의 느낌은 중학교 때 말로만 듣던 서울을 처음 갔을 때 경험하였던 그런 야릇한 느낌이었다. 막연한 동경이 눈앞에 펼쳐졌을 때의 그 느낌을 상상해보라. 뭔가 굉장한 것이 일어날 것 같은 기대와 설렘, 떨림 뭐 그런 것이다. 막연한 동경을 위해 우리글과 완전히 다른 영어를 해독하기 위해 얼마나 많은 시간을 쏟았던가. 팝송과 할리우드 영화 속 신세계를 그리며 얼마나 영어를 유창하게 하고 싶어 하였던가. 국제 세미나에서 영어 발표와 토론에 얼마나 주눅 들었던가. 결코 형식보다는 내용이 더 중요한데도 불구하고. 지금도 우리의 어린 후세들은 어릴 적부터 영어에 매진하고 있다. 전국에 영어 학원이 무수하다. 영어에 지나치게 가위눌려 주체적 사고가 경직되듯 옛날 한자는 조선 백성들에게 오늘날의 영어 그 이상이었을 것이다. 모든 에너지가 한문 해독에 빨려들어가 다른 것을 생각할 여력이 고갈되어 버렸다. 언어와 문자의 폭력 앞에 속수무책이었다.

결국 문자는 말이고, 언어이기 때문에 말이 행동에 앞서는 일들이 다반사인 것은 결코 우연이 아니다. 영어나 수학이라는 문자와 관념적 세계에 어마어마한 국민적 에너지를 쏟는 현상도 오래전 한자 해석에 얽힌 문자 중시 습성과 무관하지 않을 것이다.

과거제

조선은 양반 사회이다. 양반은 정치를 담당하는 문반과 군사를 담당하는 무반을 일컫는 것으로 조선의 관료를 두 그룹으로 대별하여 지칭한다. 사실 조선시대 법적 신분은 양천제良賤制라 하여 양인과 천인의 두 계층이 존재하고, 양인 중에서 양반과 상민백성으로 대별되었다[63]. 조선 후기로 가면 여기에 중인中人을 추가하여 점점 분화되어 갔다[64]. 워낙 양반 중심의 사회이다 보니 양반이라는 신분층이 별도로 있는 것처럼 여겨온 것이다. 양반은 고려 시대부터 있어 왔던 것으로 조선으로 오면서 점점 확대되어 관료들의 가문까지 포함하는 지배계층을 통칭하였다. 양반들은 관직을 갖고 있고 국가로부터 토지 수세권 등 일정한 녹을 받아 생계가 보장되었으며 대대로 노비 소유도 허용되었다. 부모나 조상의 공으로 정식 과거가 아닌 약식 과거를 거쳐 관직에 진출하는 음서蔭敍의 혜택도 주어졌다. 뿐만 아니라 군역도 면제가 되었으며, 죄를 지은 경우에도 충분히 조사하고 왕에게 보고된 후 처벌되었다. 정치범인 경우 중노동을 하게 하는 도형徒刑이나 유배를 보내는 유형流刑을 내려 언제라도 재기할 수 있는 기회를 부여하였다. 양반은 이처럼 다양하고도 상당한 특권을 누린 계층이었다[65].

그러니 누구나 양반이 되고자 하였다. 양반이 되려면 무엇보다 나

---

63. 한영우, 『과거, 출세의 사다리』, 지식산업사, 2013, pp.29～32.
64. 김영모, 『조선 · 한국 신분계급사』, 고헌출판부, 2014, pp.4～5.
65. 규장각한국학연구원, 『조선 양반의 일생』, 글항아리, 2012, pp.106～108.

라의 공직으로 봉사하는 관료가 되는 것이 핵심 조건이다. 관직에 진출하기 위해서는 과거제를 통하는 것이 일반적인 경로이다. 양반이 아닌 계층들은 물론 이미 양반이 된 가문들에게도 과거를 통과하는 것이 최대의 관건이었다. 양반 가문들은 과거를 거치지 않아도 음서제도에 의해 일정 벼슬을 할 수 있는 길이 열려 있었으나 거기에는 한계가 있었다. 예를 들어 조선시대 최고의 등용문인 문과 출신과 음서제도에 의한 문음이 진출할 수 있는 벼슬이 구분이 되어 있었다. 주요 벼슬은 모두 문과 출신들이 차지하고 문음 출신들은 배제되어 실제 요직으로 진출하려면 문과를 거쳐야만 하였다. 요즘으로 치면 공무원 중에서도 고시파와 비고시파로 나누어 고시파가 요직을 장악하는 경우와 유사하다. 이미 양반 계층이라도 실세가 되기 위해서는 과거를 거치는 절차가 필요하였다[66].

과거제는 고려 광종 9년 958년에 도입된 이후 조선 500년에 걸쳐 오랫동안 지속되어온 국가 인재 채용 방식이면서 통치 수단이다. 과거제는 당시 득세하였던 호족 세력들을 잠재우고 문관에 의한 유교 국가를 실현하기 위해 도입되었다. 또한 그동안 지속되어 왔던 신분제 사회에서 능력 위주의 사회로 바뀌는 동시에 문치주의 사회로 진입하는 매우 상징적인 의미를 지닌다. 시대마다 과거제가 변천을 거듭해 왔지만 안정적으로 정착이 된 것은 조선에 들어와서이다. 앞으로 언급되는 과거제도는 시대에 따라 세부 내용에 차이가 있으나 근간을 중심으로 얘

66. 규장각한국학연구원, 『조선 양반의 일생』, 글항아리, 2012, pp.119~120.

기하고자 한다.

시험은 문과, 무과, 잡과로 3분야로 나누어지고, 시기에 따라 정기시와 부정기시로 나누어진다[67]. 정기시는 3년마다 열리는 식년시式年試가 있고 비정기시는 증광시增廣試, 별시別試, 알성시謁聖試, 정시庭試, 춘당대시春塘臺試 등이 있다[68]. 문과는 과거제의 꽃으로 소과와 대과로 나누어져 있다. 소과는 성균관에 입학할 수 있는 예비과로서 생원 · 진사시라고도 불리며 나중에 대과에 응시할 수 있는 자격이 주어졌다. 대과에 응시하지 않을 경우 종9품의 벼슬을 얻을 수도 있다. 생원은 사서오경유교경전의 경학 중심으로 시험을 보며, 진사는 시詩 · 부賦 · 책策의 사장문예창작 중심으로 시험을 본다. 생원과 진사가 되는 소과는 초시1차 시험와 복시2차 시험로 이루어져 있는데, 양반 자제들이 다니는 4학의 학생들에게는 승보시, 합제, 고강, 공동회 등의 다양한 시험을 통해 초시를 생략하고 바로 복시를 볼 수 있는 자격을 부여하였다[69]. 대과는 과거제의 최고 관문으로 초시, 복시, 전시의 3단계로 구성되어 있다. 초시와 복시는 사서오경과 시부책의 사장에 대한 시험을 통해 33인을 선발하였으며, 전시는 33인을 대상으로 주로 특정 현안 문제의 책대책을 묻는 시험을 통해 등수를 정하였다. 대과를 통과하면 등수에 따라 최저 종9품에서 최고 종6품의 벼슬이 주어졌다. 성균관 유생들에게는 알성문과, 정시문과 등 여러 종류의 부정기시를 통해 벼슬에 입문할 수 있는 특권들이

---

67. 이성무, 『한국의 과거제도』, 한국학술정보, pp.124～126.
68. 이성무, 『한국의 과거제도』, 한국학술정보, pp.127～143.
69. 이성무, 『한국의 과거제도』, 한국학술정보, pp.143～157.

주어졌다[70].

무과는 소과가 없고 대과만 있었다. 문치 지배 사회에서 상대적으로 지위가 낮았기 때문에 몰락한 양반들이나 양민 계층들이 무과에 응시하여 양반층을 유지하거나 새로이 양반층에 진입하고자 하였다. 대과는 문과처럼 초시, 복시, 전시로 이루어져 있다. 초시는 실기로서 목전木箭(나무로 만든 화살로 240보 거리에서 3발 채점), 철전鐵箭(육량전, 아량전, 장전 등을 쏘기), 편전片箭(길이가 매우 짧은 화살 쏘기), 기사騎射(말 타며 활쏘기), 기창騎槍(말 타며 창 다루기), 격구擊毬(말을 타거나 직접 뛰면서 막대기로 공을 치는 경기) 등이 시험과목이었다. 복시는 병법과 유교 경전을 대상으로 하였는데, 손자孫子, 오자吳子, 사마법司馬法, 위료자尉繚子, 이위공문대李衛公問對, 육도六韜, 삼략三略 등 무경칠서武經七書 중 하나, 사서오경 중 하나, 자치통감, 역대병요歷代兵要[71], 장감박의將鑑博議[72], 소학 중 하나를 각각 선택하고 경국대전을 강독케 하였다. 전시는 기격구騎擊毬:

70. 직부전시(直赴殿試)의 자격을 얻어 최종 관문인 전시에 바로 응시하는 경우를 말한다. 직부전시 자격을 부여하는 시험은 다양한데, 예를 들어 우등생이라면 전강(殿講), 절일제(節日製), 황감제(黃柑製) 등의 시험을 칠 수 있다. 조선 후기에는 직부전시를 통해 과거에 급제하는 사례가 크게 늘어 문과의 큰 비중을 차지하였다. 박현순, 『조선 후기의 과거』, 2014, 소명출판, pp.12~17, 370~380.

71. 조선 초기 정인지(鄭麟趾)·유효통(兪孝通)·이석형(李石亨) 등이 역대의 전쟁과 그것에 대한 선유(先儒)들의 평을 집성한 병서. 한국학중앙연구원, 『한국민족문화대백과』 참조.

72. 중국 춘추전국시대의 병법가이자 전략가인 손무(孫武)로부터 시작하여 오대(五代)의 곽숭도(郭崇韜)에 이르기까지 역대의 명장에 대하여 그들의 재주의 고하, 전략 및 지략의 장단 등을 논한 책. 송대계(宋戴溪)가 지었으며 모두 10권으로 구성되어 있다. 조선시대에 『장감박의』는 무장들의 필독서로 이용되었으며, 세종 때에는 이를 주석하여 변경의 장수들에게 널리 반포하기도 하였다. 장감(將鑑)이라고 약칭하기도 한다. 한국고전용어사전 참조.

(마상 격구)와 보격구步擊毬(보행 격구)가 시험과목이다[73]. 시험에 통과하면 종9품~종7품의 벼슬을 받았다[74]. 임진왜란 등 외부로부터 침입이 잦아지자 무과를 대폭 늘렸고, 천민 계층에서조차 무과에 진출하게 되면서 양반 계층에서는 무과를 점점 외면하는 경향을 보였다[75].

잡과는 역과(어문, 번역), 의과(한의학), 음양과(천문, 지리, 점술), 율과(법학)로 구성되었으며 초시, 복시만 있고 전시는 없었다. 시험과목은 각 과에 해당하는 전공서적, 유교 경전, 경국대전이었으며[76], 합격하면 종9품~종7품의 벼슬이 주어졌다. 나라 운영에서 기술의 필요성을 인정하여 잡과를 두었으나 인문질서 중심의 유학 사회였기 때문에 기술은 그다지 관심을 받지 못하였다. 기술직 벼슬로서 최대 오를 수 있는 품이 정3품 또는 종6품유의잡직의 경우으로 제한되었다[77]. 따라서 사대부들이 종사하기를 꺼려 양반에서 도태되거나 양인백성에서 상승한 부류들이 종사하는 직으로 점차 바뀌게 되었다. 그 결과 기술관 등용 시험인 잡과의 위상이 떨어져 점차 하급 지배 신분층인 중인층의 전유물로 되어 갔다[78].

법제상으로 천민을 제외하고 모든 계층이 과거에 응시할 수 있었다. 신라와 고려 시대의 신분제 사회에서 벗어나 능력 중심으로 인재를

73. 이성무, 『한국의 과거제도』, 한국학술정보, pp.267~276.
74. 이성무, 『한국의 과거제도』, 한국학술정보, p.159.
75. 이성무, 『한국의 과거제도』, 한국학술정보, pp.171~174.
76. 이성무, 『한국의 과거제도』, 한국학술정보, pp.276~281.
77. 한영우, 『과거, 출세의 사다리』, 지식산업사, 2013, pp.67~68.
78. 이성무, 『한국의 과거제도』, 한국학술정보, p.293.

등용하여 국가의 질서를 유지하고자 하는 진일보된 제도를 운용한 것은 매우 긍정적인 측면이라 할 수 있다. 서구 사회도 19세기 중반이 되어서야 과거제도에 준하는 공무원 임용제도가 도입되었을 정도이고 당시는 여전히 귀족 중심의 신분제 사회를 유지하고 있었다. 하위 계층이 상위 계층으로 이동할 수 있는 기회가 원천적으로 봉쇄되어 있던 시대임을 감안하면 고려 말 도입된 과거제도는 상당히 앞서간 제도라 할 수 있다[79]. 그러나 모든 제도가 그러하듯이 실제 운영에서는 그 도입 취지를 충분히 살리지 못하고 신분제 질서의 관성이 그대로 남아 있었다. 최고의 관문인 문과의 경우 양반 계층이 아니면 실제 입문하기가 매우 어려웠다. 사실 양반 가문들이 문과를 장악하고 주요 관직을 지배함으로써 그 공과와 상관없이 조선 유학 질서가 500년 동안 유지되었다고 볼 수 있다.

앞서 살펴보았듯이 조선 유학은 도덕적 관념주의의 색채가 강한 특성을 지녔다. 리理라는 원리 체계를 세워 모든 구성원들이 여기에 순응함으로써 도덕성이 높은 사회를 구현하고자 하였다. 그러나 애석하게도 스스로 우리의 구체적인 삶에서 그 원리를 세우기보다는 중국의 유교 경전의 테두리 내에서의 부분적 변용에 머물러 있었다. 자연히 유교 경전의 해석과 그 현실적 적용이 주 관심사가 될 수밖에 없었다. 사서오경의 책을 읽고 이해하려는 사변적 작용이 무엇보다 큰 도전적인 일이었다. 대부분의 인재들이 어릴 적부터 여기에 매달렸다. 선생님을 모시

79. 과거제도의 긍정적 평가에 대해서는 『과거제도와 한국 근대교육의 재인식』을 참조하길 바란다.

고 '배움' 이라는 장에 참여하여 머리를 훈련하는 일이 주가 되었다. 경험을 통한 깨우침 이전에 이해를 통한 앎이 먼저였다.

조선의 유학이 경전문자을 통한 원리의 이해를 주된 방법론으로 채택한 데에는 중국으로부터 신유학의 수입이라는 태생적 특성의 영향이 크다. 학교라는 배움의 장이 원래 인류의 지식과 지혜의 축적을 체계적으로 배우는 곳이지만 한국은 그 역사적 배경으로 인해 더욱 그렇게 되었다. 과거제는 이 흐름을 더욱 가속화시키는 촉매 역할을 하기에 충분하였다. 과거를 합격해야만 명실상부한 양반이 될 수 있었고, 과거시험은 유교 경전의 지식 습득과 사장 능력을 높게 요구하였기 때문에 경전 해독과 이해 중심으로 더욱 흐를 수밖에 없었다[80].

과거제는 조선시대 지배계층이 될 수 있는 지름길이었기 때문에 자연스레 모든 에너지가 과거제로 집중되었다. 초기 3년마다 열리는 정기시인 식년시와 증광시, 별시, 알성시의 비정기시가 있었으나 과거를 거쳐 지배층에 진입하고자 하는 백성들의 열망이 점점 고조되자 다양한 비정기시가 실시되었으며, 그 절차도 정기시에 비해 대폭 단순화되었다. 따라서 응시자 수가 점점 증가하여 생원 · 진사시의 초시 중 하나인 한성시[81]의 경우 응시자 수가 인조 4년 4,000여 명에서 숙종 33년 11,190명으로 약 3배 증가하였다[82]. 그러다 보니 과거제 운용에 들어가

80. 윤사순, 『한국유학사 (상)』, 지식산업사, 2012, p.111.

81. 생원 · 진사시는 초시와 복시만으로 이루어져 있고, 초시의 경우 한성에서 치루는 한성시와 지방에서 치루는 향시가 있어 각각 200명과 500명을 선발하여 복시에서 생원 100명, 진사 100명을 선발하였다. 이성무, 『한국의 과거제도』, 한국학술정보, p.146.

82. 박현순, 『조선 후기의 과거』, 소명출판, 2014, p.49.

는 인력과 시간 등의 비용도 상당한 수준에 이르러 국가의 아주 큰 중대사 중 하나가 되었다.

과거제가 어떠한 내용으로 인재를 걸러 내느냐에 따라 학문의 방향과 성격이 규정되었다. 나아가 그러한 인재들이 사회 주도층을 형성하기 때문에 지배적인 질서의 모습에까지 영향을 미쳤다. 고려 때 주로 사장 중심이던 것이 조선으로 오면 경학 중심으로 유학의 풍조가 바뀌었다. 고려 때 문과는 역사와 철학 등 경학을 다루는 명경과(조선의 경우 생원이 되는 시험에 해당)와 시와 문장을 다루는 제술과(조선의 경우 진사가 되는 시험에 해당)가 있었는데, 냉철한 분석력을 요하는 명경과보다는 풍류와 정서를 다루는 제술과의 응시 경향이 높아 문제점으로 지적되어 왔다[83]. 조선에 오면 이를 시정하여 경학을 강조하는 방향으로 과거제를 운영하였다. 그러나 초기 경학 중심의 경향이 후기로 갈수록 다시 사장 중심으로 선발하는 기회가 점점 빈번해져 갔다[84]. 특히 서울 유생들의 강점인 시詩, 부賦, 표表로만 선발하는 알성시, 정시, 춘당대시가 빈번히 열려 유학의 진화 사조와 역행하는 경향을 보였다. 조선 중기 대표 실학자인 이익은 당시 과거제가 안고 있는 폐단을 다음과 같이 비판하였다[85].

"우리나라 과거시험에는 경의, 의문, 시부, 논책과 사륙문으로

83. 윤사순, 『한국유학사 (상)』, 지식산업사, 2012, pp.113~115.
84. 박현순, 『조선 후기의 과거』, 소명출판, 2014, pp.18~20.
85. 윤사순, 『한국유학사 (상)』, 지식산업사, 2012, pp.550~551.

된 표조제와 네 자로 짓는 잠명송 등 12과목이 있다. 장차 선발하여 공경으로 삼으려는데 문사로만 뽑는 것은 이미 잘못된 계책이다. 또 반나절의 공적으로 대부분 판단함은 참으로 그 재능을 다 알 수 없는 것이다."

일국의 중대사를 담당하는 인재를 뽑는 시험에 필요한 재능과는 상관없는 문예창작 능력을 주로 테스트하는 것은 상식에 어긋남을 지적한 것이다. 시간이 흐르면서 과거제가 통치의 수단이 되어 권력화되면서 발생한 부작용으로 학문 자체의 발전이나 민도의 발전과는 거리가 멀다. 이는 설사 경학 중심이라 하더라도 무엇을 시험하느냐에 따라 나타날 수밖에 없는 성질의 것이다. 유학 경전이라 하더라도 암송 위주의 시험이면 마찬가지로 실제 사회의 필요와는 거리가 멀게 되어 공리공론으로 흐를 수밖에 없다. 실제 조선의 강경시험의 경우 첫 구절을 제시하고 나머지 전체를 암송하여 기술하는 방식이었다[86].

이러한 방식의 지속은 결국 부국강병과는 모순을 일으키기 때문에 내부적 갈등을 심화시켜 나라가 위기에 처할 가능성을 높인다. 과거제는 공부의 성격과 방향을 결정짓는 매우 중요한 단초로서 유학 이외 학문이나 군사, 기술 등에는 관심이 멀어져 매우 경직적인 학문 풍토를 조성하는 데 기여하였다. 고려 때는 무과가 실시되지 않았고, 조선 때 무과가 실시되었으나 상대적으로 지위가 낮았다. 최고의 시험인 문과 합

---

86. 장지연 "조선 초기 문과 강경과목 연구", 『교육사학연구』 20-1, 2010., 박현순, 『조선 후기의 과거』, 소명출판, 2014, p.19에서 재인용.

격자들은 경연, 홍문관, 사헌부, 사간원, 예문관, 세자시강원, 성균관, 춘추관, 승문원, 교서관, 규장각 등 주로 언론 · 학술 · 문헌 · 교육 부문에 근무하였다[87]. 문과 부문에 우수한 인재들이 집중되었으며, 출세가 보장되는 부서 서열이 형성되어[88] 요즘의 정부 부처의 서열과 거의 진배가 없었다. 노장 사상, 양명학, 불교의 내용을 답안에 작성하는 것을 금하였기 때문에 학문의 다양성을 상당히 제한시켰다. 실기보다는 책, 기보다는 리 중심의 사회 풍토를 만드는 데 일조하였다. 조선시대 서당에서 아동들에게 학문의 입문서로서 많이 읽혔던 고문진보古文眞寶[89]의 구절이 이를 잘 대변해 주고 있다[90].

"부자가 되려고 좋은 토지를 사들일 필요가 없나니 책 속에 천섬의 곡식이 들어 있도다. 편안히 살려고 어마어마한 집을 지을 필요가 없나니 책 속에 황금으로 지어진 집이 들어 있도다. 외출을 함에 시중들어줄 사람이 없음을 한탄하지 말라. 책 속에 수레와 말이 무수히 있도다. 아내를 얻으려 함에 쓸 만한 중매가 없음을 한탄하지 말라. 책 속에 여인이 있으되 얼굴이 옥과

87. 박현순, 『조선 후기의 과거』, 소명출판, 2014, p.20.

88. 이성무, 『한국의 과거제도』, 한국학술정보, p.291.

89. 중국 주(周)나라 때부터 송(宋)나라 때에 이르는 고시(古詩) · 고문(古文)의 주옥편(珠玉篇)을 모아 엮은 책으로 전집 10권, 후집 10권으로 구성되어 있다. 확실하진 않으나 송나라 말기에서 원(元)나라 초기 사이 황견에 의해 편저된 것으로 추정된다. 우리나라에는 고려 말엽의 문신 전녹생(田祿生)이 중국에서 『고문진보』를 사가지고 와서 산증(刪增)을 가하여 처음으로 합포(合浦)에서 간행하였다는 기록이 『야은일고(野隱逸稿)』에 있다.

90. 이원재, 『과거공부를 알아야 우리교육이 보인다』, 문음사, 2016, p.89.

같이 아름답도다. 남아로 태어나 인생의 목적을 이루고 싶거든 육경을 창 앞에 놓아두고 부지런히 읽으라."

조선시대의 지나친 정신세계 중심의 가치관이 오늘날 머리의 작용, 즉 연역적 사고만을 중시하는 학교교육과 입시제도로 면면히 이어지고 있다고 하겠다. 국어, 영어, 수학 중심의 대학입시제도가 사회의 실질적 가치를 담보하지 못하고 많은 부작용을 초래하듯이 과거제도도 그 사회에 미치는 영향의 기본 메커니즘은 동일하다고 하겠다. 좋은 대학에 들어가야 출세의 길을 보장받고 또 사회적으로도 유무형의 대우를 받으니 거기에 구성원들의 상당한 관심이 집중될 수밖에 없다. 그리고 그 관문인 입시에 수많은 자원과 우수한 인재들이 몰려 어떻게 하면 입시에서 좋은 성적을 거둘까에 엄청난 에너지가 집중된다. 온갖 기술과 요령이 개발되고 사람들의 관심이 점점 그쪽으로 쏠리는 사이 사회의 실제 수요와 교육 공급의 미스매칭 현상이 일어나게 된다. 이러한 과정이 오랫동안 누적되는 가운데 어느새 입시 원래의 취지와는 멀리 떨어져 사회의 실질적인 변화를 수용하지 못하는 괴리 현상을 겪게 마련이다. 과거제도도 그 기본 메커니즘은 이와 동일하다. 더구나 지금보다 출세의 경로가 다양하지 못해 오직 과거제에 의존하는 시대였음을 감안하면 그 여파는 더 크다 하겠다.

인간의 도덕성을 실현하고자 하는 인문 중심의 유학이 국가 정치에 적용되면서 그 효율적 체제 유지를 위해 관료 체제가 탄생되었고, 이를 위해 과거제가 핵심적으로 활용되었다. 개인의 도덕성이 확립되지 못한 상태에서 적용되었기 때문에 일이나 기술의 축적과 같은 무형의 가치를 발전시키지 못하고 개인의 출세와 영달을 우선시하는 결과를 초래하였다. 조선 중후기로 가면서 문벌 가문의 위세가 높아지고 과거제가 남발되면서 과거를 통과하고도 벼슬을 하지 못하는 일이 벌어지게 되었다. 이렇게 되자 실력보다는 연고나 파벌로 벼슬의 기회를 얻고자 하는 움직임이 자연스레 일어나게 되었다. 이러한 풍토에 염증을 느껴 과거와 벼슬에서 멀리 떨어져 오직 자기 수양과 유학의 학문 발전을 도모하는 일련의 그룹들이 생겨났고, 이들이 소위 사림파를 형성하였다. 그 대표적인 그룹이 바로 퇴계학파이다. 그래도 과거제도는 지속되었고, 1894년 갑오경장 때 가서야 폐지되었다.

03

사농공상

양반 문치 카르텔

과거제도만 봐도 조선 사회 사농공상의 서열을 충분히 짐작하고도 남는다. 여기서는 그 실상을 더 살펴보고 얼마나 뿌리 깊은지를 알아보는 것에 중점을 두고자 한다. 사농공상은 조선시대 신분의 서열을 직업상으로 나타낸 것으로서 그 상징성을 지닌다. 원래 사농공상은 평민층을 대상으로 한 것으로 사는 향교나 서원에 다니는 학생, 농은 농민, 공은 수공업자, 상은 상인을 지칭하는 데서 비롯되었다[91]. 그러다가 조선이 양반 중심 사회로 점점 고착화되면서 사가 양반 지배계층을 통칭하는 말과 동일시되어 사용되었다. 이로 인해 사 대 농공상의 대립 구도가 문제가 되기 시작하였다. 이 구도는 조선 말의 혼란기와 근대화 과정을 거쳐 현재에 이르기까지 우리에게 밀착되어 있다.

사 중심의 사회질서 형성에는 무엇보다 조선 초기에 형성된 관료 지

91. 한영우, 『과거, 출세의 사다리』, 지식산업사, 2013, p.49.

배층의 역할이 컸다. 유학이라는 국정 철학에 기초하여 정책을 입안하고 실천할 인재 집단이 필요하였다. 그리고 그 인재는 과거제의 문과 급제자로부터 공급되는 시스템이었다. 조선은 주변국으로서 새로운 문명들이 늘 외부로부터 유입되어 왔으며, 이를 접하여 효율적으로 전달하는 역할이 필요하였다. 그 역할은 새로운 문명의 개념과 얼개를 얼마나 정확하게 파악하고 요약하여 우리에 적용하느냐가 관건이었다. 사회 시스템 전체를 파악하고 사람을 다스리는 능력, 즉 인문학적 능력을 필요로 하였고, 이를 과거의 문과 급제자들이 담당하였던 것이다.

이러한 능력은 문명의 수용에 있어 반드시 필요하나 오랜 지속은 민간의 자발성에 기반한 내생성을 담보하지 못한다. 왜냐하면 지식이 많고 사리에 밝은 관료가 민을 선도한다는 의식이 늘 자리하고 있기 때문이다. 백성을 계도해야 할 대상으로 삼고, 소위 머리 좋은 사람들이 책상에서 그림을 디자인하고 그 그림대로 밀고 가는 패턴이 반복된다. 민의 자율성은 도태되고 타율성만 자라나 모든 문제를 관에 의존함으로써 문제가 근본적으로 해결되지 못하고 문제가 문제로 전가되고 만다. 지속 가능한 모델이 될 수가 없다. 우리나라의 민간 역량이 그동안 많이 커졌음에도 불구하고 아직까지 이 같은 패턴에서 크게 벗어나지 못하고 있다.

아무튼 조선은 관료 지배라는 실질적인 통치 모델을 채택하여 양반 계층의 강화와 맞물려 문치라는 지식 패러다임의 우위를 공공히 함으로써 거대한 '양반 문치 카르텔'을 형성하기에 이른다. 개인에게도 문과를 통해 벼슬을 한다는 것은 상류층으로 진입하여 삶이 완전히 달라지는, 인생의 매우 중요한 계기로 작용하였다. 제도를 만들고 실행하는 행정 업무를 다루는 관료 업무의 특성상 문과가 주요 역할을 담당할 수밖에 없기도 하지만, 인간 도덕성의 고양을 최고의 덕목으로 하는 유학 이념의 실천이 이를 더 부추겨 자연스레 문치로 흘렀다. 따라서 조선시대 양반 지배층이라 하면 바로 문과 급제자라 할 정도로 문과 배경을 가진 사람들이 지배하는 사회였다. 칼도 호미도 망치도 주판도 붓 앞에서는 무기력하였고, 펜은 칼보다 강하다는 말이 딱 들어맞는 사회였다.

양반 문치 카르텔의 지배력이 강해짐에 따라 어떤 형태로든 그 카르텔에 들어가고자 하는 열망이 점점 고조될 수밖에 없었다. 조선 후기에 유학幼學[92] 또는 사후에 학생學生 호칭이 증가한 현상[93]은 이를 잘 말해주고 있다. 또한 문과 합격자 중 관료 양반층이 아닌 중인이나 상민 출신들이 점점 증가하였다[94]는 사실은 비문과 출신들도 양반 문치 카르텔에 들어가고자 하는 열망이 얼마나 컸었던가를 말해준다. 무과나 기술과의 영향력이 증대한 것이 아니라 문과의 영향력이 점점 증대하고 있음을 반증한다.

양반 계층에 속하는 것이 사람들에게 지상 목표가 되는 사회였으며, 일단 양반 계층에 속하면 자기들만의 리그를 형성하여 아무나 들어올 수 없게 만드는 그러한 구조적 특성을 지닌 사회였다. 조선의 양반 계층을 중인이나 상민에게도 열려 있는 개방적 체제라고 평가하는 주장도

---

92. 벼슬하지 않은 유생을 가르키는 말이다. 대개 소과(생원 · 진사과)의 응시자를 유학이라 칭하였다.

93. 김영모, 『조선 · 한국 신분계급사』, 고헌출판부, 2014, p.17.

94. 김영모, 『조선 · 한국 신분계급사』, 고헌출판부, 2014, pp.56~58.

있다[95]. 물론 경국대전이나 속대전 등 법적으로 중인이나 상민이 과거를 볼 수 없도록 제한하는 규정은 없지만 실제 관습적으로는 개방적 체제라 하기 어렵다. 조선시대 과거 합격자의 명단을 적은 방목榜目을 보면 문과 급제자 중의 대부분이 양반 출신이고 소수가 중인 등 비양반 출신이다. 또한 문과 합격자의 비율은 전체 관료의 약 30%에 지나지 않고 나머지는 대부분 음서제 출신인 점을 감안하면 개방 체제라고 말하기에는 무리이다[96]. 제도보다는 실상에 근거하여 판단하는 것이 합당하다.

양반 문치 카르텔은 단순히 양반과 문과 급제자라는 신분과 실력의 카테고리로만 엮어져 있는 것이 아니라 경제적 이권 또한 개입되어 있었다. 양반 계층이 되면 부와 권력을 한꺼번에 누리는 현상이 벌어졌다. 과거에 급제하여 벼슬을 하게 되면 그 관직의 급에 따라 토지 수조권이 주어졌다. 현직 관료들에게 부여되는 직전職田 : 科田을 비롯하여 특별한 공훈을 세운 이에게 지급되는 공신전功臣田, 부모 서거 시 자식들 부양 목적으로 상속되는 휼양전恤養田 등 여러 형태의 이름으로 토지 수조권이 부여되었다. 관료가 되면 이렇게 권력과 더불어 부가 집중되었으며, 한때 관료들에게 부여된 토지가 경기 지역 경작지의 73.7%를 차지하였다[97]. 그야말로 부와 권력, 끼리끼리의 거대한 복합 카르텔이 형성되어 지배함으로써 모든 백성들이 거기에 합류하고자 하는 에너지가 충만할 수밖에 없었다. 그 에너지는 조선 사회 작동의 주요 동력으로서 사람들

95. 한영우, 『조선시대 신분사 연구』, 송준호의 『조선사회사연구』가 해당된다.
96. 김영모, 『조선 · 한국 신분계급사』, 고헌출판부, 2014, pp.8～14.
97. 김영모, 『조선지배층연구』, 일조각, 1977, pp.123～124.

의 의식을 지배하여 갔다.

그 에너지가 너무 충만하여 비정상적으로 발산된 예가 드물지 않았다. 성종~중종 대 75년간 89회 시행된 문과 급제자는 모두 1,595명인데, 이 가운데 1,120명이 문화 유씨 족보에 등장하였다. 그런데 이 중 문화 유씨는 정작 49명3%이었다. 당시 조선 사회의 최고 지배 엘리트층이 혼인이나 혈연으로 촘촘히 엮여 거대 카르텔을 형성하였다는 사실을 말해주고 있다[98]. 조선 후기에 오면 비정상적 경로를 통한 양반화 현상은 더욱 두드러졌다. 납속을 대가로 양인 이상을 대상으로 품계나 관직을 부여하는 납속품관納粟品官[99]을 통한 양반화, 허위로 문과에 응시할 수 있는 미사자未仕者라 칭하는 모칭유학冒稱幼學[100], 서얼들에게 금고법을 풀어 과거에 응시하도록 허락한 서얼허통庶孼許通, 노비를 놓아주어 양인이 되게 한 노비방량奴婢放良 등[101]은 과거제를 통한 양반관료 지배체제가 낳은 파생적 현상으로 관직에 발을 들여놓아 양반이 되고자 하

---

98. 에드워드 와그너, 『조선왕조 사회의 성취와 귀속』, 일조각, 2007, p.242.

99. 국가 재정이 어렵거나 구호 대책의 일환으로 곡식이나 돈을 받는 것을 납속이라 한다. 그 대가로 특전을 부여하였는데, 노비의 신분을 해방시켜 주는 납속면천(納粟免賤), 양인에게 군역의 의무를 면제해 주는 납속면역(納粟免役), 양인 이상을 대상으로 품계나 특히 양반의 경우 실제의 관직까지 부여하는 납속수직(納粟授職) 등이 있다. 특히 임진왜란 이후 국가가 대량으로 공명첩을 발급하여 품관을 부여함으로써 양반의 수가 급속히 증가하였다. 김영모, 『조선·한국 신분계급사』, 고헌출판부, 2014, pp.17~18., 한국학중앙연구원, 『한국민족문화대백과』 납속책(納粟策) 참조.

100. 조선 후기에 호적상 유학이라 칭하는 현상이 증가하였는데, 중인, 양인 심지어 천민까지 유학 또는 사후에 학생이라 칭하는 경우가 많았다. 김영모, 『조선·한국 신분계급사』, 고헌출판부, 2014, p.17.

101. 김영모, 『조선·한국 신분계급사』, 고헌출판부, 2014, pp.14~23.

는 당시의 열기를 짐작할 수 있다. 요즘에 비유하면 명문 대학 진학을 위한 과열 입시가 과도한 사교육 열풍과 입시 비리를 파생시킨 것과 유사하다.

그러다 보니 임진왜란이라는 국난을 겪는데도 전쟁에 나가 싸울 군인이 부족한 사태가 벌어질 정도였다. 부산이 함락당하고 왜군이 서울로 진격해오는 상황에서 무장 이일李鎰, 1538~1601과 전쟁에 나갈 군사를 모집하여 파견하는 일이 쉽지 않았다. 임진왜란 이후 서애 유성룡柳成龍, 1542~1607은 다시는 그러한 난을 겪지 말자는 교훈을 주기 위해 쓴 『징비록懲毖錄』에 다음과 같이 쓰고 있다.[102]

> "이일이 서울에 있는 날쎈 군사 3백명을 거느리고 가고자 하여 병조에서 선병選兵한 문서를 가져와 보니, 모두 여염閭閻(길거리)이나 시정市井(저잣거리)에 있는 백도白徒(군사 훈련을 받지 못한 사람)들이며 서리胥吏(관아의 말단 공무원)와 유생儒生(유학을 공부하는 선비)이 반수나 되어, 임시로 점검하니 유생들은 관복을 갖추고 시권試券(과거때 글을 지어 올리는 종이)을 들고 있으며 서리들은 평정건平頂巾 (관아의 서리가 머리에 쓰던 두건)을 쓰고 있어서, 군사 뽑히기를 모면하려고 애쓰는 사람들만 뜰에 가득할 뿐이었고 보낼 만한 사람은 없었다. 이일이 명령을 받은 지 3일이 되도록 떠나지 못하였으므로 조정에서는 하는 수 없이 이일을

102. 유성룡 지음, 이재호 옮김, 『징비록』, 위즈덤하우스, 2007, pp.63~64.

(혼자서) 먼저 가게 하고 별장別將[103] 유옥兪沃에게 군사를 거느리고 뒤따라가도록 하였다."

짐작하듯이 조선 전기에서 후기로 오면서 양반의 수가 더 많아지고, 또 보다 넓은 계층에서 양반 계층으로의 진입이 이루어졌다. 일견 양반 계층의 개방성을 얘기할 수 있다. 그러나 그보다는 모두가 양반이 되겠다는 의식이 더 강해져 사회 전반에 광범위하게 확산되었다고 보는 것이 타당하다. 백성들 사이에 그런 의식이 퍼져 반칙을 사용하여서라도 양반이 되고자 하는 생각이 팽배해짐으로써 사회 전반에 불공정성이 심화되는 등 그 역기능의 비용이 더 커진 것이다. 마치 좋은 대학을 가야겠다는 열망이 시간이 갈수록 점점 강해져 요즘은 공부 잘하는 학생이 매우 많아져 성적 분포가 과거 피라미드 분포에서 종형 분포로 바뀌는 현상과 유사하다. 이에 따라 사교육 시장이 확대일로를 걸음으로써 사회적 비용이 매우 커지고 있다.

사회가 변화함에 따라 지배계층이 바뀌는 것은 지극히 자연스런 현상이다. 한 사회 체제가 오래 지속되면 분명 내부에 또 다른 문제가 자라나기 때문에 또다시 새로운 시대를 맞이하게 된다. 조선 왕조도 그러하며, '양반 문치 카르텔' 이 공고하여 겉으로는 평온하더라도 내부적으로는 점점 문제가 커져 다가올 근대 과학기술 사회에 어두운 그림자를 드리웠다. 문제는 관념적 도덕주의가 대물림되고 있다는 사실이다. 조

103. 조선시대 국왕을 직접 호위하던 친위군영(親衛軍營)인 용호영(龍虎營)의 우두머리 장수로 종2품직이다.

선 오백년 동안 확고히 기반을 다져온 양반 문치 카르텔과 그 배후의 관념적 도덕주의는 백성들의 심성을 서서히 물들였다. 그 물은 화석처럼 세상이 천지개벽하여 요동치더라도 좀처럼 지워지지 않았다. 조선 말기, 일제강점기, 해방 이후 근대화 과정을 겪으면서 양반 이외 기술직 중인, 상인, 자본가 등의 지위가 향상되어 지배계층의 구성이 변천되어 갔음에도 여전히 원리적 문치주의가 우리의 의식과 행위에 깊이 뿌리내리고 있다. 그것은 고려, 조선조에 걸쳐 형성된 양반 중심의 사회 질서와 그 양반들이 가졌던 관념적 도덕주의 가치관에서 비롯되었다. 조선 후기 중인들이 여러 경로를 통해 새로운 지배계층이 되었지만, 그들의 의식과 행태는 여전히 양반들을 쫓고 있어 무늬만 바뀌었지 내용은 변하지 않았다. 소위 보수, 진보의 지배 세력이 바뀌어도 그 행태는 변하지 않고 되풀이되며, 노조의 지위가 올라 지배 세력이 되어도 기존 기득권 세력의 행태와 별 차이가 없다. 자기의 내력이 부정되고 지행불합일知行不合一이 오늘날까지 반복되고 있는 것이다.

앞서 한자는 기본적으로 서사적 언어로서 과학적 논리성이 약하다고 하였다. 그리고 그것은 자연의 섭리에 순응하는 유학의 원리와 부합한다고 하였다. 그러나 문명의 발달과 국가 간 교류와 경쟁의 활발은 그렇게 서사에 머물도록 내버려두지 않고 정밀한 합리성에 기초한 국가 운용을 요구하였다. 조선 또한 고려 시대보다 훨씬 이치와 논리를 따지는 형태로 유학을 운용하고자 하였다. 그를 위해 고려 시대 사장 중심의 유학 폐단을 차단하고 새로운 유학 풍토를 세워 경학 중심으로 출발하고자 하였다. 그래서 과거시험에 사장보다는 경전의 해석과 응용에 비중을 두어 인재를 선발하였다. 그러나 시간이 흐를수록 거대한 양반 문치 카르텔 지배 체제의 영향으로 제대로 된 경전 중심의 유학 풍토로의 이전이 쉽지 않았다. 실제로는 사장이 여전히 기세를 떨치고 있었다. 과거제가 조선 중기나 후기로 가면서 서울·경기 양반 가문에 유리하도록 사장 중심의 여러 비정기시가 성행한 사실이 이를 잘 뒷받침한다[104]. 양반 문치 카르텔의 핵심인 서울·경기 가문들이 카르텔에 쉽게 들어올 수 있도록 제대로 된 유학 공부를 하지 않고도 문과에 급제할 수 있는 길을 터준 것이 사장의 비중을 높이게 한 것이다. 학문 세계에서 볼 때 문학에서 역사, 철학, 나아가 사회과학 분야로까지 제대로 나아가지 못하였다는 얘기이다.

한편 불공정한 카르텔에 반기를 들고 유학의 본령을 되찾고자 경학 중심으로 학문의 깊이를 더해 간 사림파의 역할이 분명 있었다. 특히 퇴계학파가 천착한 이기심성론은 조선 고유의 학문적 성과로서 높이 평가할 만하다. 하지만 인간 심성론 중심으로 치우침으로써 실용적 면모를 상실한 것도 사실이다. 따라서 전체적으로 조망해보면 조선 유학은 기본적으로 소위 군자가 되고자 하는 선비 의식이 바탕이 되기 때문에 경학 중심의 과학적 사고로의 전환이 쉽지 않았다. 결국 고래로부터 군자君子가 갖추어야 할 여섯 가지 기예인 육예六藝, 예악사어서수禮樂射御書數[105] 중 문에 해당하는 예악에 가까운 사장이 여전히 기세를 떨치고

---

104. 박현순, 『조선 후기의 과거』, 소명출판, 2014, pp.18~20.

105. 중국 주대(周代)에 행해지던 여섯 가지 교육과목으로 예는 예용(禮容), 악은 음악, 사는 궁술(弓術), 어(御)는 마술(馬術), 서는 서도(書道), 수는 수학(數學)을 말한다.

있었다.

요약하면 과거제를 매개로 하는 관료 지배층의 형성이 부와 권력이 집중된 거대한 '양반 문치 카르텔'을 형성하고 그 카르텔에 진입하기 위한 각종 비정상적인 행태를 파생시켰다. 조선 후기로 갈수록 문과 급제자에 중인이나 기술과 출신들이 포함되어 나타남은 '양반 문치 카르텔'의 지배가 더 공고화되었음을 말한다. 문제는 문과 중심의 관료 지배층 형성 자체보다 그들이 가지고 있는 관념적 도덕주의라는 집단 의식이 더 심각하고 뿌리 깊어 현재까지도 상당히 영향을 미치고 있다는 점이다. 즉, 사농공상의 직업별, 분야별 서열을 만들고 대물림되면서 뿌리 깊게 고착화되어, 요즘도 형태는 다르지만 어느 분야에서건 손발을 쓰는 일보다 머리를 쓰는 일이 선호되고 있다. 기술, 기능인이 되기보다 관리와 경영인이 되려고 하고, 현장에서 벗어나 학교나 연구소로 가려는 열망이 팽배하다. 이러한 의식이 역사의 변화 방향과 조화를 이루면 괜찮으나 여러 방면에서 걸림돌로 작용한다는 데 문제가 있다.

사와 농공상의 단절

시대의 흐름은 농공상의 중요성이 높아지는 방향으로 가는데 조선 사회는 이에 결코 부응하지 못하였다. 조선 초기 양인良人과 천민賤民의 양천제良賤制 신분제가 17세기 이후 양반兩班·중인中人·상한常漢의 반상제班常制로 재편되었다[106]. 이는 양반 문치 카르텔의 강화를 반영한 것이

106. 한영우, 『조선시대 신분사연구』, 집문당, 1997, pp.63~64.

며 사 대 농공상의 대립구도가 확연하게 되었음을 의미한다. 앞서 언급하였듯이 조선 초기 양천제에 따라 농공상은 다 같이 양인에 속하였다. 양인 중에서는 양반 관료가 상위 신분이고, 그 다음으로 생원, 진사, 유학벼슬하지 않은 유생이 상위 신분이었으며, 이들이 소위 사士그룹이었다. 농민농은 그 다음으로 평민 중에서 상위를 점하였고, 그 다음 장인공, 상인상 순이었다. 농민과 장인 · 상인은 구분이 되었는데, 농민은 비교적 신분 이동의 제약이 덜해 과거를 통해 양반 계층으로 이동이 가능하였으나, 장인과 상인은 유외잡직流外雜職[107]에 예외적으로 임용될 수 있을 뿐 신분 이동에 상당한 제약이 있었다[108]. 농민은 농본 사회의 주역일 뿐만 아니라 군역을 담당함으로써 조선 사회에서의 나름 역할이 있었다. 또 농자農者는 천하지대본天下之大本처럼 유학이 본으로 삼고 있는 천지자연의 섭리에 직접 관련되어 있어 상당한 가치를 점하고 있었다. 이처럼 조선 초기의 사농공상은 양인을 대상으로 한 직업상의 분류였으며, 신분상으로도 농민과 같이 다소 모호하고 유연한 측면이 있었다.

그러나 조선 후기로 갈수록 양반 계층이 고착화되고, 더불어 기술관료의 독자성이 두드러져 중인 신분이 하나의 계층으로 자리 잡으면서 양인층 내에서 분화가 일어났다. 즉, 일의 영역에서 기술 분야의 전문성 확대가 기존 신분 질서와 충돌, 혼재하면서 중인이라는 새로운 계층이

107. 조선시대 1품에서 9품까지의 정(正) · 종(從)의 양반직 품계를 유내(流內)라 한 데 대해 이외에 관품이 없는 관직을 지칭하던 말이다. 유외(流外)에는 내시부(內侍府), 액정서(掖庭署) 등의 관직이 해당되며, 대개 비천한 신분의 사람이 공훈을 세웠을 때 주어졌다. 한국고전용어사전 참조.

108. 한영우, 『조선시대 신분사연구』, 집문당, 1997, pp.22 ~ 23.

대두되었다고 볼 수 있다. 대개 중인라고 하면 좁게는 의관醫官, 역관譯官, 율관律官, 역관曆官, 서관書官, 화관畵官, 산수자算數者 등의 고급 기술관료, 넓게는 향리鄕吏, 서얼庶孼, 교생校生 등의 하급 관리를 포함한다. 중인 계층의 대두는 초기의 양천제를 상반제로 변화시키면서 조선 초기의 다소 느슨한 사 대 농공상의 구도를 더 확연하게 양자 간 대립구도를 형성하게 만들었다. 여기서 필자가 주목하는 것은 신분상의 구분보다는 직업 내지는 일의 구분과 단절 문제이다. 그런 면에서 조선 중기 이후 새롭게 형성된 중인이라는 계층에 주목할 필요가 있다. 조선 초기 느슨하였던 계층이 후기로 갈수록 세분화되는 과정을 살펴봄으로써 사농공상의 위상 및 사와 농공상 간의 관계가 어떻게 변화되었는가를 가늠할 수 있기 때문이다.

중간 영역의 계층이 독자적인 계층을 형성하였다는 것은 당시 신분질서를 둘러싼 복잡한 사정을 잘 반영하고 있다. 첫 번째는 중인의 역할 증대이다. 중인이 담당하고 있는 일의 독자적 전문성이 부각되어 나름 사회적으로 그 지위가 인정되어 가는 측면이다. 중인들이 담당하고 있는 역법, 의료, 법률 등은 상당한 전문성을 요하기 때문에 쉽게 대체할 수 있는 성질의 것이 아니다. 시간이 흐를수록 그 전문성은 더욱 축적되고 계승되어 가업으로 이어져 갔다[109]. 아무리 양반 사대부의 권력이 높다하더라도 그런 전문 영역은 함부로 하기 어려웠다. 따라서 기술관료들을 중심으로 한 나름의 독자 세력 형성이 가능하였다.

109. 한영우, 『조선시대 신분사연구』, 집문당, 1997, pp.92~95.

두 번째는 양반의 지배력 확대와 범위의 확장에 대한 양반 지배층 스스로의 견제로서 중인 계층의 분화이다. 앞서 본 대로 누구나 양반 계층이 되려 하였고, 실제 여러 경로들을 통해 점점 양반 계층이 확대되어 갔다. 양반이 흔하면 가치가 떨어지므로 양반 계층의 확대를 제한하는 조치로서 중인이라는 중간 계층이 형성되었다. 이는 자신들만의 특권을 유지하고자 하는 양반 문치 카르텔의 지대추구행위의 산물이라 할 수 있다. 인조 때 서얼들에게 과거 응시를 허용하면서 내린 조치를 보면 그러한 상황이 분명하게 드러난다.

> "啓下通擬節目 許庶孼赴科 儒稱業儒 武稱業武 冒稱幼學者 限定軍保 司譯以下 屬中人"

벼슬을 임명하는 조항과 관련하여, 서얼에게 과거에 응시할 수 있도록 허가하되 유자儒者는 업유業儒, 무과武科는 업무業武라 칭하고, 허위로 유학이라 칭하는 자는 군보충역에 한하며, 번역관 이하는 중인에 속한다는 조치를 취하였다[110]. 하급 관리에 벼슬의 기회를 주되 호칭을 달리하는 등 그 신분의 다름을 명확히 하고 있다. 기술관 등 중인의 역할이 나름 전문성을 갖고 그 지위가 충분히 인정되나 그렇다고 양반 사족으로 인정하기는 어렵다는 당시 지배계층의 정서가 반영된 것이다.

세 번째는 중인 범위의 불명확성이다. 중인은 협의로는 사족에 들

110. 한영우, 『조선시대 신분사연구』, 집문당, 1997, pp.73~74.

지 못한 고급 기술관료(의관, 역관, 율관, 역관, 서관, 화관, 농수자 등)를, 광의로는 사로 상승하는 하급 관리(향리, 서얼, 교생 등)를 포함하였다[111]. 중인의 범위가 명확치 않은 것은 당시 신분제에 얽혀 있는 복잡한 사정을 잘 말해주고 있다. 기술관료들은 그들이 하는 일의 전문성을 내세워 독자적 세력을 유지하고 싶은 욕구가 있어 단순 하급 관리들과는 분명 차별화하고자 하였을 것이다. 반면 하급 관리들은 비록 일의 전문성은 기술관료들에 비해 떨어지지만 일상적으로 접하는 사람들이 대부분 사대부이기에 관계에서 파생되는 우월성으로 인해 양반 계층으로 진입하는 기회가 종종 있었을 것이다. 또한 중인 계층이 양반 문치 카르텔에 영향을 받아 기술, 기능을 직접 담당하는 사람들보다는 관리 활동을 주로 하는 기술관이나 하급 관리 중심으로 형성된 점도 문과 중심의 지배 체제를 반영하고 있다. 업무의 성격, 인간 관계, 양반 문치 카르텔 중심의 질서 등이 중인이라는 새로운 신분 계층 형성에 서로 얽혀 있는 것이다.

중인 계층 형성 과정에서의 다소 복잡한 사정을 뒤로 하더라도 아무튼 양천제에서는 양 속에 사와 농공상이 같이 넓게 들어 있었으나, 반상제로 되면서는 사와 농공상 사이에 중인이 들어오게 되었다. 그렇게 되면서 사와 농공상 간에 단절이 진행되었다. 조선 초기에는 기술직에 대한 차별이 별로 없어 사족 계층에서도 醫, 譯, 律, 歷 등의 기술 분야에 종사하는 경우가 많았으나 후기로 갈수록 이러한 사례는 점점 줄어들었

111. 한영우, 『조선시대 신분사연구』, 집문당, 1997, pp.65 ~ 69.

다[112]. 계층 간 단절에 관한 내용은 여러 문헌들에서 기록되고 있다. 17세기 말 이보李簠는 명분설名分說에 다음과 같이 기술하고 있다[113].

> "상인은 중인에 대하여 장벽이 있어서 중인을 만나면 먼저 절하고 길에서 만나면 말에서 내린다. 의복도 같은 옷을 입을 수 없다. 중인과 사족 사이에는 계급이 더욱 뚜렷하다. 감히 함께 앉지 못하고, 호칭도 서로 다르며, 말할 때는 반드시 자신을 소인이라고 부르고, 잘못이 있으면 매를 맞을 수도 있다."

유형원의 『반계수록磻溪隨錄』에서도 당시 계층을 양반, 서족중인, 서얼로 나누어 이들 간에 '品流定隔 不相爲齒'라 하면서 서로 교류가 없다고 하였다[114]. 또한 이중환의 『택리지擇里志』에서도 양반, 중인, 하인으로 나누고 이들 간에 '交遊不相通'이라고 개탄하였다[115].

기술관 등 중인들의 상류층 진입이 차단되면서 기술 분야나 공상업에 종사하는 사람들에 대한 천시가 보다 분명해지고, 이는 오히려 각종 불공정한 과정을 통해 양반층에 진입하려는 행태만 부추겼다. 이전에는 양반 사족과 기술관료들 사이에 경계가 흐릿하여 양자들 간에 중첩

112. 한영우, 『조선시대 신분사연구』, 집문당, 1997, p.76.

113. 『正祖實錄』 권51. 정조 23년 5월 壬戌條, 한영우, 『조선시대 신분사연구』, 집문당, 1997, p.71에서 재인용.

114. 『磻溪隨錄』 권9 교선지제(상) 향약사목, 한영우, 『조선시대 신분사연구』, 집문당, 1997, p.72에서 재인용.

115. 『擇里志』 總論, 한영우, 『조선시대 신분사연구』, 집문당, 1997, p.72에서 재인용.

된 부분이 있었으나 점점 경계가 선명해지면서 중인들의 불만은 커져 갔다. 법적으로는 사역원, 전의감, 내의원, 관상감에 소속된 역관, 의관, 천문관은 정3품 당하관까지, 혜민서, 도서서, 호조, 형조에 소속된 의원, 화원, 산원, 율관은 종6품까지 갈 수 있고, 그 이상은 체아직遞兒職[116]으로 승급하여 당상관[117]에 오를 수 있었다[118]. 이처럼 법적으로는 제한이 없고 그 길이 열려 있었지만 실제로는 조선 후기로 갈수록 점점 차단되어 갔다. 그러면서도 인간 관계에 관한 일이다 보니 의관이나 역관으로 꾸준히 종사하여 큰 공을 이루게 되면 소위 6조 3사[119]와 같은 청현직淸顯職[120]에 발탁되는 기회가 주어져 계속 논란거리가 되었다. 제도적으로는 길이 열려 있어 허용하는 힘과 실제 허용하지 않으려는 힘 간의 갈등이 계속 이어졌으며, 후기로 갈수록 그 길은 좁아졌다.

그런 가운데 중인들의 불만은 점점 쌓여, 결국 1851년철종 2년 중인들의 통청운동通淸運動으로 폭발하였다. 중인들도 청현직에 발탁될 수 있게 하여 '양반 문치 카르텔'에 진입할 기회를 달라는 것이었다. 기술직 중인이 청현직에 갈 수 있는 방법에는 2가지 길이 있었다. 하나는 기

116. 조선시대 관직은 녹을 받는 녹관(祿官)과 녹을 받지 않는 무록관(無祿官)이 있으며, 녹관은 다시 정직(正職)과 체아직(遞兒職)으로 구분된다. 체아직은 교대로 근무하며 녹봉을 받거나 주기 위해 만든 관직으로서 요즘으로 얘기하면 비정규직에 해당된다. 한국학중앙연구원, 『한국민족문화대백과』 참조.

117. 조선시대 관리 중 문관은 정3품 통정대부(通政大夫), 무관은 정3품 절충장군(折衝將軍) 이상의 품계를 가진 자를 말한다.

118. 한영우, 『조선시대 신분사연구』, 집문당, 1997, p.77.

119. 6조는 이조, 호조, 예조, 병조, 형조, 공조, 3사는 사헌부, 사간원, 홍문관을 말한다.

120. 청현은 청환현직(淸宦顯職)의 준말로 학식과 문벌이 있으며, 인품이 청렴하여 높은 지위에 있는 것, 혹은 그러한 관직을 뜻한다.

술관원으로 해당 기술에 상당한 전문성이 있어 일정한 시험을 거치는 길이고, 다른 하나는 문무과 과거에 응시하여 통과하는 길이다. 경국대전 등 제도적으로 허용되어 있지만 실제 실행되는 경우는 극히 드물었다. 설사 문무과에 합격하더라도 승문원承文院, 선전청宣傳廳 등 핵심 부서에는 임용되는 사례가 거의 없었다. 아래 통청운동의 상소문[121]은 이러한 사정을 잘 대변해주고 있다.

> "우리나라의 관제는 門地[122]를 오로지 숭상하여 臣들과 같은 낮은 처지로서 어찌 감히 淸顯의 자리에 오르기를 바라겠습니까마는, 다만 문과의 괴원槐院[123]과 무과의 宣傳[124]과 蔭路[125]의 詞訟[126]은 비록 시골의 비미한 사람들도 뽑혀 들어가는 이가 많은데, 臣들에게만 鐵限을 만들어 뛰어넘지 못하게 합니다…… 바라옵건데, 臣들로 하여금 槐·宣·詞訟의 직책에 함께 나갈 수 있도록 허락하여 영세토록 억울함을 씻어주는 정치를 해주시기 바랍니다."

조선이 문과 우대로 일관하였기에 기본적으로 기술은 상대적으로

121. 『象院科榜』 通淸運動資料 중 辛亥擬疏草, 한영우, 『조선시대 신분사연구』, 집문당, 1997, p.81에서 재인용
122. 문벌(門閥)의 다른 말로 대대로 내려오는 그 집안의 사회적 신분이나 지위를 말한다.
123. 승문원(承文院)의 다른 말로 외교에 대한 문서를 맡아보던 관아이다.
124. 선전관청에 속하며 왕의 호위, 전령과 사병의 출납을 담당하는 일이다.
125. 음직(蔭職)의 벼슬길, 즉 과거를 거치지 아니하고 조상의 공덕에 의하여 맡은 벼슬.
126. 민사상 고소나 송사에 관한 일이다.

지위가 낮았다는 것은 이제 주지의 사실이다. 그러나 구체적으로 들어가면 기술직이 줄곧 천시되었던 것은 아니었다. 우리 모두가 알듯이 세종 때 과학기술 발명품들이 꽃을 피우지 않았던가? 조선 전기에는 유학을 국시로 하는 건국 이념을 충실히 실현하기 위해 민생의 안정을 꾀하였고, 이를 위해서는 기술직이 중요하다는 것을 인식하여 여러 방면으로 기술진작 정책을 폈다. 이에 상당한 성과들이 뒤따랐다. 기술 장려는 세종 때 절정을 이루었으며, 이후 세조, 성종 등 몇몇 왕들의 기술 장려 정책이 있었다. 세종시대의 과학기술에 관한 다소 예외적인 상황에 대해서는 다음에 더 자세히 살펴본다.

불행하게도 세종의 찬란한 위업은 계속 이어지지 못하였다. 중앙집권적 체제가 강화되고 양반 문치 카르텔의 폐단이 점점 심해짐에 따라 내부적으로 갈등과 모순이 점점 쌓여 갔다. 이에 반기를 들고 인의도덕과 수기치인이라는 본래 성리학의 정신으로 돌아가자는 사림士林의 등장은 분명 정당성을 가지기에 충분하였다. 그러나 사람의 등장은 사士 내에 또 다른 세력을 형성함으로써 전체 사의 몸집을 더 키우고 그 지배적 위치를 더욱더 공고히 하는 동시에 조선 중기 이후 붕당 정치로의 시발이 되었다. 거기다가 도덕 문치는 더욱 강화되는 반면 기술직은 또 다시 등한시하게 됨으로써 사와 농공상 간의 거리를 더 멀게 하는 결과를 초래하였다. 유학은 양반 계층이, 기술은 중인 계층이 담당하는 방향으로 사회 계층이 분화되어 간 것이다[127].

127. 박성래, "조선 유교사회의 중인기술교육", 『大東文化硏究 17』, 1983, pp.278~279.

세종 이후 과학기술이 정체기를 맞이한 이유는 여러 다른 연구들에서도 지적되고 있듯이 유학 사회에서 과학기술이 차지하는 낮은 위상이 주원인이다[128]. 역시 유학이 인문적 가치를 최우선으로 한 데 그 근본 원인이 있다. 그런고로 과학기술은 최고 권력자인 왕의 최우선적 관심사가 될 수가 없었다. 성종실록에 의하면 이상李瑺은 "임금이 기예를 좋아하면 기예에 빠지게 된다[129]"라고 하여 임금이 기예를 가까이하는 것을 경계하였다. 또한 연산군 때 대간大諫[130]의 상소에 "백공기예百工技藝는 국가에서 폐지할 수 없는 것이지만 각각 많은 관사官司가 있으니 군주가 마땅히 친히 할 바는 아니다[131]"라고 함으로써 임금이 기술을 직접 챙기는 것은 사리에 맞지 않다고 하였다. 신분제도상으로 기술직은 낮은 계층인데다 임금도 관심을 기울이지 않으면 공상천예工商賤隸로 전락될 수밖에 없고 기술의 발전은 기약할 수 없다.

또 하나는 기술관을 우대하고 과학기술을 장려하는 정책이 있더라

---

128. 세종 이후 한국 과학기술의 정체 이유로 홍이섭은 『조선과학사』,정음사, 1946에서 과학기술에 대한 조정 및 관료들의 태도, 공허한 유교적 사색, 장인들의 낮은 사회적 지위 등을 얘기하였다. 전상운은 『한국과학기술사』, 과학세계사, 1966 이외에 임진왜란 및 병자호란에 의한 파괴가 가장 큰 원인이라 하였다. 박성래는 "조선시대 과학사를 어떻게 볼 것인가"(『한국사시민강좌16』, 1995)에서 국왕과 조정이 과학기술의 유용성에 가치를 두지 않았기 때문이라고 하였다. 김영식, 동아시아 과학의 차이, 사이언스북스, 2013, pp182~183에서 재인용.

129. 성종실록 권273, 성종 24년 1월 6일(임신), 3ㄴ(12책, p.266쪽)., 구만옥, 『세종시대의 과학기술』, 들녘, 2016, pp.102~103에서 재인용.

130. 사간원(司諫院)의 으뜸 벼슬로서 정3품(正三品)이다. 임금에게 정사의 잘못을 간(諫)하는 일을 맡았다.

131. 연산군일기 권48, 연산군 9년 2월 19일(병진), 19ㄴ(13책, 544쪽), 구만옥, 『세종시대의 과학기술』, 들녘, 2016, pp.102~103에서 재인용.

도 양반 문치 카르텔을 둘러싼 정치 이슈가 워낙 크고 국가의 모든 에너지가 거기에 쏠려 다른 곳에 관심을 둘 여력이 없었다는 점이다. 그런 이슈의 배후에는 항상 세력 다툼이라는 진영 논리가 있고, 승리를 위해서는 정상적인 사고가 작동될 수 없는 구조이다. 세상은 전진하여 변화하고 있는데, 나중에 큰일이 닥치고서야 뒤늦게 부랴부랴 좇아가는 것이 조선 중후기의 형국이었다.

영 · 정조 시대 이전까지 거의 250여 년 가까이 이러한 상황은 지속되어 과학기술의 암흑기라 해도 과언이 아닐 것이다. 사와 농공상의 단절은 단순히 거기에 그치는 것이 아니라 이와 기의 단절, 이론과 실제의 단절, 학교와 현장의 단절, 나아가 문과와 이과의 단절, 과학과 기술의 단절 등과 연결되면서 소위 근대적 사회와 부조화를 이루는 요소로 점점 굳어져 갔다. 어떤 일이나 기술이든 그 과정을 보면 인간의 다양한 행위들이 모여 이루어낸 소산이다. 다양한 요소들이 유기적인 관계를 가지면서 통합되어 이루어진 결과의 산물일진대, 우리 역사에는 이런 관계적 과정이 생략된 것이 많아 지금도 과학적 지식이 산업화로의 연결에 많은 어려움을 겪고 있는 것이다[132].

근래 우리 학계에서는 학제 간 교육, 융합교육 등이 하나의 큰 흐름으로 자리 잡고 있다. 그러나 그 구호만큼 실제 내용은 아직 허술한 면이 많다. 대개 특정 전공의 교과 과정에서 일정 다른 전공과목을 이수하게 하게 하는 형태를 취하고 있다. 이는 엄밀하게 얘기하면 학제 간 또

132. 김영식, 동아시아 과학의 차이, 사이언스북스, 2013, pp.232~236.

는 융합 교육이라 할 수 없다. 학제 간 교육은 서로 다른 전공과목 간 이론이나 패러다임의 화학적 융합이 일어나야 가능하다. 특정 분야의 전공자가 다른 분야의 이론을 이해하고 그것을 자기 분야에 접목한 후 새롭게 해석하여 학생들에게 전달하여야 한다. 그렇게 함으로써 입호기내入乎其內 출호기외出乎其外[133], 즉 그 분야에 들어가는 동시에 거기서 나올 수 있게 되면 자기 전공을 온전하게 바라볼 수 있게 된다. 그럼으로써 통합적 시각이 형성된다. 서로 다른 전공들 간에 동일한 원리를 얘기하는 데도 불구하고 언어가 다르기 때문에 소통되지 않아 인식의 확장이 일어나지 않는 경우가 많다. 서로 다른 전공의 이론들을 융합적으로 공부한 자들이 있어야 학제 간 교육이 가능하게 되고, 그들이 서로 간에 소통시키는 역할을 해야 한다. 우리 학계는 새로운 과목의 시도에 상당히 소극적인데, 좀 더 유연한 자세를 가져야 학문의 융합도 활발히 일어날 수 있다.

조선 초기엔 양반 문치 카르텔이 두드러지지 않았다. 오히려 기술직 우대 현상까지 나타났다. 그러나 카르텔이 점점 형성되면서 이것이 신분 분화로 이어졌다. 카르텔을 둘러싸고 여러 부작용들이 발생하였다. 반작용으로 사림이 형성되어 유학 본령으로 돌아가자는 움직임이 활발하였고, 실제 큰 세력을 형성하여 중앙 정치에 영향을 미쳤다. 유학의 형이상학적 깊이를 더하고 도덕주의를 회복하는 데 큰 기여를 하였

133. 근대 중국의 대표 지식인인 왕국유(王國維)가 『인간사화(人間詞話)』에서 작가의 자세로서 그 대상 속으로 들어가는(入乎其內) 동시에 거기서 나오는(出乎其外) 노력을 언급한 데서 유래한다.

지만, 도덕적 인문질서 중시라는 큰 테두리를 벗어나지 못하였으며, 반대 급부로 과학기술과 자본에 기반하는 근대 사회로의 진화라는 큰 역사의 흐름에 역행하였다. 결국 신분의 문제가 지식 흐름의 단절이라는 문제와 얽히면서 전문 지식이 중요해지는 근대 사회와 부조화를 이루게 되었다. 지금도 기술 및 기능직에 종사하면 사회적 지위가 낮다는 생각이 우리의 의식 속에 잠재되어 있다. 중소기업이 인력난을 겪고 농촌이 피폐해져 가는 것은 사와 농공상 간에 거리가 아직도 멀기 때문이다.

세종시대 과학기술의 성취

유학과 과학기술 간에는 패러다임이 상이하여 화해하기가 어려움에도 불구하고 세종시대에 어떻게 과학기술 진흥이 가능하였는가에 대한 의문이 있다. 기본적으로 유학은 하늘의 도와 사람의 도가 일치하는 천인합일 사상이고, 과학기술은 양자가 상이하다는 전제에서 출발한다. 유학은 자연을 대상으로 원리를 파악하여 이용하는 과학기술을 자연에 거역하는 것으로 간주하기 때문에 서로 충돌한다고 앞서 서양 문물 수용에서 얘기한 바 있다. 하지만 유학이라는 것은 백성의 의식주가 편안해야 한다는 민본 사상에서부터 출발하고, 그 바탕에서 유학의 예악 문물이 융성해진다고 세종은 생각하였다. 그래서 백성들의 먹고사는 것의 근본인 농업을 매우 중시하였다[134]. 말하자면 맹자의 '무항산無

134. 구만옥, 『세종시대의 과학기술』, 들녘, 2016, pp.28~35.

恒産 무항심無恒心' 을 국정의 주요 과제로 설정하고 실천하였다. 그 대책 중 하나로 농업의 증진을 위한 다양한 과학기술적 방법을 장려하기 위해 『농사직설農事直設』을 펴내었다. 유학과 과학기술이 충돌하는 것이 아니라 유학의 이념을 제대로 실천하기 위해 민생을 도모하고, 그러기 위해서는 가장 주요 산업인 농업을 장려하고 농사법을 개량하는 등 과학기술적 접근이 필요하였다. 이에 따라 농업 기상과 관련하여 강우량을 측정하는 측우기測雨器, 강의 수위를 측정하는 수표水標, 바람의 변화를 측정하는 풍기風旗 등이 만들어졌다. 국가의 기간산업인 농업을 튼튼히 함으로써 나라가 부강해지도록 도모하였다.

농업이 튼튼해져 백성들이 먹고사는 것에 걱정이 없으면 자연히 군사도 강해지게 된다. 여진, 왜구 등의 침략이 잦아 국방을 튼튼히 해야 할 필요성도 높아져 북방으로 사군육진四郡六鎭을 개척하고, 이를 위해 무과 출신자를 대폭 확대 중용하였다[135]. 화포 및 화약 기술의 향상을 꾀하고, 그 주조법과 사용법을 기록한 『총통등록銃筒謄錄』을 간행하였다[136]. 소위 문무병용文武竝用을 실천하였다. 그 밖에 노동력이 건실하게 공급될 수 있도록 의학 분야에도 힘을 써 명과 조선의 모든 질병과 처방에 관한 백과사전인 『의방유취醫方類聚』를 편찬하였다. 뿐만 아니라 우리의 질병을 치료하는 데에는 우리 풍토에 적합하고 우리나라에서 생산되는 약재가 더 효과적이라는 병과 약에 대한 의토성宜土性을 강조하여 조선의 질병과 처방을 정리한 『향약집성방鄕藥集成方』을 편찬하였다. 유학의

135. 이성무, 『한국의 과거제도』, 한국학술정보, p.292.

136. 구만옥, 『세종시대의 과학기술』, 들녘, 2016, pp.47~48.

경천근민敬天勤民[137] 사상에 따라 천문역법에도 소홀하지 않고 천문 · 역법 · 의상儀象(천체 관측기구) · 구루晷漏(해시계와 물시계)에 관해 정리한 『제가역상집諸家曆象集』, 원나라의 수시력授時曆에 대한 해설서인 『칠정산내편七政算內篇』[138], 서역西域의 회회력법回回曆法을 해설한 『칠정산외편七政算外篇』 등도 편찬하였다[139].

세종시대의 이러한 두드러진 성과는 기술의 중요성을 인식하고 기술 정책이 실효성 있도록 노력한 것에 힘입은 바 크다. 무엇보다 기술직을 중인이라는 신분의 한계 내에서 우대하는 정책을 폈다. 대표적인 예가 천문의기를 제작하기 위해 문관과 기술관들의 협력팀을 만든 것이다. 해시계, 물시계, 천문 관측기 등을 만들기 위해서는 천문이론에 밝은 문관들과 실제 제작에 밝은 기술관들의 협업이 필수적이다. 전자로는 문관이지만 과학기술이론에 밝은 정흠지鄭欽之, 1378~1439, 정초鄭招, ?~1434, 정인지鄭麟趾, 1396~1478, 이순지李純之, 1406~1465, 김빈金鑌, ?~1455 등이 대표적이고, 후자로는 양반 출신인 이천李蕆, 1376~1451, 천민 출신인 장영실蔣英實, 1390~?, 중인 출신 윤사웅 등이 대표적이다.[140] 비록 신분의 구별이 확연하였음에도 조선의 과학기술 발전을 위해 세종이 주도하여 소위 협업팀을 구성한 것이다.

---

137. 하늘을 공경하고 백성을 다스리는 데 게을리하지 아니한다.

138. 칠정(七政)이란 일 · 월과 오성(五星), 즉 목(木) · 화(火) · 토(土) · 금(金) · 수(水)의 5개 행성(行星)을 가리킨 것으로 이들 천체의 운행에 관한 자료이다. 한국학중앙연구원, 『한국민족문화대백과』 참조.

139. 구만옥, 『세종시대의 과학기술』, 들녘, 2016, pp.50~56.

140. 구만옥, 『세종시대의 과학기술』, 들녘, 2016, pp.117~165.

그 과정에서 세종은 장영실이라는 탁월한 과학기술자를 발탁하게 된다. 장영실은 재주가 특출하여 장인이라는 낮은 신분에서 기술관료로 올라간 매우 드문 경우에 해당하였다. 세종은 명나라의 역법과는 달리 조선에 맞는 역법을 만들고자 하는 열망으로 장영실을 명나라에 자주 보내 천문의기의 제작을 익히도록 하였다. 또한 윤사웅, 이무림, 최천구, 정영국 등 관상감 중인들의 노고를 높이 사 한양 인근의 남양, 광주, 부평, 인천의 수령으로 임명하는 파격적인 조치도 취하였다. 이에 대해 당시 문관들의 반대가 있었지만, 세종은 하늘의 재앙이 발생하였을 때 조정의 신하들보다 오히려 이들 중인들의 노력과 도움으로 극복하였음을 강조하여 강행하였다.[141] 그 결과 앙부일구해시계, 자격루물시계, 간의천문관측기의 일종, 혼천의천문관측기 등 천문의기뿐만 아니라 『칠정산 내외편』이라는 조선에 적합한 역법을 고안하는 찬란한 업적을 이루게 되었다. 이른바 이론과 실제, 즉 머리와 손발의 소통을 통해 소위 혁신을 이룩한 것으로 요즘으로 비교하면 산학협력을 성공적으로 수행한 것으로 높이 평가할 수 있다.

또한 성종실록에 실린 제약을 담당하는 장인인 약장藥匠에 대한 대우에 관한 일화를 보면 세종시대 기술직의 상대적인 위상에 대해 짐작할 수 있다.

---

141. 이긍익, 『연려실기술(燃藜室記述)』 별집, 권15, 天文典故, 贍星(XI, p.582), 구만옥, 『세종시대의 과학기술』, 들녘, 2016, p.163에서 재인용.

> "약장藥匠 오금吳金 등이 장고狀告[142]하기를, '세종 때에는 약장에게 두 끼를 먹이고 봉족 2명을 주었고, 양인이면 6품으로 거관하고, 천인이면 장원서掌苑署[143]의 관직을 받았으므로 사람들이 앞을 다투어 들어왔는데, 지금은 점심도 봉족도 없고, 또 거관하거나 관직을 받는 법을 폐지하였습니다' 라고 하였다."[144]

기술 관련 담당부서를 새로이 신설하거나, 기존의 조직도 업무의 성격과 강도를 파악하여 거기에 합당한 인원을 배치하고 조정하여 업무가 효율적으로 추진될 수 있도록 하였다. 또 교육 과정을 체계적으로 정비하는 일에도 힘썼다. 특히 눈에 띄는 것은 문과 출신들로 하여금 기술 관련 업무를 익히게 하여 담당케 하였다는 점이다. 세종 13년1431년에 역법 시행에 필수적인 산학算學을 진흥시키기 위해 문관들로 하여금 산법을 익히도록 하였다. 그 결과 집현전 교리 중에 이순지李純之, 1406~1465[145] 같은 문과 출신이면서 산학에 능통한 자가 나오게 되었다[146]. 세종 16년1434년엔 의료기관인 전의감, 혜민국, 제생원에 문과 출신자들을 배치하여 사무 업무를 담당케 하였다. 의술을 담당하는 자는 음양오

---

142. 어떤 사실을 상부 관아에 서면으로 알림. 또는 그 내용을 적은 글이다.

143. 조선시대 궁중의 원(園, 정원) · 유(囿, 동산) · 화초 · 과물 등의 관리를 관장하기 위해 설치한 관서이다.

144. 구만옥, 『세종시대의 과학기술』, 들녘, 2016, p.111.

145. 조선 전기 승정원좌부승지, 판중추원사 등을 역임한 문신이자 천문학자이다. 세종의 명으로 역법(曆法)을 연구한 뒤 정인지(鄭麟趾) · 정초(鄭招) · 정흠지(鄭欽之) · 김담(金淡) 등과 같이 『칠정산내외편(七政算內外篇)』을 저술하였다.

146. 구만옥, 『세종시대의 과학기술』, 들녘, 2016, p.77.

행의 운행 이치를 알아야 의료 행위를 제대로 수행할 수 있다는 생각에서 취한 조치였다[147]. 이는 역법, 의술 등이 매우 중요하였는데, 당시 우수한 인재들이 대부분 문과 출신들이어서 비록 문과라도 이들 분야의 진흥을 위해 필요한 일이었다. 중요한 것은 일을 제대로 추진하는 것이고, 일을 제대로 추진하다 보면 자연스럽게 양반과 중인의 접촉이 이루어지고, 나아가 사와 농공상 간의 소통도 가능하게 되는 것이다.

세종시대의 기술 분야 활성화는 갑자기 이루어진 것이 아니라 그 이전에 기반이 있었기에 가능하였다. 태조는 병학兵學, 율학律學, 자학字學, 역학譯學, 의학醫學, 산학算學 등 6학을 장려하여 새로운 유학 사회의 기초를 다지고자 하였다. 태종은 이를 더 확대하여 10학이라 하여 유학儒學, 무학武學, 이학吏學, 역학譯學, 음양풍수학陰陽風水學, 의학醫學, 자학字學, 율학律學, 산학算學, 악학樂學 등 인문학과 기술학을 통합하여 함께 장려하였다. 그런가 하면 세종은 기술 분야에 종사하는 기술관을 우대하는 정책을 펴서 장영실, 안견과 같은 걸출한 중인을 배출하였다. 기술 분야 장려 정책은 여기에 그치지 않고 계속 이어져 세조는 7학天文, 風水, 律呂, 醫學, 陰陽, 史學, 詩學을 장려하고, 문과에 급제하여 현관에 오른 문관들로 하여금 잡학을 전공하도록 장려하여 소위 학제 간 융합을 시도하였다. 그럼에도 불구하고 정치, 사회 환경이 바뀜에 따라 점차 기술 분야는 활력을 잃어 갔다. 성종 때만 해도 기술학에 우호적이었으나, 성종 이후 사림파가 등장하면서 기술학은 기울기 시작하였다[148].

---

147. 구만옥, 『세종시대의 과학기술』, 들녘, 2016, pp.81~82.

148. 한영우, 『조선시대 신분사연구』, 집문당, 1997, pp.85~89.

세종의 치적의 특징은 어떠한 정책을 시행할 때 더불어 그것을 체계적으로 정리한 기록물을 펴낸다는 점이다. 그것도 실제 백성들의 삶에 도움이 되는 내용들에 관한 기록물들이다. 제조법, 사용법 등을 문자화하여 정리하는 것은 바로 이론화의 시작이고 내생성에 매우 중요한 출발이다. 세상에 없는 무슨 새로운 이론을 만드는 것이 아니다. 문자화하여 널리 백성에 확산되도록 하는 것이 유학의 예악 문물이 융성해지는 길이며, 이러한 일을 지속하다 보면 궁극에 가서는 새로운 이론들이 만들어지는 것이다. 이것이 바로 실용적인 접근이며 실제와 이론 간 맥락적 연계이다. 그러나 불행하게도 우리에겐 이러한 기록의 문화가 일천하여 소중한 문물이 소리 없이 사라진 경우가 무수하다.

세종의 과학기술 분야 치적은 조선 유학의 큰 패러다임으로 보면 다소 이질적인 것으로, 상당 부분 세종이라는 개인의 정치 역량에 의해 이루어진 것으로 봐야 할 것이다. 세종은 유학의 근본 이념인 인정仁政을 제대로 실천한 것이다. 태조의 건국 정신과 태종이 확립한 탄탄한 정치적 기반 위에 건국 이념인 유학의 내용을 실천하는 것이 본인의 임무라 생각하고 하나하나 실천에 옮긴 것이다. 그야말로 세종은 선왕지도를 실천에 옮겨 생산적인 일을 하는 데 게으르지 않았다. 또한 풍토부동론風土不同論에 입각한 자주의식이 세종의 마음속에 아로새겨져 있었다. 우리가 가장 자랑스러워하는 훈민정음의 창제도 바로 자주의식의 발로이다. 신분 질서가 사회 전반을 억누르고 있음에도 불구하고 치자가 백성의 안위를 위해 진정으로 성을 다하면 얼마든지 내생적 발전의 가능성이 존재함을 알 수 있다. 상식적인 판단하에 사회에 필요하다고 하면 계획을 세워 일을 추진하는 것의 다름 아니다.

세종시대의 이러한 분위기에도 불구하고 양반 중심의 신분제라는 거대한 질서는 그대로 유지되어 기술직의 중인들이 가지는 한계는 분명하였으며, 제도가 바뀌어도 당시의 사회적 분위기는 바뀌지 않았다. 태종 5년1406에 10학을 장려하기 위해 관료들로 하여금 시험을 보게 하는 제도가 시행되었다. 분야에 따라 내용을 달리하였는데, 유학은 현직 3관홍문관, 예문관, 교서관의 7급 이하 관리들을, 나머지 아홉 분야는 전현직 4급 이하 관리들로 하여금 시험을 보게 하였다. 이에 3관의 관리들은 양반 관료들이 중인 신분들과 같이 함께 시험을 보는 것은 유학과 선비에 대한 예우가 아니라며 상당한 불만을 품고 있었다. 또한 세조가 추진한 문관들로 하여금 7학을 익히게 한 정책도 당시 양반들이 술업術業에 종사하는 것을 부끄럽게 여겨 큰 실효를 거두지 못하였다[149]. 이것이 당시의 실제 분위기였으며, 당장은 새로운 나라를 건설하겠다는 건국의 의지로 수면 아래에 있었지만 후기로 갈수록 점차 수면 위로 드러났다.

기술교육의 소홀

구한말 선교사로 한국에 와 선교와 교육 사업을 펼쳤던 언더우드는 1908년 당시 조선의 농업에 대해 다음과 같이 기록하였다.[150]

---

149. 『成宗實錄』 권174, 성종 16년 1월 8일(辛卯), 9ㄴ(10책 p.665), 구만옥, 『세종시대의 과학기술』, 들녘, 2016, pp.100～101에서 재인용.

150. H. G. 언더우드 저, 이광린 역, 『한국개신교수용사』, 일조각, 1989, pp.14～15.

"목축과 농업의 비율을 적절하게 안배하는 문제, 비료를 생산하고 사용하는 문제, 또 농작물의 윤작을 적당히 조절하는 문제에 대해 한국인은 지식을 갖고 있지 못한 것 같다. 비료를 사용해야 된다는 것을 알고 있으면서도 지식 부족으로 1/2이나 1/3을 낭비한다. 같은 땅에 같은 작물을 계속 심으면 토질을 악화시킨다는 것도 알고 있고, 그리하여 가끔 작물을 바꾸기도 하나, '왜 그렇게 되고 무슨 목적에서인지' 에 대해 도무지 연구하지 않는다. 따라서 윤작에 대한 체계적인 지식을 갖고 있지 못하다."

과학기술이 서양으로부터 물밀듯이 밀려오고 제국주의가 팽창하여 세계가 요동치는 시점에 조선의 주요 먹거리인 농업의 현주소였다. 구한말의 이러한 현상들은 하루아침에 그렇게 된 것이 아니라 조선시대를 관통하여온 농공상에 대한 천시와 허술한 기술직업교육의 전통에서 비롯되었다[151].

조선시대 기술 분야는 잡학이라 불려졌다. 과거시험에도 잡과로 분류되어 있다. 명칭에서 짐작하듯이 주류를 형성하지 못하고 소위 기타 분야로 취급되어 그 위상이 매우 낮았다. 앞서 살펴보았듯이 태조 때 6

151. 여기서 '기술교육' 의 의미는 요즘의 '직업교육' 에 가깝다고 할 수 있다. 문을 대표하는 유학과 무를 대표하는 군사학을 제외한 분야를 잡학 또는 기술학이라 불렀다. 따라서 여기서의 기술교육은 요즘의 인문사회에 해당하는 외국어, 법률, 역사, 지리, 철학뿐만 아니라 자연과학에 해당하는 의학, 음양풍수학, 수학, 예술에 해당하는 음악, 미술 등에 대한 교육을 포함하며, 기술 수준으로 보면 기능 및 실무 교육에 더 가깝다고 할 수 있다.

학, 태종 때 10학, 세조 때 7학 등으로 기술을 장려하였지만, 유학에 비하여 매우 열악하며, 별도로 지정하여 장려하고 있어 그 상대적 위상을 짐작할 수 있다. 기술학의 내용들도 요즘 기준으로 보면 유학儒學과 무학武學을 제외하고 이공계에 해당되는 것이 의학醫學, 음양풍수학陰陽風水學, 산학筭學 정도이고 농공상은 아예 없다. 나머지 도학道學, 역학譯學, 화학畵學, 율학律學, 악학樂學은 인문학, 사회과학, 예술에 해당한다. 기술학이라 해도 여전히 인문계열이 주류였다[152].

10학 중에서는 양반들은 유학과 무학을, 특히 유학을 선호하였다. 그래서 유학교육을 위해 성균관成均館, 4학四學, 향교鄕校 등으로 나름의 교육 체계가 갖추어져 있었다. 반면 무학과 나머지 잡학인 8학은 해당 관청이나 지방 관아에서 교육을 담당하였다. 무학은 훈련원訓練院, 역학은 사역원司譯院과 유관 지방 관아, 의학은 전의감典醫監, 혜민국惠民局 및 지방 관아, 율학은 형조刑曹 및 지방 관아, 음양학은 관상감觀象監, 산학은 호조戶曹, 화학은 도화서圖畵署, 도학은 소격서昭格署, 그리고 악학은 장악원掌樂院에서 교육하였다. 조선의 10학 교육 체계는 유학은 물론 잡학까지 태학太學인 국자감國子監에서 교육하였던 고려의 제도와 비교하면 잡학의 위상이 낮아졌음을 알 수 있다.

잡학교육을 위해 각 분야별로 교수敎授, 훈도訓導 등으로 불리는 교

---

152. 원래 태종 때 10학은 유학(儒學), 무학(武學), 이학(吏學), 역학(譯學), 음양풍수학(陰陽風水學), 의학(醫學), 자학(字學), 율학(律學), 산학(筭學), 악학(樂學)이었으나, 세종 때 자학과 이학이 10학에서 빠지는 대신, 이후 도학(道學)과 화학(畫學)이 신설됨으로써 『경국대전』 상의 10학 체계가 완성되었다. 한국학중앙연구원, 『한국민족문화대백과』 참조.

관을 두었으며, 교육생들은 해당 잡과 및 기술관 취재取才[153]를 통해 관직으로 진출하였다. 과거제도에서 잡과는 문과나 무과에 비해 그 무게감이 상당히 낮았다. 문과와 무과는 3년마다 열리는 식년시와 수시로 열리는 증광시, 별시, 알성시, 정시, 춘당대시 등에 열렸다. 반면 잡과는 식년시와 증광시에만 열렸다. 그리고 잡과에는 초시와 복시만 있고 전시는 없었다[154].

조선의 교육은 한마디로 통치를 위한 하향식 교육이었다. 통치를 위해서는 관료 선발이 중요하였기 때문에 결국 기술교육도 과거제도 중심으로 이루어지고 있었다. 시험을 위한 교육에 무게 중심이 가 있어 기술 자체의 발전을 위한 교육 체계라 보기 어렵다. 유학처럼 성균관, 사학, 향교와 같은 일반적인 교육기관이 없고 소관 부서에서 교육이 이루어졌으며, 이마저도 과거시험을 위한 교육이었다. 그 어느 때보다 과학기술이 융성하였던 세종시대조차 악학, 의학, 음양풍수 등과 같은 기술학은 교원 및 행정 인력의 부족으로 평소에는 교육 않고 있다가 시험 때가 되면 강의되었다[155]. 학생들은 소관 부서에서 교육을 받고 잡과초시와

153. 조선시대 하급 관리를 채용하기 위해 실시한 과거이다. 취재에는 수령, 외교관, 역승(驛丞 : 말길, 역을 관장하는 관리), 도승(渡丞 : 한강변에 설치한 한성과 지방을 연결하는 진(津) · 도의 관리책임자), 서제(書題 : 소속 부서의 공문 발송 · 접수 등 행정 실무 담당), 음자제(蔭子弟), 녹사(錄事 : 중앙 관서의 상급 서리직 관직), 도류(道流 : 도교 업무를 관장하는 소격서에 소속된 관직), 서리(書吏)를 선발하는 이조취재(吏曹取才)와 의학, 한학, 몽학, 왜학, 여진학, 천문학, 지리학, 명과학(命課學 : 운명 · 길흉 · 화복 등을 연구하는 학문), 율학, 산학을 전공한 기술관 및 화원(畵員), 악생(樂生), 악공(樂工)을 선발하는 예조취재(禮曹取才)가 있었다. 한국학중앙연구원, 『한국민족문화대백과』 참조.

154. 이동기, 『조선후기 중인교육』, 영남대학교출판부, 2014, pp.62 ~ 63.

155. 구만옥, 『세종시대의 과학기술』, 들녘, 2016, p.98.

복시를 거쳐 기술관으로 등용되었기 때문에 결국 과거를 거쳐 기술관료가 되어야 기술 장려를 위해 제대로 된 역할을 할 수 있는 시스템이었다[156].

그러니까 기술교육은 일반교육 체계에 편입되어 이루어진 것이 아니라 소위 사내 훈련on the job training 형태로 부서에서 자체적으로 필요한 교육을 해당 인력에 실시하였다[157]. 그것도 과거시험에 초점이 맞추어 이루어졌기 때문에 유연성과 실용성에 한계를 지녔다. 당시 사대교린事大交隣의 외교 정책으로 중국, 일본, 몽고, 여진 등과의 외교가 중요하였기 때문에 외국어 번역과 통역을 담당하는 사역원의 역할이 컸다. 서류와 일정 시험을 거쳐 사역생도를 선발하여 잡과와 취재 선발에 맞추어 어학교육을 실시하였다. 시험 과목은 외국어에 따라 달랐지만, 어학교재의 일부분을 사자寫字(글자를 베껴 씀)하고 경국대전을 번역하는 형태를 취하였다[158]. 외교 실무에 필요로 하는 기능과는 다소 거리가 있는 선발 방식이었다. 의학교육에도 상당히 힘써 전의감, 혜민서, 내의원 등에서 의학생도들의 교육을 담당하였다. 그러나 의학이 매우 전문적인 영역임에도 그에 상응한 교육 체계가 미비하여 인력 부족으로 상당한 어려움을 겪었으며, 지방의 의료는 매우 열악하였다[159]. 세종 때

156. 오천석, 『한국신교육사』, 교육과학사, 2014. pp.41~42.

157. 박성래, 「조선 유교사회의 중인기술교육」, 『大東文化研究 17』, 1983, p.278.

158. 한학(중국어)의 경우는 중국 사신과의 교류에 유학 경전의 지식이 중요하여 사서(논어, 맹자, 대학, 중용)도 시험 보게 하였다. 박정순, 「조선 후기 기술관교육 연구」, 한국정신문화연구원 부속대학원 석사학위논문, 1983, p.33.

159. 박정순, 「조선 후기 기술관교육 연구」, 한국정신문화연구원 부속대학원 석사학위논문, 1983, pp.36~40.

실시된 서용권장법敍用勸奬法의 내용은 당시 의료 상황을 잘 말해주고 있다[160].

"3년 3월 18일 吏曹 啓하되 醫를 업으로 삼은 자는 다만 方書를 읽어 級進하기만 힘써 병의 치료에는 마음을 쓰지 않으니 이제 후로는 療病多少를 살펴 서용케 한다(병의 치료 실적으로 서용 기준을 삼음)."

나머지 산학, 도학, 음양풍수학, 화학, 율학, 악학 등도 사정은 비슷하거나 더 열악하였다. 하향식 교육으로 인해 교육 내용이 경직적이고 실제 생활에 유용한 실습교육은 매우 불충분할 수밖에 없었다[161]. 국가에서는 기술학을 장려하기 위해서 우수한 인재들인 문과 출신들이 참여해주기를 원하였으나, 유학 우월주의에 빠진 양반들의 기술 천시와 소극적인 참여로 이마저도 쉽지 않았다. 기술관들조차도 기술 습득에 충실하지 못하고 시험에만 형식적으로 응하는 수준에 그쳤다[162].

교육이라는 것이 그 순수 목적에도 불구하고 그 이후의 선발이라는 현실적인 절차에 영향을 받을 수밖에 없는 것은 예나 지금이나 차이가 없다. 오랜 세월이 지난 지금도 여전히 입시에 초점을 맞추어 교육이 이

160. 박정순, 「조선 후기 기술관교육 연구」, 한국정신문화연구원 부속대학원 석사학위논문, 1983, pp.37~38.

161. 박정순, 「조선 후기 기술관교육 연구」, 한국정신문화연구원 부속대학원 석사학위논문, 1983, pp.27~58.

162. 구만옥, 『세종시대의 과학기술』, 들녘, 2016, pp.96~101.

루어지고 있는 것이 현실이다. 직업교육이 여전히 소외되어 있고, 전문대학의 위상 또한 일반 대학에 비해 많이 뒤떨어져 있는 현실이 조선 500년의 관성에서 비롯되었음을 알 수 있다.

조선의 기술교육도 양반 문치 카르텔이라는 거대한 지배 질서 하에서 정상적으로 행해지지 못하였던 것이다. 중인의 외형적인 성장에도 불구하고 그 내용인 기술의 발전은 그에 미치지 못하였다. 강력한 양반 문치의 지배하에서 조선 중기로 가면서 중인 그룹들은 자신들의 전문성을 바탕으로 나름의 세력을 형성해갔다. 후기로 가면서 양반 문치 카르텔의 지배가 고착화될수록 중인 그룹들의 불만이 쌓여 통청운동을 벌이는 등 독자 세력을 형성하였다. 동시에 조정의 품계 남발 등에 편승하여 품계 상승 등 중인들의 신분 상승이 상당한 정도로 이루어졌다[163]. 그러나 그에 상응하여 기술교육이 수요에 맞게 좀 더 내실화되거나 체계화되는 것과 같은 변화의 움직임은 별로 없었다. 어디까지나 벼슬을 통한 신분 상승에 관심이 집중되어 있었고, 농공상 기술의 발전은 부차적이었다.

중인 가문의 세습성이 이와 관련되어 있다. 신분 상승에 상응하여 기술교육이 변화되었더라면 유학처럼 보다 개방적이고 체계적인 교육체계를 갖추었을 것이다. 그러나 불행하게도 그렇지 못하고 세습적인 모습을 보였으며, 양반 가문의 폐쇄적 구조가 중인 가문에도 그대로 답습되었다. 말하자면 중인 기술 카르텔이 형성되었던 것이다[164]. 중인끼

---

163. 이동기, 『조선후기 중인교육』, 영남대학교출판부, 2014, pp.193～201.

164. 박성래, 「조선 유교사회의 중인기술교육」, 『大東文化研究 17』, 1983, pp.276～277., 김두헌,

리 서로 혼인을 하였으며, 과거 때가 되면 유력 중인 가문들은 우수한 기술인들을 집에 입주시켜 자제들을 교육시키기도 하였다. 그렇게 함으로써 세습이 이루어질 수 있었다. 역관, 외관, 산관, 율관 등 상급 기술직에서 아버지와 아들 2대에 걸쳐 잡과에 급제한 사람의 비중이 30～40%가 될 정도였다[165].

대표적인 경우가 역관인 오경석 가문이다. 오경석 가문은 대대로 역관을 배출하여 6대 할아버지 이래 직계 8세대에 걸쳐 남자 22명 중에 17명이 역관이었다. 오경석은 역관 집안의 딸과 혼인하였으며, 아들 오세창도 역관이 되었으며 그의 딸도 역관 집안에 출가하였다. 장현도 역관직을 세습한 대표적인 경우인데, 직계 7세대에 걸쳐 남자 17명 중 11명이 역관이었다. 또한 장현은 장희빈의 숙부였기 때문에 중인임에도 상당한 출세가 가능하였던 터라 여러 잡음이 뒤따랐다. 최유태는 의관 가문의 대표로서 직계 9세대에 걸쳐 남자 16명 중에 12명이 의관이 되었다. 최유태의 경우 의술이 가진 전문성으로 인해 종1품인 숭정대부崇政大夫라는 높은 품계를 받았다. 그러다 보니 의관으로서의 직분을 넘어서는 행위를 하여 관료들로부터 상당한 견제를 받기도 하였다[166].

기술직의 세습은 어릴 때부터 보고 자란 것이 할아버지나 아버지의 기술이기 때문에 자연스런 현상으로 볼 수 있다. 기술교육기관이 제대로 갖추어져 있지 못한 상황에서 세습은 기술을 전수할 수 있는 유효한

「조선시대 기술직 중인 신분 연구」, 경인문화사, 2013, pp.25～40.

165. 이동기, 「조선후기 중인교육」, 영남대학교출판부, 2014, p.202.

166. 이동기, 「조선후기 중인교육」, 영남대학교출판부, 2014, pp.202～208.

방법인 동시에 그들만의 생존 방식이었을 것이다. 세습을 통해 각 분야에서 수많은 전문 중인들이 탄생하여 활약하였으며, 정조 이후 사회 변혁의 밑거름이 되었던 것도 사실이다[167]. 그러나 최고의 권력층인 양반 카르텔과 얽히면서 마찬가지로 권력화·사유화 행태를 보임으로써 보다 공정하고 개방적인 형태로 진화하지 못하였다. 가업 중심으로 기술과 숙련이 이전되었고 제도권 교육 체계로 흡수되지 못하는 한계를 보였다. 잡학에 포함되지 않는 농공상 기술교육은 더 열악하여 소관부서에서의 교육은커녕 지방 향교에서 농업과 잠업에 관한 교육이 약간 있을 정도였다.[168] 당시 농공상 기술의 실상을 충분히 짐작하고도 남는다. 그만큼 기술, 기능이 교본이나 교과서 등의 형태로 체계화될 수 있는 기반을 갖추지 못하였다는 반증이기도 하다.

다만 조선 후기로 갈수록 과학기술의 중요성을 인식하였다. 순조 3년1803년에는 중인 출신의 규장각 서리인 장혼張混이 『아희원람兒戲原覽』이라는 아동들을 위한 백과사전식 책자를 펴낼 정도였다. 『동몽선습童蒙先習』과 같은 기존의 유학 중심 책자가 천지인天地人 중심의 편재로 기술되었다면 이 책은 형기形氣(우주론), 창시創始(모든 것의 기원), 방도邦都(역사지리), 국속國俗(민속), 탄육誕育(탄생설화), 자성資性(인물과 동물), 재민才敏(천재들의 행적), 수부壽富(장수와 부귀를 누린 인물), 변이變異(중국과 한국의 신화적 인물), 전운傳運(중국 제왕 이야기), 부동국기附東國紀(한국 제

167. 허경진, 『조선의 중인들』, (주)알에이치코리아, 2015, pp.4~7.

168. 오천석, 『한국신교육사』, 교육과학사, 2014, pp.41~42.

왕 이야기) 등 문화사 형태로 모든 분야를 망라하여 사실을 기술하고 있어 당시로서는 상당히 획기적이었다[169]. 『동몽선습』이 인문 중심의 윤리 교과서였다면 『아희원람』은 인문, 사회, 자연과학, 역사, 지리, 풍속을 포함하는 상식 교과서와 같다고 할 수 있다.

우여곡절이 있겠지만 중인이라는 신분의 한계가 결국 기술교육의 소홀로 이어졌다고 정리할 수 있다. 한품서용법에 의해 기술관은 관료로서 승진할 수 있는 품계가 정3품 당하관으로 제한되어 있었다[170]. 물론 실제로는 역관, 의관과 같은 상급 기술직은 정2품, 종2품의 당상관 품계를 받아 소위 청현직清顯職으로 진출하기도 하였다. 특히 후기로 갈수록 품계가 남발되면서 그러한 현상이 잦아져 양반 관료들 사이에서 계속 논란이 되었다. 대개 중인의 신분 상승에 대해 왕은 관대한 입장을 취한 경우가 많았다. 왜냐하면 역관이나 의관은 왕 가까이에서 외교에서 큰 업적을 세우거나 큰 병을 고치거나 하여 공을 세우는 경우가 빈번하였기 때문이다. 왕은 이들에게 높은 품계를 부여하여 그 업적을 보상하고자 하였다. 반면 관료들은 문무직과 기술직은 엄연히 구분되어야 한다는 입장을 고수하여 왕과 충돌을 일으켰다. 성종은 의술을 장려할 목적으로 의술에 정통한 자에 현직顯職을 부여하였다. 그러나 관료들은 "현직은 6조와 의정부를 이르는 것으로 의관과 같은 기술관이 섞여 있을 곳이 아니다"라고 주장하면서 공로가 있으면 포상으로 보상해야지

169. 박정순, 「조선 후기 기술관교육 연구」, 한국정신문화연구원 부속대학원 석사학위논문, 1983, pp.17～24.

170. 이동기, 『조선후기 중인교육』, 영남대학교출판부, 2014, p.74.

관직을 부여해서는 안 된다는 입장을 취하였다[171].

그러나 위의 예는 극히 드문 일이고 실제로는 관직의 한계와 더불어 경제적 보상도 충분치 못해 충원에 상당한 어려움을 겪었다. 특히 하위 기술직은 상당한 생활고에 시달렸다. 성종 9년 역학 생도들에 대한 처우 실태에 관한 기록은 당시 기술직의 상황이 어떠하였는지 충분히 짐작할 수 있게 한다.

> "한, 몽, 왜, 여진 학생도들을 세종조에는 4학의 예에 따라 음식을 주었으나 이제는 주지 않으니 가난한 생도들이 종일 배가 고파서 학업을 이루기 어렵다. 4학생도에게는 매학마다 100명에 음식을 베푸나, 늘 그 수에 차지 아니하니 청컨대 남는 수의 곡식을 주어 장려케 한다."[172]

양반 문치 카르텔에 쏠린 에너지가 기술직에 종사하는 중인들을 소외시키고, 이것이 다시 양반 문치 카르텔에 에너지를 더 쏠리게 만들어 기술교육을 소홀하게 하는 악순환이 반복되었다. 시간이 흐를수록 양반 계층의 지배력이 확대되어 그 계층에의 포함 여부가 백성들 삶의 질을 결정짓는 중요한 관건이 되었다. 더불어 이를 둘러싼 지대추구행위

---

171. 『성종실록』, 권287, 25년 2월 을유, 이남희, "조선전기 기술관의 신분적 성격에 대하여", 『고려-조선전기 중인연구』, 연세대학교 국학연구원, 도서출판 신서원, 2001, pp.262~263에서 재인용.

172. 성종실록 권98 성종 9년 11월 무인조, 박정순, 「조선 후기 기술관교육 연구」, 한국정신문화연구원 부속대학원 석사학위논문, 1983, pp.49~50에서 재인용.

가 갈수록 심화되는 형국이었다. 비록 중인이라는 독자 그룹을 만들었지만 많은 사람들이 납속, 군공, 족보 위조, 유생 사칭 등의 불공정한 행위로 양반 계층으로 신분 상승하고자 하였다[173]. 이러한 분위기에서 정상적인 기술교육을 통한 기술 발전은 불가능하였다. 일보다는 인적 그룹 형성 중심으로 사회가 조직화되다 보니 기술 발전은 뒷전이 되어 버렸다.

이 악순환의 역사는 오랫동안 계속되었다. 조선 말기에 와서야 실학파 양반 그룹과 기술직 중인들이 실용적 패러다임으로 새로운 사회 변혁을 꿈꾸었으나 제국주의 열강들에 휘둘려 나라를 빼앗겨 버림으로써 좌절되었다. 실학파와 중인들에게 양반 문치 카르텔의 벽은 너무나 높았다. 세월이 흘러 오늘날에도 그 카르텔 인자는 대중들의 의식 속에서 부동산과 학벌로 되살아나고 있다. 실학파와 중인의 꿈은 아직 미완으로 남아 있다.

173. 김두헌, 『조선시대 기술직 중인 신분 연구』, 경인문화사, 2013, pp.3～4.

네 번째

내생성이란?

지금까지 '내생성'이 무엇인지에 대해 제대로 얘기하지 않았다. 외생성이 '외부로부터 생하는 것'이라면 내생성은 '내부로부터 생하는 것'이라 할 수 있다. 구체적으로 "내생성이란 이것이다"라고 얘기하기 어렵고, 여러 지혜들로부터의 파편들을 통해 내생성의 그림을 그릴 수 있을 것 같다. 동양 고전의 정수인 중용은 천지자연을 지극한 정성의 과정으로 파악하여 내생성의 핵심에 이르고 있다. 화이트헤드의 과정철학은 자기 현존재의 과거, 현재, 미래, 그리고 현존재를 초월하는 것을 종합하여 스스로를 창조해가는 과정적 행위가 실재라 하였다.

복잡계 과학은 한 개체가 자신을 포함하는 전체와의 상호 작용을 통해 새로운 질서를 만들어가는 창발성으로 파악하고 있다. 내생적 발전은 생태계 내에서 단순히 이익극대화가 아닌 경제주체들의 자기 동일성 유지라는 생존 과정으로 이해하였다. 각자 언어가 다를 뿐 공통적으로 과정, 자기 조직화, 주체성을 얘기하고 있다. 흔히 '합리성'으로 이해되는 '근대성'도 스스로 만들어낸 합리성에 근거할진대, 그 내생성을 간과하는 경우가 많다.

01

중용의 지성

중용中庸은 동양 고전의 정수로서 진리에 접근할 수 있는 방법을 애기한 지혜서이다. 중용은 논어-대학-중용-맹자의 사서 중에서 연대적으로 보면 세 번째로 공자의 손자인 자사子思, BC 492~431가 쓴 것으로 알려져 있으며, 원래 대학과 더불어 예기禮記에 속해 있었으나 분리될 정도로 점점 그 중요도가 높아져 왔다. 예기로부터의 분리는 전한前漢의 교인橋仁, 당의 이고李翺, 송의 호원胡瑗, 여상余象, 범조우范祖禹, 계숭契嵩, 사마광司馬光 등을 거쳐 주희에 와서 정착되었다[1]. 논어와 맹자는 유학이 전하려는 메시지가 "이것이다"라고 규정하지 않고 상황, 상황에 맞는 지혜의 말씀 위주로 기술되어 있다. 반면 중용과 대학은 각각 유학의 철학적 · 정치적 메시지를 규정하려고 하였다[2]. 중용은 대대로 내려오는 선왕지도를 추상화함으로써 인간 도덕성의 체계를 세우려는 노력의 산물로서 유학의 핵심 사상이라 할 수 있다.

중용이라는 말의 의미는 다소 포괄적으로 중中은 '핵심', '공간의

1. 이기동, 『대학 중용 강설』, 성균관대학교 출판부, 2010, pp.16~17.
2. 이기동, 『대학 중용 강설』, 성균관대학교 출판부, 2010, pp.16~18.

중간', '알맞다' 등의 의미를 포괄하고, 용庸은 '바뀌지 않는 일상의 진리'를 뜻한다[3]. 문자 그대로는 '평범한 진리, 중'이라는 의미이다. 그러나 중용 문구의 맥락을 보면 자사의 의도에 좀 더 가까이 갈 수 있다. 중용에서 중용이라는 말이 처음 나오는 것은 "仲尼曰 君子는 中庸하고 小人은 反中庸하니라. 君子之中庸也는 君子而時中이고 小人之中庸也는 小人而無忌憚也니라(공자께서 말씀하셨다. 군자는 중용을 하고 소인은 중용을 거꾸로 한다. 군자가 중용을 하는 것은 군자다우면서 때에 알맞게 하고 소인의 중용은 소인스러우면서 꺼리는 것이 없다)"[4]에서이다. 여기서 중용은 바로 시중時中이라는 의미로 쓰이고 있다. 시중은 "때에 따라 그 상황에 알맞다"라는 뜻으로 어떤 고정된 행위가 아니라 그 상황에 합당한 유연한 행위를 말한다.

또한 시중 바로 이전의 문구에 "喜怒哀樂之未發을 謂之中이오 發而皆中節을 謂之和니 中也者는 天下之大本也이오 和也者는 天下之達道也니라 致中和면 天地位焉하며 萬物育焉하니라(희노애락이 아직 나타나지 아니한 상태를 중이라 하고, 나타나서 모두 절도에 알맞게 된 상태를 화라 한다. 중이란 천하의 큰 뿌리이고 화는 천하에 통하는 도리이다. 중화를 이루면 하늘과 땅이 제자리에 위치하고 만물이 길러진다)"라 하여 중화中和를 얘기하고 있다. 이때 중은 여러 가능태를 지닌 핵심 씨앗이라는 의미로서 그것이 발현되어 상황에 맞게 된 상태를 화라 하였다.

중화와 시중이라는 단어로 중의 의미를 드러내고 있다. 중화는 인

---

3. 이기동, 대학 중용 강설, 성균관대학교 출판부, 2010, p.121.
4. 이기동, 대학 중용 강설, 성균관대학교 출판부, 2010, p.120.

간 심성론과 천하의 도를 연결하여 근본 원리를 설명한 것이고, 시중은 일상생활에서 군자와 소인의 행위를 비교하여 설명하였다. 크게는 부분과 전체 간 조화라고 하는 세상의 근본 원리이며, 작게는 자신을 상황에 맞게 변화시키되 결코 부화뇌동하지 않는 균형적인 감각이라 할 수 있다. 요즘의 학문 체계에서 얘기하면 중용은 부분과 전체를 아우르는 '동태적 균형dynamic equilibrium' 이라는 의미에 가깝다고 하겠다.

중용은 천지자연이 바로 중화와 시중의 전형으로 보고 그 배후에 지성至誠이 있음을 파악하였다. 오직 천하의 지극한 성이라야 자기의 타고난 성을 온전히 발현할 수 있다唯天下至誠 爲能盡其性. 자기의 타고난 성을 온전히 발현할 수 있어야 타인의 성을 온전히 발현할 수 있다能盡其性 則能盡人之性. 이런 식으로 천지자연의 구성원들이 모두 각자의 성을 다하기 때문에 모두 어우러져 조화롭게 움직이고 있다고 보고 가장 기본이 되는 것이 바로 지성이라 하였다.[5] 소단위에서의 지극한 성실함이야말로 세상을 움직이고 궁극적으로 변화시키는 원동력이라 하였다.

그러면서 작은 곳에 지극 정성을 다한다는 의미의 치곡致曲을 강조하면서 그 놀라운 힘에 대해 얘기하고 있다.

> "그다음은 치곡이다. 그것은 소소한 사물에 이르기까지 모두 지극하게 정성을 다한다는 것이다. 그리하면 소소한 사물마다 모두 성이 있게 된다. 성이 있게 되면 그 사물의 내면의 바른 이

5. 김용옥, 『중용한글역주』, 통나무, 2011, pp.539~541.

치가 구체적으로 형상화된다. 형상화되면 그것은 외부적으로 드러나게 된다. 드러나게 되면 밝아진다. 밝아지면 움직인다. 움직이면 변變한다. 변하면 화化한다. 오직 천하의 지성이래야 능히 화할 수 있다其次致曲. 曲能有誠, 誠則形, 形則著, 著則明, 明則動, 動則變, 變則化. 唯天下至誠爲能化."[6]

치곡에는 소소하지만 그 대상에 대해 정성을 다하면 그 대상이 스스로 움직여 새로운 세계를 열어간다는 의미가 들어 있다. 지성이 세상을 어떻게 변화시키는가에 대한 메커니즘이다. 여기서 형상화 단계는 지성을 통해 내면적으로 경험한 것이 외부로 드러나는 과정인데, 바로 원리나 이론 등으로 추상화되는 과정과 연결된다. 『장자莊子』의 천지天地편에 "태초의 무無로부터 일一이 생겨나고, 이 일로부터 물物이 생겨나고, 물이 이루어지면서 리理가 생성되는데, 그것을 형形이라 한다……留動而生物, 物成生理, 謂之形"라는 얘기가 있다[7]. 이와 연관시켜 보면, 형상화 단계는 외부와의 교섭을 통해 세상과 소통하는 매우 중요한 단계라 할 수 있다. 다음에 살펴볼 화이트헤드의 과정철학과도 상당히 유사하다. 화이트헤드는 '실제로 존재하는 것은 과정이고, 과정은 곧 자기창출과정'이라 하고, 그 과정은 자신의 경험을 주체적으로 객체화시킴으로서 타 존재들에 객체적 조건으로 작용하면서 새로운 존재를 생성해가는 과정이라 하였다. 바로 중용에서 얘기하는 형상화가 화이트헤드의 객체화

6. 김용옥, 『중용한글역주』, 통나무, 2011, p.544.
7. 김용옥, 『중용한글역주』, 통나무, 2011, p.546.

과정과 맥이 닿아 있다고 하겠다.

결국 성誠이라는 것은 스스로 이루어가는 것이고, 그것이 중요한 출발이 되어 점차 세상을 변화시켜 나간다는 원리이다. 주희는 「중용장구中庸章句」에서 "성은 비록 자기를 이루는 것이지만 일단 자기를 스스로 이루어 가게 되면 자연히 타물에게도 미치지 않을 수 없으니, 그렇게 되면 도가 타물에게도 널리 행하여지지 않을 수 없는 것이다誠雖所以成己, 然旣有以自成, 則自然及物, 而道亦行於彼矣"라고 하였다. 다분히 직관적인 표현이지만, 스스로의 성이 타물에게로 가기까지의 과정에는 화이트헤드가 얘기한 객체화 단계가 중요한 역할을 하고 있다고 하겠다.

중용은 여기에 그치지 않고 좀 더 구체적인 방법론으로 들어가 지성을 논하고 있다. 소위 성명론誠明論이라고 하는 것으로 "스스로 성실하여 밝아지는 것을 성性이라 하고, 스스로 밝아져 성실해지는 것을 교敎라 한다. 성실하면 곧 밝아지고, 밝아지면 곧 성실해진다自誠明 謂之性, 自明誠 謂之敎. 誠則明矣 明則誠矣." 천지자연의 성실함을 본받아 스스로 주어진 본성을 깨닫는 것을 성性이라고, 반면 인간 세상에서 배움을 통해 밝아져 대자연의 성실함을 구현하는 것을 교敎라 하였다[8]. 하늘의 도道와 인간의 도道 간에 상호 작용을 통해 서로 수렴하는 과정, 다시 말해 천인합일天人合一의 방법론을 얘기하고 있다. 요즘의 현실에 맞게 적용하면 성에서 명, 즉 일에 성을 다해 임하여 원리는 깨우치는 일과 명에서 성, 즉 이론을 배워 실제를 이해하는 일의 쌍방향을 통하여 일의 온전한 실체에

8. 김용옥, 『중용한글역주』, 통나무, 2011, pp.533~537.

도달할 수 있음을 얘기하고 있다. 진리에 도달하기 위해서는 끊임없는 쌍방향 소통의 과정이 핵심임을 지적하고 있다.

현대적 학문 방법론의 입장에서 해석하면 바로 실제로부터 이론을 깨우치는 귀납적 방법과 이론으로부터 실제를 이해하는 연역적 방법 간의 소통과 균형을 말하고 있다. 성명론에 입장에서 보면 우리의 경우 명을 통해 성에 도달하는 연역적 방법에 훨씬 경도되어 있다. 서양 문명의 힘은 실제와 이론 간의 맥락적 구조, 즉 실제로부터 이론을 추출하고, 이 이론이 가진 확장성으로 다시 실제에 영향을 미치고 이론을 견인하는 상보적 체계를 구현하였다는 데 있다. 반면 우리의 경우 실제의 뒷받침이 없는 이론의 세계에 집착을 한 나머지 실제로부터의 피드백이 부재하기 때문에 사변적이고 형이상학적이었으며, 이론과 실제 간 서로 밀고 당기는 쌍방향의 역동성을 확보할 수 없었다. 이는 조선 말 서양 문물의 수용에서도 그대로 나타나 문물을 도입하여 이를 작동하고 향유하는 데 집중이 되었고 문물의 배후 원리는 도외시되었다.

중용의 지성은 "스스로 성을 다하면 타자를 감화시켜 세상을 변화시킨다"로 요약할 수 있다. 다시 말해 지성을 하면 스스로 세상을 변화시키는 힘이 내부로부터 발생한다. 일상의 소소한 데서 성을 다하여 스스로 원리를 깨우치고誠→明, 더불어 선인들의 지혜를 배워 천지자연의 섭리를 깨우치는明→誠 쌍방의 과정에 힘쓰면 천입합일의 도에 이르게形 된다. 이 도는 스스로 드러나著→明 타자를 움직이게動 하고, 타자를 움직이면 세상은 변하게變 되고 종국에 가서는 세상의 새로운 질서를 생성하게化 된다는 원리이다.

그림 4-1 **至誠의 원리**

至誠[致曲] → 形 → 著 → 明 → 動 → 變 → 化

誠明의 상호 작용

誠 → 明 : 性

誠 ← 明 : 教

天道 + 人道 = 天人合一

이러한 지성의 원리가 이미 내생성의 원리를 상당 부문 설명하고 있다. 내생성을 '내부에서 생하여 외부를 변화시키는 경향' 이라고 단순히 정의한다고 할 때, 중용은 이미 많은 부분을 설명하였다. 중용이 내생성과 관련하여 특별히 공헌한 점을 꼽으라면 무엇보다 지성에 역점을 둔 점이다. 사실 성을 다한다는 것은 매우 주관적이고 모호하다. 어떤 일에 지극 정성을 다한다는 것은 우리가 어릴 적부터 자주 들어온 매우 평범한 말이다. 그러면서도 결코 쉽지 않은 일이다. 바로 이러한 평범한 일이 세상의 놀라운 변화를 일으킨다는 것에 주목한 점이 중용의 위대함이다.

중용은 이에 그치지 않고 평범한 지성이 어떻게 세상을 움직이는지 그 메커니즘을 성명론으로 설명하였다. 치곡으로부터 형상화된다는 것은 다름 아닌 현대 학문의 가설, 명제, 이론과 같은 추상화 단계와 밀접하게 연관되고 있다. 결국 성으로부터 명으로, 명으로부터 성으로 상호 수렴하는 과정은 학문 방법론에 있어서 귀납법과 연역법의 상호 피드백 작용을 얘기하고 있다. 지금으로부터 어언 2,500년 전에 그러한 생각을 하였다는 것은 놀라운 일이라 아니 할 수 없다. 현대의 학문 방법론에도 적용될 만큼 높이 평가할 만하다.

공자의 손자인 자사는 할아버지의 평소 가르침을 더욱 정제된 언어로 표현함으로써 메시지의 확장성을 보여주고 있다. 공자의 위대함은 바로 자신이 하학이상달下學而上達의 본보기를 보여주었다는 데 있다. 스스로 비천한 데서 고귀한 인문의 꽃을 피운 것이다. 제자들과 소소한 일상에서 인의의 도덕성을 깨우친 것은 다름 아닌 낮은 데서 높은 경지로의 승화를 보여준 것이다. 자사는 할아버지의 이러한 모습을 지성이라는 과정으로 파악하였다. 그런 점에서 중용은 바로 공자의 일생이라 표현해도 무방하겠다. 공자의 '하학이상달'은 자사의 '지성'으로 이어지고, 지성은 오늘날 '내생성'으로 이어지고 있다.

지성은 '몰입flow'이라는 용어와 상통하는 것으로 보인다. 몰입은 시간의 밀도에 관련되어 일의 질을 좌우한다. 결국 시간의 문제로서 차근차근 천천히 가야 몰입을 경험할 수 있다.

나는 가끔 몰입의 경지를 느끼는데 어떤 생각에 골똘하거나 일에 전념할 때 언뜻언뜻 느낀다. 학창시절 농구를 좋아하였는데, 슛을 쏘아 골이 들어갈 때 일종의 몰입의 경지를 느낄 때가 있었다. 무어라 말로 표현하기 어렵지만 골대를 향해 적절한 힘과 방향을 조절하여 손목을 꺾어 허공에 공을 뿌릴 때 공과 골대와 나의 몸이 일체되는, 뭐 그러한 최적 상태를 순간 경험한다. 세부 요소로 분석될 수 없는 일종의 신묘한 경지가 있다. 목표 도달을 위한 나의 행위의 전 과정이 일체화될 때가 바로 몰입의 경지가 아닌가 한다. 무수한 몰입의 축적이 바로 내생성을 만들어 내지 않을까 생각해본다.

02

화이트헤드의 과정철학

근세 서양 철학의 과제는 신으로부터 독립한 인간이 신을 대신할 그 무엇을 찾는 것이었다. 인간 세상의 무수한 발견과 탐색을 통해 진리를 찾고자 하는 긴 여정이었다. 그 과정에서 중요한 역할을 담당한 것이 인간 이성과 이에 기초한 과학의 발전이었다. 14 ~ 15세기 르네상스 이후 과학의 지속된 진화와 더불어 "무엇이 확실한 것인가?", "존재의 근거가 무엇인가?" 라는 질문이 16 ~ 19세기에도 지속되었다. 소위 근대성의 철학적 기초인 '모든 것을 의심하고 그 존재의 근거를 알아가는 것', 즉 과학정신의 실현이었다. 자연 현상이든 사회 현상이든 실제로부터 일정 원리를 알아가는 과정에서 학문 방법론으로서 수학의 역할은 지대하였다. 그 여정에 코페르니쿠스1473 ~ 1543, 베이컨1561 ~ 1626, 갈릴레오1564 ~ 1642, 데카르트1596 ~ 1650, 로크1632 ~ 1704, 뉴턴1642 ~ 1727, 칸트1724 ~ 1804, 헤겔1770 ~ 1831, 쇼펜하우어1788 ~ 1860, 막스1818 ~ 1883 등이 지대한 공헌을 하였다.

20세기 들어와서도 "무엇이 실제로 존재하는가?" 하는 존재론적 주제는 지속되어 여러 갈래로 진행되었다[9]. 그러나 이전과 다른 것은 인간 이성이라는 보편성에 대해 반기를 든 점이다. 그 배경에는 개별 과학의 발전이 큰 역할을 하였다. 물리학, 생물학, 화학 등에서 기존의 가역성reversibility[10], 환원주의reductionism[11]와 같은 기계론적 법칙들과는 다른 비가역성irreversibility, 비환원주의irreductionism 같은 성질이 새로이 발견되면서 보편적 법칙들이 와해되었다. 따라서 실재하는 것은 오히려 단위 개체들의 개별성에 있다는 주장들이 제기되면서 이와 관련된 철학적 조류들이 일련의 흐름을 형성하였다. 실존주의, 생철학, 역사주의 등이 모두 그러한 부류에 해당한다. 개별 과학의 발달은 철학과의 상호작용을 통해 철학에 끊임없이 새로운 과제를 안겨주고 있다[12]. 지금도 기술의 발전에 의해 실제 인간의 삶이 변화되고 있어 새로운 철학적 주제를 계속 만들어 내고 있다.

철학적 주제의 중심에는 보편적 실재와 개별적 실재 간의 문제가 위치해 있다. 이 문제는 20세기의 문제가 아니라 중세 이후 꾸준히 재기되어온 철학 고유의 문제이다. 과거에는 신이나 그에 상응하는 불변의 진리의 힘이 인간 사회를 지배하였는데, 점점 인간의 문명이 진화되고 복잡하게 됨에 따라 인간이 만든 문명의 질서가 인간에게 더 실제적인 힘으로 다가오기 때문에 보편자보다는 개별자로 관심이 이전되었다.

---

9. 슈퇴릭히 저, 임석진 역, 『세계철학사 하권』, 1978, pp.383~385.

10. 물체나 체계가 어떤 상태에서 다른 상태로 변화한 후 다시 동일한 과정을 역으로 거쳐 원래의 상태로 돌아갈 수 있는 성질을 말한다.

11. 모든 복잡한 현상은 그것을 형성하고 있는 구성분으로 환원시킴으로써 이해할 수 있다는 견해이다.

12. 슈퇴릭히 저, 임석진 역, 『세계철학사 하권』, 분도출판사, 1978, pp.343~350.

"무엇이 실제로 존재하는 것인가?" 내지는 "무엇이 진실인가?" 라는 철학적 주제가 인간 문명의 진화로 말미암아 보편자에서 개별자로 이전된 것이라 할 수 있다. 그동안 학문이 지속적으로 개별 학문으로 분화되어 온 것도 이와 흐름을 같이하고 있다고 하겠다. 20세기에 오면 개별 학문의 발전으로 인해 이전의 보편자와 개별자의 위치가 바통 터치되면서 진화를 거듭하였다. 14세기 르네상스 이후는 신이 보편자, 인간 이성이 개별자의 위치에 있었으나, 20세기에 와서는 인간 이성이 다시 보편자가 되고 직관, 감성, 생명, 유기체 같은 것이 개별자가 되어 대립구도를 형성하였다.

화이트헤드1861~1947는 이러한 철학적 흐름 속에서 실재가 무엇인지를 파헤쳐 '과정철학' 또는 '유기체 철학' 이라는 철학 체계를 만들었다. 화이트헤드는 원래 수학자로서 그의 제자 러셀과 함께 『수학원리 Principia Mathematica, 1910~1913』를 펴낼 정도로 수학에 조예가 깊었다. 그러다 점점 과학철학 쪽으로 관심을 이전시켜 1926년에 『과학과 근대세계』라는 책을 집필하였다. 그는 과학이 어떻게 현실 세계를 변화시키고 또 철학적 주제를 변화시키는지를 깊이 탐구하였다. 그리고 그 속에서 과학이 추구하는 보편적 진리의 한계성을 지적하고 이를 극복하고자 하였다. 근대과학의 주요 방법론인 추상화된 관념이 필요하지만, 그것은 실재의 일부에 불과한데도 우리들은 그것을 구체적인 실재로 오해한다고 하였다. 바로 이러한 오류를 지적한 데서 그의 과정철학이 출발하였다. 그는 『과학과 근대세계』에서 과학자들이 발견한 법칙에 대해서 다음과 같이 지적하였다.

"누구든 이들 법칙을 무시하는 자는 호된 비난을 받기 일쑤였다. 과학자들이 취하였던 이와 같은 입장은, 설사 그들 자신의 언명을 스스로 믿었기 때문에 그랬었다고 해도, 그것은 전적으로 허세에 지나지 않았다. 그 까닭은 어떤 현재의 사태에 내재하는 직접적 지식이 그 사태의 과거나 미래에도 빛을 던질 것이라는 가정은 그들 사이에 통용되고 있던 철학으로는 결코 정당화될 수가 없었기 때문이다."[13]

그러면서 두 가지 노력의 화해를 얘기하였다.

"전 세계에 걸쳐, 그리고 모든 시대를 통해서 '원리로까지 환원시킬 수 없는 완강한 사실' 에 열중하는 실제적인 사람들이 있었는가 하면, 그 반면에 '전 세계에 걸쳐 모든 시대를 통해서 일반원리' 를 만들어 내는 일에 열중하는 철학적 기질의 사람들도 있었다. 세부적인 사실들에 대한 열렬한 흥미와, 추상적 개괄에 대한 한결같은 열렬한 애정과의 결합이야말로 현대 사회의 참신함을 이루게 한다."[14]

전자인 개별자와 후자인 보편자 간의 결합을 얘기하고 있다. 그는 과학이 발견한 지식이 어떠한 과정을 거쳐 구체적인 현실을 변화시켜

13. 화이트헤드 저, 오영환 역, 『과학과 근대세계』, 삼성출판사, 1982, p.223.
14. 화이트헤드 저, 오영환 역, 『과학과 근대세계』, 삼성출판사, 1982, p.34.

나가는지에 대해 깊이 천착하였고, 그 여정에서 과정철학을 탄생시켰다. 과정철학은 화이트헤드가 1927~1928년 에든버러대학에서 행한 강연을 모아 집필한 『과정과 실재Process and Reality, 1929』에서 체계화되었다. 한마디로 "실제로 존재하는 것은 과정이고, 과정은 곧 자기창출 과정이다"라고 집약된다. 실제로 존재하는 것은 고정된 자기가 아니라 구체적인 경험 속에서 끊임없이 새로운 자기를 만들어 나가는 과정이라고 보았다. 다시 말해 타자와의 관계 속에서 자기 동일성을 유지하려는 간단없는 노력으로서 곧 자기 창조적 과정인 것이다[15].

자기 동일성을 드러내기 위해서는 일정한 룰을 필요로 한다. 자기 행위를 지배하는 질서로서 우리가 흔히 얘기하는 추상 관념, 원리, 이론, 명제 등이 해당한다. 화이트헤드는 이를 기술적 일반화descriptive generalization라 하고 자기의 경험에 기반하여 다른 개체에도 적용 가능한 룰을 찾는 행위로서 철학의 주요 방법이라 하였다.[16] 이 기술적 일반화 작업은 현실적 계기에 의해 끊임없이 새롭게 될 수밖에 없기 때문에 이론과 실제 간 끊임없는 상호 작용이 곧 자기창출과정인 것이다. 따라서 '나'라는 존재의 실체는 '내 경험의 과정'인 동시에 '경험 과정 중의 나'이며, 그 과정에 나의 과거, 현재, 미래, 나 이외 타자들이 개입한다. 화이트헤드는 그런 면에서 어떤 존재를 초월하는 존재보다는 존재 내의 원인들이 나의 존재를 구성하는 매우 중요한 요소라고 생각하였다.[17]

---

15. 문창옥, 「화이트헤드의 과정철학과 명제이론」, 연세대학교 대학원 박사학위논문, 1994, pp.1~4.
16. 화이트헤드 저, 오영환 역, 『과정과 실재』, 민음사, 1991, p.61.
17. 문창옥, 「화이트헤드의 과정철학과 명제이론」, 연세대학교 대학원 박사학위논문, 1994, pp.6~10.

존재의 직접적 경험이 매우 중요하다는 얘기이다. 경험을 중시한 점에서 화이트헤드는 베이컨-로크의 영국 경험론의 계보를 잇고 있다고 할 수 있다.

구체적으로 그는 이러한 과정을 '자기인식과정'이라 하고 다음과 같이 얘기하였다.

> "직접 경험의 사태를 표현하려고 할 때마다 발견하게 되는 것은, 그 사태에 대한 이해가 그 사태를 자체를 넘어서, 그것과 동시적인 것에, 그것의 과거에, 그것의 미래에, 그리고 그것의 한정성을 나타내는 여러 보편적인 것에로 우리를 이끌어간다는 사실이다."[18]

상당히 직관적인 표현으로 많은 것을 함축하고 있다. 한 사태에 내재된 것과 초월하는 것을 종합하여 보편화시키는 과정을 표현한 것으로, 핵심은 그 사태에 관한 통합적 이해의 객체화 과정이라 할 수 있다. 이는 두 가지 과정으로 구성되는데, 하나는 선행하는 현실적 존재들을 객체화시키는 것이고, 다른 하나는 객체화 이후 다른 현실적 존재들에 객체화되는 과정이다. 그렇게 됨으로써 그 현실적 존재는 자기 동일성을 가지게 된다. 전자의 과정을 통해 주체적 직접성subjective immediacy은 사라지지만 객체적 불멸성objective immortality을 획득하게 된다[19]. 하나의

---

18. 화이트헤드 저, 오영환 역, 『과정과 실재』, 민음사, 1991, p.68.
19. 화이트헤드 저, 오영환 역, 『과정과 실재』, 민음사, 1991, p.92.

사태에 대해서 그 사태의 과거, 현재, 미래, 나아가 그 사태에 관련된 다른 사태들, 이러한 사태를 초월하는 존재 등을 종합적으로 파악하여 추상화, 이론화로 객체화시키는 순간, 이 객체화는 다가올 사태에 하나의 조건으로 행사하게 된다. 이 행사는 객체화의 선물로서 주어진다. 따라서 모든 실재하는 존재는 자기 창조적인 동시에 타자 창조적 존재이다. 또한 그 자신의 생성의 직접성을 관장하는 주체인 동시에 객체적 불멸성의 기능을 행사하는 자기 초월체인 것이다. 모든 있음being에는 모든 생성becoming이 내재하고 있다[20]. 왜냐하면 자기 초월체는 자기 현실체를 원인으로 하여 경험하는 과정에서 생성하기 때문이다[21]. 자기 현실체와 자기 초월체가 불가분하며, 과정과 결과가 불가분한 자기 조직화 과정이다.

여기에 바로 내생성이 관계된다. 진정성 있는 과정은 자기 창조적이고, 결코 결과와 분리될 수 없는 내생성을 지니게 된다. 핵심은 객체화 과정이라 할 수 있다. 객체화 과정은 주체적이고 보편적인 성질을 띤다. 자기 존재를 지배하고 있는 규칙을 스스로 밝히는 작업이며, 이 규칙은 누구나 수긍할 수 있는 것이어야 한다. 객체화는 화이트헤드가 추상화라고도 얘기한 것으로 흔히 명제화, 이론화의 과정이다. 이 객체화 작업에 서양 과학이 지대한 공헌을 한 것이다. 수학, 통계학에 기초한 실증과학이 어떤 사태의 객체화에 강력한 방법론으로 뒷받침하였다. 이러한 과정을 거쳐 어떤 사태가 객체화되면 이후 그 사태는 시공

20. 화이트헤드 저, 오영환 역, 『과정과 실재』, 민음사, 1991, p.120.

21. 문창옥, 『화이트헤드 과정철학의 이해』, 통나무, 1999, pp.46~47.

을 초월하여 또 다른 사태들의 씨앗이 되어 새로운 생성에 관여하게 된다. 이러한 경로를 계속 밟으며 스스로 진화하게 된다. 이것이 바로 내생성의 중요한 메커니즘이며, 서양의 과학기술을 필두로 서세동점이 이루어진 소이이다. 우리가 흔히 얘기하는 "우리가 만든 제품이나 서비스를 글로벌 스탠더드에 맞추어야 한다"도 내생성 획득 과정의 한 단면인 것이다.

물론 좀 더 정직하게 얘기하면 실로 객체화는 위험한 일이다. 언어로 규정하는 것은 정확한 실체가 아니며, 화이트헤드가 얘기한 대로 실체의 일부분에 지나지 않는다. 그럼에도 어떤 사태에 대해 어떤 명제나 법칙으로 명명해 버리면 그때부터 스스로 새로운 국면을 전개한다. 그 불완전한 명제나 법칙이 사람들에게 각인되면서 또 다른 불완전한 것들을 생성시키면서 경로 의존성을 확대 재생산한다. 이것은 현실로서 가치판단을 떠나 존재와 생성의 기본 원리를 기술한 것으로 인간의 한계이기도 하다.

내생성은 화이트헤드의 언어를 빌리면 주체적 직접성에 의한 객체화 과정에서 점진적으로 획득되어지는 성질이라 할 수 있겠다. 이 책에서 줄기차게 얘기한 이론과 실제 간 상호 작용이 왜 내생성 획득에 중요한 부분을 차지하는지의 근거가 마련되었다. 알다시피 실제로부터 이론을 도출하는 객체화 과정에 우리가 주체적으로, 직접적으로 관여하지 못하였다는 것이 우리 근현대사에서 뚜렷해졌다. 자기 조직화의 과정이 생략되어 있는 것이다. 여기에 우리 역사의 외생성의 본질이 있다. 내생성이란 것은 하나의 방법론적 주제로서 우리의 지난 역사의 교훈과 오늘날의 문제의식의 종합에서 나온 것으로, 특히 후발자인 우리에게 더 절실한 문제이다.

03

복잡계와 자기 조직화

앞서 화이트헤드의 과정철학이 탄생하게 된 배경에는 과학의 진화에 힘입은 바가 컸음을 알 수 있었다. 뉴턴 이래의 기계론적 과학 법칙의 설명력이 약화되고 새로운 발견들이 등장하면서 물리학, 생물학, 화학 등 기초과학은 물론 철학적 주제도 변화하였다. 동시에 보편자에서 개별자에 대한 탐구로 학문의 초점이 더욱 가속적으로 이전하였다. 그 변화의 중심에 과학의 두 가지 패러다임의 변화가 위치하고 있다. 고전과학Classical Science으로부터 현대과학Modern Science으로의 전환이다.

고전과학은 세상을 수학으로 바라본 데카르트가 기초를 놓고 뉴턴이 체계를 마련한 것으로 어떤 사물이나 세계에 결정적인 법칙이 존재한다는 결정론적 혹은 가역적 세계관이 지배하는 세계이다. 결정론적인 원리는 미시적부분 세계의 법칙이 거시적전체 세계에도 동일하게 적용된다는 환원주의reductionism적 입장을 취한다. 물체를 구성하는 최소의 독립된 입자가 존재한다든지 마찰 없는 진자운동이나 지구 주위를 도는 달의 운동처럼 환경에 상관없이 일정한 운동 법칙을 따르는 세계이다. 반면에 현대과학은 비결정론적 혹은 비환원주의의 입장을 취하여 어떤 사물이나 세계에 결정적인 법칙이 존재하지 않는다. 뉴턴 이후 볼츠만1844~1906, 플랑크1858~1947, 아인슈타인1879~1955, 보아1885~1962, 하이젠베르크1901~1976, 봄1917~1992, 프리고진1917~2003 등 여러 과학자들이 현대과학의 패러다임 형성에 크게 기여하였다. 이들은 미시적 세계와 거시적 세계에 적용되는 원리가 다르다는 입장을 취한다. 물체의 확산이나 화학적 반응처럼 시간과 더불어 어떠한 방향질서을 향해 변화하는 세계이다. 변화 이후의 상태가 변화 이전의 상태로 결코 환원될 수 없으며, 변화 이전과 이후에 적용되는 원리도 다르다[22].

20세기 초반까지만 하더라도 환원주의적 세계관이 주류를 형성하였으며, 비환원주의적 세계관은 예외적으로 취급되었다. 그러나 이후 수많은 과학자들의 연구 결과가 축적되면서 미시적 차원에서의 상호 작용을 설명하는 환원 법칙이 거시적 차원에서는 설명되지 않는다는 사실이 점점 확산되어 나갔다. 이러한 발견들은 물리학, 화학뿐만 아니라 우주론cosmology, 자기 조직화 시스템 연구, 경제학 등 여러 분야에서 나타나기 시작하였다. 이는 고전과학에서 결정론적 세계관이 지배하는 물리학, 화학의 단순 시스템과 비결정론적 세계관이 지배하는 생물학, 사회과학의 복잡계 시스템 간의 이분법적 경계를 허물기 시작하였다. 모든 것이 개별적이지 않고 복잡하게 연결되어 생태 시스템을 이루고 있다는 쪽으로 인식의 지평이 점점 확대되어갔다.

이러한 인식에까지 이른 데에는 여러 과학적 발견들이 기여하였다.

---

22. 이덕희, 『네트워크 이코노미』, 동아시아, pp.343~345.

먼저 열역학 제2법칙이라 불리는 '비가역 과정'의 발견이다. 물리적 현상은 어떠한 경향성을 가지는 것으로 일반적으로 무질서를 증가시키는 방향으로 움직인다는 것이다. 가령 더운 물과 찬 물이 섞여 미지근한 물이 되며, 그것은 다시 원래로 분리되지 않는다. 백색 모래와 흑색 모래를 혼합하면 회색 모래가 되고, 이를 흔들수록 더 균질의 회색이 되며 이 둘이 저절로 분리되지 않는 현상들을 말한다. 볼츠만은 이러한 현상들을 확률 개념을 도입하여 통계 법칙으로 기술함으로써 여러 가능성들로부터의 경향성을 설명하였다. 뭔가 세상은 기계처럼 마음대로 조작될 수 없다는 발견들이 하나둘씩 늘어갔다. 사실 이러한 경향에는 생물학에서 다윈1809~1882의 진화론이 끼친 영향도 컸다. 세계가 창조자에 의해 출현한 기계라는 데카르트적 믿음에서 벗어나 복잡하게 진화하는 시스템이라는 믿음을 갖게 하였다[23].

아인슈타인의 상대성 이론 또한 새로운 과학 패러다임의 형성에 크게 공헌하였다. 상대성 이론은 시간과 공간의 개념을 독립적인 절대 세계로 바라보는 것이 아니라 상대적인 세계로 바라보았다. 우리는 일상생활에서 경우에 따라서 시간이 빨리 혹은 느리게 가는 것을 느낄 때가 많다. 어떤 공간에 있느냐에 따라, 또 행위자의 의식에 따라 시간 개념이 다르게 느껴진다. 공간과 시간은 상대적 개념으로 특정 관찰자의 특정 시공간에서의 주관적 느낌에 의존한다. 따라서 시간을 제외하고 공

23. 프리초프 카프라 지음, 이성범 · 구윤서 옮김, 『새로운 과학과 문명의 전환』, 범양사출판부, 1985, pp.68~69.

간을 말할 수 없고, 공간을 제외하고 시간을 얘기할 수 없다[24]. 또한 아인슈타인은 물체는 고정된 입자들의 집합체가 아니라 지속적으로 움직이는 일종의 에너지 덩어리로 보고 $E = mc^2$(E = 에너지, m = 질량, c = 속도)라는 유명한 법칙을 발견하였다.

현대과학의 패러다임 형성의 배경에는 양자론量子論의 등장이 무엇보다 큰 역할을 하였다는 데에 별 이견이 없어 보인다. 양자론은 원자는 전자와 핵으로 구성되어 있으며, 전자가 핵의 주위를 끊임없이 움직이고 있음을 밝혔다. 핵은 다시 양성자와 중성자로 구성되어 있으며 이들도 매우 빠른 속도로 움직이고 있다. 또한 원자는 상황에 따라 입자 또는 파동의 양면성을 지닌다. 이로써 원자는 고정되어 있지 않고 끊임없이 움직이는 실체로 밝혀진 것이다. 하이젠베르크는 이를 불확정성의 원리Uncertainty Principle로 입증하고, 그 실체는 실험 당시의 상황에 의존적이라 하였다. 입자의 특성인 위치와 파동의 특징인 운동량은 하나를 측정할 동안 다른 하나가 변하기 때문에 동시에 측정할 수 없다. 어떠한 실험도 그 실체를 완전하게 파악할 수 없다는 한계를 지적하였다[25].

보아는 상보성이라는 개념으로 이를 설명하였다. "입자설과 파동설은 하나의 실체의 상보적 표현으로서 각자는 부분적으로 옳은 것이고 전체를 정확하게 표현한 것이 아니다"라고 하였다.[26] 불확정성 원리의

---

24. 프리초프 카프라 지음, 이성범 · 구윤서 옮김, 『새로운 과학과 문명의 전환』, 범양사출판부, 1985, p.85.
25. 프리초프 카프라 지음, 이성범 · 구윤서 옮김, 『새로운 과학과 문명의 전환』, 범양사출판부, 1985, pp.74~75.
26. 프리초프 카프라 지음, 이성범 · 구윤서 옮김, 『새로운 과학과 문명의 전환』, 범양사출판부,

또 다른 표현이라 할 수 있다. 하이젠베르크나 보아의 주장은 동양의 도가사상과 유사하다. 노자의 첫 구절인 '도가도 비상도道可道 非常道' 가 얘기하듯이 "도를 도라고 말하면 그것은 항상 그러한 도가 아니다." 실체가 늘 변하는 역동적 관계 속에 있기 때문에 어느 순간을 잘라서 "실체가 이것이다" 라고 말할 수 없다는 것이다. "음의 기운이 다하면 양의 기운이 도래하고 양의 기운이 다하면 음의 기운이 도래한다" 라는 음양론처럼 음과 양이 서로 상보적인 관계를 유지하며 움직이는 원리와도 통한다.

뉴턴 이후 19~20세기에 걸친 다방면에서의 과학적 성과들은 "구름을 그을려 달을 드러낸다" 라는 홍운탁월烘雲托月처럼 서서히 그 실체의 윤곽을 드러내었다. 요약하면 '물체는 통일된 전체의 여러 가지 부분 상호 간의 복잡한 관계 그물 덩어리' 라 할 수 있다[27]. 물체의 성질이라는 것은 그 상황에서 다른 물체들과의 관계 속에서 정의될 수 있다. 그 관계는 결정되어 있는 것이 아니라 일어나려는 경향성으로서 확률적 사건의 의미를 지닌다. 결국 물질을 구성하는 독립된 최소 단위가 존재할 수 없다는 결론에 도달한다. 캘리포니아대학 헨리 스탭Henry Stapp은 "소립자는 독립적으로 존재하는 분해할 수 없는 실체가 아니다. 그것은 본질적으로 다른 것과의 상관관계의 세트이다" 라고 하였다.[28]

1985, pp.75~76.

27. 프리초프 카프라 지음, 이성범 · 구윤서 옮김, 『새로운 과학과 문명의 전환』, 범양사출판부, 1985, pp.76~77.

28. Stapp, Henry P., "S-Matrix Interpretation of Quantum Theory," *Physical Review D*, March 15, 프리초프 카프라 지음, 이성범, 구윤서 옮김, 『새로운 과학과 문명의 전환』, 범양사

이제 새로운 세계관과 법칙이 필요하게 되었다. 모든 것이 고정 불변된 것이 아니라 계속 움직이고 변화하는 과정 속에 존재한다는 사실이다. 어떤 체계를 구성하는 구성원들은 끊임없이 움직이고 서로 상호작용하면서 변화해가는 역동적인 관계 속에 있다. 부분과 전체가 분리될 수 없고 서로 포섭하는 관계로 움직이는 덩어리인 것이다. 과거에는 구경꾼과 배우가 분리되었다. 구경꾼은 시스템 밖에 있고 배우에 적용되는 법칙과는 무관한 존재였다. 그러나 복잡한 세계에서는 우리 모두가 구경꾼인 동시에 배우다. 존재being가 아닌 생성becoming의 세계이며, 바로 자기 조직화의 세계인 것이다. 어쩌면 복잡한 세상에 대해 그 실체 파악이 불가능함을 자인하는 학자들의 고백일는지 모른다.

복잡계 과학은 이러한 현대과학의 흐름 가운데 일련의 사조를 통칭하여 부르는 영역으로 20세기 중반 이후 들어와 두드러진 영역이다. 특히 봄David Bohm, 프리고진Ilya Prigogine 이래로 복잡계 과학이란 이름으로 명명되어 독자적 영역으로서 진화해가고 있다. 복잡계 과학은 지금까지 언급한 현대과학의 흐름을 타면서 그중에서도 미시적 차원에서의 주체입자들의 상호 작용에 의한 거시적 질서의 창발 현상에 스포트라이트를 비추고 있다. 즉, 부분과 전체 간 복잡성에 관한 것이다. 부분을 이루는 주체들 간의 행위가 주체들이 의도하지 않았던 거시적 질서를 창발시키고, 이것이 다시 부분들의 행위에 영향을 주는 시스템이다.

출판부, 1985, p77에서 재인용.

그림 4-2 복잡계 원리

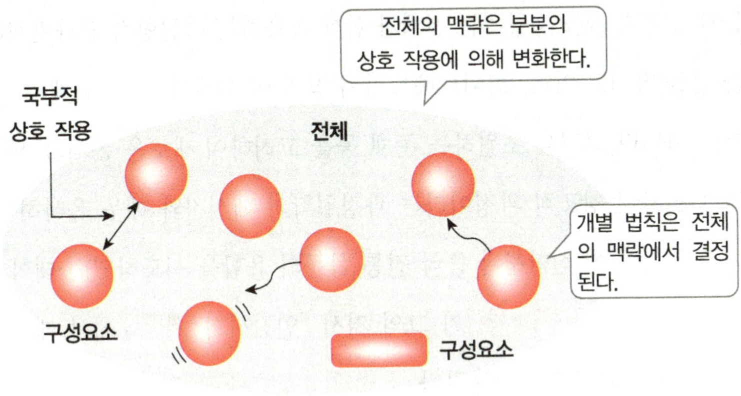

자료 : 井庭崇, 福原義久, 『複雑系 入門』, NTT出版, 1998, p.7.

봄은 그 질서 창발의 메커니즘을 다음과 같이 설명하고 있다.

"하나의 뚜렷한 질서는 감춰진 질서의 매개를 통하여 일어난다. 선행 사건은 다음 사건에 직접적으로 영향을 미치지 않고 먼저 그 뚜렷한 질서의 배후에 감춰진 전체 질서에 주입되고, 그리고 나서 그로부터 다음 사건이 탄생한다. An apparent order occurs through the medium of hidden order. The precedent event does not directly affect the following event but is first injected into the hidden order(whole) which is behind the apparent order(part), and then the following event is projected from it."[29]

---

29. Bohm, D., *Thought As A System*, Taylor & Francis e-Library, 2004.

봄은 주체들 간 상호 작용이 단순히 선형적 인과관계가 아니라 부분들과 그 부분들을 초월하는 전체가 함께 작용하는 비선형적 인과관계라는 점을 밝히고 있다. 화이트헤드가 주장한 현 실재의 과거, 현재, 미래뿐만 아니라 그것을 초월하는 존재 등을 고려하여 새로운 존재를 생성해가는 자기 창조적 과정이라는 과정철학의 메시지와 매우 유사하다. 중국 청 말기에 신학문과 중국 전통 학문의 융합을 시도하였던 대학자인 왕국유王國維, 1877~1927가 그의 저서 『인간사화人間詞話』에서 얘기한 작가의 자세와도 일맥상통한다.

> "작가가 우주와 인생을 진실하게 모사하기 위해서는 반드시 '그 내부에 들어가서入乎其內' 깊은 체험과 자세한 관찰을 해야만 풍부한 창작 소재를 가질 수 있고, 절실하고 생동적인 작품을 쓸 수 있다. 또 '그 외부로 나와야出乎其外' 외물의 구속으로부터 벗어나 객관적으로 냉정하게 그것을 관찰할 수 있으며, 세속의 욕망, 생활, 고통 등으로부터 벗어나 순수 심미, 예술 혜안으로 그것을 관찰해 고아한 정취를 가질 수 있다."[30]

미시적 주체들 간 상호 작용에 의한 새로운 질서의 창발에 관해서 프리고진은 구체적인 예를 들어 설명하고 있다. 물이 끓어 기체로 변하는 상전이phase transition 과정에서 열대류thermal convection 현상을 경험하

30. 왕국유 저, 조성천 역, 『인간사화』, 지식을만드는지식, 2009, p.20.

는데, 이 과정에서 복잡계 현상을 설명하였다[31]. 온도가 올라가지 않은 상태에서 물 입자들은 각기 자기의 운동 방식으로 랜덤하게 움직이나, 온도가 올라가기 시작하면 밀도 차이에 의해 아래 입자는 위로, 위의 입자는 아래로 움직이고, 이때 각 입자는 주위 분자들의 움직임과 전체 시스템의 움직임을 함께 지각하면서 자신의 행위를 변화시켜 나간다. 입자들 간, 입자와 전체 시스템 간에 상관관계가 존재하기 시작한다. 따라서 주위 분자들의 행동에 동조화시키는 자기 조직화 행위를 하게 되며, 이러한 행위들이 모여 열대류라는 덩어리 움직임bulk motion을 나타내기 시작한다.

이때 움직임의 방향은 당시의 온도 및 밀도의 차이에 따라 우연히 정해진다. 일정 온도 차이($\Delta T = T_2 - T_1$)가 발생하기 시작하면 물의 대류 현상이 일어나는 것은 동일한 조건하에서는 얼마든지 재생산될 수 있는 결과이다. 결정론적인 현상이다. 그러나 그 움직임의 방향이 오른쪽-왼쪽 방향으로 번갈아 나타나는지, 아니면 왼쪽-오른쪽 방향으로 번갈아 나타나는지에 대해서는 예측은 물론 통제도 불가하며, 우연에 의존한다. 매우 단순한 물리적 현상도 결정론적 현상과 우연 현상이 공존하고 있으며 복잡성이 관계하고 있다. 결국 우연 현상이 복잡성의 주원인으로 여러 가능한 결과들 중에 하나만 일어나고, 이것이 시스템에 중요한 과거의 기억으로 작용하면서 향후 진화에 중요한 영향을 미치게 된다. 이러한 과정을 거쳐 임계 온도100도에 이르면 물은 기체라는 완전히

---

31. Nicolis, G. and I. Prigogine(1989), *Exploring Complexity: An Introduction*, W. H. Freeman and Company, pp.5 ~ 15.

다른 물질로 변하여 새로운 질서를 생성한다.

그림 4-3 열대류 현상과 복잡성

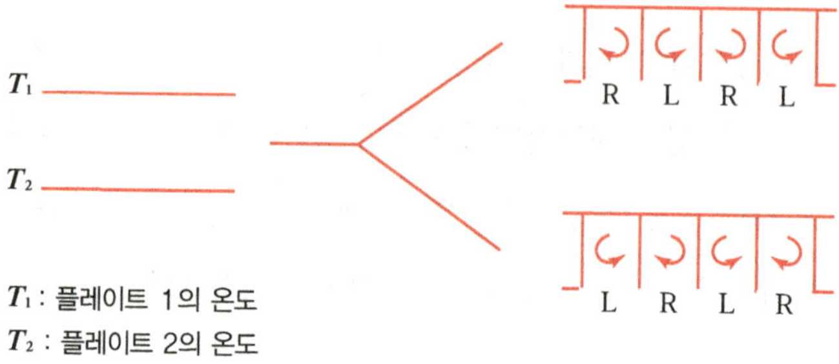

이 외에도 프리고진은 화학 및 생물 현상에 있어서 자기 조직화 현상을 설명하였다. 화학 현상으로는 두 물질의 혼합으로 새로운 물질을 생성하는 과정에서 혼합 비율을 달리함으로써 새로운 생성 물질로부터 원래 물질로 되돌릴 수 없는 비가역성이 나타남을 설명하였다[32]. 이때 단위 물질의 변화 자체가 타 물질의 변화를 유도하여 전체 물질의 변화를 촉진시키는 '자기촉매'가 복잡성의 주원인임을 밝히고 있다. 생물 현상으로는 아메바와 같은 생물이 단세포에서 다세포로 변하는 과정에서의 자기 조직화 현상을 설명하였다[33]. 단세포의 아메바가 세포 분열을 하다가 환경이 열악해지면 서로 세포를 합쳐 한 몸이 되어 줄기와 포

32. Nicolis, G. and I. Prigogine(1989), *Exploring Complexity : An Introduction*, W. H. Freeman and Company, pp.15~26.
33. Nicolis, G. and I. Prigogine(1989), *Exploring Complexity : An Introduction*, W. H. Freeman and Company, pp.31~36.

자를 형성하는 과정이다. 이 과정에서도 물론 자기촉매가 중요한 역할을 하는데, 화학 반응과 다른 점은 촉매 물질의 분비에 의한 자기촉매의 가속화가 자기 조직화의 주원인이라는 점이다. 대개 생명체는 효소가 촉매 역할을 담당하며, 변화를 촉진할 때와 통제할 때가 있는데, 전자는 양의 피드백이, 후자는 음의 피드백 원리가 적용된다.

지금까지 본 자연 현상에서 복잡계 현상은 하나의 질서에서 새로운 질서로 변화하는 과정에서 일어나고 있다. 기존 질서를 구성하는 부분들의 상호 작용뿐만 아니라 부분과 전체의 상호 작용을 통해서 새로운 질서가 탄생한다. 이 자기 조직화 과정에서 상전이나 대칭파괴symmetry breaking의 불균형을 경험하게 되고, 불균형 상태무질서와 새로운 균형 상태질서의 경계에 임계 상태[34]가 존재한다. 이러한 일련의 과정에서 구성원들 간 상호 작용은 핵심적인 역할을 담당하며, 이에 미치는 요인들이 현상에 따라 각기 다르게 나타난다. 물리 현상에서는 구성원들의 위치, 거리, 무게, 압력, 속도, 덩어리 크기 등이, 화학 현상에는 온도, 농도, 확산성, 촉매 등이, 생물 현상에는 온도, 습도, 위치, 거리, 밀도, 속도, 효소 등이 관계한다.[35] 이 요소들이 어떠한 상태에 있느냐에 따라 여러 가능태들의 경향성이 달라진다.

---

34. 새로운 질서를 잉태한 불안정적 불균형 상태로서 혼돈의 가장자리(edge of chaos), 산일구조(dissipate structure)라고도 불린다. 기업이나 기관의 조직을 혼돈의 가장자리 상태로 여하히 유지시키느냐가 관심의 대상이 되고 있다.

35. 이덕희, 『네트워크 이코노미』, 동아시아, 2008, p.271.

그림 4-4 자기 조직화 메커니즘

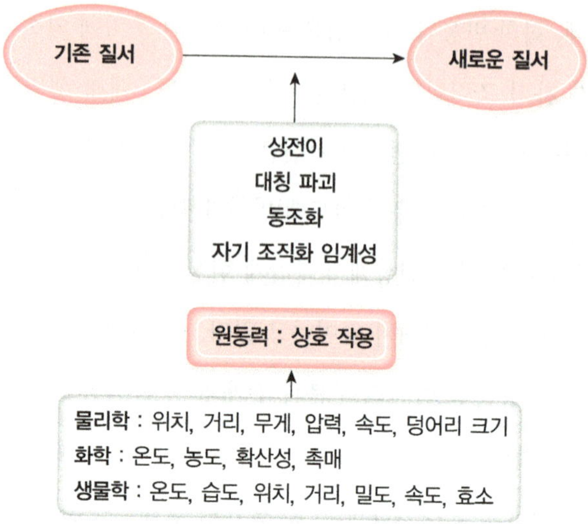

기존 질서로부터 새로운 질서를 생성하는 과정에서 상호 연결, 관계가 복잡성의 주요 동력임을 알게 되었다. 상호 연결이 중요해짐에 따라 우리는 네트워크에 관심을 갖기 시작하였고, 점점 네트워크 과학이 주목을 받기 시작하였다. 에르되스P. Erd s-레니A. R ney의 랜덤 네트워크로부터 왓츠D. Watts-스트로가츠S. Strogatz의 작은 세상small-world 네트워크, 바라바시A. Barab si-알버트R. Albert의 스케일프리scale-free 네트워크, 최근의 중심부-주변부core-periphery 네트워크에 이르기까지 네트워크 이론은 상당한 진화를 이루었다. 이론뿐만 아니라 SNASocial Network Analysis, ABMAgent-based Model, 알고리즘과 같은 분석 방법론들이 여타 학문들에 광범위하게 확산·응용되었다. 복잡계 과학은 카오스chaos, 프랙탈fractal, 자기 조직화 임계성self-organizing criticality, 동조화synchronization, 비선형 동학nonlinear dynamics 등의 이슈로 확장되어 나갔다.

복잡계 과학은 자연과학뿐만 아니라 경제학, 경영학, 사회학 등 사회과학 분야로도 확산되었다. 경제학의 경우 전통적인 신고전파 경제학의 패러다임인 수확체감원리의 시장균형이론이 상당한 도전을 받아 수확체증원리에 기초한 불균형이론이 더 설득력을 지니게 되었다. 정보기술의 발달에 의해 정보재화가 매우 중요한 생산요소가 되면서 전통적인 경제이론 법칙들의 설명력이 약화되었다. 너무 쉽게 정보를 생산하고 거래할 수 있게 되어 소위 부익부 빈익빈, 승자독식, 쏠림 현상 등이 일상화되면서 시장의 불안정성을 더해감을 빈번하게 목격하게 되었다. 비합리적 이성의 인간 행위에 더해 자기효용 극대화, 자기이윤 극대화의 경제 논리에 의한 자기 조직화 행위가 오히려 사회경제의 불균형, 불안정성을 가중시켜 바람직하지 못한 모습으로 진화해가고 있는 것이다.

최근에는 이에 대한 반성과 함께 과잉 연결의 역기능을 보고하는 연구들이 많이 나오고 있다. 또한 경제 활동에서 혁신이 중요해지면서 동질적 노드 간 네트워크보다 이질적 노드 간 네트워크, 강한 연결strong tie 보다는 약한 연결weak tie이 더 유용하다는 연구들이 설득력을 얻고 있다[36]. 대개 네트워크 유형을 단순화하여 분산형, 집중형, 분산집중형으로

---

36. Granovetter, M. S.(1973), "The Strength of Weak Ties," *The American Journal of Sociology* 78, 1360~1380. 이래 많은 후속 연구들이 뒤따랐다. 대표적으로 Burt, R. S.(1992), Structural Holes, Cambridge, MA : Harvard University Press, Uzzi, B.(1997),

나누는데 그중 분산집중형의 장점이 부각되고 있다. 특정 소수에 연결이 집중된 집중형이나 바둑판처럼 대부분의 노드에 연결이 고르게 분포된 분산형 대신 연결의 밀도가 높은 그룹들 사이사이에 구조적 공백structural hole이 존재해 강한 연결과 약한 연결이 듬성듬성 혼합된 분산집중형이 주목받고 있다.

분산집중형의 장점은 국부적으로 강한 연결을 통해 서로 결속력을

그림 4-5 네트워크 유형

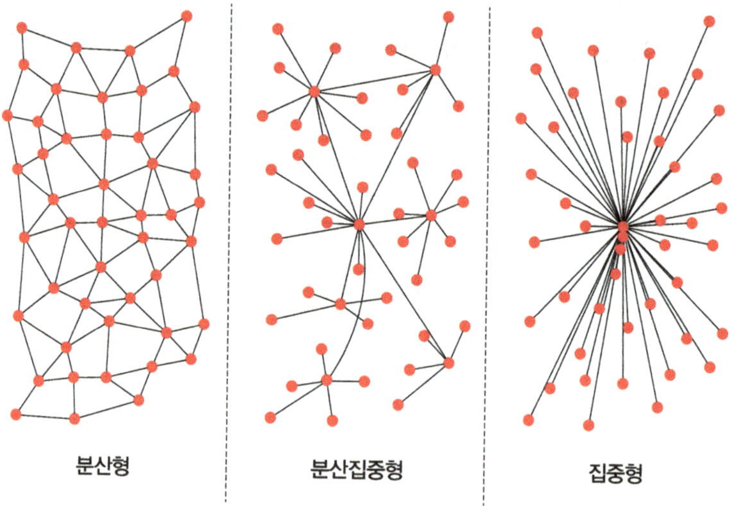

"Social Structure and Competition in Interfirm Networks : The Paradox of Embeddedness," *Administrative Science Quarterly* 42, 35~67, McEvily, B. & A. Zaheer(1999), "Bridging Ties : A Source of Firm Heterogeneity in Competitive Capabilities," *Strategic Management Journal* 20, 1133~1156, Ahuja, G.(2000), "Collaboration Networks, Structural Holes, and Innovation : A Longitudinal Study," *Administrative Science Quarterly* 45, 425~455, Newman, M. E. J.(2003), "The Structure and Function of Complex Network," *SIAM Review* 45, 167~256 등이 있다.

다지고 그곳에 깊게 뿌리 내리는 동시에 해당 시스템을 초월하는 타 시스템과 연결됨으로써 새로운 지식을 유입하는 유연성으로부터 발생한다. 네트워크 공간상으로는 구조적 공백structural hole이 나타나며, 구성원들의 자유도를 높여주는 여백과도 같다. 공백이 없으면 구성원들의 자유도가 적고 획일적이어서 혁신이 숨 쉴 공간이 사라진다. 집중형이나 분산형은 외부의 환경 변화에 적응력이 낮을 뿐만 아니라 역동성이 낮아 자기 조직화 능력이 현저히 떨어지는 구조이다. 그런 면에서 분산 집중형은 뉴런과 시냅시스가 분산되면서도 국부적으로 집중된 대규모 네트워크 분포를 보이는 뇌신경 네트워크와 매우 유사하다. 뇌의 모든 지각적 · 인지적 고도의 능력은 뉴런들이 각자의 고유한 역할을 수행하면서 전체 시스템과의 정보를 주고받는, 분리와 통합이 공존하는 구조에서 비롯된 것으로 알려졌다.[37]

그러나 인간의 현실 세계는 이론적 성과만큼 호락호락하지 않다. ICT 기술의 발전은 엄청난 편리함을 가져다주는 한편, 쏠림 현상, 양극화, 불안정성이라는 딜레마 상황을 연출하고 있다. 인간이 만든 지식과 정보의 크기가 너무나 거대하여 인간이 도저히 감당할 수 없는 지경에 이르렀다. 이제 이 감당할 수 없는 지식과 정보를 인공지능에 맡기려 하고 있다. 인공지능은 어디까지나 인간을 돕는 보조적 역할에 지나지 않으며 최종적으로는 인간이 책임져야 한다. 부분과 전체를 균형적으로

37. Sporns, O.(2003), "Network Analysis, Complexity, and Brain Function," *Complexity* 8(1), 56–60., Sporns, O. and Tononi, G.(2002), "Classes of Network Connectivity and Dynamics," *Complexity* 7, 28–38.

살펴 스스로 합리적 행위를 지속할 수밖에 없다. 소위 자기 조직화 행위를 할 수 있는 여건, 즉 중용이 얘기하는 시중과 중화를 할 수 있는 여건 마련에 관심을 갖는 이유이다. 그 어떤 구조보다도 집중과 분산, 분리와 통합이 공존하는 공간적 · 비공간적 구조가 구성원들의 끊임없는 상호작용을 통해 새로운 질서 탄생의 가능성을 많이 열어주고 있다. 이것이 바로 복잡계 과학이 내생성에 던지는 메시지이다.

04

내생적 발전[38]

내생성은 기본적으로 역사성에서 출발한다. 누구에게나 고유한 내력이 있다. 그 역사적 경로는 매우 다양하여 저마다 이야기가 있다. 어떠한 것이든 특정한 시공, 즉 특정한 흐름과 관계 속에서만 진정한 의미를 갖는다. 그런데 그 의미를 갖기 위해서는 일련의 포장이 필요하다. 포장은 없는 사실을 과장하는 것이 아니라 타인의 공감을 얻도록 하는 작업이다. 달리 표현하면 객관화 과정이라 할 수 있다. 어떤 의미가 있는지 이야기를 만들고, 이름도 붙이고, 어떤 인과관계가 있으면 원리도 캐내는 일이다. 다만, 타인의 공감을 얻는 것은 쉽지 않은 일이며, 그 공감을 얻게 하는 데에 논리성이나 객관적 방법론의 쓰임이 있다. 이에 대해서는 동양이 서양에 비해 많이 부족한 부분이라 근세 이후 줄곧 여러 경로를 통하여 과학적 방법론을 꾸준히 습득해 왔다.

문제는 역으로 과학적 방법이 너무 과도하여 역사성을 도외시한다는 것이다. 어떤 사안에 대해 과학적 연구 결과라 하면 무조건 믿는 일

---

38. 이덕희, "내생적 혁신체제로의 전환", KAIST 기술경영전문대학원, 『내생적 혁신 : 혁신은 우리 곁에 있는가』, 율곡출판사, 2018, pp.24~27 부문을 근간으로 수정, 보완하여 작성하였다.

이 다반사다. 그 역사적 배경과 사연을 무시하고 당대의 몇몇 인자들 간의 관계만을 보는 것은 한쪽만을 보는 것으로 사태를 온전하게 파악할 수 없다. 역사적 기반이 없으면 주체적으로 사고하면서 일을 설계하는 능력도 약화된다. 마치 사람마다 고유한 체질이 다른데 동일한 처방을 하는 것과 같다. 따라서 진정한 내생적 발전은 대상의 내력과 대상과 주위와의 관계를 균형 있게 취할 때 가능하다.

국가발전이나 경제발전과 같은 발전론 측면에서 '내생적 발전또는 내발적 발전' 은 주로 후발자 입장에서 쓰여진 용어이다. 앞서 얘기한 '보편자 대 개별자' 의 철학적 주제에서 개별자 입장에서 실체를 파악하는 입장이라 하겠다. 역사적으로 보면 내생적 발전은 19세기 영국의 자유주의, 보편주의에 대항하여 독일, 프랑스, 미국 등에서 대안으로 대두되어 독일 역사주의, 프랑스 협동 사회, 미국 지방분권 사상 등으로 구체화된 데서 유래된 것으로 후발국 발전 전략으로 강조되어 왔다. 이후 20세기에 오면 인도, 라틴 아메리카를 중심으로 제3세계 발전으로 확산되었다[39]. 근래에는 지역경제 발전에서 내생적 발전이 언급되고 있다. 각국의 지역들은 한때 특정 산업으로 번영을 구가하였으나 그 특정 산업이 사양산업이 되어 불황을 맞으면서 침체를 겪게 되었다. 사양산업의 주원인이 외부적 요인에서 비롯된 것으로 보고 안정적 지역발전을 위해서는 지역에 보다 밀착된 발전 정책을 추진해야 한다는 입장에서 내생적 지역산업 정책이 대두되었다[40]. 지역에 고유한 인적 · 물적 자

39. 鶴見和子, 川田侃 編, 『內發的 發展論』, 東京大學出版會, 1990, pp.3～13.

40. 박종화, 『지역경제론』, 박영사, 1997, pp.235～236.

원을 토대로 한 정책으로서 혁신을 지향하는 지역혁신체제Regional Innovation System 구축과 더불어 설득력을 더해갔다.

지역혁신체제는 지리적 하부 단위인 지역에서의 혁신이 중요하다는 측면에서 내생성이 관련되어 있다. 아울러 더 세부적으로 가치사슬상에서도 상류 부문의 기술혁신이 하류 부문의 상품화 단계로 연결되어 경제를 성장시키는 원동력이라는 측면에서 내생성과 관련이 있다. 기술혁신이나 지역 차원에서의 내생적 발전과 같은 주제는 주류 경제학보다는 진화경제학과 같은 비주류 경제학에서 훨씬 비중 있게 다루어져 왔다. 진화경제학은 경제 현상을 자연생태계에서 생존 경쟁을 벌이며 진화해가는 생물 현상과 유사한 것으로 간주한다[41]. 이윤 극대화나 균형을 절대 불변의 원리로 취급하는 대신 물리학의 양자론처럼 어떤 환경하에서 구성원들의 적응 과정으로 설명함으로써 보다 현실적인 접근을 취한다.

가령 경제주체들의 의사결정도 제한된 합리성하에 모든 변수들을 고려할 수 없다는 현실성을 적극 고려하여 최대화maximizing 보다는 만족satisficing 이라는 대안을 제시한다.[42] 그리고 특정 시기의 기업 행동은 당시의 조직 특성에 제약받을 수밖에 없다고 주장한다.[43] 또한 경제 변화

41. Nelson, Winter 저, 이정동 외 역 『진화경제이론』, 지필미디어, 2014, pp.24~54.

42. Simon, H. A., "A Behavioral Model of Rational Choice," *Quarterly Journal of Economics* 69 ; 99–118, 1955., Simon, H. A., "Theories of Decision Making in Economics," *American Economic Review* 49 ; 253~283, 1959.

43. Chandler, A., *Strategy and Structure*, Cambridge, Mass : MIT Press, 1962, Chandler, A., *The Visible Hand : The Managerial Revolution in American Business*, Cambridge, Mass : Harvard University Press, 1977., Williamson, O. E., *Corporate Control and*

에서 기술혁신의 중요성과 기술혁신을 적극 수행하여 경제구조를 능동적으로 변화시켜 나가는 주체로서 기업 및 기업가의 역할을 강조한다[44]. 결국 진화경제학은 경제 현상도 부분과 전체 간 관계를 고려한 경제 주체들의 자기 조직화 과정의 산출물이라는 인식에 기반을 둔다. 경제도 내생성과 창의성을 생명으로 하여 다양한 주체들의 활발한 소통을 통해 생존을 거듭하는 생태계적 특성이 매우 강하기 때문이다.

주류 경제학에서도 내생성을 강조하는 움직임이 나타났다. 주류경제학은 전통적으로 기술 및 혁신을 외생적으로 다루어 왔으나, 쉬무클러Schmookler는 기술은 자본, 노동과 같은 내생변수이며 관련 혁신 활동도 중요한 경제 활동임을 주장하였다.[45] 로머Paul Romer가 주장한 지식의 내생적 성장이론Endogenous Growth Theory도 지식이 외생변수로서 경제성장에 영향을 미치는 것이 아니라 노동이나 자본과 같은 생산요소로서 노동과 자본과 영향을 주고받는 내생변수로 취급함에 그 의의가 있

Business Behavior, Englewood Cliffs, NJ : Prentice-Hall, 1970., Williamson, O. E., "Transaction-Cost Economics The Governance of Contractual Relations," *Journal of Law and Economics* 22: 233~261, 1979., Williamson, O. E., "The Modern Corporation : Origins, Evolution, Attributes," *Journal of Economic Literature* 19 : 1537~1568, 1981.

44. Schumpeter, J. A., *The Theory of Economic Development*, Cambridge, Mass : Harvard University Press, 1934, Schumpeter, J. A., *Capitalism, Socialism, and Democracy*, 3rd ed. New York : Harper, 1950., Clark, J. M., "Competition : Static Models and Dynamic Aspects," *American Economic Review* 45 : 450-462, 1955., Galbraith, J. K., *The New Industrial State*, New York : New American Library, 1967.

45. Schmookler, J. *Invention and Economic Growth*, Cambridge ; Harvard University Press, 1966.

다.[46] 지식 체계인 이론과 현장 세계인 실제 간 상호 작용에 의한 광범한 지식 축적이 경제성장을 견인하는 하나의 축이 되는 것이다. 그러므로 지식정보화 시대가 진전될수록 이론과 실제를 자유롭게 넘나드는 암묵적 지식, 체화된 노하우, 숙련 등이 점점 중요해지게 된다.

요약하면 기술 및 지식의 창출 · 확산 · 응용이라는 일련의 과정에 혁신 주체들이 자율적으로 참여하여 새로운 지식을 창출하고 이들이 다시 확산, 응용되는 내생적 과정이 중요하다는 얘기이다. 이에 많은 국가들이 혁신 주체들 간의 상호 관계와 지식의 창출 · 확산 · 학습 과정에 시장적 · 비시장적 요소들을 고려하여 시스템적으로 접근하는 국가혁신시스템NIS, 지역혁신시스템RIS의 실현에 많은 관심을 기울여왔다.[47] 근래에는 산업 및 기술 경쟁이 치열해짐에 따라 점점 더 정교한 접근들을 시도하고 있다. 산업 차원에서의 기술 정책, 기업 차원에서의 기술경영, 산학연 협력, R&D 활동, 벤처생태계 등으로 더 세분화하여 접근하는 경향을 보이고 있다.

다시 말해, 경제 현상이 점점 복잡해지고 역동성이 높아짐에 따라 기존의 차분한 경제이론으로서는 감당하기 어렵게 된 것이다. 대신 경제의 내생적 작동 메커니즘을 좀 더 잘 설명하려는 방향으로 다양한 노

---

46. Romer, P. M., "Increasing Returns and Long Run Growth," *Journal of Political Economy* 94, 1002–37, 1986., Romer, P. M., "Endogenous Technological Change," *Journal of Political.Economy* 98, 71–102, 1990.

47. Freeman, C., *Technology Policy and Economic Performance*, London : Pinter, 1987., Lundvall, B. A. ed., *National Systems of Innovation : Towards a Theory of Innovation and Interactive Learning*, London : Pinter, 1992.

력들이 이루어졌다. 그 과정에서 진화경제학, 기술혁신이론, 국가혁신체제, 지역혁신체제, 기술경영 등의 패러다임이 등장하였다.

내생적 발전의 기초를 다지는 데는 역시 독일 역사학파의 역할을 빼놓을 수 없다. 1776년 아담 스미스의 『국부론』 이래 자본주의는 순수 자연과학 원리처럼 경제 원리를 연구하고 법칙을 발견하는 노력들과 함께 전개되었다. 선발국인 영국을 중심으로 한계효용학파오스트리아학파를 거쳐 신고전학파로 이어졌다. 이들은 되도록 가치판단이 배제된 중립적이고 보편적인 경제 원리를 추구하였다.

반면 후발국인 독일을 중심으로 한 역사학파는 이와는 좀 다른 견해를 가지고 있었다. 이들은 보편적 원리로서의 경제이론과 자본주의에 의문을 제기하고 국가마다의 고유한 역사성과 개별성을 적극 수용해 경제 문제를 해결해야 한다는 입장을 취하였다. 가령 독일의 경우 역사적으로 중앙집권보다는 분권화된 정치구조가 뿌리 깊어서 평등성에 대한 국민들의 의식이 강하다. 따라서 경제 정책을 계획하고 실행하는 데 이런 국가적 특성을 반영하는 것이 올바른 접근이라는 견해이다. 독일 역사학파의 시조인 리스트Friedrich List, 1789~1846를 시작으로 슈몰러Gustav von Schmoller, 1838~1941, 브렌타노Lujo Brentano, 1844~1931, 좀바르트Werner Sombart, 1863~1941, 오이켄W. Eucken, 1891~1950, 폴라니Karl Polanyi, 1886~1964 등으로 계승되면서 역사학파의 견해는 윤리적 자본주의, 질서 자유주의 개념으로 확장해 나갔다[48]. 이들의 견해는 독일뿐만

48. 홍훈, 『경제학의 역사』, 박영사, 2007, pp.323~341.

아니라 유럽 사회에 광범위하게 영향을 미쳐 스웨덴, 노르웨이, 덴마크 등 북유럽 국가들이 사회민주주의 체제를 형성하는 데 그 사상적 배경을 이루었다[49].

자본주의 진화 과정에 독일 역사학파가 끼친 영향은 적지 않지만 세 가지 정도로 요약할 수 있다[50]. 첫째, 현장성을 중시하였다. 국가와 민족을 초월한 보편적 원리가 지배하는 게 아니라 저마다의 내력에 뿌리를 둔 원리가 더 중요하다고 주장하였다. 그 원리를 궁구하기 위해서는 관념적으로 접근하는 게 아니라 사물과 직접 가까이서 오랜 시간 주고받음으로써 이치를 밝혀내는 방법을 취하였다. 연역적이 아닌 귀납적인 방법에, 공시적 접근보다는 통시적 접근에 역점을 두었다. 역사학파의 이런 지적 전통은 현장 지식과 실무 경험을 중시하는 독일의 전통적인 장인정신 풍토의 배경이 되었다.

둘째, 국가 개입주의이다. 대개 후발자의 입장에서 선발자를 추월하기 위해 정부 주도의 정책적 접근을 채택한다. 독일 역시 영국과 프랑스의 후발자로서 그들을 추월하고자 하는 의지가 강하였다. 그러나 이보다는 고전학파나 한계효용학파가 주장하는 개인의 자유로운 선택의 결과, 전체가 지향하고자 하는 방향과 불일치할 가능성이 높다는 데 대한 통찰이 더 크게 작용하였을 것이다. 또한 자본의 지배에 따른 빈부격차나 자본가와 노동자 간의 갈등과 같은 자본주의에 내재된 모순을

---

49. 니크 브란달 · 외이빈 브라트베르그 · 다그 에이나르 토르센 저, 홍기빈 역, 『북유럽 사회민주주의 모델』, 책세상, 2014.

50. 이덕희, 『공자가 다시 쓴 자본주의 강의』, 센추리원, 2015, pp.81 ~ 85.

해결하기 위해서는 강력한 제3자의 개입이 필요하다는 데 대한 암묵적인 공감이 있었다.

셋째, 자기 고유성을 개척해 나가는 노력이다. 흔히 후발국이 쉽게 취하는 전략적 오류 중 하나가 여과 없이 선발국의 문물을 수용하는 것이다. 이 모방 전략은 그 자체로도 결코 쉽지 않으나, 일정 단계에 도달하면 상당한 가속이 붙어 단기적 성과가 두드러지는 장점이 있다. 반면 모방 단계가 끝난 후 자신만의 고유성을 창출해야 하는 입장이 되면 내생성이 결여되어 상당한 비효율성을 드러낸다. 다행스럽게도 독일의 역사학파는 모방의 함정에 빠지지 않고 고전학파-한계효용학파에 대항하여 역사주의에 기초한 발전 전략을 제시함으로써 고유의 역사학파를 일구었다.

독일이 국가발전전략이라는 일련의 질서로 스스로 조직화할 수 있었던 것은 결코 우연이 아니며, 오랜 전통인 분권화 역사의 산물로 보아야 할 것이다. 작은 단위에서 스스로 운명을 결정해 나가겠다는 상향식 내생성이 모여 역사주의 의식을 형성하고 역사학파를 만들었다. 작은 지역혁신 사례들이 자기 조직화의 중요한 인자가 된다. 소단위 지역에서 각기 고유한 역사, 문화, 산업 등에 연관된 기술과 기능을 연마하고 사업화하여 비즈니스의 동력으로 키워갈 수 있다. 이미 많은 지역에서 시도하고 있지만 형식적인 것이 아니라 진정한 콘텐츠로 승부해야 함을 시사한다.

그런 점에서 스스로 다듬어 눈부시게 할 우리 안에 숨은 보석들이 많다. K-pop이나 K-drama가 왜 사람들에게 인기가 있는지 이론적으로 규명하는 일이 병행되어야 한류가 내생성을 가질 수 있다. K-pop 리듬의 특징이 무엇이며, 어떻게 탄생되었는지, 우리 고유의 가락과 미국 팝송의 결합으로 독특한 리듬을 탄생시켰다든지, 가사의 메시지가 무엇인지, 마케팅 전략, ICT 기술 활용 등등 학문적으로 뒷받침되어야 내생적 발전으로 확장성을 가지게 된다. 현재 한류는 이론은 없고 실제만 있다. 이론의 뒷받침 없이는 한류는 단명에 그칠 수 있다. 우리의 대표적 기업인 삼성도 마찬가지다. 삼성전자가 현재 보이고 있는 성과는 몇십년 전과 비교하면 실로 대단한 것이다. 하지만 삼성에 대한 연구서가 별로 없다. 삼성이 세계적 일류기업으로 성장할 수 있었던 배경을 경영이론 측면에서 다각도로 파헤쳐 이론적으로 규명한 연구가 이미 저널이나 서점에 봇물처럼 쏟아져 나왔어야 한다. 그렇게 해서 일명 '삼성방식'이 내생적 발전의 한 전형으로 널리 회자되어 마땅하다.

남의 얘기를 할 것이 아니라 자기 얘기를 해야 한다. 자기의 현실을 정확히, 세세히 아는 데서 출발한다. 경제 현상도 경제의 역사를 자세히 알아야 한다. 경제이론을 단순히 우리의 상황에 적용하는 데 그치지 말고 우리 경제의 특성을 제대로 파악해서 객체화시켜야 한다. 그러려면 경제 현상에 국한하여 경제를 진단해서는 부족하다. 경제 현상이 경제 문제에 국한하여 발생한 것이 아니라 정치, 역사, 문화, 교육 등과 결부되어 나타나기 때문에 이에 대한 통합적 접근이 함께 이루어져야 제대로 된 진단이 나올 수 있고 동시에 미래도 볼 수 있다.

05

내생성의 조건

책장의 책들이 말없이 꽂혀 있다. 눈으로 한 번 스캔하면 수많은 이야기들이 파노라마처럼 펼쳐진다. 어떤 책은 복학한 뒤 자취방 앞 서점에서 산 것이고, 어떤 책은 첫 직장 들어가서 근처 대학교 서점에서 샀고, 어떤 책은 해외 출장 가서 산 책이다. 어떤 책들은 호주머니 사정도 생각하지 않고 선뜻 샀고, 어떤 책들은 살까말까 망설이다 샀다. 아직도 세상 구경 못하고 주인님의 선처를 기다리는 책들도 많다. 다 나름의 사연이 있는 책들이다. 반면에 다른 사람들이 준 책들도 있다. 그런 책들은 내가 그때그때 필요에 의해서 사거나 내가 일해서 번 돈으로 산 책만큼 각별하지 않다. 나와의 내력이 있고 없고의 차이다. 하물며 내가 쓴 책은 오죽하랴. 무엇보다 내 책을 남이 읽어줄 때 참 고맙다고 생각한다. 내가 공들인 것을 남이 알아줄 때 큰 보람을 느끼기 때문이다. 그래서 나의 책장은 나의 역사요, 나만이 아는 내력의 장소이다. 내생성은 바로 이런 것이라 생각한다. 사연을 먹고 산다고나 할까?

앞에서 철학, 물리학, 경제학 등을 동원하여 거창하게 얘기하였지만 내생성은 바로 이런 비근한 데서 시작한다고 생각한다. "내생성은 이것이다"라고 얘기할 수도 있겠지만, 그보다는 이러이러한 조건들이 갖추어질 때 내생성이 자라날 수 있다고 하는 것이 내생성의 성격을 더 잘 나타낼 수 있으리라 생각한다. 그런 차원에서 내생성은 3가지 조건과 궁합이 잘 맞아 보인다.

첫째는 과정이다. 모든 사안을 결과로 보는 것이 아니라 과정으로 보는 세계관의 변화를 수반한다. 앞서 얘기한 중용, 과정철학, 복잡계 과학, 내생적 발전의 4개 분야가 대상과 표현 방식이 다를 뿐 공통으로 과정을 얘기하고 있다. 중용은 지성至誠으로서 천지자연의 운행 원리를 표현하고 있다. 자신의 지성을 통해 하늘의 도道와 사람의 도道를 통합하는 길을 끊임없이 모색하는 과정이 중용의 도이다. 이는 서양 철학과는 다르게 실체를 지극한 정성의 과정으로 파악한 것으로 심오한 인문적 통찰에서 온 것이다. 역시 자기 수양의 인성론적 세계관을 반영하고 있다고 하겠다.

화이트헤드의 과정철학은 실제로 존재하는 것은 자기 현존재의 과거, 현재, 미래뿐만 아니라 현존재를 초월하는 것도 함께 고려하여 스스로를 창조해가는 과정적 행위라 하였다. 중용과 과정철학은 단지 언어가 다를 뿐이지 전달하려는 메시지는 매우 유사하다. 복잡계 과학은 복잡성이 하나의 질서에서 다른 질서에 이르는 과정에서 발생하기 때문에 정해진 경로가 없고 행위자들의 상호 작용과 이와 관련된 여러 요소들에 의해 영향을 받아 비결정적으로 이루어진다고 함으로써 과정에 초점을 두고 있다. 내생적 발전도 한 조직이 가진 내력의 관성에 따라 생존해가는 진화론적 관점에서 경제 시스템을 파악하고 있어 역시 과정을 중요한 분석 대상으로 삼고 있다.

둘째는 자기 조직화이다. 이것도 넓게 보면 과정에 포함되는 것으로 과정의 한 양태를 표현하고 있다. 자기 조직화는 자기를 언어로 표현하는 행위이다. 대개 우리는 일상생활에서 자기 조직화 행위를 하면서도 의식하지 못하는 경우가 많다. 나의 생각과 행위를 다른 사람에게 표현할 때 자기 조직화 행위가 일어난다. 뭔가 인과관계를 설정하고 이야기를 만들어 결국 어떤 의미를 전달하고자 한다. 그런 과정에서 특정 질서가 만들어지고 이론이 탄생하게 된다.

중용은 아주 세세한 곳까지 지극한 정성을 쏟는 행위가 어떻게 세상을 감화시키는지를 형상화 과정을 통해 사람의 도와 하늘의 도가 수렴하는 메커니즘으로 설명하였다. 소소하지만 정성을 다하면 그 대상이 스스로 작동을 하여 형체를 드러내고 타자를 움직여 새로운 세계를 열어간다. 즉, 자기 조직화이다. 화이트헤드는 자기 조직화를 자기 인식의 양태라 명명하고 다음과 같이 얘기하였다.

> "'자기 인식'이라는 것은 하나의 전체적 사건을 말하는 것이지, 신체의 세부적 점검을 말하는 것이 아니다. 이 자기 인식은 그 자신의 밖에 있는 여러 존재가 가지는 양태적 현존의 파악적 통일을 나타낸다."[51]

51. 화이트헤드 저, 오영환 역, 『과학과 근대세계』, 삼성출판사, 1982, p.109.

그리고 양태적 현존의 파악적 통일을 더 자세하게 설명하였다.

> "즉, 사건은 그 자신 속에 그때 달성된 것의 표현으로서, 그 동시 존재자들의 각 양태를 반영한다는 것을 말한다. 또 사건은 과거를 갖는다. 그 뜻은 사건을 그 자신 속에 스스로의 내용으로 용해되는 기억으로서 그 선행 존재자의 각 기능을 반영한다는 것을 말한다. 또 사건은 미래를 갖는다. 그 뜻은 사건 그 자체에 미래가 현재에 되던지는 것 같은, 다시 말하면 현재가 미래에 관해서 결정한 것과 같은 제 양상을 반영한다는 것을 말한다."[52]

중용은 천지자연의 도에 인간이 어떻게 가까이 가느냐가 주된 문제의식이었기 때문에 자기 조직화의 주체가 인간이었다. 반면에 화이트헤드의 과정철학은 인간을 포함한 모든 실체를 대상으로 하기 때문에 차이가 있다. 그러나 기본 메커니즘은 매우 유사하다. 복잡계 과학이나 내생적 발전도 이러한 철학적 주제와 동일한 맥락하에 각자의 문제를 다루기 때문에 양자 모두 자기 조직화 주제가 핵심이 되고 있다. 복잡계 과학의 주요 주제는 한 개체가 다른 개체뿐만 아니라 자신을 포함하는 전체와 어떻게 상호 작용하여 새로운 질서를 창발시키는가라는 부분과 전체 간 복잡한 관계에서 출발하였다. 내생적 발전도 생태계 내에서 경

52. 화이트헤드 저, 오영환 역, 『과학과 근대세계』, 삼성출판사, 1982, p.109.

제 주체들의 생존이라는 것이 단순히 이익 극대화가 아니라 자기 동일성이라는 자기 조직화 행위의 산물이라는 문제의식에서 비롯되었다. 따라서 양자 모두 자기 조직화가 핵심이다.

셋째는 주체성이다. 사실 자기 조직화에 주체적인 의미가 들어 있다. 천지자연이 바로 각자 자기에게 부여된 성을 스스로 이루어가기 때문에 당연한 이치이다. 그러나 현실에서는 그게 그리 간단하지가 않다. 대개 선발자는 자기 행위를 지배하는 룰을 스스로 만들어 나간다. 그러나 후발자는 선발자가 만든 정제된 아름다운 룰이 이미 있기 때문에 이를 빌려 쓰고자 하는 유혹에 빠지기 쉽다. 스스로 조직화하는 과정은 시간이 많이 걸리는 일이기 때문에 캐치업의 과정에 있는 후발자는 이를 인내하기가 어렵다. 주체성은 경제적으로도 당장의 이득이 적기 때문에 후발자에게 쉽게 간과되는 문제이다.

그러나 주체적 자기 조직화는 중용, 과정철학, 복잡계 과학, 내생적 발전의 기본 전제인 만큼 내생성 확보의 필수적인 요소로서 시간이 걸리더라도 확실히 확보하여야 하는 문제이다. 우리의 지난 역사만 보더라도 식민 경험이나 여과 없는 서양문물 수용이 초래한 사회 갈등과 불안정성이 내생성의 중요성을 충분히 일깨워주고 있다. 내생이라는 지극히 자연스런 경로를 밟지 않았기 때문이다. 노력을 통해 어떤 공을 세우면 다음은 그 공이 가진 힘에 의해 스스로 굴러가는 것이 자연스럽다. 그러나 남이 쌓은 공을 가져와 영광을 누리는 것은 일시적으로는 가능하나 지속 가능하지 않다. 마치 자기주도 학습을 하는 아이와 그렇지 않은 아이가 장차 커서 차이가 나는 것처럼.

혁신의 경우 이와 유사한 특징을 지닌다. 대개 혁신은 일어나면 처음에 시장에 서서히 침투하다가 일정한 임계규모critical mass가 형성되면 급속도로 확산하는 패턴을 보인다. 임계규모 이전에는 혁신이 가진 기술의 우수성, 디자인, 가격 등의 면에서 사용자들에게 선택되거나, 그 혁신을 특별히 좋아하는 마니아들에 의해 선호되는 경향이 강하다. 다시 말해 혁신의 내생적 힘에 의해 점진적으로 시장에 확산되는 특징을 지닌다. 반면에 임계규모 이후에는 그 혁신이 이미 많은 사람들에 의해 사용되어 하나의 유행처럼 됨으로써 다른 사용자들을 불러들인다. 이때는 유행을 모방하게 되므로 다소 급격하게 늘어나는 등 휘발성이 높은 국면이다. 시간이 지남에 따라 초반에는 내생성이, 후반으로 가면서 외생성이 강해지는 패턴을 보인다. 선발자는 이런 자연스런 경로를 밟아 왔으나, 후발자는 선발자로부터 이를 중간에 수용하기 때문에 임계

그림 4-6 혁신의 시장확산 경로

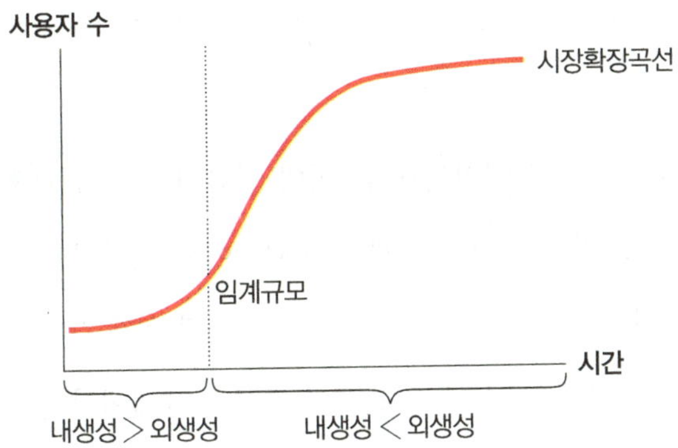

출처 : Bass, F. M.(1969), "A New Product Growth for Model Consumer Durables," *Management Science* 15, pp.215~227을 응용함.

규모 이전의 과정을 생략하고 이후의 힘을 활용하여 성장하고 나중에 다른 혁신에서 앞의 경로를 밟으려 한다. 외생성에서 내생성으로 반대의 경로를 가려고 하니 그만큼 어려운 것이다. 불가피한 측면이 있겠으나 정직한 시간의 경로를 생략하였기 때문에 치루는 대가라 하겠다.

정리하면 내생성은 주체적인 자기 조직화 과정에서 발현되는 그 어떤 성질이다. 자기의 삶을 자기가 주재하여 나가는 과정에서 이야기가 생기고, 이 이야기가 전파되어 세상을 변화시켜 나가는 것이다. 내생성이 힘을 가지기 위하여 우리가 간과하지 말아야 할 것은, 하나는 중용이 얘기한 지성이요, 다른 하나는 언행일치이다. 지성이면 감천이듯이 내생성은 어쩌면 지극한 정성의 총합인지 모른다. 여기는 인간이 어찌할 수 없는 신묘함이 작동되는 영역이라 하늘에 맡기는 수밖에 없지만, 지성을 하지 않으면 내생성이 전혀 불가능한 그런 영역이다. 언행일치는 내생성이 자기의 삶을 객관적 언어로 조직화하는 것이라 일을 추구하는 주체가 절차적 정당성을 확보하지 않으면 안 된다. 정의의 추구가 정의를 동반하지 않으면 안 되듯이 요즘 말로 '내로남불'이 되어서는 곤란하다.

좀 더 현실적으로 얘기해보자. 이미 인류의 지혜가 가공할 정도로 축적되어 있고, 전 지구적으로 개명한 세상에서 내생성을 어떻게 확보할 것인가? 쉽지 않은 문제이나 한마디로 이론과 실제 간의 간극을 좁혀 나가는 일이다. 이론과 실제 간 관계가 학문적 세계에서만 아니라 일상에서도 통용되는 사회가 되어야 진정한 내생적인 사회라 할 수 있다. 근래 음식에 대한 사람들의 관심이 높다. 끼니를 혼자 해결해야 하는 사람들이 늘면서 더 관심을 끄는 것 같다. 그런 만큼 인터넷에 모든 음식의 조리법레시피들이 있어 손쉽게 음식을 만들 수가 있다. 조리법과 음식 간의 관계가 바로 이론과 실제 간 연계의 비근한 예이다. 조리법이 없었을 때는 음식을 직접 만들거나 입으로 전하여 확산에 제약이 많았다. 조리법이 기록되어 있지 않아 사라진 우리 고유의 음식들이 많다. 언제가 TV에서 입말 음식가를 소개하는 프로그램을 본 적이 있다. 우리나라 구석구석 고유의 음식을 찾아가 직접 조리법을 기록하여 잊혀져 가는 어머니의 맛을 찾는 음식가에 관한 내용이다. 보면서 참 기특하다는 생각을 하였다.

물론 조리법대로 한다고 맛이 제대로 나는 것은 아니다. 보이지 않는 손맛이 있기 때문이다. 그러나 조리법을 매개로 음식이 널리 퍼져 여러 곳에서 실제 만들어보는 과정에서 새로운 맛도 생기고, 또 새로운 조리법이 태어난다. 음식과 조리법이 따로따로 가지 않고 같이 가면서 음식 문화가 풍부해지게 된다.

이론과 실제는 다른 말로 표현하면 문자와 사물 간의 관계이기도 하다. 우리는 태어나면서 사물을 인지하기 전에 먼저 문자를 배운다. 즉 문자를 배워 사물을 인지한다. 그러나 아주 옛날 문자 이전의 시대에는 반대였을 것이다. 결국 인간이 문자를 쓰기 시작하고부터 인간의 문명이 시작되었을 것이라는 추론이 가능하다. 문자와 사물 간의 상호 작용이 인간 문명의 발달을 가속화시킨 것이다. 시골 할머니들이 지은 시를 보면 문자와 사물 간 관계의 원형을 짐작할 수 있다. 다음에 소개하는 시를 지으신 할머니들은 지금까지 평생 한글을 배우지 않고 살아오신분들이다. 그런 할머니들이 한글을 배워 시를 지었다. 경북 칠곡의 도필선 할머니가 쓴 '매화 배움학교' 을 소개한다[53].

매화 배움학교 입학생 땡땡
벌써 일년이 지나버렸네
매일 포도밭에서 포도 송이 같이 씨름하다 보니
포도알만 땡굴땡굴 눈에 밟히더니
이제는 포도알이 'ㅇ' 이요 포도잎이 'ㅍ' 같다
오래 살다보니
오래 재있는 일도 있네
오래 살고 볼 일이다
매화 배움학교 선생이 되었다
두근두근 쿵닥쿵닥 교실에 들어가니
포도 송이 같이 땡글땡글한 아이들이
나만 쳐다본다 내 얼굴만 쳐다본다
희안하고 신기하다 내가 할매 선생님이 되었다
오래 살다모니
오래 재있는 일도 있네
오래 살고 볼 일이다

53. 강금연 외 88명, 『시가 뭐고?』, 삶창, 2015, p.45.

비록 서툴지만 한글이라는 문자를 통해 자신의 느낌을 표현함으로써 자기 정체성을 드러내고 타인의 공감을 불러일으킨다. 지금까지 경험해보지 못한 새로운 세상이 열렸다. "포도알이 'ㅇ'이요 포도잎이 'ㅍ' 같다"에서 보듯이 사물과 문자 간 연상 작용이 바로 내생성의 원형이 아닌가 한다. 박태분 할머니의 '책상과 밥상'이라는 시를 한 편 더 소개한다[54].

우리 마을 회관 밥상이
몇십 년이 되었는지
너무너무 허룸하다
조금만 의지하면
찌그러져 넘어가네
나이로 말하자면
70대가 된 것 같다
밥 먹을 땐 밥상 되고
공부할 땐 책상 되네
요긴하게 쓰이네
70대 책상과 70대 우리 학생
궁합이 딱 맞네
공부하는 날이면 70대 책상 펴고

---

54. 강금연 외 88명, 『시가 뭐고?』, 삶창, 2015, pp.46~47.

하하호호 웃음 지으며 행복해하네
단말머리 소녀 시절
동심으로 돌아가네
흰머리 먹칠하고
활짝 핀 호박꽃
너무너무 아름답고 향기가 나네
열심히 배워서
70대 밥상 책상처럼
요긴하게 쓰이면 좋겠네
아니
요긴하게 쓰이도록
노력해야지

"70대 책상과 70대 우리 학생 궁합이 딱 맞네"에서 문자 세계와 사물 세계가 서로 만남에서 오는 할머니의 기쁨을 엿볼 수 있다. 밥상이 책상이 되고, 책상이 밥상이 되는 새로운 경험으로부터의 감동과 희열로 지금까지와는 다른 새로운 세계로 인도하는 것이 바로 내생성의 힘이다.

아마 이러한 과정으로 인류가 쌓아온 것이 바로 근대성이라는 금자탑이 아닌가 한다. 화이트헤드가 『과학과 근대세계』에서 관통하였듯이 근대성이라는 것도 인간이 내생적 과정을 통해 스스로 과학을 터득하고 '합리성'을 탄생시킨 데서 비롯되었다고 할 수 있다. 합리성은 공동체가 생존하기 위해 스스로 터득한 원리로서 구성원들과 전체 사회 간 관계로부터 성립하는 구성원들의 행위 준칙이라 할 수 있다. 다시 말해 부분과 전체의 조화 원리이다. 개인들이 자기들의 이익만을 위해서가 아니라 공동체의 안녕을 동시에 고려하여 스스로 행동을 찾아가는 것이라 하겠다. 중용의 중화, 화이트헤드의 과정철학, 복잡계 과학의 원리, 내생적 발전의 원리들이 모두 이와 관련되어 있다.

합리성은 동서양을 막론하고 공동체 사회의 작동 원리로서 강조되었다. 서양은 말할 것도 없고 동양에서도 합리성은 중요한 원리였다. 유학과 합리성은 서로 생소한 것처럼 생각되지만, 도덕성이라는 것도 높은 수준의 합리성에 해당한다. 서로 용어 차이에서 오는 느낌이 다를 뿐 그 내용은 사실 동일하다. 공자가 논어에서 얘기한 '수기치인'은 개인의 도덕적 수양을 바탕으로 사람을 다스려야 한다는 유학의 대표적인 원리로 개체와 공동체 간 조화의 합리성을 얘기하였다. 대학은 이를 '수신제가치국평천하修身齊家治國平天下'로 확장하였다. 주자는 순천리 합인심順天理 合人心이라 하여 "하늘의 이치를 따르면서 인간의 마음에 합치되어야 한다"라고 하였다. 무조건 하늘의 도를 따르는 것이 아니라 인간의 마음과 조화를 이루어야 한다는 합리성을 얘기하였다. 중용 또한 하늘의 도와 사람의 도가 시중, 중화를 통해 서로 조화를 이루는 경지를 바로 하늘이 인간에게 명한 성性(기본 속성)이라 하였다.

이처럼 유학에 합리성 전통이 있었음에도 불구하고 근대성의 또 다른 요소인 내생적인 과정을 간과한 것이 문제였다. 합리성이라는 것은 내생적 과정을 거쳐 생성되는 결과물인데, 우리의 경우 내생성의 과정을 생략하고 그 결과물을 먼저 받아들였다. 사실 유교는 천인합일이라는 도덕적 원리를 개인의 수양을 통해 달성할 수 있다는 낙관론의 입장에 있었기 때문에 아래서부터 사회적 합의를 도출하는 과정에 대해서는 그렇게 관심을 두지 않았다. 이러한 전통 때문인지는 몰라도 서양의 합리성을 수용할 때도 내생성의 과정에 대해서는 소홀한 채 그대로 수용하는 경향을 보였다. 논리적 추론의 과정에 대한 고려 없이 결과만을 조급하게 고집하였기 때문에 수많은 갈등을 겪는지도 모른다.

사실 합리성보다는 내생성이 더 중요하다. 내생성이 선행되어야 합리성이 나올 수 있기 때문이다. 내생적 과정에 따라 얼마든지 합리성이 아닌 다른 패러다임이 탄생될 수 있다. 합리성이라는 것은 인류가 터득한 필연의 패러다임이라기보다는 그 시대의 환경에 맞는 패러다임을 경험을 통해 터득한 것으로 다른 시대에서는 다른 패러다임을 터득하였을 것이다. 중세까지는 신이 불변의 진리로서 신에 대한 복종이 최고의 패러다임으로 군림한 것처럼 말이다. 그러니까 어떤 패러다임이든 거기까지 도달한 내성적 과정이 더 중요하다는 결론에 이르게 된다.

이제라도 일을 정상적으로 하기 위해서는 그냥 하는 것이 아니라 자기 필요에 의해서 움직여야 하며, 그러려면 하학을 해야 한다. 사람에서 일로, 머리에서 손발로, 학교에서 현장으로, 이론에서 실제로 등등…… 위에서 아래로 내려와 일, 손발, 현장, 실제를 자세히 살피는 일이다. 어떤 구체적인 문제가 있는지, 사람, 머리, 학교, 이론과 어떻게 연결되고 있는지를 세밀하게 봐야 한다. 그리고 다시 반대로 일에서 사람으로, 손발에서 머리로, 현장에서 학교로, 실제에서 이론으로 가는 것을 더욱 보

강해야 한다. 왜냐하면 지금까지 우리는 사람, 머리, 학교, 이론 중심이어서 일, 손발, 현장, 실제를 소홀히 하였기 때문이다. 소위 상학이하달上學而下達에 익숙하였다. 이제 하학이상달下學而上達과 상학이하달의 쌍방성을 회복하여 양자가 서로 밀접하게 될 때 비로소 제대로 된 합리성을 얻을 수 있을 것이다. 물론 지금까지와는 다른 형태의 합리성일 수도 있다. 하학을 통해 경험적 합리성을 획득할 때 중용이 얘기하는 시중과 중화의 높은 도덕적 경지에 도달할 수 있다.

다섯 번째

내생사회

1. 관계보다 내력

2. 사람보다 일

3. 교실보다 현장

4. 서울보다 지방

내생사회는 흩어지지 않고 무언가 차곡차곡 쌓이는 사회이다. '지극한 정성의 총합'이라고 중용은 귀띔한다. 외생성으로 일관된 우리의 역사는 지금도 계속되고 있다. 2020년 오늘을 사는 당대의 현실에서 내생사회로 한 발 더 다가가기 위해서 어떻게 해야 하는지에 대해 얘기해본다. 여기 담론들은 우리의 과거, 현재뿐만 아니라 미래, 그리고 글로벌 보편성을 함께 고려하여 숙고한 하학下學의 산물이다.

모든 것에는 유래가 있으므로 "역사를 잊은 민족에게 미래는 없다"라는 신채호 선생의 말을 새겨 역사성을 회복하는 일이 중요하다. 사람과 관계없이 일이 축적되는, 그야말로 공을 이루면 몸은 물러나는 '공성신퇴攻成身退'가 실천되기를 바란다. 그래서 말이 말을 하지 않고 작품이 말하는 사회가 되었으면 한다. 방방곡곡 첩첩의 주름들을 펼쳐 국토를 넓게 써야 내생사회가 가능하다.

01

관계보다 내력

축적의 역사

바야흐로 관계의 시대에 살고 있다. 바로 정보기술 발전에 의한 네트워크 혁명 덕분에 현재 우리는 관계가 넘쳐나는 시대에 살고 있다. 온라인, 오프라인으로 실로 상상을 초월하는 네트워크가 만들어지고 있다. 그래서 네트워크를 어떻게 관리할 것인가가 큰 고민거리가 아닐 수 없다. SNS, 채팅 등 단 몇 초의 순간이라도 네트워크에 접속하지 않고서는 불안한 시대에 살고 있다. 그러다 보니 건전한 관계도 있지만, 원치 않은 관계를 강요받는 현상도 일어난다.

앞으로 인공지능 시대가 본격적으로 열리면 과잉연결로 인해 적잖이 몸살을 앓을 것으로 예상된다. 축적된 과거 데이터를 기반으로 짜여진 알고리즘은 기본적으로 경로 의존적인 성격을 지니고 있어 개인의 성향에 부합하는 정보로 더욱 쏠리게 할 것이다. 또한 알고리즘은 수학적 언어에 기초하여 짜여지기 때문에 극대화 · 최적화 목적함수에 충실하다 보면 해답이 유사할 것이고, 이에 근거한 인간의 행동은 획일적으로 되어 세상이 마치 거대한 기계처럼 움직이게 될 것이다. 그렇게 되면 매우 삭막한 세상이 될 것이다. 물론 인공지능이 고도의 지능을 가져 인간이 미치지 못하는 영역을 골고루 관장하는 단계까지 진화하면 그런 문제는 상당 부분 해소될 수도 있다.

이처럼 사회는 관계로 좌지우지되는 세상이 될 것이며, 그로 인한 피로감도 꽤 클 것으로 예상된다. 그 희생이 커질수록 비례적으로 자유를 갈망하게 되고 건전한 관계에 대한 요구는 높아질 것이다. 또한 차가운 디지털보다는 따뜻한 아날로그에 대한 향수가 짙어질 것이다. 건전한 관계는 내력으로 뒷받침되지 않고서는 지속될 수 없다는 도가적 입장을 되새길 필요가 있겠다.

그렇지 않아도 우리는 역사적으로 관계로 인한 엄청난 질곡으로부터 좀처럼 벗어나지 못하고 있다. 조선시대 '양반 문치 카르텔'이라는 거대한 관계의 성을 쌓았다. 그 성에 들어가기 위해 수단과 방법을 가리지 않았다. 그때는 신분 사회여서 음서제도와 같은 합법적인 제도로 노골적으로 통로를 열어주었다. 물론 불법적인 통로는 두말할 나위 없었다. 그러나 요즘은 그러한 노골적인 통로들이 차단되었기 때문에 불법적으로 담을 넘거나 쥐구멍이나 지하통로로 이루어지고 있다. 아니면 합법을 가장하여 매우 은밀하게 이루어지는 경우도 많다. 특히 학교나 직장에 들어가거나 사업권 선정과 같이 어떤 중요한 기회를 획득할 때 인맥을 활용한 관계의 힘이 작동한다. 흔히 유명인 누구와 잘 아는 사이라든지, 동창이라든지 등등을 운운하는 사람들을 주위에서 많이 본다. 이 모든 것들이 관계를 통해 대대손손 부귀영화를 누리거나 자신의 위신을 세우려는 습성에서 비롯되었다.

학문적으로도 보면 내력보다는 관계를 강조하는 방향으로 흘러왔다. 자연과학의 발달은 전통적으로 내력을 중시하는 인문학, 사회과학에도 크게 영향을 미쳤다. 물리학이나 화학처럼 관계나 법칙으로 파악하는 사조가 강하게 나타났다. 인문학은 구조주의의 영향을 크게 받았고[1], 사회과학은 신고전학파의 경제이론이 득세하였다. 통시적-귀납적 방법보다 공시적-연역적 방법이 주류를 형성하였다. 우리도 이에 편승하여 해방 이후 급속하게 과학주의로 흘렀다. 과학의 불모지였으나 과학의 발달이 선진 문명의 지표였기 때문에 서양으로부터 적극 받아들인 것이다.

1980년대 초반에 대학을 다녔던 필자는 경제학도로 미시경제론을 수강하면서 최첨단 신고전학파의 수확체감원리를 배웠다. 산출물이 투입물의 증가만큼 증가하지 못한다는 것이다. 그러나 이후 살면서 세상에는 투입물 증가에 비해 산출물이 훨씬 더 증가하는 수확체증원리가 더 잘 적용되는 경우가 많다는 것을 경험하였다. 앞서 얘기한 정보기술의 발달로 관계가 스스로 확장하여 증폭되는 성질이 사회 전반에 스며들고 있다. 따라서 이런 휘발성을 누그러뜨리기 위해 역으로 옛날 교과서에서 배웠던 수확체감원리가 요구되는 상황이다.

관계의 거침없는 질주를 차분해지도록 내력으로 제어하라는 요구이다. 사실 내력은 수확체감원리와 가깝다. 수확체감원리가 성립하기

1. 레비 스트로스 저, 박옥줄 옮김, 『슬픈 열대』, 한길사, 1998, pp.63~100.

위해서는 몇 가지 조건이 전제되어야 하는데, 그중 하나가 전문용어로 투입과 산출변수들이 볼록집합convex set의 조건을 만족해야 한다는 것이다. 쉽게 설명하면 '구성원들의 상호 작용의 결과liner combination가 시스템 내부원래 집합에 속해야 한다'는 의미이다. 나의 행위의 결과가 내부와 끈끈한 인과관계를 가져야 하며, 결코 시스템과 유리되지 않아야 하고 서로 수렴하는 메커니즘이 작동되는 세상이다. 바로 앞 장에서 살펴본 내생성의 세계와 가깝다. 그렇지 않고 구성원들의 행위의 결과가 시스템과 유리되면 소위 외부성externalities이 존재하여 변수들이 발산하게 됨으로써 수확체증원리가 작동되는 세계이다. 바로 관계가 지배하면서 휘발성이 강한 외생사회가 되어버린다. 이처럼 높은 불안정성에 노출되어 있는 것이 작금의 정보 사회의 한 단면이라 할 수 있다.

내력과 관계의 조화에 관한 지혜는 이 책의 여러 군데에서 얘기한 바 있다. 유학의 이통기국理通氣局에서부터 복잡계의 느슨한 관계weak tie의 장점에 이르기까지 다양하다. 리의 세계는 평균적·보편적이고 비교적 시공의 제약을 덜 받는다. 반면 기의 세계는 구체적·국부적이고, 시공에 제약을 많이 받는다. 리는 우리의 관념 속에서 매우 자유롭게 소통되어 관계를 통해 확장되지만 기는 우리가 서 있는 시간과 장소의 내력에 제약을 받는다. 이기 간 맥락적 관계를 잘 유지함으로써 리가 가진 부허함과 기가 가진 주관성을 잘 극복할 수 있다. 관계망도 강한 연결과 느슨한 연결이 듬성듬성 섞여 있을 때 전체 시스템이 환경 변화에 잘 적응해갈 것이다.

우리나라로 다시 돌아가면, 여전히 우리는 관계의 지배 속에 있으며, 정보화 시대에 편승하여 매우 불안정한 사회에 살고 있다. 안 그래도 관계에 민감한데, 이를 정보화가 더욱 북돋아 주고 있다. 어떤 일이든 인터넷에 올리는 순간 이는 삽시간에 퍼지고, 많은 사람들의 주목을 받는다. 정보의 유통 속도가 느렸을 때는 사람들이 정보를 접하고 즉각적인 반응을 보이더라도 다른 사람들이 인지하는 데 일정한 시간이 걸린다. 따라서 하나의 거대한 집합적인 행동으로 나타나기가 쉽지 않다. 그러나 정보의 유통 속도가 매우 빠를 때는 일시에 많은 사람들의 반응이 거대한 질서로 나타나기 때문에 쏠림 현상이 쉽게 나타난다.

최근 코로나19 사태로 인해 많은 나라들이 마스크나 휴지 품귀 현상을 겪고 있는 것이 바로 이의 전형적인 예이다. 일본경제신문, 도쿄대, 데이터 분석업체인 핫링크의 공동 연구에 따르면 정보 전달력이 기하급수적으로 증가함에 따라 발생하는 현상이라 분석하고 있다. 신문과 전화의 시대였던 스페인 독감1918~1920년 당시 정보 전달력을 1이라고 하였을 때, TV와 인터넷 시대였던 사스2003년의 전달력은 2만 1,924였다. 인터넷과 스마트폰의 시대인 신종 인플루엔자2009년 때는 17만 1,418배로 늘어났고, SNS의 시대인 코로나192020년 때는 149만 9,177배로 훨씬 증가하였다[2]. 정보전달 속도가 너무 빨라 눈 깜짝할 사이에 정보가 수많은 사람들에게 전달된다는 얘기이다. 그만큼 어떤 사건이든 유행이 쉽게 나타났다가 또 쉽게 사라지는 변동성이 심한 사회가 되어 가고 있다. 정보의 홍수가 관계의 홍수를 만들고, 관계의 홍수는 다

2. "日 화장지 품귀현상은 왜 일어났나…'정보팬데믹'에 걸린 인류", 한국경제, 2020.4.7.

시 정보의 홍수를 만들어 어떤 사안을 자꾸 부추긴다. 옛말에 "긁어 부스럼 일으킨다"라는 말처럼 작금의 정보화 시대가 바로 그런 속성의 위험을 지니고 있다.

요즘 지하철을 타보면 이상하리만큼 조용하다. 다들 손안의 스마트폰에 열중하기 때문이다. 겉으로는 평온해 보이지만 사이버상에서는 삶이 치열하게 돌아가고 있다. 그 시끌시끌하던 에너지들이 손안의 작은 기계에 다 들어가 버렸다. 그도 그럴 것이 우리나라는 인터넷과 핸드폰 사용률이 세계 1위를 기록하고 있다. 미국 시장조사기관 퓨리서치가 37개국을 대상으로 2017년에 조사한 자료에 따르면 스마트폰을 보유한 성인의 비율이 우리나라는 94%로 1위를 차지하였다. 2위는 83%를 기록한 이스라엘, 그 다음 호주 82%, 네덜란드 · 스웨덴 · 레바논이 각각 80%, 스페인 79%, 미국 77%, 요르단 76%, 독일 72%, 영국 72%, 칠레 72%, 캐나다 71% 등의 순으로 나타났다. 인터넷 침투율주기적으로 인터넷을 쓰거나 스마트폰을 소유한 성인 비율에서도 한국이 96%를 기록하며 세계 1위를 차지하였다. SNS 등 소셜미디어 사용 비율에서도 한국은 69%로 미국, 호주와 함께 요르단 75%, 레바논 72%에 이어 3위 그룹을 형성하였다. "닭이냐 달걀이냐"와 같이 관계가 중요하므로 SNS를 많이 하고, 또 SNS를 많이 하니 관계가 더 중요해지는 식으로 서로 상승작용을 하여 관계의 힘을 더욱 증폭시켜 주고 있다.

그러다 보니 사회 여러 부문 간 격차가 심해지고, 양극화 현상을 자주 경험하게 된다. 모두 유사한 알고리즘을 사용하는 플랫폼에 접속하여 정보를 얻다 보니 희한한 경험을 할 때도 있다. 어느 도시를 방문하여 맛집을 검색해 가보면 줄을 서서 한참 기다려야 하는데, 바로 옆의 동일한 메뉴를 내놓는 식당은 텅 빈 경우가 있다. 특정 제품의 수요가 갑자기 증가하여 품귀 현상이 생기면서 가격이 폭등하는 현상도 종종 나타난다. 특히 부동산처럼 가격 단위가 큰 경우에 폭등, 폭락은 심각한 시장 교란을 일으킨다.

우리는 알게 모르게 통계의 일상에 익숙해져 있다. 평소 잘 모르고 지나갈 정보들을 통계는 근거를 가지고 친절히 알려준다. 그러나 통계는 평균이나 표본으로 모수[실체]의 흐름을 나타내주기 때문에 구체적인 개별 상황을 반영하지 못한다. 그러니까 구체적인 실체가 아니라 관념적인 현상인 것이다. 그럼에도 평균적인 숫자가 세상에 공표되는 순간 모든 나약한 개별성들은 흔들리기 시작한다. 마치 어떤 흐름이 있어 따라가야만 하는 것처럼. 사실 그 개별성들은 그 이전까지는 평균적인 숫자가 나타내는 경향성을 의식하지 않고 자신에 충실하였다. 그러나 숫자가 이야기되는 순간 의식하기 시작하면서 그간의 역사에 왜곡을 드리운다. 통계의 폭력성이다.

관계와 내력 간에도 유사한 상황이 벌어진다. 관계는 대개 당대에 드러난 것들 간에 이해관계를 중심으로 성립된다. 성인이 되어 사귀는 사람들과의 관계가 대개 그러하다. 이때 개개의 내력들은 일단 뒷전으로 밀려난다. 그러나 관계가 지속될수록 숨어 있던 내력들이 표면으로 나타나면서 서로 갈등을 겪게 된다. 당장의 목적을 이루기 위해 관계를 맺기 때문이다. 그러나 내력은 끝내 드러나기 마련이다. 대개 어릴 적 사귄 친구들과의 관계는 비교적 오래가는데, 그것은 내력과 함께 하였기 때문이다. 관계에 골몰하는 사회는 결과를 중시하고 과정내력을 소홀히 한다. 내생성을 결핍하기 때문에 평균적인 통계처럼 환상일 수가 있다. 그러기 때문에 결코 도덕적일 수도 없다.

우리 사회 전반에 진영 갈등이 심하다. 진영이라는 관계가 대한민국이라는 내력보다 우위에 있기 때문이다. 소위 보수, 진보의 진영 논리가 국가의 연속성보다 앞선다. 진영 간 경쟁은 필요하다. 그러나 오랜 축적의 역사인 국가를 초월할 수 없다. 진영 논리는 지배 진영이 언제라도 바뀔 수 있다는 전제 하에 타당하다. 때로는 진보 진영이, 때로는 보수가 지배해야 국가가 건전하게 지속 가능하다 할 것이다. 관계는 좋은 것이고 새로운 창조의 원동력이라 장려되어야 한다. 문제는 내력의 뒷받침이 없는 관계가 난무할 때다. 관계가 과하거나, 관계가 부당하게 활용될 때도 문제이다. 건강한 우정이 정보화 사회를 살아가는 훌륭한 덕목인 까닭이다.

언어의 주체성

필자는 지금 세종시에 살고 있다. 대전에서 이사 온 지 어언 5년이 되었다. 신도시라 아직 도시의 여러 기반이 미비하지만 시간이 지날수록 점점 나아지고 있다. 새로 계획된 도시라 모든 것이 새롭고 깨끗하지만 자연스런 맛이 적어 좀 아쉽다. 하지만 동네 이름은 세종대왕의 뜻을 기려 순우리말로 지어 참 정겹다. 필자가 사는 동네는 행정구역상 도담동이고 별칭으로 도램마을이라고 불린다. 도담은 야무지고 탐스럽다는 뜻이고, 도램은 지형이 황소의 코뚜레소 코청을 꿰뚫어 끼는 나무 고리처럼 생겼다고 해서 지어진 이름이다. 행정동의 이름은 한자 어원을 가진 것도 있지만 별칭은 거의 순우리말이다. 이 외에도 어진동(한뜰마을 : 큰뜰), 아름동(범지기마을 : 범이 누워 있는 모습), 고운동(가락마을 : 갈림길), 다정동(가온마을 : 가운데), 새롬동(새뜸마을 : 새로 닦은 터), 보람동(호려울마을 : 금강이 여울짐), 소담동(새샘마을 : 새로 판 샘) 등등이 있다.

우리가 일상생활에서 자주 쓰는 말을 이렇게 동네 이름으로 쓰니 다정다감한 느낌이 든다. 새로운 발견이라 아니할 수 없다. 지명 하나라도 그냥 유행한다고 붙여진 것이 아니라 나름의 사연이 있다. 이처럼 내력과 어우러지니 더 애착이 가는 것 같다. 우리의 언어생활이 각종 유행어, 외래어 등으로 많이 오염되어 왔다는 반증이기도 하다.

방송 언어가 심각하게 오염되어 있다. 놀라거나 감탄할 때 우리는 "와!", "아이고!" 또는 "엄마야!"라고 하였는데, 언제부터인지 방송에서는 놀라거나 감탄할 때 "와우Wow!", "오 마이 갓Oh My God!"이라고 한다. '아내'가 '와이프'로, '치유'가 '힐링'으로, '정신적 상처'가 '트라우마'로 등등. 이런 말들이 수도 없이 많다. 아름답고 오랜 우리말들이 밑도 끝도 없이 둔갑하고 있다. 마치 유행의 첨단을 걷는 것처럼 너도나도 따라 하고 있다. 국민 언어생활의 나침반이라 할 수 있는 방송이 이러하니 일반 대중들도 쉽게 따라 하게 된다. 비단 방송 언어뿐만 아니라 공공기관 이름, 회사 이름 등 멀쩡한 이름을 굳이 외래어로 바꾸고 있다. 예를 들어 지역마다 ○○ 동물원이라고 하던 것이 다 외래어로 바뀌었다. 동물원이라는 말을 들으면 참으로 정겹고 단번에 알 수 있는데,

새로 지어진 이름들은 처음 들으면 도무지 무엇을 하는 곳인지 알 수 없는 정체불명의 것들이 수두룩하다.

왜 이러한 현상이 벌어지는지 곰곰이 생각해보면, 이는 일종의 문화 현상이라 할 수 있다. 역시 서양 문물을 받아들이는 입장에서 문물과 더불어 언어가 같이 들어오는 것은 자연스런 현상이다. 동도서기에서 동도와 서기가 분리될 수 없는 것처럼 물질과 더불어 정신이 같이 온다. 언어는 소통이라 외부와의 교류가 잦은 개방 국가에서 외래어 사용은 불가피하다. 사이버상에서 정보가 시공을 초월하여 날아다니는 글로벌 시대에 더더욱 그렇다. 수많은 유학생들이 미국 등 영어권에서 공부를 하고 들어와 현재 후학을 가르치고 있다. 학교에서 사용되는 대부분의 전문 용어들이 영어로 되어 있고, 그것들이 자연히 일상생활로 흘러들어와 활용 · 변용되고 있는 현실이다.

언어 유입은 당장은 손해나는 것이 아니기 때문에 별 저항 없이 받아들여 무심결에 쓰는 일이 허다하다. 상품이나 기술처럼 비용을 지불하는 것이 아니기 때문에 요모조모 따지지 않는다. 그러나 단지 그렇게만 볼 것이 아니다. 우리가 눈치채지 못하는 사이에 야금야금 의식을 지배하는 것이 언어이다. 아무리 교포라 하더라도 우리말을 하지 못하면 거리감이 느껴지고, 피부색이 달라도 우리말을 잘하면 동류 의식을 느낀다. 그런 이유로 일제강점기에 일본이 우리말 말살 정책을 폈고, 이에 맞서 우리말을 지키기 위해 선조들이 그토록 싸웠던 것이다. 지금 영어는 거꾸로 어릴 적부터 엄청난 에너지를 쏟은 나머지 과하고 무분별하게 쓰여져 우리의 언어생활이 혼탁해질 정도이다.

과거 1970년대 자동차산업 육성 정책을 펼 때 우리가 직접 자동차를 만들 것인가 아니면 다른 나라로부터 수입할 것인가가 큰 논란이 된 적이 있었다. 직접 자동차를 생산하여 자체 브랜드를 가지려면 엄청난 재원이 필요하고 시간도 많이 소요된다. 또 과연 해외 유명 브랜드와 경쟁할 수 있을까라는 의문이 많이 제기되었다. 그보다는 해외로부터 질 좋은 자동차를 수입해서 쓰고 그것을 다른 곳에 투자하는 것이 더 이득이 될 것이라는 주장이었다. 당시 상황에서는 일리 있는 주장이다. 그러나 그때 그렇게 결정하였더라면 우리나라 경제가 이만큼 성장하지 못하였을 것이다. 그런 논리로 다른 산업도 그렇게 하였더라면 동남아 국가들처럼 대부분의 제조 상품을 해외에서 수입하고 경공업이나 농업, 관광산업에 의존하였을 가능성이 높다. 설사 생산하더라도 OEM 생산과 같은 하도급 생산기지로 전락하였을 것이다. 그렇게 되면 자국에 귀속되는 부가가치가 낮기 때문에 국부가 증가하는 데 한계를 가질 수밖에 없다. 당시 힘들더라도 도전을 한 덕분에 우리가 직접 자동차를 생산하고 자체 브랜드를 가짐으로써 그에 연관된 수많은 전후방 업종들이 국가의 산업 기반을 튼튼하게 받쳐주고 있다.

팽팽한 찬성과 반대의 우여곡절을 겪었지만 자동차산업 육성은 길게 보면 아주 옳은 결정이었다. 자동차산업은 2017년 현재 우리나라 제조업 총생산의 12.7%, 고용의 11.9%를 차지하는 최고의 산업으로 자리를 잡았다[3]. 세계 시장 점유률도 2019년 4.2%로 중국, 미국, 일

3. 한국자동차산업협회, 『2018년 기준 한국의 자동차산업』, 2019.6.

본, 독일, 인도, 멕시코에 이어 세계 7위의 생산국이다. 자동차는 밖에 나가면 쉽게 눈에 띄기 때문에 광고 효과도 매우 크다. 외국에 나가 길에서 현대나 기아차를 보면 마음이 뿌듯함을 감출 수 없다. 마찬가지로 다니다가 한글로 써놓은 안내문을 보면 기분이 좋아진다. 중국어, 일본어는 있는데, 한글이 없으면 왠지 기가 죽는다. 우리 고유의 정체성을 세상이 알아주는 그 뿌듯함은 어디에다 견줄 수가 없다. 언어란 바로 그런 것이다. 우리가 우리말을 사랑하지 않으면 외국 사람들이 알아줄 리 만무하다.

여행을 가보면 프랑스, 스페인 등에서는 영어가 잘 통하지 않는다. 큰 나라일수록 또 나름 찬란하였던 역사를 가진 나라일수록 자기 나라말을 소중히 여긴다. 반면 소국일수록 영어가 잘 통한다. 큰 나라는 자기들 인구만으로도 충분히 먹고살 수 있으나 작은 나라는 외국 사람들의 도움으로 먹고살아야 하므로 외국어를 익혀야 한다. 따라서 언어생활은 그 나라의 생존 전략과 밀접한 관련이 있다. 우리나라도 협소한 국내 시장보다 넓은 해외 시장을 대상으로 수출로 경제 발전을 이루었기 때문에 영어를 비롯한 외국어를 열심히 익혀왔다. 그러나 이제 해외 시장 의존 전략만으로는 한계가 있어 다변화 전략이 절실히 필요하다. 그 중 하나가 선발국을 캐치업하는 데서 벗어나 내생적 혁신으로의 전환이다. 그런 면에서 우리의 언어생활도 하나의 전환점을 맞이하고 있다고 할 수 있다. 국가의 발전은 일정 자본을 투자하여 노력하면 어느 정도 수준까지 달성 가능하다. 그러나 혁신을 통한 진정한 강국으로의 진입은 국가의 문화적 자존과 더불어 같이 가며, 무엇보다 언어의 주체성이

동행하지 않으면 일정 한계를 가진다.

그런 면에서 현재 세계에서 주목받고 있는 한류는 시사하는 바가 크다. 노래 가사가 한글인데도 신이 나서 따라 부르고, 그런 가운데 한글이 전파되면서 한국 문화에 관심을 갖게 되는 그런 선순환이 이루어지고 있다. 외국 젊은이들이 모여 한글 노래를 합창하면서 춤을 추는 것을 보게 된다. 과거에는 상상하지 못할 일들이다. 그렇게 한류를 즐기다 보면 배경이 궁금해지고, 자연스레 한글을 배우게 된다. 한글을 배우면 훨씬 한국을 잘 알게 되고, 한국이 만든 물건을 사게 되고 또 한국을 방문하게 된다. 이렇게 직간접적인 효과로 한류의 경제적인 효과가 꾸준히 늘어 관련 수출이 2018년 95억 달러로 GDP의 0.59%를 차지하였으며, 고용도 0.53% 비중으로 계속 증가 추세에 있어 웬만한 제조업 이상의 부가가치를 만들고 있다.[4]

이래저래 우리 언어의 주체성을 살릴 수 있는 좋은 여건들이 마련되고 있다. 문제는 외국 사람들이 한국에 관심이 있어 방문하였을 때 우리 문화의 우수성에 흠뻑 젖게 하는 일이다. "역시 이런 문화 속에서 한류가 탄생할 수 있었구나!" 라고 수긍할 수 있도록 품격 높은 문화를 체험하도록 해줘야 한다. 한국의 매력을 느끼고 다시 방문하고 싶은 욕구를 불러일으켜야 한다. 잔뜩 호기심을 갖고 한국을 방문하였는데, 우리 문화의 일천함이 드러난다면 한류가 결코 오래가지 못할 것이다. 진정 내용으로 승부해야 함을 시사한다.

---

4. 한국국제문화교류진흥원(2018), 「2018한류파급효과연구」, e-나라지표 : 일반고용동향, Worldbank : GDP(Korea) 등을 활용하여 계산하였다.

내용은 형식인 언어와 밀접하게 관련되어 있다. 언어를 풍부하게 하지 않으면 내용의 발전도 어렵다. 번역할 때 우리의 정서, 느낌을 정확하게 표현할 수 있는 외국어나 반대로 우리말이 없어 곤혹을 치르는 경우가 많다. 예를 들어 우리의 응어리진 마음을 나타내는 '한恨'을 정확하게 표현하는 외래어를 찾기 어렵다. 언어와 정서가 밀접하게 연관되어 있기 때문이다. 그것은 결국 내생성과 관련된다. 언어는 오랜 세월 동안 인간 마음의 표현과 더불어 형성되었기 때문에 내력을 알지 못하는 사람들에게는 결코 이야기를 들려주지 않는다. 앞서 한 이론과 실제가 서로 밀접하게 연계되는 것이 내생성의 중요한 조건이라는 얘기와 맥락이 닿아 있다. 학문 세계의 이론이 그것이 대상으로 하는 현실과 밀접하게 상호 작용하는 가운데 진화되듯이, 더 넓게 보면 인간의 언어라는 것은 인간의 일상적인 삶과 가까이서 호흡하는 가운데 생멸한다.

국제 운동경기를 보자면 경기장에 예전에는 모두 영어로 된 광고가 많았으나 최근에는 다양한 언어로 된 광고가 즐비하다. 그 경기를 주로 시청하는 사람들을 목표로 해당 언어로 게시함으로써 광고 효과를 높이려는 의도가 깔려 있다. 그만큼 해당 언어를 쓰는 국가들의 위상이 높아졌음을 나타내기도 한다. 언어의 다양성이 줄어드는 세태에 반가운 일이다. 현재 지구상에 5,000여 개의 언어가 있는데, 이 중에 반은 21세기에 사라질 것이라고 예측되고 있다[5]. 서로 소통이 빈번할수록 표준어 사용이 늘고 영어와 같이 많이 쓰는 언어로 쏠리기 때문이다.

---

5. 앤드류 달비 저, 오형나 역, 『언어의 종말』, 작가정신, 2008, pp.7 ~ 10.

언어학자들은 이러한 언어의 획일성이 생각의 획일성을 가져와 일류의 혁신성을 감소시킬 것이라고 우려하고 있다. 언어의 주체성이라는 것은 무조건 우리말을 쓰자는 것이 아니다. 언어가 갖는 기능, 특성, 중요성을 잘 인식하고 국가의 발전 단계에 발맞추어 우리말을 아끼고 사랑하자는 얘기다.

새로운 외래어를 쓸 때 무조건 갖다 쓸 것이 아니라 우리말에 적절한 말이 있는지 한 번 더 생각하는 자세가 필요하다. 언어라는 것은 당장의 이해관계가 얽혀 있지 않아 무의식적으로 사용하는 경우가 많다. 따라서 의식적인 개입이 필요한 영역이다. 어떤 이름을 붙이는 행위naming, 즉 작명을 보면 그 수준을 짐작할 수 있다. 앞서 세종시의 예에서 보았듯이 우리말에 얼마든지 멋있는 말이 많아 외국어를 그대로 쓰기 전에 한 번 더 살피는 자세가 필요하다. 우리말을 제대로 알려면 역시 한자도 알아야 그 의미의 유래를 알 수 있다. 어귀에 한글로 덩그렇게 마을 이름을 새겨 놓은 마을이 많은데 그렇게 하면 처음 방문한 사람들은 도대체 이 마을에 어떠한 유래가 있는지 알 수가 없다. 한자와 같이 병기하면 그 마을에 어떤 내력이 있는지 금방 알 수 있다.

영문을 알 수 없는 외국어로만 표시된 옷을 입을 것이 아니라 한글, 한자로 된 옷도 즐겨 입는 것도 언어의 주체성을 높이는 좋은 방법이다. 그러면 한글, 한문 디자인도 다채롭게 개발되어 일상에 쓰는 여러 제품에 생활 디자인으로 스며들 수 있을 것이다. 한옥, 공예품 등에 새겨 있는 우리의 전통 문양들도 함께 생활 디자인으로 널리 활용될 수 있을 것이다. 언어생활도 결국 내력과 관계의 조화 속에 적절하게 방향을 정하여 나갈 것이다.

도시재생

앞의 애기가 인간의 기본적인 의사소통 수단인 언어와 내생성에 관한 것이었다면 이번에는 주거 공간과 내생성에 관한 애기이다. 언어가 인간의 문명 생활과 더불어 자연적으로 발생하듯이 주거 공간도 자연 발생적이다. 그때그때의 필요에 따라 건물이 지어지고 길이 나면서 차곡차곡 도시의 공간이 형성되어 간다. 바둑판처럼 격자 모양이 아니라 구불구불한 것이 더 자연스럽다. 그러나 근래 우리의 주거 공간 개발 방식은 전혀 내생적이지 않고 외생적이다. 서울에 인구가 집중되면서 부족한 주거 문제를 단기간에 해결하기 위해 신도시 개발이라는 방식으로 접근하게 되었다. 아파트가 새로운 주거 공간으로 각광을 받고 또 자산 효과가 높아 신도시 아파트에 대한 국민들의 선호가 날로 높아지게 되었다. 이런 추세 속에 강남, 분당, 일산이라는 지역이 탄생하게 되었고, 지금도 제2, 제3의 강남, 분당, 일산에 대한 꿈은 우리의 마음속에 꿈틀거리고 있다.

신도시 아파트의 자산 효과가 엄청나 모두 신도시로, 신도시로 몰려들었고, 그럴수록 아파트 값은 천정부지로 치솟아 주기적으로 홍역을 치루는 지경에 이르렀다. 자산과 인구가 늘어남에 따라 신도시 개발에 대한 수요는 날로 높아만 간다. 신도시와 구도시 간의 자산 격차가 벌어질수록 구도시 거주자의 상대적 박탈감이 높아지고, 모두 기회만 되면

신도시에 살고 싶어 한다. 이렇게 뼈저리게 학습한 경험은 좀처럼 지워지지 않고 그 이후에 지방으로 번져 웬만한 광역도시들 역시 적어도 신도시 하나쯤은 개발하였다. 수도권, 광역권 할 것 없이 동일한 현상이 일어나고 있다. 이제는 동일한 경험이 쌓여 하나의 DNA처럼 굳어져 가고 있다.

신도시 개발 방식은 하향식top-down으로 거대한 도시 설계 하에 내용물을 채우는 형식이어서 소규모 단위에서는 효율적이나 규모가 커지면 여러 부작용을 낳는다. 대규모 주거단지를 경제 논리에 의존하여 건설하다 보니 인구가 밀집되고 교통 혼잡을 일으킨다. 이를 해결하기 위해 만들어진 폭넓은 도로는 보행자들로 하여금 걷기 불편하게 함으로써 도시의 단절 현상을 불러일으킨다[6]. 특히 수도권 신도시 개발은 도시 규모를 더 키워 인구 집중을 더 유발시켜 부동산 가격을 불안정하게 만들고 있다. 주거 공간이라는 것은 인간의 다양한 욕구를 충족시켜 주어야 하는데 그러지 못하는 데다 부동산 가격마저 교란시키고 있어 여러 방면으로 삶의 질이 저하되고 있다. 단지 자산 가치가 이를 상쇄시켜 주는 역할을 하고 있을 뿐이다. 주택이라는 것은 자기 소득에 맞게 다양하게 선택 가능해야 하는데, 신도시 개발과 같은 대규모 개발은 국민 모두의 주거비용을 증가시켜 상당한 소득이 주거비용으로 흘러가게 한다. 그 때문에 다른 생활이 정상적으로 이루어지지 못하는 현상이 벌어지고 있다. 그런 면에서 기존 개발 방식은 지속 가능에 의문을 던진다.

---

6. 아오키 히토시 지음, 최민경 옮김, 『일본형 매혹도시를 만들다』, 도서출판 아르케, 2007, pp.125~127.

오랜 역사의 흔적들을 하루아침에 불도저가 싹 밀어버리고 대신 하늘에서 회색빛 성냥갑들이 내려와 줄지어 서 있다. 앞만 보고 달려왔건만, 어느 날 문득 사람들이 고개 돌려 뒤를 쳐다보기 시작하였다. 좀 살 만하니까 그런 여유가 생겼는데, 아쉽게도 이미 때는 늦었다. 그동안 무수한 우리 삶의 흔적들을 지워 버렸으니. 기와집도 없애고, 골목길도 없애고, 뒷동산도 없앴다. 해외로 나가 이래저래 문물을 접해보니 스스로를 먼 발치서 제대로 볼 수 있게 되었다. 너무 가까이 있어 보이지 않던 것들이 보이기 시작하였다. 그와 함께 "과연 우리는 누구인가?"라는 정체성을 확실히 하고 싶은 욕구가 생겼다. 회색빛 아파트에 지쳐 이제야 자연을 찾는다. 어릴 적 듣던 물소리, 새소리가 그리워지게 된 것이다. 이야기는 없고 오직 경제적 부만 추구해온 과거를 되돌아보기 시작하였다. 그런 의식의 변화 가운데 탄생한 것이 도시재생이다.

그러나 도시재생에 대한 욕구와 아파트의 자산 효과에 대한 욕구가 공존, 충돌하고 있는 상태에서 도시재생은 그리 순탄하지 않다. 한쪽에서는 신도시 건설, 또 다른 한쪽에서는 도시재생이 진행되고 있다. 하지만 우리의 의식이 변화되고 있는 만큼 도시재생의 앞날은 밝은 편이다. 도시재생은 우리의 역사, 문화를 계승하여 도시의 다양성을 살리는 것은 물론, 비용도 적게 들어 부동산 가격 안정화에도 기여한다.

현 정부가 추진하고 있는 도시재생 뉴딜사업은 규모에 따라 우리 동네 살리기, 주거정비 지원형, 일반 근린형, 중심 시가지형, 경제 기반형 등 5개 유형으로 나누어져 있다. 가장 큰 특징은 해당 지역 주민들이 협의체를 만들어 재생 사업을 주도하는 형태의 상향식 추진 방식을 취하고 있다는 점이다. 오랫동안 그 지역에 살아온 주민들의 의견이 적극 반영되기 때문에 지역의 내력이 단절되지 않고 계속 이어져 그야말로 내생적이다. 여기에다 지자체와 공동으로 추진하여 새로운 아이디어도 함께 융합되므로 다분히 생태계적 접근이라 할 수 있다.

도시재생의 사례들로는 서울 종로구 익선동 카페골목, 부산 사하구 감천동 감천문화마을, 대구 중구 근대골목길 등이 있다. 이 밖에도 각 지역별로 적어도 한두 군데 이상이 알려져 있다. 이중 사람들이 꾸준히 많이 찾는 곳은 대개 그 지역의 고유한 내력을 바탕으로 새롭게 태어난 곳들이다. 아무 연관성이 없는 옷을 입히는 도시재생은 오래가기 어렵다. 그런 경우는 대개 유행을 따르기 때문에 긴 여운을 남기지 못하며, 짧은 시간 내에 주목을 받으려고 무리수를 두어 얼마 지나지 않아 밑천이 드러나고 만다. 당장 인기가 있으면 외부의 거대 자금들이 몰려와 그 곳을 차지하려 든다. 그렇게 되면 임대료가 오르고 원래의 주민들이 떠나면서 지역만의 고유한 특성이 사라져 금방 황폐화되어 버린다.

도시재생은 공공이 주도하기보다는 민간이 자발적으로 추진하는 것이 제일 바람직하다. 현재 추진되고 있는 도시재생 뉴딜 정책도 기본 방향이 그렇게 설정되어 있다. 그러나 현실은 공공이 주도하는 형태가 주류이다. 일정 규모로 진행되어 사업성에 대한 위험이 있기 때문에 순수 민간에 맡기기에는 여러 어려움이 따른다. 불가피한 측면이 있지만 외생성이 강하다 보니 잘 활성화되지 않는다. 정부 예산의 한계도 있다. 이러한 점들을 보완할 수 있도록 민간 기업의 참여를 적극적으로 유도할 필요가 있다. 기업의 글로벌 감각이 접목될 경우 도시재생은 새로운 국면을 맞이할 수 있다. 글로벌과 로컬이 합쳐져 글로컬라이제이션Glocalization을 기대할 수 있으며, 외국 관광객들도 많이 찾게 되어 국제적인 명소로도 발돋움할 수 있다.

민간 투자가 들어올 경우 경계해야 할 것은 지나치게 이익을 추구하는 것이다. 도시재생은 기본적으로 과도한 이익을 취할 수 없는 구조이지만, 예를 들어 떠오르는 지역핫플레이스처럼 단시간에 각광을 받아 갑자기 달아올랐다가 또 빨리 식어 버리는 일이 일어나지 않도록 해야 한다. 그러기 위해서는 시간을 늦추어 천천히 가는 것이 필요하다. 추진 기간을 짧게 잡으면 수익을 빨리 내야 하기 때문에 초기의 적자 기간을 감내하기 어렵다. 그러다 보면 무리하게 계획을 변경하여 추진하는 경우가 많다. 그러면 공간의 특성이 사라져 단명하게 된다. 느리더라도 차근차근 추진하여 방문자들에게 어떠한 메시지를 전달할 것인가를 분명하게 해서 가야 한다. 가장 바람직한 것은 긴 시간을 갖고 민간이 주도하여 추진하는 것이고, 여의치 않으면 공공이 참여하여 위험을 줄여 주어야 한다.

신도시 개발의 후유증이 심하고 도시재생 지역이 단명하는 이유는 근본적으로 사람 중심의 개발 방식을 택하기 때문이다. 갓난아기가 엄마의 품속에서 느끼듯이 거주자나 방문자가 그 지역에 흠뻑 젖어 들어 보호받는 느낌을 주는 것이 최상이다. 그래서 그 지역에 대한 잔상이 오래 남아 언제라도 다시 방문하고 싶도록 만들어야 한다. 필자는 유럽 몇몇 도시를 방문해서 거리를 거닐면서 그런 느낌을 받은 경험이 있다. 그럴 때마다 '이런 느낌은 도대체 어디서 오는 걸까' 하는 생각을 하곤 하였다. 그리고 내 나름대로 유럽 도시의 환경이 사람 중심이 아니라 자연 중심이기 때문이라는 결론을 내렸다. 유럽 도시에서는 사람이 만든 건축물들이 자연과 잘 조화를 이루어 자연의 한 부분으로서 자연을 거스르거나 압도하지 않는다. 우리의 시골 풍경에 덩그러니 솟아 있는 아파트는 일종의 폭력이다. 우리 산천에는 역시 한옥이 잘 어울린다.

얼마 전 필자는 스웨덴을 방문하여 스톡홀름 외곽의 저층 아파트에서 잠시 머문 적이 있다. 아파트들이 숲의 아름드리 나무들에 가려 잘 보이지 않을 정도로 숲과 아파트가 서로를 감싸고 있었다. 그 모습을 보고 '어떻게 저렇게 우람한 나무들을 잘 보존할 수 있었을까' 라는 궁금증이 생겼다. 알아보니 스웨덴에서는 관청에서 나무를 함부로 베지 못하도록 엄격하게 관리하고, 만약 베야 하면 관청으로부터 허락을 받아야 한다고 하였다. 그러니까 사람이 땅에 건물을 짓고 살 권리만큼 나무도 땅에 뿌리를 박고 생명을 이이갈 권리가 있다는 생각에서 나무를 잘 관리하고 있었다. 우리나라에서는 근래에 와서 동물 권리에 대한 의식이 싹텄지만 저들은 이미 동물은 물론이거니와 식물들에까지 의식이 미치고 있다. 하물며 선조들의 얼이 배어 있는 공간들에 대해서는 어떻게 하였겠는가?

최근에 우리 국민들 사이에 트로트의 인기가 대단하다. 전혀 새로운 장르가 아닌데도 인기가 높은 것을 보면서 도시재생에 대한 밝은 희망을 보았다. 원곡은 한옥, 골목길이요, 요즘 부르는 노래는 요즘의 건축기술을 접목하여 한옥과 골목길을 재탄생시키는 것과 같다. 그냥 스쳐 지나가던 트로트 가사의 한 구절 한 구절이 우리 마음속으로 들어온다. 트로트는 지금 여기에 우리와 함께하고, 우리 얘기를 노래하고, 우리의 심금을 울린다. 과거에는 남의 나라 노래에 정을 과도하게 주어 우리 노래에 눈길을 별로 주지 않았고, 또 우리 얘기를 표현하는 방법도 세련되지 못하였다. 그러나 이제 우리 얘기를 남에게 표현하는 방법을 잘 알기 때문에 노래뿐만 아니라 다른 수단들을 통해 우리의 숨은 얘기를 많이 들려줄 수 있게 되었다. 우리의 얘기를 떳떳하게 드러내는 시대가 열린 것이다. 거창하지 않아도 우리의 일상을 자연스럽게 드러내면 된다. BTS도 그렇고, 영화 "기생충"도 그렇고, 트로트도 그렇다.

마찬가지로 우리의 삶의 공간도 우리식으로 표현하면 된다. 어릴 적 좁은 골목길이 다시 눈에 아른거린다. 골목길을 지나가면서 들리는 사람들의 대화 소리, 발자국 소리, 언덕 비탈 계단에서 바라본 집들이 다닥다닥 붙은 산비탈 풍경, 새소리, 비소리, 바람소리 등등이 언제부터인지 우리 주위에서 사라졌다. 대규모 아파트에 살기 시작하면서 더 이상 볼 수도 들을 수도 없다. 인구가 폭발적으로 늘고 도시로 도시로 모여드는 시절에는 어쩔 수 없었다 하더라도 이제는 점점 인구도 줄어들어 굳이 대규모 아파트를 만들 필요가 없다. 건축기술이 발달하여 옛 도시 구조를 유지하면서도 훌륭한 주거 공간을 유지할 수 있다. 집안에 자연을 끌어들이는 것도 별문제가 되지 않는다. 얼마든지 아련한 풍경과 소리들을 일상에서 만끽할 수 있을 만큼 도시재생의 훌륭한 환경이 마련되었다.

다만 남은 것은 그 지역 주민들의 의사가 담겨져 추진되느냐 하는 문제이다. 주민들의 의사를 반영하는 방식은 여러 가지가 있을 수 있다.

제일 바람직한 것은 주민들이 자치적으로 추진하는 것이나 현실적으로 지역에 따라서 편차가 있으므로 공공의 힘을 빌리는 방식으로 할 수 있다. 결국 다양한 주체들의 자발적 참여를 통해 내생성을 어떻게 살려 나가느냐의 문제이다. 그러나 여전히 관 주도의 하향식 관성이 남아 있어 주민들조차도 무슨 갈등이 생기면 정부에 의존하는 습성을 가지고 있다. 또한 역사 · 문화 공간 같은 곳은 당연히 공공기관이 담당하는 것이고, 상업화와는 거리가 멀다는 인식이 있다. 역사 · 문화 공간이 따로 있는 것이 아니라 우리가 사는 곳이 모두 그런 공간이며, 우리와 함께 일상에서 살아 숨 쉬는 공간으로 만들어가는 것이다[7]. 자발적 참여는 수많은 토론과 합의라는 소통의 과정을 필요로 하므로 당연히 천천히 갈 수밖에 없다. 초기에 더디더라도 주민 자발성의 동력을 확보하는 것이 매우 중요하다. 그리고 나서 필요에 의해 정부 등 외부 지원이 더해지는 형태로 가는 것이 바람직하다.

도시라는 것은 아주 작은 단위에서 스스로 공간을 계획하고 짓는 데서 출발한다. 거대한 계획이 있어 내용을 채워가는 것이 아니라 주어진 조건에서 발휘된 각자의 개성들이 조각조각 모여 도시 전체의 모습을 만들어간다. 구불구불, 울퉁불퉁 각자의 개성을 살리면서 주위와 조화를 이루고 전체 도시의 모습을 배려하는 그런 도덕적 경지가 도시개발에도 필요하다. 집은 내 삶의 축적태, 내 삶의 여정이 응축되는 곳이 되어야지 나그네의 거처로 취급하거나 부를 축적하는 수단으로 삼는 것은

---

7. 도시재생사업단, 『역사와 문화를 활용한 도시재생 이야기』, 한울아카데미, 2012, pp.13~18.

인생을 낭비하는 것과 다름없다. 이 세상에 태어나 내가 원하는 모습의 집에 한 번 살아보는 것도 참 멋진 일이 아닌가?

02

사람보다 일

전문가 사회

'사람 중심 사회', '사람 중심 경제' 라는 말을 종종 듣는다. 도대체 어떤 의미일까? 사람을 모든 가치의 중심에 두는 사회경제 체제를 말한다고 할 수 있다. 그러나 이 말은 오해할 소지가 많다. 잘못 이해를 하면 사람을 모든 일의 최우선 순위에 두는 것으로 해석하여 모든 면에서 개인을 조직보다 우선시하는 것으로 인식할 수 있다. 모든 일이 궁극적으로 개인의 행복과 이익을 증진시키기 위해 도모되지만, 그것은 개인이 속한 조직이나 사회와 같은 전체와 밀접하게 연결되어 있기 때문에 단순하게 분리하여 우선 순위를 정할 수 있는 성질의 것이 아니다. 자칫하면 회사야 어떻게 되든 내 월급만 많이 받으면 된다는 식으로 나의 이익을 최우선시하는 행태가 만연될 수 있다. 오히려 지금까지 인류가 지나치게 사람 중심으로 살아와서 문제가 더 심각해지고 있는 것이 아닌가? 앞서 지적한대로 지나친 인권이 동물권, 식물권을 제한시켜 전체 생태계가 망가져 결국 인권조차 지키기 어렵게 되는 것과 같은 상황이 벌어질 수 있다.

사회경제 문제로 국한시켜 보면, 인권뿐만 아니라 일권도 중시하는 사회를 생각해볼 수 있다. 일권이라 함은 사람이 하는 일을 중시한다는 의미이다. 일이라는 것은 일의 과정과 결과에 관련되는 일체의 것으로 인간 노력의 총제적 축적이다. 사람과 사람이 이어지면서 조직 내에 쌓여 대대로 전해진다. 우리는 그 일을 통해 자아를 실현하고 행복도 누린다. 그런데 그러지 않고 일보다 자신의 행복을 앞세우면 선후가 뒤바뀌게 된다. 나와 일은 분리될 수 없으며, 일의 끝이 있을 수도 없다. 흔히 열심히 일하다가 어느 날 은퇴를 하게 되면 갈피를 못 잡고 잘 적응을 하지 못하는 경우가 많다. 갑자기 늙어 버리기도 한다. 이처럼 일이라는 것은 삶 그 자체라고 할 수 있다. 생물 개체들이 끊임없이 환경에 적응하여 종족을 보존하듯이 어떠한 조직이든 환경에 잘 적응해야 지속 가능한데, 이는 결국 그 조직에 합당한 일을 잘 수행해 나갈 때 가능하다.

그만큼 일은 우리 삶에서 떼어낼 수 없다. 그런데 우리 마음 한구석에는 일에서 벗어나려고 일을 하는 마음이 도사리고 있다. 일은 밥벌이의 중요한 수단으로 그 중압감에서 벗어나고픈 것이 사람의 마음이다. 그러므로 일로부터의 즐거움과 스트레스가 공존하는 것이 일반적이다. 그러나 그렇지 않고 일로부터 벗어남에도 불구하고 부귀영화를 누리고자 하는 마음이 강하다면, 또 많은 사람들이 그렇게 생각하면 그 사회는 뭔가 잘못된 사회다. 사실 우리 사회가 이런 풍조에 많이 노출되어 있다. 내가 지금 어려움을 참고 열심히 일해서 어느 순간 고지에 올라가면 그때부터는 일에서 벗어나 그때까지의 공으로 여생을 보내고자 하는 심리가 강하다. 그만큼 먹고사는 일이 힘들어 이에 대한 보상심리가 높은 측면도 있고, 그렇게 열심히 하지 않아도 잘 먹고 사는 사람들을 많이 봐온 측면도 있다. 대표적인 것이 건물을 손에 넣는 순간 일이 손에서 빠져나가는 그런 경험이다.

일에 전력을 쏟지 않아도 여러 다른 연줄로 출세하는 길이 많다. 사회 전반에 걸쳐 전문가층이 얕고 어느 분야든 조금만 깊이 들어가면 전문가가 별로 없다. 대표적인 고급 인력인 정부 관료들만 봐도 세부 분야 전문가specialist보다는 일반 전문가generalist 양성에 무게가 가 있다. 과거처럼 사회가 세부적으로 전문화되지 않았을 때는 일반 전문가가 더 필요하였으나, 이제는 사회가 복잡해지고 깊이를 요구하기 때문에 특정 분야의 전문가가 더 요구되고 있는 시대이다. 한 가지 일에 오래 머물러 그 돌아가는 원리를 터득하게 되면 사실 다른 조직에 가서도 금방 적응할 수 있다. 하나의 일에 깊이 들어가지 않고 여러 다른 일을 전전하면 진정한 전문가가 되기 어렵다. 박사 하나를 못 하고 석사를 여러 개 하는 것에 비유된다.

정부는 소위 순환보직제라는 오랜 직제 시스템에서 크게 벗어나지 못하고 있다. 이로 인한 사회적 비용이 적지 않다. 공적인 일을 수행함에 있어 어떤 사안에 대해 최종 판단을 내리는 일이 매우 중요하다. 이럴 때 최종 결정권을 가진 공무원의 역할이 매우 크다. 왜냐하면 그 일과 관련된 민간 전문가는 자기 분야밖에 모르지만 담당 공무원은 그 일과 관련된 여러 다른 분야의 이해 관계자들의 견해를 종합하여 입체적으로 볼 수 있어 더 정확하게 판단할 수 있는 위치에 있기 때문이다. 뿐만 아니라 문제를 해결할 수 있는 수단들을 비교적 많이 가지고 있어 실질적인 처방을 내릴 수 있다. 담당 공무원이 순환보직제로 인해 사안에 대해 소상히 모른다면 올바른 판단을 하기 매우 어렵다. 하나의 사안이라 하더라도 그와 관련된 여러 일들이 실타래처럼 얽혀져 있을 뿐만 아니라 글로벌 시대를 맞이하여 해외 국가들과도 연계되어 있어 고도의 전문성을 요한다. 담당 공무원이 최고의 전문가가 되어야 하는 이유이다.

담당 공무원이 자주 바뀜으로써 산하 기관들이 겪는 고초도 상당하다. 중앙부처의 국장이나 과장이 주도하여 일을 추진하던 도중 갑자기 담당 국장이나 과장이 바뀌어 어려움을 겪는 사례가 많다. 새로운 담당자가 오면 그 일에 대해서는 잘 모를뿐더러 관심이 적어 일이 중단되거나 흐지부지되는 일이 허다하다. 그동안 산하기관들이 추진하던 일이 수포로 돌아가고 다시 새로운 일을 추진한다. 또다시 바뀌면 또 같은 일이 반복된다. 일이 축적되지 않을뿐더러 예산 낭비도 상당하다. 사람이 바뀌면 일이 같이 바뀌는 것이 아니라 사람과 관계없이 일은 계속되고 기록되어 쌓여가야 한다.

비전문성으로 인한 비용 지불은 비단 담당 공무원에만 국한되지 않고 부처의 수장에도 해당한다. 장관은 선출직이라 대개 외부의 전문가나 정치인들이 맡는 경우가 많다. 외부 전문가로는 그 분야에 식견을 가진 교수나 연구원들이 오는 경우가 많다. 교수나 연구원은 그 분야에 오랫동안 지식을 쌓아 이론이나 식견은 풍부하나, 현장 경험이 부족하고 행정도 잘 모른다. 그래서 현실과 동떨어진 정책을 추진하다가 시행착오를 많이 겪는다. 어떻게 보면 반쪽 전문가라 할 수 있다.

최근 교수 출신 장관의 부적합성에 대한 조사가 진행되었는데 그 결과가 흥미롭다. 2020년 한 언론사가 7개 경제부처 과장급 100명을 상대로 실시한 설문조사이다. "현재 정책 환경을 감안할 때 경제 수장에 적합한 사람은 누구라고 생각하십니까"라는 질문인데, 관료 56명[58.9%], 정치인 33명[34.7%], 기업인 6명[6.3%]으로 나왔다. 95명이 응답하였는데 교수라고 응답한 사람은 없었다. 대개 교수들은 머릿속에 매우 이상적인 모델을 설정해 놓고 이를 구현하려고 하는 경향이 강하다. 현실과는 동떨어진 경우가 많아 담당 공무원들과 갈등을 일으키는 경우가 많다. 정책 수행은 종합예술과도 같은 것으로 형이상학적 세계와 형이하학적 세계를 아우르는 기술이 필요한데, 교수들은 이와는 거리가 멀다. 교수 출신 장관이 능력이 부족해서가 아니라 행정부서에서의 경험, 즉 내생성을 결하고 있기 때문이다.

낙하산 인사 문제도 동일하다. 정권이 바뀌면 새로운 사람들로 공공기관의 수장들을 바꾼다. 낙하산 인사를 둘러싸고 갈등이 끊이질 않는다. 대개 같은 당 소속이나 선거에 뜻을 같이하였던 사람들에게 기회를 준다. 같은 이념을 공유하였던 사람들에게 기관을 맡겨 정부의 큰 정책과 공조를 잘 맞추어 나가자는 취지이다. 이는 전형적인 하향식 접근 방법이다. 그 이전에 해당 공공기관이 오랫동안 진화해온 내력이 있다. 나름의 존립 근거에 의해 환경 변화에 맞추어 지향하고자 하는 비전도 있다. 다분히 상향식이고 자연스럽다. 낙하산 인사는 이런 소중한 자산에 한꺼번에 혼란을 준다. 이념이라는 것은 원래 하향식이기 때문에 그러기도 하지만, 하향식 관행들이 기관 고유의 내력을 무시하고 구성원들의 사기를 꺾어 버린다.

학연, 지연, 이념 등과 같은 사람의 관계가 아니라 일의 내용으로 평가하고 보상을 주는 그런 시스템이 되어야 진정한 전문가 사회를 만들 수 있다. 이미 우리 사회는 전문가 사회로 변모하고 있다. 민간 회사에는 오래전부터 경력 위주의 채용이 늘었으며, 공공기관에서도 블라인드 채용이 정착되고 있다. 좋은 학교를 나왔다고 우대하는 것이 아니라 직무에 적합한 능력과 경험을 가지고 있느냐를 기준으로 판단하고 있다. 채용 관행은 전문가 사회로 갈 수 있는 매우 실질적인 지렛대 역할을 한다.

『서경書經』에 '완인상덕 완물상지玩人喪德 玩物喪志'라 하여 "사람에 지나치게 빠지면 본덕을 잃게 되고, 물건에 지나치게 빠지면 본심을 잃게 된다"라고 하였다. 당시의 세태를 반영한 것인데, 요즘의 세태를 반영하여 필자는 '완덕상물 완인상사玩德喪物 玩人喪事'라 하고 싶다. "도덕에 지나치게 빠지면 물을 잃게 되고, 사람에 지나치게 빠지면 일을 잃게 된다." 그래서 사물과 깊이 대화하는 달인의 문화를 꽃피워야 한다. 전문가를 우대하는 것은 곧 일을 숭상하는 것이요. 일을 숭상하면 조직의 역량이 축적되고, 조직의 역량이 축적되면 국가 경쟁력이 향상된다.

소비보다 생산

생각해보면 우리 부모 세대 중에는 줄곧 일만 하다가 생을 마감한 분들이 많다. 먹을 것 안 먹고 입을 것 안 입고 즐길 것 안 즐기고 그렇게 살아왔다. 우리 후손들의 풍요를 위해 그렇게 부지런하고 절제하는 삶을 살아왔다. 그 희생에 대해 연민을 느낄 정도로 본인들의 풍요는 저만치 저당 잡아 놓았다. 한마디로 '벌 줄만 알았지 쓸 줄 모르는 부모' 였다. 사실 그 덕에 우리가 이만큼 살게 되었다. 흔히 소비가 미덕이라 하지만 그들에게는 거꾸로 생산이 미덕이었다.

이 미덕은 단지 미덕에만 그치는 것이 아니라 경제 시스템 측면에서도 매우 의미가 있다. 생산과 소비는 경제 시스템을 작동시키는 두 축이다. 두 축이 균형 있게 맞물려 돌아가야 경제가 원활하게 작동된다. 그러나 전후를 따지자면 생산이 먼저요, 소비가 그다음이다. 생산이 튼튼해야 무엇인가 축적이 되고 부가가치가 창출되어 지속 가능한 성장이 이루어진다. 그렇지 않고 소비가 앞서면 성장이 지속적이지 않고 속 빈 강정처럼 얼마 가지 않아 파산에 직면한다. 새로운 기술을 수입하더라도 궁극에 가서는 늘 생산에 역점을 두어 부가가치를 창출하는 일이 중심에 서야 지속 가능하다. 소비와 향유에 치중하면 당장은 화려할지 몰라도 궁극에 가서는 궁핍을 면하지 못한다. 이것이 우리가 그토록 성장 동력을 외치는 이유이고, 먼저 일을 열심히 해서 돈을 번 이후에 합당한 소비를 해야 하는 그 기본을 저버리면 안 되는 까닭이다.

우리는 여러 나라들의 예로부터 서로 대비되는 경우를 익히 보아왔다. 후발국의 경우 산업화 초기에 외국 문물을 수용함에 있어서 다양한 형태를 보이고 있으며, 초기 형태에 따라 그 나라의 산업경쟁력과 경제력이 좌우됨을 경험하였다. 스스로 제조업의 기반을 다지지 않고 완제품을 그대로 수입하여 소비와 향유에 중점을 두는 경우 국부가 누출되어 결국 국가 경쟁력이 저하되어 1인당 GDP의 상승이 한계에 직면한다. 남미나 동남아의 경우가 그러한 예이며, 그동안 심각한 경제 위기를 겪은 그리스, 포르투갈, 베네수엘라, 아르헨티나 등도 예외가 아니다. 반면 초기에 어렵더라도 소비보다는 생산에 역점을 두어 직접 제조업에 뛰어든 경우, 시간이 걸리지만 결국 국부가 쌓여 국가 경쟁력을 높이게 된다. 일본, 대만, 우리나라가 여기에 해당된다[8]. 평소에는 국가 간 차이가 잘 드러나지 않으나, 위기가 닥치면 생산구조가 튼튼한 국가와 그렇지 않은 국가 간에 현격하게 차이가 난다.

우리나라의 경우 그동안 산업화를 성공적으로 이끌어 대표적인 생산 주도 국가가 되었다. 그러나 우리 경제는 언제부터인가 소비가 주도하는 경제로 바뀌고 있다. 소득이 일정 수준에 올라가면 소비가 증가하는 것은 당연하다. 필자가 주목하는 것은 생산과 소비의 비중 문제가 아니라 질적 괴리의 문제이다. 1989년 해외여행 자유화 이후 우리의 눈높이는 급격하게 높아졌다. 여행 자유화가 우리의 수준을 높이는 데 다방면으로 기여하였지만 생산과 소비 수준 간 격차를 벌려 놓은 측면도 있다. 우리의 눈높이가 높아져 이제 국내보다는 해외에서의 소비가 늘고

8. 이덕희, "내생적 혁신체제로의 전환", KAIST 기술경영전문대학원, 『내생적 혁신』, 율곡출판사, 2019, p.37.

있다. 만성적인 여행수지 적자 폭이 점점 확대되고 있으며, 해외에서의 카드 지출도 급격히 늘어 2016년 약 131억 달러16조 3,000억 원에서 2019년 약 189억 달러22조 3,000억 원으로 증가하였다. 반면 외국인의 국내 카드 지출은 2016년 약 107억 달러13조 3,200억 원에서 2019년 99억 달러11조 6,800억 원로 오히려 감소하였다[9]. 단순히 여행수지라는 하나의 지표로 양적으로 비교할 수 있는 성질의 것은 아니나 생산과 소비의 질적 수준의 괴리를 유추해볼 수 있다[10]. 우리의 지지부진한 내수도 이와 무관하지 않을 것이다.

안 그래도 국민들의 일상생활에 영향을 주는 방송을 보면 오감 만족의 오락 프로그램이 우리들의 마음을 사로잡고 있다. 한바탕 즐기고 스트레스를 해소하는 단기성 프로그램이 점점 늘어나고 있다. 일반인의 일상과는 무관한 유명인들의 사생활을 지나치게 방영한다든지, 유명 여행지를 가서 구경하고 또 맛있는 음식을 맛본다든지 등등 모든 관심이 소비에 집중되어 있다. 그것이 어떻게 탄생되었는지 그 배경에는 아랑곳하지 않고 겉핥기식 오감 만족에 그치고 있다. 이러한 사회적 분위기가 은연중에 소비와 생산 간에 격차를 벌리고 있다. 오락 프로그램이라 하더라도 시청자들에게 공부가 되고 상식을 넓혀주게끔 얼마든지 생산적인 요소를 가미할 수 있다. 일상 곳곳에서 생업을 통한 성취나 혁신을 밀착 취재하여 자세히 소개함으로써 대중들을 생산적인 현장으로 유도

9. 조선비즈 2020.2.21일자 기사를 참고하여 작성.

10. 이덕희, "내생적 혁신체제로의 전환", KAIST 기술경영전문대학원, 『내생적 혁신』, 율곡출판사, 2019, p.38.

할 수 있다.

동양 고전에서도 이를 경계하였다. 중용의 천하지성天下至誠은 모든 세상 만물은 스스로 성性 : 본성을 발현할 수 있어야 하고, 그러기 위해서는 지극한 정성을 다해야 한다는 메시지이다. 사람, 동물, 식물, 사물을 포함한 모든 만물의 권리를 얘기하고 있다. 나무 하나라도, 물건 하나라도 나름 발현되어야 할 성을 우리는 존중해야 하고, 그 성이 스스로 발현되도록 돌봐야 한다. 개발하더라도 인간 중심이 아니라 모든 만물이 서로 조화롭게 각자 자기 직분을 발현하도록 하는 것이다. 경제 운용도 마찬가지이다. 소비 중심으로 생각하는 것은 바로 인간의 효용과 만족을 중시하는 것과 동일하다. 그러지 않고 생산에 역점을 두는 것은 소비의 효용보다는 산업의 경쟁력 제고, 품질 향상, 기술의 축적과 같이 인간을 포함한 모든 구성 요소들의 지속적인 번영에 역점을 두고 있어 천하지성에 더 가깝다.

맹자의 무항산 무항심無恒産 無恒心은 더 직접적으로 생산의 중요성을 얘기하고 있다. 제나라 제선왕이 맹자에게 인정仁政을 행할 방법을 묻자, 맹자가 이르기를 "일정한 생산이 없어도 일정한 마음항상스러운 도덕심을 갖는 것은 오직 선비만 가능할 것입니다. 일반 백성들을 말하자면, 일정한 생산이 없으면 일정한 마음도 없어집니다. 진실로 일정한 마음이 없어지면 방탕하고 편벽되고 사악하고 사치하는 등 못하는 것이 없게 됩니다. 그들이 죄에 빠지게 된 연후에 좇아가서 처벌한다면, 이는 그물을 쳐놓고 백성을 잡는 것입니다. 어찌 어진 사람이 임금의 자리에 있으면서 그물을 쳐놓고 백성들을 잡을 수 있겠습니까?"[11]라고 하였다.

백성들이 일정한 생산이 없다는 것은 일정한 직업이 없다는 것으로 일을 해서 의식주를 해결하지 않고서는 마음을 안정시킬 수 없다는 의미이다. 먼저 생산이 있고 난 후에 인간의 도덕성이라는 정신적 소비활동을 논할 수 있다고 해석할 수 있다.

뒤에 이어지는 구절을 보면 좀 더 명확해진다. "왕께서 만약 인정을 펼치려 한다면 어찌하여 근본에서부터 일을 시작하지 않으십니까? 집집마다 5무畝[12]의 집 둘레에 뽕나무를 심으면 쉰 살 넘은 사람들이 모두 비단옷을 입을 수 있습니다. 집집마다 닭과 개와 돼지 등의 가축을 제때 사육하고 번식시킨다면 일흔 살 넘은 사람들이 모두 고기를 먹을 수 있습니다. 집집마다 100무의 밭을 주어 시기에 맞추어 농사짓는다면 여덟 식구 가족이 모두 굶주리지 않을 수 있습니다. 학교에서 교육을 엄격하게 실시하여 효도와 공경의 도리를 반복해서 가르친다면 반백이 된 사람이 길에서 짐을 머리에 이고 등에 지고 다니지 않게 될 것입니다. 노인들이 비단옷을 입고 고기를 먹으며, 일반 백성들이 굶주리지 않고 추위에 떨지 않게 하고도, 천하에 왕 노릇 하지 못한 사람은 지금까지 없었습니다."[13] 맹자는 백성들의 꾸준한 생산 활동이 왕도 정치의 근본임을 재차 강조하였다.

높은 소비 수준이 생산의 질적 향상을 견인하는 효과는 분명 있다.

---

11. 우재호 옮김, 『맹자』, 을유문화사, 2007, pp.102～103.
12. 논밭의 면적 단위. 6척(尺) 사방을 보(步)라 하고, 100보를 무(畝)라 한다. 1척은 30cm이므로 1보는 1평(3.3m²)에 가깝다. 따라서 1무는 100평 정도에 해당한다.
13. 우재호 옮김, 『맹자』, 을유문화사, 2007, pp.105～107.

소비자들이 질 좋은 외국 차를 많이 수요하게 됨으로써 국산 차도 이에 뒤질세라 품질이 향상된다. 시장 개방과 경쟁의 순기능이다. 소비자들이 현명하지 않아 생산 수준에 걸맞지 않게 소비 수준이 월등히 높으면 얼마 지나지 않아 국산 차의 경쟁력은 사라질 것이다. 국민의 상당수가 이러한 비합리적 소비 행태를 보이면 산업 기반은 점점 취약해질 수밖에 없다. 돌이켜보면 19세기 말 개항 이후 서양 문물을 받아들이기 시작한 이래 우리 국민들은 외제를 유달리 선호하는 습성을 보여왔다. 그동안 우리도 잘살게 되어 많이 사라졌다고는 해도 아직 우리 의식 속에 그 맹목성이 남아 있다.

그러나 시장은 냉혹한 것. 대부분의 소비자들은 현명하여 가격, 품질 등을 종합적으로 고려하여 자신에게 가장 적합한 선택을 한다. 국산 차가 품질도 괜찮고 가격도 외국 차에 비해 적당해서 나름 경쟁력이 있기 때문에 83.3%2018년라는 높은 시장점유율을 유지하고 있다[14]. 그렇지 않고 품질에 비해 가격이 비싸면 대부분 외국 차를 선호하게 되어 국산 차의 경쟁력은 상실되고 말 것이다. 합리적인 가격에 우수한 품질의 차를 생산하여 많은 고객들로부터 선택을 받아야 경쟁력을 유지할 수 있다. 결국 생산구조의 문제인 것이다.

우리나라 산업의 현주소는 "중급 가격에 비해 품질이 괜찮다"로 규정된다. 주력 산업의 기업들이 온갖 어려움을 무릅쓰고라도 저임금을 찾아 해외로 공장을 이전하는 것이 이를 반영한다. 그러나 저임금의 해

---

14. 한국수입자동차협회에 따르면 수입 차 시장점유율이 2010년 6.9%에서 2018년 16.7%로 증가하였다.

외 국가들도 경제성장으로 인해 점점 임금이 올라갈 것이며, 자체 산업 경쟁력을 강화해 나갈 것이기 때문에 쉽지 않은 상황이 도래할 것이다. 더구나 코로나19 사태와 같이 세계적인 위기가 잦아지면 글로벌 가치 사슬에의 지나친 의존은 산업경쟁력을 크게 위협하는 요인이 된다. 기술 혁신을 통해 우리의 품질을 향상시키고 생산성을 높이는 것이 시급한 과제이다. 동시에 높은 임금, 높은 땅값, 높은 에너지 비용 등 고비용 구조가 되지 않도록 생산구조를 지속적으로 업그레이드해야 할 운명에 있다. 그렇지 않고 생산비용은 자꾸 올라가는데 그에 비례하여 품질이 향상되지 않으면 시장은 금방 외면할 것이다. 글로벌 시장에서 우리에 대 한 투자 매력도를 계속 높여 나가야 하는 이유이다. 우리는 여전히 산업 강국에 목이 마르다.

백년기업

벌써 오래전 일이다. 학부 산업조직론 수업에서 학생들과 함께 세계 시장에서 장수하는, 소위 백년기업에 대해서 수업한 적이 있다. 학생들이 조를 짜서 각 조마다 하나의 기업을 조사하여 발표하였다. 우리나라의 경우 백년기업이 별로 없었던 터라 자연스레 관심이 갔었다. 그때 TV에서도 백년기업에 관한 특집 프로그램이 방영되고 해서 수업 주제로 선택하였다. 그때 기억나는 기업들이 스위스의 명품 시계 기업 피아제, 대만의 간장기업 완쭈앙, 중국의 헝겊신 네이롄셩, 프랑스의 미쉐린 타이어, 일본의 금박공예 사쿠다공예, 독일의 목공예 명가 뮐러 등이다.

각기 나름의 내력이 있어 한마디로 얘기하기 어렵다. 그중에서도 많이 얘기되는 것은 최고의 품질을 내기 위한 장인정신, 시장 환경 변화에 적응한 지속적 혁신, 가족 승계, 사회적 공헌 등을 꼽을 수 있다. 물론 업종에 따라 장수의 요인들이 다를 것이다. 기술이 빨리 변화하는 업종은 지속적인 혁신이 매우 중요할 것이고, 음식과 같은 것은 한결같은 맛이 더 중요할 것이다. 기술이 변해도 특정 마니아층을 겨냥해 옛 기술을 그대로 유지할 수도 있다. 품목의 시장 규모에 따라서도 다른데, 규모가 클수록 마케팅 전략이 중요하다. 이처럼 다양한 요소들이 작용하므로 품목의 특성과 당시의 환경에 따라 알맞은 전략 선택이 매우 중요하다.

이후 우리나라에서도 오래된 기업이나 가게에 관심이 높아져, '백년가게', '노포老鋪' 등의 용어가 회자되기 시작하였다. 하루가 다르게 세상이 변화하고 있는 환경에서 가게 하나라도 50년, 100년 동안 유지하는 것은 참으로 쉽지 않은 일이다. 그럼에도 우리 주위에는 오랫동안 한 업종만을 고집한 가게들이 꽤 있다. 우리 주위의 오래된 음식점에 관한 박찬일의 『노포의 장사법』은 평균 업력이 54년인 26개 음식점의 내력을 다룬다. 하나하나의 음식점이 다 나름의 사연과 장수 비결을 가지고 있다. 눈앞의 이익에 연연하지 않는 뚝심, 음식 재료에 승부를 거는 식당, 주인이 최고의 전문가인 식당, 좋은 식재료를 공급하는 거래처와의 오랜 신뢰, 최고의 주방장을 모시는 전략, 세월은 변해도 한결같은 맛 유지, 오직 한 가지 메뉴에 집중, 변하는 사람들의 입맛 공략 등등 이루 열거하기 어렵다.

『노포의 장사법』의 저자는 노포들을 기세氣勢, 일품一品, 지속持續의 3가지 단어로 집약하였다. 그중에서 제일 중요한 것을 꼽으라면 역시 일품, 즉 맛에 있다. 사람들에게 최고의 맛을 선사하겠다는 일념이다. 그 일념에서 두둑한 배짱도 나오고 또 꾸준함의 장기전이 나온다. 아무리 서비스가 좋고 친절해도 맛이 그저 그러면 오래가기 어렵다. 우리는 한때 사람들이 줄을 서서 기다리던 음식점이 하루아침에 사람이 뚝 끊기는 예를 많이 보았다. 대부분 음식 맛이 변하였기 때문이다. 언제나 한결같은 맛의 기대와 기억이 사람들의 발길을 노포로 인도한다. 음식 맛이 그대로면 값이 조금 오르는 것은 별문제가 아니다. 주인이 조금 무뚝뚝해도 괜찮다. 맛으로 승부하지 않고 다른 것으로 승부하려면 결국 오래가지 못한다. 이 책의 첫 구절인 "한 입 베어 물면 입 안에 한 시대가 들어오는 듯한 식당들이 있다"가 모든 것을 말해 주고 있다.

여기서 우리 셋째 형의 이야기를 잠깐 하려 한다. 형은 1980년대 초에 시장에서 건어물 가게를 여는 것으로 사회에 첫발을 디뎠다. 가게가 잘 되어 날로 번창하였다. 형은 아침에 일찍 일어나고 늦게 문을 닫는 고된 생활에도 사업이 번성하는 맛에 잘 버텨주었다. 당시 나는 군복무 시절이어서 휴가 나오면 형 가게에 들러 일손을 도와주곤 하였다. 가게가 잘 되어 형이 좋아하는 모습을 보고 나도 덩달아 흐뭇하였다. 그러다 형은 돌연 건어물 가게를 접고 번화가에 생맥주 가게를 열었다. 당시 생맥주 가게가 유망 업종으로 떠오르고 있었기 때문에 형은 더 큰 사업을 벌렸던 것이다. 그러나 건어물과 생맥주는 생리가 달라 기대만큼 성과가 나오지 못하였다. 시내 중심가이다 보니 임대료 지출도 만만찮았다.

다시 옷가게로 업종을 바꾸었다. 옷의 유통구조는 또 다른 세계였다. 낯설었지만 당시 옷가게가 잘 된다고 하여 지지부진한 생맥주 가게를 포기해야만 하였다. 그러나 옷도 생맥주와 비슷한 상황이었다. 시간이 갈수록 밑천은 얇아져만 갔다. 점점 옛날 건어물 가게 때의 영광이 생각났다. 또다시 커피 도매상이라는 새로운 품목에 승부수를 띄웠다. 형이 취급한 커피는 콜롬비아 커피인데, 당시 우리나라 사람들의 입맛이 브라질 커피에 길들여져 있어서 이 또한 쉽지 않았다. 결국 부도를 맞이해야만 하였다. 그 이후 형은 오랜 방황과 시련의 시기를 보낸 후 다시 시장으로 돌아와 국밥 가게를 시작하였다. 그동안의 시련을 교훈 삼아 마침내 재기에 성공하여 지금까지 20년째 잘 이어오고 있다.

형은 지금의 가게에 이르기까지 돈을 좇은 것이지 일을 좇은 것이 아니었다. 당장의 가게가 잘 안 되면 무엇이 문제인지 연구하고 또 연구해서 해결하기보다는 다른 유망 업종으로 옮겨 해결하고자 하였다. 내가 잘할 수 있는 것에 발을 단단히 디딘 내생적 접근이 아니라 유행을 좇아 당장의 어려움을 해결하는 동시에 큰돈을 벌고자 하는 외생적 접근을 취하였다. 충분히 그럴 수 있는 접근이지만, 백년가게들의 접근과는 사뭇 다르다. 지금 하고 있는 일에 가까이 가지 못하고 저 멀리 파랑새만 좇았던 것이다.

요즘 흔히 얘기하는 '어쩌다 성공'에는 두 가지 경우가 있다. 하나는 남들 하듯이 따라 하였는데 세상 운이 좋아 성공한 경우이고, 다른 하나는 나름 그 일이 좋아 꾸준히 하였는데 어느 날 세상이 가치를 알아보고 찾아온 경우이다. 사실 실제 성공한 예를 보면 첫 번째와 두 번째가 혼합되어 있는 경우가 일반적이다. 모두 나름 첫 번째와 두 번째를 조합하여 임하였을 것이다. 옛날에는 첫 번째에 무게 중심이 가 있었다. 아마 사회 초년 시절의 형도 여기에 해당될 것이다. 그러나 진정 백년가게를 꿈꾸려면 두 번째에 무게 중심이 가 있어야 한다. 염불보다 잿밥에 마음이 먼저 가서는 곤란하다.

아마도 사회 초년 시절의 우리 형과 같은 행태들이 지배적이기 때문에 우리나라에 백년기업, 백년가게가 적은 것이 아닌가 한다. 2019년 현재 우리나라의 백년 넘는 기업은 9개이며, 일본은 약 2만 2,000여 개이다. 세계적으로 200년 이상된 기업도 7,212개나 있는데, 이중 일본에 3,113개, 독일에 1,563개, 프랑스에 331개, 영국에 315개, 네덜란드에 292개가 있다[15]. 통계마다 기준이 달라 들쭉날쭉인데, 이 숫자는 기업과 가계를 다 포함한 것으로 보인다. 또 다른 통계로 포브스지가 2013년 조사한 자료에 의하면 100년이 넘는 글로벌 기업으로 미국 152개, 일본 45개, 영국 41개, 독일 24개이고, 한국은 2개였다.[16] 우리나라의 산업화 역사가 짧은 데다 압축 성장을 하였기 때문에 단기간에 큰돈을 벌 수 있는 기회가 많아 한곳에 느긋하게 머물 수 없는 구조였다. 국민들이 실제 주위에서 단기간의 성공을 자주 목격하게 되면서 점점 이를 학습해 갔다. 소위 "잘살아 보세"의 거대한 바람에 너도나도 동참하여 빠른 경제성장을 이루었지만, 개개인의 의식 속에는 "나도 어떻게든 한몫 잡아야지"로 자리 잡아갔다. 정직하게 한 우물을 파는 것은 바

---

15. 문승렬, 장제훈, 『백년기업 성장의 비결』, 모아북스, 2019, p.98.

16. KBS 백년의 가게 제작팀, 『백년의 가게 : 노포의 탄생』, 샘터사, 2013, p.330.

람 앞에 촛불처럼 흔들릴 수밖에 없었다. 이런 풍토에서 백년기업, 백년가게는 나오기 어렵다.

결국 일은 뒷전이고 돈이 먼저였다. 그 배후엔 "한몫 잡아 여생을 편안히 살아야지"가 있었다. 지금도 부동산이 주기적으로 들썩이는 것을 보면 아직 크게 달라지지 않았다. 앞서 얘기한 대로 이제 소득 3만 달러로 어느 정도의 부를 달성하면서 도시재생을 비롯한 무형의 자산에 눈을 뜨기 시작하였다. 하지만 인기를 이용하여 큰돈을 벌려는 의식들이 결국 지배해 버리고 마는 결과를 초래하고 있다. 그 지역의 특색을 살려 인기 있게 만든 장본인들이 높은 임대료에 밀려 결국 떠나게 되어 특색이 사라지는 현상들이 계속 일어나고 있다. 임차인들로 하여금 그 일을 20, 30년 이상 지속하여 백년, 이백년의 문화를 꽃피우도록 하는 의식이 강하였더라면 결코 그러한 현상이 일어나지 않았을 것이다.

백년기업과 백년가게가 탄생되기 위해서는 자기 일에 꾸준히 매진할 수 있는 풍토를 마련하여야 한다. 먼저 사람들의 의식이 돈보다는 일, 컨텐츠, 문화를 중시하는 쪽으로 바뀌어 무형의 자산들을 수요하는 층이 형성되는 것이 중요하다. 그러다 보면 제품을 넘어 생산자의 경영철학이나 이야기를 구매하는 형태로 발전하게 된다. 아무리 자기 일에 매진하더라도 그것을 좋아하는 사람들이 적으면 지속하기 어렵고, 설사 지원 정책으로 유지되더라도 수준 높은 결과물을 기대할 수 없다. 정상적인 수요와 공급의 시장 기능으로 움직여야 한다. 사회 분위기와 의식이 바뀌어야 가능한 일이다.

수요가 존재하면 공급이 이루어지기 마련이라, 여기저기 유행을 좇지 않고 최고의 상품, 최고의 서비스를 제공하기 위해 최선을 다하는 분위기가 형성될 것이다. 높은 수준의 일의 윤리는 소비자들을 감동시키면서 점차 그러한 분위기가 시장에 정착해갈 것이다. 공급자들은 이른바 내생적 혁신을 위해 경쟁하는 가운데 자신의 명성을 쌓아간다. 정글과도 같은 치열한 경쟁 속에서 매일 고단한 삶이지만 자신의 모습을 찾아 나간다. 세상의 흐름, 자신의 과거, 현재, 미래가 투영되면서 점점 자신과 일이 하나됨을 확인해갈 것이다. 굳이 문자화되지 않더라도 의미를 부여하고 해석하려는 객체화 작업이 뒤따른다. 바로 자기 조직화 과정으로 손발의 경험이 머리로 추상화되는 순간이다. 일단 추상화되면 다양한 의미와 해석으로 세상을 움직이기 시작한다.

세상을 움직이게 하는 가장 기본적인 조건은 역시 최고의 품질, 최고의 맛을 선사하겠다는 정성이라 하겠다. 눈앞의 일에 얼마나 진한 농도의 마음을 쏟느냐이며, 대상과 얼마나 깊은 대화를 하느냐이다. 그 대화의 깊이는 시간에 비례한다. 당대에 그치지 않고 대를 이으면 깊이를 더해갈 수 있다. 유교 문화인 우리는 원래 가문의 대를 잇는 것을 목숨보다 중하게 여겼다. 이러한 전통은 근대 이후 가족 비즈니스 형태로 이어졌다. 원래의 정성스런 마음이 가족을 통해 잘 전달되기 때문이다. 그럼에도 불구하고 편법 승계, 증여 등과 맞물려 가족 승계를 부정적으로 보는 인식이 팽배해 있는 것이 현실이다. 그러나 우수한 장수기업들을 보면 대부분 가족 승계 형태로 업이 이어지고 있다[17].

17. 2017년 중소기업청이 선정한 명문 장수기업인 코멕스, 삼우금속공업, 동아연필, 매일식품, 피엔풍년, 광신기계공업 등 6개사 모두가 2세가 가업을 물려받았거나 받을 예정에 있다. 독일의

일의 연속성을 생각하면 반드시 가족이 가업을 이을 필요는 없다. 가업을 이를 의지가 있으면 종업원이든 누구에게든 물려줄 수 있다. 그러나 여러 복합적인 요인에 의해 일의 대물림보다는 가족 및 재산의 대물림에 에너지가 집중되어 있다. 이제 창업에 대한 인식도 많이 바뀌었고, 앞으로 백년기업, 백년가게를 생각하면, 우리의 가족 비즈니스 전통은 가업 승계의 문화를 꽃피울 수 있는 좋은 토양이다. 재벌, 세습과 같은 부정적인 이미지를 긍정적인 이미지로 바꿀 수 있는 토양을 마련하여야 한다. 상속, 증여 등에서 불법을 유인하는 제도들을 검토하여 일의 승계 및 축적이라는 긍정의 에너지로 승화될 수 있도록 개선하는 노력이 함께 이루어져야 한다.

가족기업은 약 300만 개로 전체 중소 · 중견 기업의 90% 이상을 차지하고 있다. 문승렬 · 장제훈, 『백년기업 성장의 비결』, 모아북스, 2019, pp.26~27, 117~118.

03

교실보다 현장

장인정신

어릴 적 중국 무술 영화는 큰 볼거리였다. 필자의 어린 시절은 왕우-이소룡-성룡의 계보와 함께해 왔다고 해도 과장된 얘기가 아니다. 지정 좌석이 없었던 삼류 극장에서 형들과 함께 까치발하거나 어른들 틈새로 스릴 있게 보았다. 그래도 어찌나 재미있던지, 두 번 보는 경우도 많았다. 영화 줄거리는 뻔하여 가문들 간의 패권 경쟁에서 희생한 가족이나 스승의 원수를 갚는 내용이었다. 주인공이 원수를 갚기 위해 무술을 익히려 스승을 찾아가면 스승은 처음에 거절하다가 간청에 못 이겨 결국 받아준다. 그런데 처음부터 무술을 가르치는 것이 아니라 밥하고 빨래하고 청소하는 일부터 시킨다. 그때마다 필자는 왜 저런 하찮은 일부터 시킬까? 하는 의문이 들곤 하였다. 나중에 성인이 되어 중국 무술을 통칭하는 '쿵후'가 바로 우리말의 '공부'라는 것을 알게 되었다. 그제서야 처음 무술 세계에 입문하여 밥, 빨래, 청소하는 일부터 시작하는 것이 이해되었다. 스승은 그 일이나 무술이나 다 같은 것으로 보고

될 성싶은 떡잎을 미리 알아보려는 것이었다. 필자는 공부라는 것을 단지 책상에 앉아 책을 읽고 이해하는 것으로 너무 협소하게 알고 있었던 것이다. 무술 자체도 공부에 속하는 것은 물론 밥, 빨래, 청소와 같은 소위 허드렛일도 다 공부였다.

사실 요즘에는 밥, 빨래, 청소가 허드렛일이 아니다. 상당한 부가가치를 창출하는 비즈니스 영역으로 자리를 잡았다. 기계가 대신하여 사람의 손발이 무색해질 정도이다. TV를 틀면 음식에 관한 프로그램이 한순간이라도 공백이 없을 정도로 나와 사람들의 관심을 불러 모으고 있다. 음식뿐만 아니라 집에 대한 관심도 많아져 다양한 주택을 소개하는 프로그램도 점점 늘어나고 있다. 사실 밥하는 것이나 무술하는 것이나 학교 공부하는 것이나 다 같은 것으로 수련을 통해 일정한 경지에 도달한다. 그럼에도 무심결에 밥, 빨래, 청소를 허드렛일이라 칭하였듯이 우리의 의식 속에 손발을 쓰는 세계는 낮고 머리를 쓰는 세계는 높은 것으로 순서를 매겨 두고 있다.

요즘과 같은 인공지능Artificial Intelligence 시대에 그럴 리 만무하다고 반문하겠지만 우리 자녀들의 현실을 보면 그렇지 않다. 공부를 둘러싸고 엄청난 갈등구조 속에 놓여 있다. 공부하기 싫은데 끌려서 하는 억지 공부, 학교 공부에 짓눌려 묻혀 버리고 마는 다양한 손재주와 기예, 게임을 하고 싶은데 못하게 하는 부모와의 갈등 등이 다 이와 연관되어 있다. 나도 큰 애와 게임을 둘러싸고 갈등을 겪은 적이 있다. 공부를 해야 하는데 게임에 쓰는 시간이 점점 많아지는 것을 보고 급기야 일주일에 2시간이라는 규칙을 정하게 되었다. 다행히 아들이 약속을 잘 지켜 큰

무리 없이 그 시절을 넘겼다. 대부분의 가정에서 대소의 차이는 있지만 동일한 경험을 하고 있다.

시대 흐름 속에 놀이 문화도 바뀌므로 좀 다른 시각에서 놀이를 바라볼 필요가 있다. 아이들은 놀이를 통해 시대의 문화를 접한다. 놀이 또한 사회를 알아가는 하나의 과정으로 크게 보아 공부의 과정인 것이다. 그런 면에서 현재 우리의 교육 체계는 매우 협소하다. 교육이 인간 사회의 다양성을 수용하지 못하고 지식 습득이라는 머리의 작용과 훈련에 초점이 맞추어져 있다. 사회는 엄청나게 소용돌이치면서 복잡해지고 다면적으로 가고 있으며, 학생들의 의식도 이미 거기에 있는데, 교실의 내용은 공자 왈, 맹자 왈이 아닌지 반문해봐야 한다. 생기발랄한 에너지가 살아 숨 쉬는 장이 되어야 할 학교가 매우 경직적인 장소가 되어가고 있다. 그것도 학년이 올라갈수록 입시에 초점이 맞추어져 더욱 그러하다. 부모 세대들은 자신들이 과거 겪었던 경험을 토대로 자녀들을 키우기 때문에 사고가 과거에 머물렀던 탓도 있을 것이다. 더 거슬러 올라가면 사농공상에서 사를 제일 우선시하고 농공상을 경시함으로써 장인정신의 문화가 일천한 유산 탓도 있다.

교육 체계와 실제 사회와의 갈등은 여러 군데에서 나타나고 있다. 산업 현장에서 인력의 수요와 공급 간의 미스매칭 현상은 오래전부터 나타났다. 산업통상자원부에서 수행한 조사에 따르면 산업 현장에서 입사 이후 1년 이내에 퇴사한 비율이 41.7%로 매우 높은 수준이다. 또한 결원을 보충하는 일도 쉽지 않은데, 그 이유로 현장 투입 가능한 숙련 인력 부족 24.7%, 임금조건 불일치 21.3%, 직무수행에 적합한 학력, 자격 미충족 18.3% 순으로 나타났다[18]. 우리의 교육 체계가 얼마나 사회의 수요와 마찰을 빚고 있는지를, 산업 현장 인력이 얼마나 취약한 구조에 있는지를 잘 말해주고 있다.

대학을 나와도 대학에서 배우는 것은 산업계가 요구하는 직무와 거리가 있어 실제 일자리는 있으나 사람을 구할 수 없는 실정이다. 청년실업 문제는 날로 심각해지고 있다. 2019～2020년 현재 우리나라 전체 실업률은 4% 내외인데, 15～29세의 청년실업은 9～10%로 매우 높은 수준을 보이고 있다[19]. 그러다 보니 4년제 대학을 졸업하고도 특정 기술이나 기능을 배워 일자리를 구하려고 전문대학에 다시 입학하는 사례가 점점 늘고 있다. 전문대학 지원자 수가 2015년 5,489명에서 2018년 9,202명으로 크게 늘어 경쟁률이 2015년 4 : 1, 2016년 4.4 : 1, 2017년 5.1 : 1, 2018년 6 : 1로 해마다 높아지고 있다. 대개 취업률이 높은 학과의 선호도가 높은데, 간호학과, 물리치료과, 협동조합경영과, 연기과, 생명환경화공과 등의 순서로 나타난다[20]. 양질의 일자리가 없다고 정부에 하소연할 것이 아니라 사회 변화에 맞추는 자세가 필요하다.

우리가 장인정신을 얘기하는 것은 단순히 인력의 수급문제 해결이나 최고의 품질에 국한되지 않는다. 장인에 깃든 독특한 가치가 있기 때문이다. 『장인匠人 : The Craftman』의 저자인 리차드 세넷Richard Sennet은 "장인은 무언가에 확고히 몰입하는 특수한 인간의 조건을 우리에게 보

18. 산업통상자원부, 『2016 산업기술인력실태조사』, 2017.
19. 통계청(KOSIS), 『경제활동인구조사』.
20. 한국전문대학교육협의회.

여준다"라고 하였다.[21] 장인정신이라는 것은 한 곳에 깊이 몰입하여 무엇인가를 추구하기 때문에 하학이상달의 잠재태이다. 손과 발을 쓰면서 끊임없이 머리와 교감을 한다. 머리와 손발의 상호 작용을 통해 기술이 과학이 되고, 공예가 예술로 승화된다. 장인의 몰입이 이를 가능케 하여 손발이 머리를 부르고 머리는 다시 손발을 불러 스스로 확인하면서 전진한다.

대개 학자인문학자는 머리의 작용에 의존하고 손발을 별 필요로 하지 않는다. 자유로우나 현실감이 떨어진다. 그래서 중용에서는 용언지근 용덕지행庸言之謹, 庸德之行(말의 쓰임은 삼가는 데 있고, 덕의 쓰임은 행하는 데 있다)이라 하여 무책임한 언변과 생각을 경계하면서 실용의 지혜를 얘기하였다. 반면 장인은 침묵 같은 존재이다. 말로써 말을 하지 않고 작품으로써 말을 한다. 굳이 "이것이다" 얘기를 하지 않아도 깊은 울림을 준다. 작품이 장인의 진실무망眞實無妄(참되고 거짓이 없다)한 삶 그 자체이기 때문이다. 장인이야말로 세상 흐름에 아랑곳하지 않고 하학에 충실한 이들이다.

안타깝게도 우리의 역사는 장인정신을 포용하지 못하였다. 머리를 손발보다 우대하는 사농공상의 전통에다 서양 문물의 수용 과정에서 손발의 수고가 생략된 채 과학기술이라는 머리의 세계가 먼저 우리에게 주어졌다. 장인의 수고가 없는, 머리와 손발이 단절된 역사였다. 머리 좋은 양반 관료들은 농공상의 기술, 기예를 유학의 가르침에 어긋난다

---

21. 리차드 세넷 지음, 김홍식 옮김, 『장인』, 21세기북스, 2010, p.44.

하여 멀리하였다. 장인은 천시되었고, 장인의 몰입에 의한 손발과 머리의 연결은 점점 요원해져 갔다. 이후 근현대의 산업화 시대를 거쳐 인공지능 시대로 치닫는 작금의 기계화 세상은 장인이 설 자리를 더욱 협소하게 만들고 있다.

흔히 노가다로 칭하는 단순 노동이 더 이상 비하의 대상이 아니라 인간 문명의 시원이라는 인식의 전환이 요청된다. 단세포 동물이 포유류로 진화하였듯이 그 시원들이 진화하여 지금의 인공지능 시대까지 온 것이다. 그 원초적인 힘은 장인이라는 일하는 '사람'에 있었던 것이 아니라 장인이 하는 '일'에 있었다. 그 위대한 장인정신이 우리의 일상에서 점점 소외되어 가고 있다. 자본주의의 총아인 경쟁이라는 관계조차 내력에 바탕을 둔 장인정신을 제대로 수용하지 못함을 우리는 경험하였다. 우리의 경우 좀 천천히 갔더라면 덜 하였을 텐데 속도전을 펼친 압축 성장의 대가로 내력을 희생한 측면이 크다. 비록 작은 분야이지만 다른 것에는 아랑곳하지 않고 스스로 연마하여 자기 세계를 완성해가고, 그 작품이 후대에 길이 이어져 진화해가는 그런 장인정신이 우리의 마음속에 자리 잡을 수는 없는가? 무수히 작은 자기 조직화 에너지가 사회 곳곳에 배어 있도록 말이다.

우리가 할 수 있는 것은 역시 장인이 묵묵히 자기 일을 계속하도록 하는 것이다. 단순히 정책으로 될 수 있는 성질의 것은 아니나, 정책의 순기능이 있다면 살려 분위기를 만들어가는 것이 도움이 된다. 우리나라에 명장제도가 있어 장인들에게 자부심을 불어넣어 주고 있다. 제조나 서비스 분야의 산업 현장에서 15년 이상 근무하면서 특정 기능이나 기술을 보유하고 또 발전에 크게 공헌한 장인匠人을 선정하는 제도이다. 대한민국 명장으로 선정되면 일시장려금, 계속종사장려금이 지급되며 기술 선진국의 산업 시찰, 기술 심사위원, 산업 현장 교수단, 청소년 직업 진로 지도 등의 혜택이 주어진다.

우리나라가 산업화 과정을 거쳐 눈부신 경제발전을 이루는 데 산업 현장 근로자들이 흘린 땀에 힘입은 바가 크지만, 그들에 대한 사회적 대우는 그에 못 미쳤다. 머리 좋은 사람이 이끄는 대로 손발은 따라가야만 했었다. 현장에서의 오랜 경험에서 나오는 아이디어가 위까지 올라가지 못하였다. 머리가 손발을 묶는 하향식이 아니라 손발이 머리를 빛나게 하는 상향식으로의 전환이 필요하다. 정부의 정책적인 시혜로 손발을 우대하는 게 아니라 진정으로 우대하는 풍토가 되지 않고서는 실학이 꿈꾸었던 실사구시는 먼 얘기다.

장인정신은 대상에 가까이 다가가 서로 교감하는 데서 싹이 튼다. 사물에 가까이 다가가 자세히 들여다보고 대상과 대화하는 작가나 예술가처럼 장인정신도 손안의 일과 발을 딛고 있는 곳에 밀착해 서로 대화하면서 일의 원리를 터득하고 달인이 되어가는 과정에서 발현된다. 일이란 것도 현장에서의 직접 체험과 함께해야 제대로 수행될 수 있다. 그 밀착된 교감으로부터 오는 꼼꼼함이 결국 물건이나 서비스의 질적 차이로 나타나고, 일의 마무리에서 완벽성으로 나타나 나라의 경쟁력을 결정짓는다. 임금 체계도 전문가 중심으로 개선하고, 명장제도도 활성화하며, 기술자와 기능인들이 전문가로서 활동할 수 있는 기회를 확대하며, 크고 작은 혁신을 논의하는 장에 그들을 적극적으로 참여시켜 스스로 자부심을 갖게 해야 한다.

산업 현장이 사회 변화를 주도하며 중소기업이나 자영업이 든든하게 받쳐주는 산업구조를 만드는 것이 장인정신에 부합한다. 우리의 미래인 아이들 교육에 있어서도, 세상은 개화되어 지식들이 넘쳐나고 아이들의 에너지는 다방면으로 충만한데, 이를 협소한 교실에만 가두는 것은 다시 생각해봐야 한다. 어린 학생들에 잠재되어 있는 장인정신을 일깨워 긍정의 에너지로 돌릴 수 있는 길을 고민해보아야 한다.

이론과 실제를 넘나드는 교육

돌이켜보면 학교교육이라는 것은 주로 머리의 작용, 즉 논리적 사고력을 교육하는 것이었다. 학교교육의 정점이라 할 수 있는 논문도 논리적 추론의 연습, 또 다른 형태의 수학임을 대학원생들의 논문을 지도하면서 깨달았다. 한편으로 세상이 워낙 복잡해지고 빠르게 변해 학교의 역할이 점점 좁아져 감을 느낀다. 과거 지식이 부족하고 체계화되지 않았을 때는 이를 일정하게 틀을 잡아주는 역할이 필요하였고, 학교가 그것을 담당하였다. 그러나 지금은 지식이 너무 많고 빠르게 변하여 정형화하는 것의 의미가 점점 줄어들고 있다. 사회를 선도하는 데 학교의 지식보다 현장 혁신의 역할이 점점 커지고 있어 학교도 변하지 않으면 생존이 어려운 상황이 도래하고 있다.

근래에 활발한 학문융합의 본질이 이를 증명하고 있다. 15~16세기 과학혁명 이래 20세기까지 과학기술의 발전에는 다양한 학문 분야로의 분화가 뒷받침되었다. 동시에 수학을 중심으로 학문 간의 융합도 진행되었다. 물리학, 화학, 생물학 등 자연과학의 발달은 정치학, 경제학, 사회학 등 사회과학은 물론 철학, 문학, 역사학 등 인문학에까지 영향을 주어 수학을 적극 수용하는 경향을 보였다. 그러나 21세기 들어 학문융합은 수학과 같은 관념 체계가 아닌 현장의 기술이 주도하고 있다. ICT 기술의 발전에 의한 머신러닝, 데이터마이닝, 인공지능, 시뮬레이션, 알고리즘과 같은 분석 방법론의 발달이 학문 융합의 매개 역할을 톡톡히 하고 있다.

그동안 수학을 기초로 한 이론들이 통제 없이 마음껏 진화해가는 모습에 제동을 걸고 있는 것이 진행 중인 학문 융합의 성격이라 진단할 수 있다. 비트겐슈타인이 제기하는 언어과학이론와 세계 간의 조응 문제가 개입되어 있다.[22] 즉, 언어가 스스로 너무 멀리 진화하여 실제 세계와의 간극이 많이 벌어져 서로 소통되지 않았고, 현장의 기술이 그 간극을 메우려 하는 것이 현재의 흐름이라 할 수 있다. 빅데이터 분석 같은 것이 대표적으로 밑으로부터의 반란이요, 귀납적 방법의 부활로서 모든 개별 학문에 공통적인 현상으로서 이를 매개로 학문 간에 융합이 일어나고 있다. 또다시 현장에 밀착해야 하는 이유를 발견하게 된다.

필자는 학교에서 실제와 이론의 상호 작용이 얼마나 중요한지를 체험하고 있다. 대개 학생들이 대학원을 진학하는 경우 세 가지의 유형이 있다. 학부에서 바로 대학원으로 온 학생도 있고, 학부 마치고 직장생활

22. 박병철, 『비트겐슈타인 철학으로의 초대』, 필로소픽, 2014, p.109, 118.

을 하다가 공부에 뜻이 있어 직장을 그만두고 대학원에 진학하는 학생도 있고, 또 직장 다니면서 공부도 같이 병행하는 경우도 있다. 어떤 유형이 바람직한가에 대해 통일된 견해가 없지만, 학교 이외의 세계에 대한 경험이 공부에도 여러 장점들을 지닌다고 생각한다. 직장을 그만두고 왔기 때문에 공부에 대한 동기가 뚜렷하고, 또 공부에 임하는 자세가 달라 그렇지 않은 학생보다 집중력이 높다. 직장을 경험해보았다는 것은 사회 전체의 일의 가치 체계에서 하류downstream 부문에서의 경험을 가졌다는 것이다. 그 학생에게는 비록 길지 않은 기간이지만 학교라는 상류upstream 부문과 직장이라는 하류 부문의 경험을 통해 사물이나 일을 전체적으로 보는 시각이 생겼을 것이다. 내가 하는 공부가 사회 전체에서 어떤 의미를 지니는지를 알고 그 방향성을 모색하는 안목을 가졌기 때문이다. 이론과 실제, 머리와 손발 간의 거리를 실감하면서 무엇을 해야 할지, 어떻게 해야 할지를 나름 고민을 하였을 것이고, 그러한 시간들이 학교 공부에 긍정적인 에너지로 작용한다. 현장의 목소리를 들어야 하지만 현장을 경험하는 것이 무엇보다 중요하다.

그런 면에서 어릴 때부터 학교와 현장을 동시에 학습하는 유럽의 직업교육은 시사하는 바가 크다. 독일의 경우 우리가 말하는 대학에 진학하는 비율은 3분의 1 정도고, 나머지 3분의 2는 직업학교로 진로를 선택한다. 대개 중학교 과정9학년을 마친 15 ~ 16세에 직업학교에 진학할 수 있다. 그러나 이미 초등학교4학년인 그룬트슐레Grundschule를 마치고 중학교에 진학할 때 다양한 형태의 학교를 선택할 수 있어 사실상 중학교 진학 때부터 직업 관련 쪽으로 갈 수 있다. 중학교는 하우푸트슐레

Hauptschule, 레알슐레Realschule, 김나지움Gymnasium, 게잠트슐레Gesamtschule의 4가지 형태가 있다. 하우푸트슐레는 기본 학교로 5년 과정을 마치고 직업학교에 진학할 수 있다. 레알슐레는 6년 과정의 실업계 학교로 졸업 후 직업학교에 진학하거나 대학 진학을 원하면 김나지움으로 편입할 수 있다. 김나지움은 인문계 중고등학교로서 9년 과정으로 대학진학을 준비한다. 게잠트슐레는 대학을 갈지 직업학교를 갈지 고민하는 학생들에게 맞는 5～6년 과정의 통합형 인문실업종합학교이다.[23]

이처럼 독일에서는 직업학교가 기본 뼈대를 이루고 있다. 중학교를 마치면 고등학교 진학 때 또다시 3가지 선택이 주어진다. 직장과 학교에서 일과 학습을 병행하는 직업학교2～3.5년, 직장과 연계되지 않고 주로 학교에서 직업훈련하는 직업학교2～3.5년, 대학 진학을 위한 고등학교3.5년이다. 이 중 일과 학습을 병행하는 학교는 학생들이 가장 많이 선택하는 유형으로 2015년 기준 55% 학생이 입학하였다. 이 학교에 입학하려면 먼저 회사를 선택하고 그 회사가 운영하는 도제 프로그램에 소속되어야 한다. 그리고 나서 그 회사와 연계된 직업학교에 다닐 수 있다. 학생들은 일주일에 3～4일을 회사에서 실무교육을 받고 1～2일은 학교에서 독일어, 영어, 사회 등 일반 교과와 업무 관련 과목을 수업한다.

직업 분야도 계속 변화하는 만큼 교육 프로그램도 계속 진화한다. 자동차 관련 직업교육에 특화된 부르크도르프 직업학교하노버 소재, 폴크스바겐과 연계의 경우 자동차 제조기술은 물론 관련된 분야로 계속 확장하고

23. 양소영, 『나도 간다! 유럽직업학교』, 꿈결, 2018, pp.20～21.

있다. 제조기술도 승용차, 트럭, 버스, 특수차량, 오토바이까지 포함되며, 정비, 특수차량의 운전, 물류기관사 교육도 한다. 최근에는 매커트로닉스 교육 과정을 개설하였으며 인공지능, 자율주행차 등 최첨단 분야로 계속 확대하고 있다. 이 과정의 실무교육을 담당하고 있는 폴크스바겐 소속 마이스터는 회의나 수업을 참관하면서 교육 내용이 산업 현장과 괴리가 없도록 교과과정 수정을 건의하는 등 중간 가교 역할을 담당한다.[24] 또한 산업부, 교육부, 기업, 노조, 학교가 서로 모여 교육 과정을 수시로 논의하며 소통하고 있다.

독일 전체 200만 개 업체의 약 20%인 43만 개 업체가 이 과정에 참여하며, 정부는 참여 회사와 직업학교에 일정한 재정적인 지원을 한다[25]. 일과 학습을 병행하는 직업학교에 입학하였더라도 목표와 적성에 따라 다른 과정도 얼마든지 선택이 가능하다. 전일제로 학교에서 직업교육1.5년만 받을 수도 있고, 대학 진학을 준비하는 김나지움 과정3년을 선택할 수도 있다[26]. 일과 학습을 병행하는 학생들은 통상 급여의 3분의 1 정도의 급여를 받으며, 졸업 후 95% 학생들이 회사나 개인 사업장에 취업한다. 나머지는 상위 전문기술대학 또는 일반 대학에 진학한다. 회사에 취직한 학생들 중에는 직장에 다니면서 마이스터 과정에 도전하는 경우도 많다. 이처럼 항시 자기에게 맞는 길을 찾아갈 수 있도록 길을 열어주고 있다.

24. 양소영, 『나도 간다! 유럽직업학교』, 꿈결, 2018, pp.41~46.
25. 양소영, 『나도 간다! 유럽직업학교』, 꿈결, 2018, pp.25~26.
26. 양소영, 『나도 간다! 유럽직업학교』, 꿈결, 2018, pp.16~19.

스위스, 오스트리아, 핀란드, 덴마크 등 다른 나라들도 다소의 차이는 있지만 모두 중세 길드제에 뿌리를 두고 있어 유사한 직업학교 제도를 운영하고 있다. 유럽 직업학교의 특징은 세 가지 정도로 요약할 수 있다.

첫째, 직업학교의 위상이 높아 교육 체계의 기본 뼈대를 이룬다. 12세기 중세 시대 수공업자, 상인이 조직한 길드가 도제식으로 숙련공을 교육하였고, 이를 바탕으로 산업화를 이루었기 때문에 직업교육이 교육 체계의 근간을 형성하고 있다. 나라마다 약간의 차이가 있지만 전체 학생의 50~70%가 직업학교로 진학한다. 스위스의 경우 직업학교의 실무경력이 응용과학대학이나 연방과학기술대학 진학에 중요시되어 약 65%의 학생들이 중학교 졸업 이후 직업학교에 진학한다. 오스트리아는 더 높아 중학교 졸업생의 80%가 직업학교를 선택한다.

둘째, 대부분의 나라들에서 학생들이 어느 과정에 있든 본인이 원하는 진로를 갈 수 있도록 열린 시스템을 채택하고 있다. 전일제로 할 수도 있고 일과 학습을 병행할 수도 있다. 직업학교에서 기술전문대학 또는 일반 대학에 진학할 수도 있고, 아니면 취직하여 직장을 다니면서 마이스터 과정을 이수하여 마이스터가 될 수도 있다. 이렇게 일과 학습, 직장과 학교, 기술계와 인문계 간에 자유롭게 넘나드는 유연 시스템을 채택하고 있다. 학생들에게 언제라도 진로를 변경할 수 있는 기회를 부여함으로써 끊임없이 자기 길을 찾아갈 수 있도록 하는 시스템이다.

셋째, 이론과 실제 간 끊임없이 소통하는 자기 조직화 메커니즘을 구현한다. 작든, 크든 어떠한 일이라도 학교와 현장, 이론과 실제, 일과

학습 간 상호 작용하는 자기 조직화 메커니즘이 작동하고 있다. 교육 과정이 이론과 실기 반반으로 구성되어 있고, 배운 것을 실기를 통해 확인하고 또 실기로부터 새로운 이론이 탄생한다. 독일에서는 굴뚝 청소부의 일이 아버지로부터 아들, 딸로 대대로 이어지는데, 단순히 오염을 제거하는 데 그치지 않고 환경 규제와 관련하여 이산화탄소 배출가스 점검, 보일러 관리까지 확장된 업무를 관장한다. 그래서 굴뚝 청소 관련 직업학교에서는 수학, 물리, 화학과 같은 기본 과목뿐만 아니라 난방 시스템, 환경, 법 과목도 배운다[27]. 아주 작은 일상적인 일이지만 그 일과 관련된 다른 분야, 국가정책 등도 함께 조화를 이루면서 진화하고 있다. 여기에다 마이스터라는 한 분야의 달인이라는 자부심이 더해져 대대로 이어지면서 자신들만의 기술과 노하우가 축적되고 있다. 독일 강소기업의 경쟁력은 이론-실제의 병행을 통해 손발의 세계와 머리의 세계가 함께 어우러지는 메커니즘이 원천임을 알 수 있다.

우리나라의 경우는 어떠한가? 우리는 일반 학교가 근간이 되는 시스템을 채택한다. 물론 직업학교 시스템을 갖추고 있으나 그 위상이 유럽 국가들에 비해 현저히 낮다. 공공 및 민간의 직업훈련기관이 있어 그 공백을 메우고 있으나, 제도권 교육 밖에 존재하여 미약하다. 대신에 개별 회사 차원에서 신입사원 교육, 재교육 등 사내교육이나 외부 교육기관에의 위탁교육이 직업교육의 상당한 기능을 담당하고 있다. 위탁교육은 대개 필요할 때마다 그때그때 이루어지다 보니 비체계적이고, 교

27. "세계의 교육 현장 : 독일 직업학교", EBS 교양 프로그램, 2013. 2.

육 내용이 회사의 요구와 일치하지 않는 경우가 많다. 이마저도 회사가 직업훈련을 할 여력이 없는 경우에는 인력 충원에 상당한 애로를 겪게 되고, 결국 인력 수급의 미스매칭 현상으로 나타난다.

또 하나의 문제점은 우리의 경우 일반 학교와 실업계 학교 간에 서열이 있다는 점이다. 실업계 고등학교나 전문대학에 가면 실력이 모자라 일반계 고등학교나 일반 대학에 못 가는 학생들이라 인식한다. 그래서 실업계 고등학교나 전문대학 학생들은 패배 의식에 사로잡혀 자기의 재능을 잘 펼치지 못하고 있다. 사실 머리 부문은 작고 몸통이나 팔다리, 손발 부문이 큰 피라미드 구조의 사회가 더 정상적이다. 사회구조가 그렇게 되어 있음에도 불구하고 우리 사회는 반대로 머리 부문이 비대한 형태를 보이고 있다.

인간의 존엄은 동일하고 하는 일 또한 서열이 있을 수 없다. 모두에게 자기가 하고 싶은 일을 할 수 있도록 길을 열어주는 사회, 교육이 되어야 마땅하다. 그러나 우리의 현실은 그렇지 못하므로 지금의 주어진 상황에서 현실적인 대안을 찾는 것이 현명하다. 우리의 교육 시스템과 사회 시스템이 서로 맞지 않는다는 문제 의식에서 출발하고자 한다. 사회는 직업학교 졸업생이 많이 필요한데 교육은 일반 대학 졸업생을 많이 배출하는 구조이다. 취약한 직업학교를 대폭 강화하여 일반 학교와의 균형을 회복시키는 것이 그 기본 방향이 되겠다. 그런 차원에서 3가지 정도 해결책을 제시하고자 한다.

첫째는 직업학교의 고도화이다. 지금 우리나라의 경우 직업학교 간에 매우 불균형한 교육 체계를 보이고 있다. 두 개의 축 가운데 직업학교 축이 무너진 탓에 교육 체계가 균형을 잃어가고 있어 이로 인한 사회적 비용이 너무 크다. 직업학교가 사회경제 시스템에 크게 기여할 수 있는 잠재력을 지니고 있음에도 제 기능을 발휘하지 못하고 방치되어 있다. 실업계 고등학교, 전문대학, 각종 직업훈련기관 등으로 구성된 직업교육 체계를 체계화시켜 질적 향상을 이루어야 한다. 일반 대학이 초-중-고-대학-대학원으로 연결되듯이 직업학교도 그 연속적인 뼈대를 튼튼하게 세워 위상을 높여야 한다. 실로 직업학교는 학위가 필요한 것은 아니나, 우리나라는 학위를 중요시하므로 일반 학위와는 성격이 다른 직업학교 학위 체계를 세우는 것도 고려해봄직하다.

최근 교육부에서 2021년부터 6년제 마이스터대학을 설립한다는 방안을 발표하였다. 전문대학에서도 석사학위를 취득할 수 있도록 하는 내용이다. 바로 학위 중시 풍토를 고려한 것이라 여겨진다. 그러나 좀 더 근본적으로 직업계 학교가 질적 고도화를 이루어 위상이 높아질 수 있도록 과감한 교육 개혁의 틀 속에서 이루어졌더라면 하는 바램이 있다. 또 다른 방안은 대학 구조조정 정책에 반영하는 것이다. 앞으로 인구 감소 시대를 맞이하여 대학의 구조조정이 불가피하다. 생존이 어려운 대학들은 직업교육대학이나 실용 분야의 교육 과정으로 방향 전환할 수 있도록 유도하는 정책을 펴는 것이다.

둘째는 이론과 실제 간에 상호 작용이 활발하도록 교육 과정을 개편하는 것이다. 우리나라의 과학기술 혁신역량은 세계 7위 정도[28]이며,

28. 한국과학기술기획평가원(KISTEP), "과학기술혁신역량 평가", 2018.

또한 혁신국가 조사에서도 세계 1위[29]를 할 정도로 그 위상이 높다. 그러나 내용을 보면 사정은 좀 다르다. 조사 대상 OECD 34개국 중 인구만 명당 연구원 수 4위, 연구개발투자 총액 4위, GDP 대비 정부 연구개발예산 1위, 인구 100명당 유선 및 모바일 브로드밴드 가입자 수 4위 등 투입 지수는 높으나, 연구개발투자 대비 기술 수출액 비중 28위, 연구원 1인당 SCI 논문 수 및 인용도 33위, 지적재산권 보호 정도 29위, 창업활동지수 23위 등 산출 지수는 상당히 낮은 편이다.

낮은 R&D 생산성은 앞서 지적한 교육 체계와 산업 체계 간의 비정합성이라는 큰 골격과 맞물려 있는 것으로 보인다. 학교와 산업 현장 간에 담장이 높아 서로가 서로에게 들어가지 못하고 있다. 교육 내용에서 이론과 실제가 연계되지 못하고 서로 겉돌고 있다는 얘기다. 기술혁신이 일어나려면 이론과 실제가 활발한 상호 작용을 하여 자기 조직화하는 메커니즘이 살아 있어야 한다. 자기 조직화 능력의 중요한 부문이 부분과 전체를 아우르는 통합적 시각, 즉 전체 흐름 속에 자신의 영역을 파악하는 능력이다. 예를 들어 조립생산 라인에서 과거에는 자기 부문만 알면 되지만 요즘에는 전체 공정을 파악해서 자기 일을 처리하는 능력이 중요해지고 있다. 그런 면에서 우리나라의 일반 학교는 실습 및 현장 교육을 보완하여 그 이론이 의미하는 바를 확실히 해야 하고, 반대로 직업학교는 이론교육을 보완해서 응용력과 통합적 시각을 갖도록 해야 한다.

29. 블룸버그 2019.

셋째, 일-학습 병행교육의 길을 확대하는 일이다. 이론과 실제가 제대로 소통되게 하려면 교과 과정을 변화시키는 것만으로는 부족하고 학생들로 하여금 이론과 실제를 경험하도록 해야 완전하게 이루어진다. 그 과정에서 경험은 학생들에게 체화되고 일로써 축적된다. 이 두 과정은 분리되기 어려우며 전문가의 긍지와 기술혁신으로 나타난다. 이 두 가지가 꽃피울 수 있도록 국가는 지혜를 모아야 한다. 삶이란 어쩌면 평생 자기가 하고 싶은 일을 찾아가는 여정이다. 그러나 스스로 먹고살아야 하는 현실적인 제약이 있기 때문에 막상 하고 싶은 일을 실현하기가 쉽지 않다. 긴 시간에 걸쳐 그렇게 할 수 있도록 국가나 사회가 길을 열어주어야 한다.

학교와 산업체 간 연결고리가 뚜렷하지 않지만, 그동안 필요에 따라 연결되었고, 사회의 변화는 둘 사이가 가까워지도록 압력을 높여 왔다. 직장인들에겐 자기 일을 둘러싼 전체를 통합적으로 파악하고 싶은 갈구가 늘 있다. 반면 학교에 있는 사람들은 빠르게 변화하고 있는 현장을 지체 없이 반영하고픈 욕구에 차 있다. 여기에다 수명이 길어져 진정 자신의 길을 찾아 긴 호흡으로 삶의 의미를 만들어가고자 하는 사람들이 많아지고 있다. 평생학습의 장을 만드는 차원에서 학생들에게 일과 학습을 병행할 수 있도록 기회를 대폭적으로 확대시켜야 하며, 무엇보다 이를 폭넓게 수용하는 학교와 기업의 전향적인 자세가 필요하다.

시대가 바뀌어도 우리 마음속의 사농공상은 크게 바뀌지 않았다. 해방 이후 일제강점기에 억눌렸던 고등교육에 대한 열망이 분출되면서 지금의 일반 대학 중심의 교육 체계가 형성되었다[30]. 원리 추구를 중시하는 우리의 성향에 부합되었다. 이후 서양 문물의 효율적인 수용에 매진함에 따라 자연히 영어, 수학 중심의 교육이 자리 잡으면서 직업교육은 점점 뒷전으로 밀려났다. 그러나 이 체제가 너무 오래 지속되었고, 시대 흐름에 비해 과도하게 에너지가 쓰이고 있다[31]. 선행학습이 그 결과 나타난 대표적인 문제 중 하나이다. 문제를 스스로 찾고 해결하는 방식을 생각하는 공부에 역행하여 전혀 자기 조직적이지도 않고 내생적이지도 않다. 답을 먼저 알고 수업에 임하기 때문에 같이 답을 찾아가는 수업 과정에 방해가 될 뿐이다.

이론과 실제가 늘 연결되는 교육이 되어 이론의 의미와 현실 적용 가능성을 생각하게 하는 교육이 되어야 한다. 개개인이 어릴 때부터 이러한 의식에 익숙해져야 성인이 되어 교육 현장이나 산업 현장에서 근무하더라도 혁신이 일상적으로 일어날 수 있는 토대가 된다. 그래야 산학연 연계도 실제로 효과가 나타날 수 있다. 이러한 개개인의 행위는 교정되지 않은 채 산학연 연계를 위한 정책적 노력은 형식에 그칠 수밖에 없다. 독일에서 바우하우스가 탄생한 것도 바로 어릴 때부터 이론과 현장의 밀접한 관계 속에 배움의 실용성을 지향하는 교육 체계와 개개인의 의식이 전제되었기 때문에 가능하였다.

---

30. 오천석, 『한국신교육사』, 교육과학사, 2014, pp.284 ~ 287.

31. 독일의 경우 대학 진학 시 소위 국, 영, 수보다는 다른 사회, 과학, 예술 등에 비중을 두어 평가한다. 김나지움에서 대학을 입학할 때 우리의 수능에 해당하는 아비투어가 3분의 1, 내신이 3분의 2 비중으로 평가한다. 교과 내용은 필수 과목과 선택 과목으로 구성되는데, 우리의 국, 영, 수에 해당하는 필수 과목보다 선택 과목의 수가 많고 점수 반영 비중도 높다. 이 또한 학생들의 재능에 맞게 길을 찾아갈 수 있도록 하는 독일의 일관된 교육철학에서 비롯되었다. 김택환, 『행복한 독일 교육 이야기』, 자미산, 2017, pp.160 ~ 166.

우리 교육에도 신호등 교차로 대신 회전교차로 같은 시스템이 정착되기를 소망한다. 상황에 따라 룰을 스스로 찾아가는 그런 사회이다. 경쟁에서 낙오되어 좌절을 안겨주는 것이 아니라 길을 스스로 찾아갈 수 있도록 열어주는 교육시스템이다.

재난 공화국

평소 뉴스를 통해 각종 재난사건, 사고을 접하면서 과연 우리나라의 재난이 얼마나 자주 일어나는지가 궁금하였다. 재난이 발생할 때마다 인재다, 예견된 참사다 등 소동이 되풀이되어 우리나라가 다른 나라에 비해 재난이 유달리 많을 것으로 비추어졌기 때문이다. 아니나 다를까, 우리나라는 질병을 제외한 각종 사건, 사고, 자살 등으로 사망하는 안전사고 사망자 수가 일 년에 28,800여 명2015년으로 조금씩 감소 추세에 있지만, 전체 사망자 중 안전사고 사망자 비율은 11%로 OECD 국가 평균인 6.3%보다 월등히 높은 편이다[32]. 우리가 기억하는 대형 재난만 해도 이천 냉동창고 화재2008년, 제천 스포츠센터 화재2017년, 포항 지진2017년, 경주 지진2016년, 판교 환풍구 붕괴2014년, 세월호 침몰2014년, 경주 마우나오션리조트 체육관 붕괴2014년, 태안 앞바다 기름 유출2007년, 대구 지하철 화재2003년, 삼풍백화점 붕괴1995년, 성수대교 붕괴1994년, 서해훼리호 침몰1993년, 익산 이리역 폭발1977년, 대왕코너 화재1974년,

32. 안전사고 사망자 수는 질병이 아닌 원인으로 사망한 사람의 수를 말함. 국민안전처, 2017. 2 자료.

대연각호텔 화재1971년 등 많다.[33]

대형 사고가 우리의 기억 속에서 사라지지 않는 것은 피해 규모가 커서도 그러하지만, 조금만 주의를 기울였더라면 사고를 사전에 방지할 수 있었을 터인데 그렇지 못한 데 대한 안타까움이 매우 크기 때문이기도 하다. 또한 사고가 났을 때 우왕좌왕하지 않고 좀 더 현명하게 대처하였더라면 피해를 훨씬 줄였을 텐데, 그렇지 못한 데 대한 자책이 뼈에 사무쳤기 때문이다. 대형 재난의 경험은 각자의 마음속에 깊이 새겨져 국가의 자부심에 깊은 상처를 남긴다.

문제는 그 뼈저린 경험에도 불구하고 좀처럼 개선되지 못하고 재난이 되풀이되는 데 있다. 큰 재난이 일어날 때마다 책임 있는 사람들은 "이런 일이 다시는 되풀이되지 않도록 만전을 다하겠다"라고 얘기한다. 물론 정부도 노력을 많이 하였을 것이다. 사실 해법을 알고 있으나 예산 규모 등 여러 현실적인 제약이 있기 때문인지도 모른다. 필자가 생각하기에는 수많은 사건, 사고는 지금이 아닌 과거부터 오랫동안 뿌려져 온 씨앗으로 말미암아 일어나는 것이고, 현재도 그 연장선상에 있는 것이라 생각한다. 아마도 오랜 세월 동안 현장을 무시해온 대가가 아닌가 한다. 따라서 정부의 정책만으로 해결될 성질의 것은 아니다.

재난이라는 것은 기본적으로 현장성이 매우 강하다. 현장의 다양한 경험에서 오는 직관적 판단력이 매우 중요하다. 아무리 훌륭한 매뉴얼을 마련하더라도 변화무쌍한 현장의 상황을 다 포용할 수 없다. 오랫동

33. 김용균, 『한국 재난의 특성과 재난관리』, 푸른길, 2018, pp.133～162.

안 사건, 사고의 경험을 통해 축적해온 일종의 동물적 감각을 필요로 한다. 그때그때 상황에 따라 조직원들 사이의 유기적 협력으로 대처해 나가는 암묵지로서 다른 사람들에게 쉽게 전달할 수 없는 능력이다. 평소에 재난에 노출되어 함께 살아가는 사람들이 아니면 그러한 능력을 보유하기가 어렵다. 되도록이면 재난이 발생하지 않는 것이 최상이지만 재난이 빈번한 우리의 경우 재난이 발생하였을 때 대처하는 능력도 함께 요구된다. 최근 코로나19 사태처럼 언제라도 예기치 못한 재난이 생길 수 있기 때문에 산업기술을 축적하듯이 재난 대처기술을 연마하여 내생성을 키우는 자세가 필요하다.

현대의 경제·사회 시스템이 점점 더 복잡하게 연결되어 이에 비례하여 위험과 재난도 점점 복잡해지고 예측 불가해지고 있다. 동일한 재난이라도 과거보다 피해가 더 증폭되는 경향을 보인다. 여러 연구들에 따르면 재난 발생이 자기 조직화하는 복잡계 현상을 보이는 것으로 분석되고 있다[34]. 따라서 높은 변동성과 불확실성의 재난에 유연하게 대

---

34. Barton, C. C., S. P. Nishenko, S. F. Tebben, and W. A. Loeb(1994), "Fractal scaling and forecasting of the size and frequency for Florida hurricanes 1886–1991 and of U.S. hurricane financial loss," Santa Fe Workshop on Natural Hazards Reduction, Jan 5–9, Santa Fe, New Mexico, USA, Becerra, O., N. Johnson, P. Meier, J. Restrepo, and M. Spagat(2006), "Natural disasters, casualties and power laws : a comparative analysis with armed conflict," in Proceedings of the Annual Meeting of the American Political Science Association, Philadelphia, Pa, USA, Janczura, J. and R. Weron (2012), "Black swans or dragon kings? A simple test for deviation from the power law," *The European Physical Journal Special Topics* 205(1), 79–93, Jo, H. H. and Y. I. Ko(2014), "Large variance and fat tail of damage by natural disaster," *Vulnerability, Uncertainty, and Risk*, 2744–2753, in Proceedings of 1st International

응할 수 있는 재난 대응 시스템 구축이 요구된다. 재난은 어쩌다가 발생하는 것이 아니라 우리 일상에서 늘 함께하면서 계속 변화하기 때문에 우리도 이에 대처하는 방식을 늘 새롭게 한다는 생각으로 접근해야 한다[35]. 자동차산업을 육성하기 위해 자동차 관련 각종 기술을 교육하고 연구개발하듯이 그렇게 재난과 관련하여 지식을 교육하고 관련 기술을 연구개발하는 자세를 취해야 한다.

재난을 대하는 태도를 "소 잃고 외양간 고친다"라는 우리 속담에 비유하여 대략 3가지 정도 나누어 얘기해보고자 한다.

첫 번째는 '애초에 소를 잃지 않도록 외양간을 튼튼하게 만들기'다. 무슨 일을 하더라도 제대로 하여 사고가 일어나지 않도록 하는 것이다. 가장 현명하고 길게 보아 사회적 비용도 적다. 그동안 겪은 수많은 부실공사, 건물이나 구조물 붕괴사고, 화재 등은 원래 작업 매뉴얼대로 하였으면 일어나지 않았다. 그러나 그렇게 된 데에는 그만한 이유가 있다. 현장이 열악하기 때문이다. 현장이 열악한 것은 현장을 대우하지 않았

Symposium on Uncertainty Modeling and Analysis and Management (ICVRAM 2011) and 5th International Symposium on Uncertainty Modeling and Anaylsis (ISUMA), Pelling, M.(2003), *Natural disaster and development in a globalizing world*, Routledge. 김용균, 『한국 재난의 특성과 재난관리』, 푸른길, 2018, pp.17~18에서 재인용.

35. 재난 발생과 관련하여 다수 이론들이 발전하였다. 현대 기술의 복잡한 시스템에 의해 사고는 피할 수 없는 정상적 위험이라는 정상사고이론(Perrow, C(1984), *Normal accidents : Living with high risk technologies*, Princeton University Press), 문명의 발달에 의해 새로운 재난 위험이 수반할 수밖에 없다는 위험사회론(Beck, U.(1999), *World risk society*, Cambridge : UK Polity, 이재열(2005), 『한국사회의 위험구조 변화』, 정보통신정책연구원), 경제 사회가 네트워크화되고 복잡해짐에 따라 재난 위험이 창발된다는 복잡계 이론(앞의 Pelling 2003) 등이 있다. 김용균, 『한국 재난의 특성과 재난관리』, 푸른길, 2018, pp.70~78에서 재인용.

기 때문이다. 그래서 일하는 사람들이 자부심을 가지고 일을 꼼꼼하게 하지 않았다. 어떻게 하면 그 일에서 하루빨리 벗어날까 궁리를 하다 보니 마음이 콩밭에 간다. 일이 제대로 될 리가 없다. 심지어 최저가 낙찰제의 하청구조에서는 조금이라도 이익을 더 챙기려고 자재를 덜 쓰거나 부실 자재를 쓰는 등 매뉴얼대로 하지 않는 일이 벌어진다.

이런 말단의 현실에서 건축, 토목 관련 교육 및 훈련 체계는 먼 나라 얘기다. 번듯한 직업학교가 있었더라면 현장이 그렇게 열악할 리 없다. 매일매일 새벽에 인력시장에서 일할 사람을 구해 건설 현장에 투입하여 어마어마한 구조물을 짓는 그런 위험한 일이 발생하지 않았을 것이다. 아무리 단순한 일이라도 원리가 있고 전체 공정을 알아야 적절하게 할 수 있다. 한 사람 한 사람이 체계적인 훈련을 받고 현장에서 경험을 쌓으면서 숙련되어야 한다. 새로운 공법이 나오면 다시 교육기관에서 배우고 실습하면서 자기의 전문성을 점점 키워나갈 수 있도록 해야 한다. 그러나 현실은 그렇지 못해 체계적인 교육, 훈련 없이 현장에서 임기응변식으로 메우는 실정이다. 그러다 보니 작업 현장에서의 혁신은커녕 부실 공사로 이어져 안전사고를 잉태할 뿐이다.

두 번째는 "소 잃고도 외양간 고치지 않는다"이다. 이것이 불과 얼마 전까지만 해도 가장 고질적인 문제였다. 소위 '안전불감증'이라는 무반성의 자세이다. 안전불감증은 웬만한 자극에는 꿈쩍도 않는다. 삼풍백화점 붕괴, 세월호 침몰, 코로나19 확산과 같은 통절한 아픔들이 있은 연후에야 움직인다. 본인이나 가까운 주위 사람들이 재난을 입어 개개인들이 직접 경험하지 않고서는 매번 구호에 그치고 또 금방 잊어

버린다. 재난과 늘 함께 살고 있다는 의식이 전제되어야 실질적으로 한 걸음 더 나아갈 수 있다.

우리나라도 예외 없이 재난을 남의 일처럼 생각하다가 큰 재난들을 계속 겪고 난 후 조금씩 개선하였다. 안전불감증 증세가 조금씩 개선되고 있다는 것을 법, 제도 등 정책의 변화로 가늠할 수 있다. 1990년 일산 제방 붕괴로 큰 홍수 범람 사고 이후 그 전까지의 인프라 구축 중심의 하드웨어 접근 방식의 방재 대책이 재난관리 중심으로 전환하였다. 이에 따라 1990년 재해 대책 업무가 건설부현 국토교통부에서 내무부현 행정안전부로 이관되었다. 1990년대는 큰 재난의 연속이었다. 1993년 3월 부산 구포역 열차 전복, 7월 목포 아시아나 항공기 추락, 10월 서해훼리호 침몰, 1994년 성수대교 붕괴, 1995년 삼풍백화점 붕괴 등이 이어졌다. 이에 1995년 1월에 '시설물의 안전관리에 관한 특별법' 이, 7월에는 '재난관리법' 이 제정되었다. 후속 조치로 중앙 및 지방 정부의 재난관리 조직이 강화되었다. 2000년대에 들어서는 2003년 대구 지하철 화재사고를 계기로 재난을 통합적으로 관리하는 시스템이 도입되기 시작하였다. 2003년 '위험물 안전관리법' 이 제정되었고, 2004년에는 모든 재난을 통합 관리하는 '재난 및 안전관리 기본법' 이 제정되었으며, 이를 관장하는 소방방재청이 설립되었다[36]. 2014년 세월호 침몰사고 이후 소방방재청과 해양경찰청을 합쳐 국민안전처가 설립되었으나, 2017년 소방방재청은 행정안전부로, 해양경찰청은 해양수산부로 이관되어

36. 김용균, 『한국 재난의 특성과 재난관리』, 푸른길, 2018, pp.270~278.

지금에 이르고 있다.

세 번째는 '소 잃고 외양간 고치기' 이다. 앞서 재난을 겪고 난 이후 정부의 노력들에 대해 살펴보았는데, 이 노력들이 바로 정책 차원에서의 소 잃고 외양간 고치기이다. 외양간 고치기는 단지 법, 제도, 정부 조직의 개선뿐만 아니라 재난을 겪고 극복하는 과정을 통해 나타나는 총체적 변화를 포함한다. 최근 코로나19 사태에서 경험하고 있듯이 재난이란 것은 우리가 생각하는 것 이상으로 광범위하고 다층적으로 진행된다. 코로나19 사태는 바이러스 감염이라는 보건상 문제가 발단이 되었지만, 인간의 물리적 교류 활동에 제약을 가함으로써 일상생활을 크게 변화시켰다. 그로 인해 제반 경제 활동을 어렵게 하여 연쇄적으로 전 부문들에 영향을 미치고 있다.

이처럼 예상하지 못한 일들의 발생이 현대 재난의 특징이기 때문에 하향식 대처 역량뿐만 아니라 상향식 대처 역량을 키우는 것이 매우 중요한 요소이다. 국민 각 개인의 재난 대처 역량의 향상 없이 중앙 및 지방 정부의 하향식 대처 능력만으로는 한계를 지닌다. 급박한 상황에서 상부의 지휘를 받아 즉각적으로 대응한다는 것은 거의 불가능하다. 정보수집 능력에는 한계가 있으며 모든 경우의 수를 다 예측할 수도 없다. 우리나라의 경우 중앙정부 중심으로 재난을 관리하기 때문에 각별한 노력이 필요하다. 높은 불확실성 하에서 국민 각자가 아마추어 소방관이 된다는 목표로 안전교육에 투자를 아끼지 말아야 한다.

우선 어릴 때부터 재난교육을 의무화하여 국민이 갖추어야 할 상식으로 정착하도록 해야 한다. 국어, 사회, 과학처럼 하나의 정규 과목으로 일정한 시간을 이수하도록 하는 것이다. 그러나 재난교육은 여타 과목들과 달리 체험이 중요하므로 실습할 수 있는 환경을 만들어주는 것이 필수적이다. 이를 위해 재난체험학습관을 마련해야 한다. 다만 재난체험학습관은 각 학교에서 해결하기 어려우므로 중앙 및 지방 정부에서 마련하고 이를 활용하는 방식이 효과적이다. 마찬가지로 대학에서도 재난학과를 설립하여 재난 관련 교사나 전문가를 양성하여야 한다. 재난이 일상화되는 만큼 사회인들도 평생교육 차원에서 재난교육을 받을 수 있도록 직장이나 행정단위에서의 교육 체계가 마련되어야 한다. 도시, 농촌, 어촌, 아파트, 단독주택, 주상복합, 빌라, 빌딩 등 각 주거 형태에 따라 재난 유형과 대처 방식이 다르므로 이 점도 고려하여 운영할 필요가 있겠다.

방송의 역할도 중요하다. 방송은 매일 크고 작은 사건, 사고 소식을 전하지만 재난이나 안전사고에 관한 프로그램은 별로 많지 않다. 국민에게 불안감을 조장한다고 비판할 수도 있겠으나, 그렇게만 바라볼 것이 아니다. 일상화되어 가는 재난으로부터 국민을 안전하게 지키기 위해서는 보다 적극적인 자세가 필요하다. 사고 날 때마다 특보, 특집 뉴스 등을 집중적으로 편성하고 사고가 끝나면 없애는 것이 아니라 평소에 국민의 안전의식을 높여야 한다. 안전의식 고취를 위한 캠페인 외에 재난, 재해의 내용을 직접 소개하여 국민의 재난에 대한 이해와 상식을 높이는 노력이 재난 방지에 효과적이다. 예를 들자면 방재와 관련한 새로운 기술들을 소개할 수도 있고, 일반 시민들이 생활 속에서 재난을 극복하는 사례들을 소개할 수도 있다. 퀴즈 프로그램 같은 오락 프로그램에도 재난 관련 상식들을 반영하는 등 다채로운 형태로 프로그램에 담을 수 있다.

또 다른 하나는 재난 대응에 ICT 기술을 적극적으로 활용하는 것이다. ICT 기술의 유용성은 코로나19 사태에서 여실히 증명되었으며, 재난 대처에 새로운 모델의 가능성을 보여주고 있다. 국민들 사이의 광범하고도 분산된 SNS 활용은 새로운 정보의 소통을 원활하게 하여 스스로 상황에 알맞은 대처를 찾아가도록 하는 역할을 하였다. 예를 들어 대구에서 코로나19 확진자가 초기에 폭발적으로 늘어나 우왕좌왕하는 상황에서 대구 지역 병원장들의 단체 대화방이 큰 역할을 하였다. 치료제가 없는 상황에서 대화방을 통해 환자 치료 정보나 병실, 의료장비 등의 수급 상황을 수시로 공유하여 서로 협력함으로써 어려움을 원활하게 극복하였다.[37] 이 밖에 감염자의 동선 정보, 마스크 판매 상황 앱, 위험 지역 알림 서비스 앱, 위험제보 시스템 앱 등 빅테이터를 활용한 다양한 서비스들이 소개되었다.

이러한 사례들은 새로운 아이디어나 혁신이 현장에서 실험되고, 이에 대한 반응이 바로바로 수정되어 다시 현장에 피드백되면서 체계적으로 자리 잡아 나가는 새로운 모델을 제시하고 있다. 여기에 ICT 기술이 큰 역할을 하며, 특히 급박한 상황에서 분산 시스템으로서 상향식 bottom-up 접근을 용이하게 하여 하향식 top-down 접근의 경직성을 보완하는 역할을 한다. 또한 마스크 구입난 사례에서도 보았듯이 초기에 방

37. 동아일보, 2020.4.23.

향을 잡지 못한 것은 마스크 수요와 공급에 대한 정확한 정보를 파악하지 못한 데서 비롯되었다. 수급의 양적 상황뿐만 아니라 글로벌 가치사슬에 관한 상세한 지도가 있었더라면 훨씬 시행착오를 줄였을 것이다. 병상 수, 의료 인력, 의료 장비 등에 관한 상세 정보도 마찬가지다. 무역 비중이 큰 우리나라의 경우에 주요 품목의 글로벌 가치사슬 및 수급 상황에 대한 상세 지도를 데이터베이스화하여 앞으로의 불확실성에 대비하는 것이 무엇보다 중요해졌다.

재난관리 체계는 국가마다 조금씩 차이가 있으나, 대개 평상시에는 재난 유형에 따른 중앙정부 부처와 지방정부 부처가 주 관리부서가 되고, 비상시에는 중앙정부 및 지방정부의 비상대책본부를 중심으로 관리하는 형태를 취한다. 미국과 독일은 지방정부가 일차적인 책임을 지고 지방정부의 범위를 넘어서는 대형 재난에 연방정부가 개입하는 형태이다. 반면 한국과 일본은 중앙정부가 지방정부의 협조 하에 책임지고 사고를 수습하는 형태를 취한다[38]. 이제 재난도 복잡해지고 불확실성이 높아져 가는 만큼 현장에서 즉각적으로 대응할 수 있는 능력을 키우도록 방향을 설정하는 것이 옳다. 코로나19 사태에서의 대처 경험은 분산-통합적 자기 조직화 시스템이라는 새로운 가능성을 열어주고 있다.

재난은 분명 정상적인 것은 아니다. 그러나 비정상적인 것이라고

---

38. 일본 도호쿠대학 가와무라 가즈노리(河村和德) 교수는 일본과 같은 재난관리 시스템은 중앙정부가 재원과 권한을 가지고 그 집행을 지방정부에 맡기는 특징을 지닌다고 하고, 이를 '집권·융합형 시스템'이라 하였다. 가와무라 가즈노리 편저, 김영근·김경림 옮김, 『일본의 재난 안전과 지방자치론』, 진인지, 2019, pp.39~45.

말할 수도 없다. 재난은 우리의 일상에서 늘 함께하는 정상적인 것으로 받아들여야 문제가 해결되기 때문이다. 결국 확률의 문제로 재난이 일어날 확률을 얼마나 줄이느냐가 관건이다. 법, 제도 이전에 우리의 의식 속에 재난의 위상이 높아져 재난 현장에 종사하는 사람들의 긍지가 높아져야 해결의 실마리가 풀린다.

04

서울보다 지방

모든 길은 서울로

우리나라의 모든 에너지가 서울을 중심으로 한 수도권으로 향하고 있다. 블랙홀로 빠져들듯이 서울이라는 핵을 향해 소용돌이치고 있다. 모두 살러, 출세하러 서울로, 서울로 향하였다. 태어나면 당연히 서울로 가야 되는 것처럼, 모두가 속수무책이었다. 아버지, 어머니는 오직 자식들을 뒷바라지하느라 자신들의 욕망을 저만치 두었다. 그 희생에는 먼 훗날 고향의 풍요로움이 저당되어 있었다. 그러나 그 저당은 영원히 저당되는 운명처럼 보인다. 명절 때를 제외하고 농촌이 허전하게 된지가 오래되었다.

그 덕에 우리나라는 수도권 과밀이라는 유례없는 국가로 되어가고 있다. 인구가 지속적으로 수도권으로 집중되어 급기야 2019년에 수도권의 인구가 비수도권의 인구를 추월하였다. 1992년부터 추이를 보면 1998년 IMF 경제위기 이전까지는 수도권과 비수도권의 인구가 같이 증가하나 그 이후부터는 비수도권은 정체하기 시작하고 수도권은 계속 증가하여 지금에 이르고 있다. 수도권 집중 현상은 멀리 서울이 조선의 수도가 된 시기까지 거슬러 올라간다. 그러나 당시는 이동이 자유롭지 못해 큰 변화 없이 아주 느리게 진행되다가 아마 해방 이후 산업화가 본격적으로 이루어지면서 두드러진 것으로 추측된다. 공식적인 인구조사가 없어 정확하지 않으나 1894년 청일전쟁 이후 세금 부과를 위해 실시된 호구조사를 바탕으로 1900년대 초반의 인구를 추산할 수 있다. 1906년 우리나라의 인구는 호구조사에 누락된 가구를 포함하여 약 1,200만 명 정도로 추정되며, 서울 29만, 경기 111만, 충북 51만, 충남 82만, 전북 72만, 전남 79만, 경북 113만, 경남 87만, 강원도 57만, 황해 63만, 평북 69만, 평남 65만, 함북 30만, 함남 40만으로 추산된다.[39]

그림 5-1 수도권과 비수도권의 인구 추이(1992~2019)

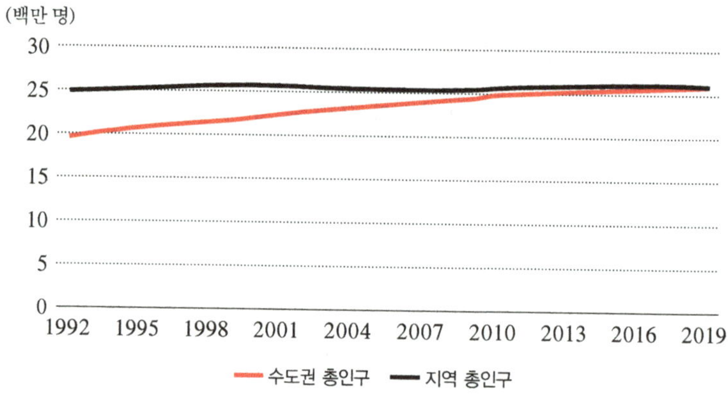

자료 : 국가통계포털 KOSIS

39. 우리나라에서 선교 활동을 하였던 선교사 언더우드(H. G Underwood)가 Herbert의 *History of Korea*(한국사) vol. II의 호구조사 자료를 바탕으로 1가구당 5인으로 계산하여 인구를 추산하였다. 이에 따르면 1906년 당시 우리나라 도시 인구는 서울 약 29만, 송도(개성) 약 20만, 그 다음 대구, 평양의 순으로 분포를 보였다. H. G. 언더우드 저, 이광린 역, 『한국개신교수용사』, 일조각, 1989, pp.2~4, 25~28.

서울과 경기인천 포함를 합친 수도권의 인구는 전체 인구의 약 15%에 불과하여 현재의 50%에 비해 큰 차이를 보인다. 이를 통해 인구 집중 현상이 오랜 기간에 걸쳐 쉼 없이 이어져 왔음을 알 수 있다.

인구가 많으면 자연히 경제적 · 비경제적 활동이 많아진다. 그로 인해 여러 가지 기회들이 발생하여 소위 네트워크가 또 다른 네트워크를 만들어 자기 증식하는 현상이 나타난다. 말하자면 인구 집중이 또 다른 인구 집중을 불러들인다. 여가, 오락, 친교, 쇼핑 등을 목적으로 하루에 통행한 사람 수를 나타내는 지역 관광객 수는 인구 집중화 현상을 간접적으로 나타내준다. 2015년 기준으로 수도권의 비중이 48.3%로 전체 지역 관광객 수의 거의 절반을 차지하였다.

그림 5-2 우리나라의 지역 관광객 수(2015)

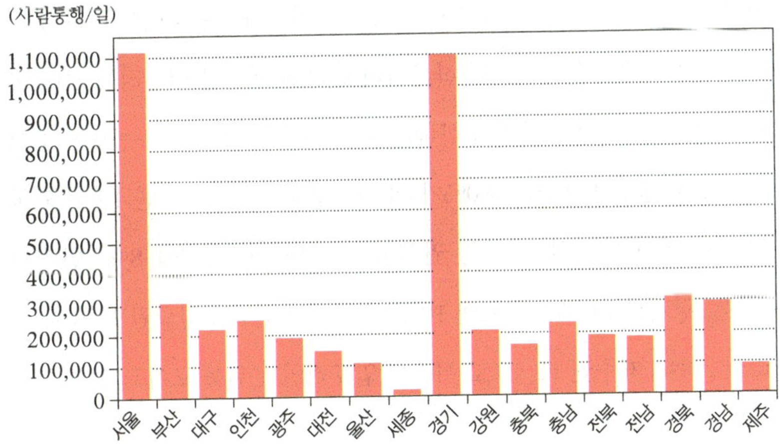

주 : 지역 관광객 수는 여가, 오락, 친교, 쇼핑 등을 목적으로 통행한 사람 수

자료 : REDIS 지역발전포털 통계 검색, http://www.redis.go.kr/route/home/nstatistics_pop!getStatistics.do

KTX 도입과 같이 지역 간 연결 속도의 증대는 오히려 이런 현상을 더 심화시킬 수 있다. 지역 간 이동이 편리해지면 한나절에 서울에 가서 쇼핑이나 친교를 할 수 있어서 오히려 지역 간 쏠림 현상을 촉진시킨다. 필자는 과거 한 연구를 통해 서울에 가까이 있는 지역일수록 또 자체 인구 규모가 클수록 인구가 많이 증가한다는 점을 밝힌 바 있다.[40] 서울과 멀리 떨어진 지역일수록 서울 인접 효과가 낮은데, 이를 상쇄시키기 위해서는 자체 인구 규모가 커야 한다는 것이다. 하지만 늘어나는 인구에 따른 신도시 개발, 전철 및 광역버스망 확충, KTX 및 SRT와 같은 고속철도, 인천국제공항 등은 서울, 인천, 경기 지역 도시들의 통합을 가속화시켜 수도권의 범위를 점점 확대시키는 결과를 가져왔다. 따라서 여타 지역들이 평균 이상의 성장을 하기 위해서는 서울에 더 가까이 있거나 혹은 떨어져 있으면 더 큰 규모의 인구 규모를 가져야 한다는 추론이 가능하다. 그만큼 수도권으로의 쏠림 현상이 심해졌다는 반증이기도 하다.

그러다 보니 외국인들이 한국이라고 하면 서울만 떠올리는 것이 아닌가 한다. 외국인 관광객이 한국에 오면 제일 많이 방문하는 도시가 서울로 전체 관광객의 70～80%가 서울을 방문한다. 2019년 4분기 외국인 관광객이 방문한 지역을 권역별로 보면 서울권 74.8%, 인천권 8.3%, 경기권 14.6%, 강원권 10.3%, 충청권 4.9%, 경상권 17.6%, 전라권 2.8%, 제주권 11.4%로 서울이 압도적인 우위를 보이고 있다.[41]

---

40. 이덕희, 최호철(2005), 「지역성장에 있어서 네트워크 크기 및 연결속도, 임계치에 관한 연구」, 『경제학연구』, 53, 71～98.

41. 한국관광공사, "2019 외래관광객조사_4분기 주요 결과(잠정치)".

이와 같은 사례를 보면 국내외적으로 서울을 중심으로 한 수도권으로 향한 구심력이 강하게 작용해 왔음을 알 수 있다. 수도권 집중에 의한 피로감도 비례적으로 커서 세종시에 새로운 행정수도를 만들고 지방 혁신도시를 만들어 공공기관을 이전하는 등 원심력을 키우는 노력을 펴고 있지만 강력한 추진력이 뒷받침되지 않아 역부족을 면치 못하고 있다. 최근의 수도권 3기 신도시 정책만 하더라도 부동산 가격 급등을 막기 위한 급조된 성격이 강해 오히려 장기적으로는 수도권 과밀을 심화시킬 것으로 예상된다. 수도권에 사람이 많아 집이 부족하여 집값이 오르고, 이를 해결하기 위해 신도시를 만들고, 신도시를 만드니 사람들이 또 몰려들고, 그래서 집값은 또 오르고, 이런 악순환이 되풀이되고 있다.

서울로의 집중은 단순히 부동산과 같은 경제 논리만이 아니라 역사적으로 중앙집권 정치구조라는 오랜 통치구조에 의해 모든 권력과 명예의 기회가 서울에 집중된 데 원인이 있다. 거기다 해방 이후 산업화 과정에서 경제적 효율성과 부의 기회가 더해지면서 서울로의 집중화를 초래하였다. 앞서 1900년대 초의 인구 분포에서도 보았듯이 조선시대에 지방은 국가 정치구도에서 하나의 큰 축을 형성하였다. 국가 통치철학인 유학만 해도 영남학파, 기호학파를 중심으로 사림파를 형성하면서 중앙 정치의 뿌리를 이루었다. 그 배경에는 지방 곳곳에 흩어져 있는 서원의 역할이 지대하였다.

서원은 조선시대 저명인사들이 낙향하여 자신들이 존경하는 성리학자들을 기리는 동시에 후학들을 양성하여 유학을 진흥시키기 위해 만든 지방의 사교육 기관이다. 서원은 많은 지역 인재들이 서로 만나 교류하면서 유학을 논의하고 발전시키는 장으로서의 역할도 하였다. 요즘으로 얘기하면 일종의 학회와 같은 학문적 네트워크로서 역할을 담당하였고, 지역마다 차별화된 학맥과 학풍을 형성하였다. 1543년 경북 영주의 백운동 서원(이후 소수서원)을 시작으로 점점 수가 늘어 조선 말에는 전국에 크고 작은 서원이 900여 개나 되었다[42].

서원은 향약과 향음주례를 시행하고 의병을 결집하였으며, 상소를 올리는 등 다양한 활동을 전개하였다. 또한 유학 관련 서적을 출판하고 보관하는 지식 보고로서의 역할도 담당하였다[43]. 성균관이나 향교가 공자를 비롯해 안회, 증자, 자사, 맹자의 사성四聖과 같은 당시 널리 알려진 성인들을 주로 기렸다면, 서원은 자신의 문중에서 배출된 훌륭한 유학자들을 주로 기렸다. 지방 명문가가 배출한 인물과 친인척을 중심으로 학맥을 형성하고 향촌공동체를 만드는 데 서원은 그 구심점 역할을 하였다. 서원의 건립과 운영에서도 문중 후손, 지방 사림, 지방관의 상호 협력이 큰 역할을 하였다[44]. 요즘으로 치면 서원은 지방에서 내생적으로 형성된 산학관 혁신 시스템의 한 전형을 보여준다. 내생성이 부족하여 온전한 시스템 형성이 어려운 요즘의 지역혁신시스템과는 대조적

---

42. 서원(書院)과 사우(祠宇)를 합친 숫자로 원래 서원은 후학을 교육하는 목적으로, 사우는 성현을 기리는 목적으로 설립된 것이나 나중에 서원에서 사우의 기능을 함께하였다. "사우", 『한국민족문화대백과』 참조.

43. 이해준, 「한국 서원의 지역 네트워크와 사회사적 활동」, 이해준 · 이상해 · 정순우 · 이수환 · 김문준 지음, 『한국 서원의 전통가치와 현대적 계승』, 한국학중앙연구원출판부, 2018, pp.125 ~ 127.

44. 이해준, 「한국 서원의 지역 네트워크와 사회사적 활동」, 이해준 · 이상해 · 정순우 · 이수환 · 김문준 지음, 『한국 서원의 전통가치와 현대적 계승』, 한국학중앙연구원출판부, 2018, pp.140 ~ 148.

이다.

긴 역사의 흐름으로 보면 서원이 지방 명문 고등학교와 명문 대학으로 이어져 지방 고유의 학풍과 정서를 형성하였다고 할 수 있다. 필자가 대학에 다니던 시기인 1980년대만 해도 우수한 학생들이 지방 국립대나 사립대에 많이 입학하여 그 명맥을 유지하였다. 그러나 이런 학풍은 해가 거듭될수록 서울로 인재 유출이 심해지면서 점점 희미해져 갔다. 동시에 산업공단 중심의 하향식 정부 정책에 따라 서울에 본사, 수도권 및 충청권에 연구개발, 각 지방에 생산공장을 두는 형태로 가면서 지역 내에서 산학연 간 유기적인 관계를 제대로 형성하지 못하였다. 그러다 보니 각 지역의 특성에 맞는 지역혁신 시스템 메커니즘의 창출은 거의 불가능하였다. 결국 지방은 과거 명문가를 중심으로 시대의 담론과 가치를 주도하였던 에너지를 산업 혁신을 주도하는 에너지로 전환시키지 못함으로써 내생적 힘을 점점 상실해간 것이다.

모든 지역이 시대를 이끌어가는 무언가를 창출할 수 있는 잠재력을 동등하게 부여받아 그것을 뿌리내리고 싹을 틔우고 꽃피울 수 있을 때 그 국가는 경쟁력 있는 국가로 우뚝 설 수 있다. 그런 대표적인 국가가 독일이라 할 수 있다. 오랜 지방분권의 역사에 마을 중심의 수공업과 길드제의 장인정신이 결합되어 오늘날 지방 중소기업들의 강한 기술력을 만들어 내었다. 독일에서는 각 지역이 자기의 내력으로 형성된 재능을 발휘할 수 있는 생태계가 마련되어 순환이 이루어지고 있다. 이것은 생태계를 구성하는 몇몇 부문이 유달리 앞서거나 뒤처져서는 곤란하고, 산업체, 학교, 연구기관, 지원기관, 정부 등 모든 부문들이 골고루 보조를 맞추어 유기적으로 소통할 때 가능하다. 이런 에너지들이 국토에 넓게 퍼져 독일의 인구는 비교적 고르게 분포되어 있다. 독일 인구는 약 8,400만 명이며, 수도인 베를린 360만, 함부르크 184만, 뮌헨 147만, 쾰른 108만, 프랑크푸르트 74만 명의 순으로 분포를 보인다.

서울로 향하는 에너지를 누그러뜨리고 반대로 지방으로 향하게 하는 것은 공간 차원에서의 하학이라 할 수 있다. 인체의 머리가 서울을, 손발이 지방을 나타낸다고 할 때 지금까지 머리와 서울로만 향하였던 상학上學으로부터 이제 손발과 지방으로 내려가는 하학下學이 필요한 때다. 그래서 재능을 펼칠 수 있는 국토의 플랫폼을 다양화하는 것이 국가 경쟁력에 유익하다.

국토도 하나의 생태계라 무한히 확장될 수 없고 일정한 경계를 가진다. 그렇기 때문에 무한 경쟁의 질서가 성립될 수 없고 상생의 지혜가 요구된다. 서울이 각광을 받게 된 것은 서울이 잘나서가 아니라 지방의 희생으로 그렇게 되었음을 깨달아야 한다. 지방의 침묵이 서울의 언변을 돋보이게 한 것이다.

지대추구행위

앞서 우리나라의 고질병 중 하나가 부동산과 학벌에 대한 지나친 집착임을 애기하였다. 일단 아파트를 소유하거나 명문 대학에 들어가면 크게 노력을 들이지 않고도 인생이 보장된다는 심리가 작용하고 있다. 소위 불로소득을 추구하는 지대추구행위의 대표적인 예이다. 경제학

교과서에서 지대추구행위는 '생산이나 창조를 통해 사회 전체의 후생을 증가시키는 것이 아닌 기존 자원의 이전이나 배분을 통해 이익을 추구하는 모든 행위' 로 정의된다. 땅으로부터 발생되는 지대rent를 추구하는 투기, 시장에서 독점적 지위를 유지하기 위한 행위, 수익 하락을 방지하기 위해 자격증이나 면허의 수를 제한하는 행위 등이 해당된다. 어떤 재화나 기회, 자격 등이 제한되어 있어 획득하기만 하면 그 자체로 엄청난 이득을 발생시키기 때문에 그 획득을 위한 행위나 획득 후에 그 지위를 유지하기 위한 행위들을 말한다.

따라서 어떤 행위든 경쟁이 치열하여 로또 당첨의 성격이 있으면 지대추구행위 요소가 포함되어 있다고 하겠다. 요즘 사람들이 대화 중에 많이 쓰는 '대박' 이라는 말에 바로 지대추구행위 요소가 깔려 있다. 확률적으로 매우 어려운 로또 당첨과 같은 일이 벌어져 소위 '벼락부자' 가 된 것이다. 대박이란 말의 유행은 어느 날 갑자기 행운이 찾아오기를 바라는 우리의 의식구조를 반영하기도 하지만 우리의 삶이 얼마나 치열한지를 반영하기도 한다.

지대추구행위가 우리의 일상에 들어오게 된 데에는 서울의 책임이 상당하다. 서울에 사람들이 많이 몰려들게 되니 무엇이든 경쟁이 치열해질 수밖에 없다. 경쟁이 치열해지니 자원재화, 기회, 자격 등의 획득에 따른 가치가 급격하게 올라가게 된다. 가치가 급하게 올라가게 되니 사람들이 그 자원을 획득하려고 더 몰려들게 된다. 증가하면 감소로 반작용하여 일정 균형으로 수렴되는 것이 아니라 증가하면 또 다른 증가로 이어져 소위 양의 되먹임positive feedback 현상이 일어난다. 이런 메커니즘으로 만들어 놓은 것이 바로 서울의 부동산 시장으로 지대추구행위의 대명사가 되었다. 시간이 지나면서 고착화되어 심지어 올라온 사다리가 끊어지는 일까지 일어나고 있다. 이제 서울에 살고 싶어도 집값이 너무 비싸 살 수 없는 그들만의 서울이 되고 있다.

서울에의 집중에는 부동산뿐만 아니라 여러 복합적인 요인들이 관련되어 있다. 경제학, 지리학, 공간학, 사회학, 네트워크 사이언스 등에는 공간 형성과 관련하여 수많은 이론들이 있지만 크게 구심력과 원심력을 설명하는 것들로 대별할 수 있다. 제조업 중심의 대량생산 시대에는 저비용의 생산을 위해 공장을 분산시키는 유인이 크므로 해당 지역으로부터 외부로의 원심력이 크게 작용한다. 산업이 성숙할수록 지역 간 성장이 수렴하여 격차가 줄어드는 현상을 보인다.[45] 그러나 산업이 점점 기술 및 지식 집약적이고 소프트화되면서 인력, 연구개발, 시장, 네트워킹 등의 요소가 서로 모여 시너지를 창출하는 집적 효과, 즉 구심력이 중요해지게 되었다. 사회적 집적, 소비자 집적, 생산자 집적 효과[46] 내지는 도시화 및 지역화 경제효과[47]를 활용한 광범한 외부 효과가 중요해

---

45. Hekman, J. S.(1980), "The Product Life Cycle and New England Textiles," *Quarterly Journal of Economics* 94, 697-717., Hekman, J. S.(1985), "Branch Plant Location and the Product Cycle in Computer Manufacturing," *Journal of Economics and Business* 103, 1067-1090., Norton R. D. and J. Rees(1979), "The Product Cycle and Spatial Decentralization of American Manufacturing," *Regional Studies* 13, 141-151., Barro, R. J. and X. Sala-I-Martin(1991), "Convergence across States and Regions," *Brookings Papers on Economic Activity* 1., Blanchard, O. J. and L. F. Katz(1992), "Regional evolutions," *Brookings papers on Economic Activity* 1.
46. Richardson, H.(1973), *Regional Growth Theory*, MacMillan Press, London.
47. Henderson, J. V., A. Kuncoro, and M. Turner(1995), "Industrial Development in

지게 되었다.

또한 기업이 우연히 한곳에 입지하면 이것이 다른 유사한 기업들을 불러들여 클러스터를 형성한다는 경로 의존적 수확체증원리가 공간 형성에 설득력 있게 적용되었다.[48] 네트워크 사이언스에서는 노드마다 링크가 고르게 분포된다는 전통적인 랜덤 네트워크random network가 아니라 선호적 부착preferential attachment 원리에 의해 유난히 링크가 많은 노드가 탄생된다는 스케일프리 네트워크scale-free network가 지역의 구심력을 잘 설명하는 것으로 주목받고 있다.[49] 따라서 서울에의 집중 현상은 이와 같은 다양한 요인들이 복합적으로 작용하여 구심력이 원심력을 압도한 결과라 할 수 있겠다.

서울과 같이 많은 사람들이 모여 있으면 경쟁이 치열하고 무질서해지기 쉬워 자연히 질서를 잡기 위해 룰규제이 생겨난다. 그러나 질서를 잡기 위한 룰이 오히려 또 다른 지대추구행위를 유발시키는 역설적인

Cities," *Journal of Political Economy* 103, 1067–1090.

48. Arthur, W. B.(1986), "Industry Location Patterns and Importance of History," *Center for Economic Policy Research Paper* 84. Stanford University., Arthur, W. B.(1988), "Urban Systems and Historical Path Dependence," in the *Cities and their Vital Systems, edited by* Ausubel, J. H. and Herman, R., Washington D. C. : National Academy Press. 85–97., Arthur, W. B.(1994), *Increasing Returns and Path Dependence in the Economy*, University of Michigan Press, 1994., Krugman, P. R.(1991a), *Geography and Trade*, Cambridge, MA : The MIT Press. Krugman, P. R.(1991b), "Increasing Returns and Economic Geography," *Journal of Political Economy* 99, 483–499., Krugman, P. R.(1992), *A Dynamic Spatial Model*, NBER Working Paper No. 4219.

49. Barab si, A–L. and R. Albert(1999), "Emergence of Scaling in Random Networks," *Science* 286, 509–512.

현상도 발생한다. 룰을 기준으로 적용받는 그룹과 그렇지 못한 그룹이 갈라져 양자 간에 격차가 벌어진다. 그러면 불이익을 받지 않으려는 그룹에 속하려는 행위가 집중적으로 일어나게 된다. 예를 들어 집값이 9억 원 넘으면 종합부동산세를 부과하는 정책을 실시한다고 하자. 9억 원을 초과하는 집들은 종합부동산 부담을 줄이려고 팔려는 사람들이 많아져 인하되는 경향이 있다. 반면에 9억 원 이하 집은 9억 원만 초과하지 않으면 세 부담을 피할 수 있으므로 9억 원 가까이 오르려는 힘이 작용한다. 집을 팔지 않고 미루는 경향이 발생하고, 그 결과가 집값이 9억 원 언저리에 몰리게 되는 비정상적인 현상을 경험하게 된다. 규제가 불러온 또 다른 지대추구행위라 하겠다.

신호교차로에서도 유사한 경우를 발견할 수 있다. 신호등의 파란불이 한 번 지나가면 한참 기다려야 하니까 신호를 위반하거나 과속을 하기도 하고, 교차로에서는 꼬리 물기를 하여 통행을 마비시키는 일이 벌어진다. 과도한 밀도로 인한 과도한 경쟁이 발생하고 경쟁에 한 번 탈락하면 그 격차가 너무 커지는 구조이기 때문에 기회를 잡으려고 수단과 방법을 가리지 않게 된다. 일단 기회를 잡으면 그 기득권을 놓치지 않으려고 온갖 불공정한 행위를 일삼게 된다. 과밀 통제를 위해 신호등 같은 메커니즘이 탄생하고, 이는 자율적 · 내생적 질서의 탄생을 가로막고 잠재적 범죄자를 양산한다. 이런 상태에서 개인들은 지대추구행위를 학습할 수밖에 없다. 전쟁 위기나 전염병 유행과 같은 급박한 상황에서 사재기 현상이 일어나듯이 일상생활이 너무 치열하면 그렇게 될 수밖에 없다. 아프리카의 메뚜기떼는 우기 이후 먹이가 풍부해지면 개체 수가 갑자기 늘어난다. 이때 가뭄이 와서 먹이가 줄면 경쟁이 치열해지고 밀도가 일정 수준 이상 높아지면 매우 포악해진다.[50] 이처럼 사람 사회도 밀도가 높아 삶의 여건이 팍팍해지면 인심이 사나워지기 마련이다.

회전교차로 시스템은 낮은 밀도에 적합하며, 그런 면에서 내생사회에 더 적합하다. 한국교통연구원 조사에 의하면 회전교차로가 신호교차로에 비해 차량 소통도 원활하고 사고도 덜 발생시킨다.[51] 그만큼 과도한 행위가 줄어든다는 것이다. 그러나 차량 통행이 많은 곳에서는 회전교차로가 부적합하다. 더 큰 혼잡을 초래하고 사고율도 매우 높기 때문에 신호교차로가 더 효율적이다.[52] 자율 체계도 그 효능을 발휘하는 환경이 있다.

경제적 효율성은 집중을 좋아한다. 그러나 과도한 집중은 지대추구 행위와 같은 행위를 유발하고, 이는 가격 폭등과 같은 경제 버블을 일으

---

50. 2004년 아프리카 모리타니(Mauritania)의 수도 누악쇼트(Nouakchott)에서 1.7km의 긴 메뚜기떼가 나타나 마을을 습격하여 큰 피해를 입혔다. 개체 수가 늘어나 메뚜기들의 다리에 다른 개체들의 다리가 닿게 되기 시작하면 유순한 메뚜기들이 폭력적으로 변한다. 옥스퍼드대학의 제롬 불(Jerome Bull) 교수의 연구에 따르면 제곱미터당 60마리의 메뚜기 개체 수가 임계치로 알려져 있다. 피터 밀러 저, 이한음 역, 『스마트 스웜』, 김영사, pp.253~261.

51. 한국교통연구원에 따르면 2010~2018년 사이 신호교차로에서 회전교차로로 전환한 경우 평균 24.0%의 통행시간 감소 효과를 보였다. 교통사고 발생 건수도 약 45.6% 감소한 것으로 나타났다. 조한선, 「회전교차로의 효과 및 활성화 방안」, 『월간교통』, 2019. 6, 한국교통연구원.

52. 회전교차로가 적합한 임계교통량이 있다. 한 연구에 따르면 1차로에선 시간당 승용차 대수(passenger car per hour ; pcph)가 2,000pcph, 2차로에선 3,200pcph 이하일 때 회전교차로가 더 효과적이었다. 박병호 · 김태영 · 한상욱 · 양정모(2009), 「회전교차로와 4지 신호교차로 효과에 관한 비교분석」, 『한국ITS학회논문지』 제8권 제2호, pp.27~35.

킬 뿐만 아니라 사건, 사고를 빈번하게 하여 위험한 사회로 치닫게 한다. 더 큰 문제는 우리의 타율성이 무럭무럭 자라나 내생사회에 정면으로 배치된다는 점이다. 회전교차로가 많이 허용되어 자율성이 자라나도록 밀도를 줄여나가는 노력이 필요하다.

자본주의 사회에서 지대추구행위가 아주 없을 수는 없겠지만 되도록 줄이도록 환경을 만들어가야 할 것이다. 직장 경력 5년의 직원이 부동산 투자로 30년 이상의 경력자를 하루아침에 역전하는 일들이 벌어지는 사회, 그래서 어린이들의 꿈이 건물주가 되는 사회가 되어서는 안 된다. 우리가 만들어가는 서울이 공룡이 되어 우리 국토를 황폐화시키는 일이 일어나서는 안 될 것이다.

지금으로부터 242년 전인 1778년 조선의 선각자 박제가는 그가 지은 『북학의』를 정조에게 올리면서 함께 올린 글에서 조선 선비의 지대추구행위를 정확하게 꼬집었다.[53]

> "신이 듣자오니, 나라 다스리는 것은 말을 먹이는 것과 같아서 말을 해롭게 하는 것을 없앨 뿐이라고 합니다. 이제 농정에 힘쓰고자 하시면 반드시 농정을 해롭게 하는 것을 먼저 없앤 다음이라야 다른 일을 말할 수 있을 것입니다.
>
> 첫째, 선비를 도태시키는 일입니다. 지금의 상황을 보면 과거가 있는 해에 크고 작은 과거 시험이 있는데, 응시하는 자가 거

53. 박제가 지음, 이익성 옮김, 『북학의(北學議)』, 을유문화사, pp.217~218.

의 십만이 넘습니다. 십만 명 정도에 그치지 않고 이들의 부자와 형제도 비록 과거장에는 나오지 않더라도 모두 농사일은 하지 않습니다. 농사일을 하지 않을 뿐만 아니라, 모두 농민을 부려먹습니다. 같은 백성으로서 한쪽은 부리고 한쪽은 부림을 당하게 되오니 자연히 강하고 약한 형세가 만들어졌습니다. 날이 갈수록 농사일을 더욱 가볍게 여기고 과거는 날이 갈수록 중요하게 여기게만 되옵니다. 조금이라도 내로라하는 자는 모두 다 과거 보는 데로 흘러가고, 할 수 없이 농사짓는 자는 극히 어리석은 자이오며, 남에게 부림을 당하는 자들뿐입니다. 〈중략〉 그러나 배웠다는 사대부들은 이와 같은 일을 심상하게 보아 넘기며 이것은 옛적부터 그래 왔다고만 하는 것입니다. 삼가 상고하옵건데, 당나라 시인이 여경전행女耕田行이란 시를 지었사온데, 이것은 대개 난리를 겪은 뒤의 참담한 농촌 광경을 탄식한 내용입니다. 지금 우리나라는 백여 년이나 태평세월이 계속되는데도 부녀자가 밭을 갈고 있다는 것은 진실로 이웃 나라에 알게 할 수가 없는 일입니다.

하지만 선비가 어찌 다만 농사에 방해가 된다고만 말할 수 있겠습니까. 실상은 농사를 망치는 몹쓸 자들이옵니다. 이런 무리가 나라 인구의 반수를 차지한 지가 백 년이 되었습니다. 이제 날이 갈수록 과거만 중하게 여기는 자들을 도태시키지 아니하고 도리어 날마다 그 가볍게 여기는 자들을 책망하여 '너희들은 어찌하여 힘껏 일하지 않느냐?' 합니다. 이와 같은 형편이오니 비록 조정이 날마다 천 장의 공문을 발송하고 현관縣官에게 만 마디 말로 경계한다 해도 한 잔의 물로써 한 수레 섶에 붙은 불을 끄지 못하는 것과 같이 수고롭기만 하고 아무런 도움이 되지 않을 것입니다."

우리 국토는 넓다

여행을 해보면 우리나라도 구석구석 참 가볼 때가 많고 넓다는 생각이 든다. 마치 주름 때문에 뇌 크기가 작아 보여도 펼치면 평면적이 큰 것처럼, 굽이굽이 얽힌 이야기가 많다. 그런데도 우리는 관심이 적어 그 소중한 이야기들을 방치하고 있다. 마음이 떠나 있어 눈길 한 번 제대로 주지 않으니 농촌 마을은 홀로 외롭게 자족한다.

우리는 그만큼 국토를 좁게 쓰고 있으며 다양한 공간적 현장성을 살리지 못하고 있다. 현장성은 공간을 배제하고는 성립되지 않는다. 아무리 정보화 시대에 살아도 현장의 공간이 주는 생생함을 대신할 수 없다. 생생함이라는 것은 그 지역만의 기후, 풍토, 구성원, 산업 등이 어우러져 생성해가는 고유한 로컬성에서 비롯된다. 수많은 로컬성locality들이 모여 글로벌성globality을 이루기 때문에 '글로컬라이제이션glocalization', '가장 한국적인 것이 세계적인 것' 이라는 말이 성립된다.[54]

국토도 지역 간에 적당한 거리두기를 하여 스스로 고유한 역량을 키

54. 이명수, "동아시아 공간론, 존재와 생성의 근거를 논하다", 박규택 · 박정환 · 이명수 · 이상봉 · 하용삼 지음, 『로컬리티와 포스트모던 공간성』, 소명출판, 2017, pp.17~38.

울 수 있는 여지를 두는 것이 필요하다. 너무 소통이 쉽고 빈번하면 지역의 고유성은 거대한 공룡에 빨려 들어가 개성을 잃고 만다. 이에 관한 동서고금의 지혜에 대해서는 여러 차례 얘기하였지만 한 번 더 상기하고자 한다. 경제학의 가장 기초인 완전경쟁은 각 주체들이 동일한 협상력을 가짐으로써 독과점보다 훨씬 높은 경제적 효율성을 가져다준다고 하였다. 집단 지혜도 완전경쟁 상태의 또 다른 측면으로 각 주체들의 독립성independence, 분산성decentralization, 다양성diversity의 조건이 만족될 때 발휘될 수 있다. 네트워크 구조에서도 집중과 분산의 한 측면에 치우치지 않는 양자를 포괄하는 분산집중형 네트워크 구조가 질적 성과를 담보하는 양적 구도임을 밝히고 있다.[55]

동양의 중용이나 서양의 황금비율The Golden Ratio 덕목도 질적 측면과 양적 측면이 서로 연결되어 있음을 일러준다. 중용은 상황에 알맞은 행위로서 시중時中, 적중的中이 주된 의미이나, 과유불급過猶不及이라고 해서 한쪽에 치우치지 않는 물리적 · 공간적 중간이라는 의미로도 확장될 수 있다. 황금비율은 행위가 과하거나 부족이 없는 적절한 중간을 취

55. Cowan, R and N. Jonard(2004), "Network structure and the diffusion of knowledge," *Journal of Economic Dynamics & Control* 28, 1557-1575. McEvily, B. & A. Zaheer(1999), "Bridging Ties : A Source of Firm Heterogeneity in Competitive Capabilities," *Strategic Management Journal* 20, 1133-1156. Tortoriello, M., R. Reagans, and B. McEvily(2012), "Bridging the knowledge gap : The influence of strong ties, network cohesion, and network range on the transfer of knowledge between organizational units," *Organ. Sci.* 23, 1024-1039. Uzzi, B.(1997), "Social Structure and Competition in Interfirm Network : The Paradox of Embeddedness," *Administrative Science Quarterly* 42, 35-67.

해야 한다는 아리스토텔레스의 중용The Golden Mean에서 유래되었다. 그러나 점차 과학이 발전하면서 수학적 · 기하학적 비율 0.618이 부각되었다. 자연이나 건축물, 미술품에서 우리가 흔히 볼 수 있으며, 가장 안정적인 균형을 보이는 비율이 1 : 1.618이다. 저명한 경제 컨설턴트인 피터 번스타인Peter L. Bernstein은 "황금비율은 자연, 우주, 건축, 예술, 수학 등에서 발견되는 것으로 우주 공간에서 부분과 전체 간에 존재하는 독특한 비율이다The Golden mean is the unique ratio existing in the universe between the part and the whole : found in nature, the universe, architecture, art, mathematics, and so on"라고 하였다[56]. 또한 저널리스트 윌리엄 호퍼William Hoffer는 "거대한 황금 소용돌이나선 모양은 질적 훼손 없이 양적 구도를 건설하는 자연의 질서로 보인다The great golden spiral seems to be natures way of building quantity without sacrificing quality" [57]라고 하였다. 균형이라 해도 정확히 5 : 5의 대칭이 아니라 6 : 4 정도의 비대칭인데, 이는 지속 가능한 역동적 성장sustainable dynamic growth과 관련이 있다.

양적 구도와 질적 성과는 국부적 자율성local autonomy을 매개로 서로 연결되어 있다. 한쪽이 일방적으로 지배하지도 않고, 그렇다고 양쪽이 대칭적으로 균형을 이루는 것도 아닌 비대칭적 상태가 역동성을 보장한

---

56. Peter L. Bernstein(1996), *Against the Gods : The Remarkable Story of Risk*, New York : John Wiley & Sons. pp.26 ~ 28, "Why 0.618...?," UNEP FI(UN Environment Programme Finance Initiatives) Quarterly, Issue 1, June 2001에서 재인용.

57. 은하수의 소용돌이나 파도의 나선 모양에서 발견되는 황금비율을 지칭함. Peter L. Bernstein (1996), *Against the Gods : The Remarkable Story of Risk*, New York : John Wiley & Sons. p.28.

다[58]. 너무 일방적이어서 어떻게 해볼 수 없는 상황이거나 서로 완벽하게 균형을 이룬 상황이면 역동성을 잃어버려 적절한 경쟁이 일어나기 어렵다. 어느 정도 힘의 차이가 존재하나 노력하면 회복할 수 있는 상황에서야 따라가려는 또는 추월하려는 내부적인 동기가 일어날 수 있다. 현재에 안주하지 않고 균형을 이루고자 하는 힘이 작용하는 동적 평형 상태dynamic equilibrium를 기대할 수 있다. 완전하게 설명할 수는 없으나 적어도 그런 질적인 개선을 위해 구성원 스스로의 노력을 기대할 수 있는 공간적 구도를 얘기하고 있다. 다시 말해 각기 공간적으로 분산되어 다양성이 허용될 때 개별 주체들이 내생성을 획득하기 쉬우며 전체의 질적 성과로 나타날 가능성이 높다는 것이다. 그렇지 않고 과도하게 집중되어 있으면 외부의 영향력이 강해 자기의 내생성을 유지하기가 어렵다. 자신과 비슷한 사람들과 어울리는 동종선호homophily 성향을 연구하는 학자들은 이를 개인적 선택individual choice과 사회적 영향social influence의 상대적 우위로 설명하기도 한다.[59]

---

58. 미시경제학의 과점시장이론에서 선도자와 후발자 경쟁인 스타켈버그(Stackelberg) 모델이 라이벌 경쟁인 쿠르노(Cournot) 모델보다 시장의 효율성이 높은 것과 연결이 된다.

59. Easley, D. and J. Kleinberg(2010), *Network, Crowds, and Market : Reasoning about a Highly Connected World*, Cambridge University Press., Christakis, N. A. and J. H. Fowler(2007), "The spread of obesity in a large social network over 32 years," *New England Journal of Medicine* 357 : 370-379., Kossinets, G. and D. Watts(2006), "Empirical analysis of an evolving social network," *Science* 311 : 88-90., Crandall, D., D. Cosley, D. Huttenlocher, J. Kleinberg, and S. Suri(2008). "Feedback effects between similarity and social influence in online communities," In Proc. *14th ACM SIGKDD International Conference on Knowledge Discovery and Data Mining*., Schelling, T. C.(1972). "Dynamic Models of Segregation," *Journal of Mathematical*

아무튼 지역발전 차원에서 보면 지역 스스로가 먹고살 수 있는 힘을 가져야 하고, 그러기 위해서는 공간적으로 적절히 분산되어 각 지역이 자율적 추진력을 가져야 한다는 얘기다. 지역의 내생적 발전과 공간적 분산 간에는 인과관계가 상호적이라 둘 다 동시에 노력해야 하나 굳이 선후를 따지면 내생적 발전이 더 기본이라 할 수 있다. 이에 관해서는 세 가지 정도 얘기하고자 한다.

첫째, 지역의 지속적인 먹거리 창출이다. 산업은 일정한 라이프사이클이 있어 마냥 지속될 수 없다. 그것이 제조업이든 서비스이든 우리 것을 계속 찾게 만드는 것이 중요하다. 그동안 우리는 우리가 만든 물건이 나름 매력이 있어 수출을 통해 잘 버텨왔다. 기술이 소프트화, 서비스화, 스마트화로 변한다 해도 여전히 베이스는 제조업이다. 이번 코로나19 사태 때도 제조업의 위력을 실감하였다. 그러나 아직 기술력이 부족하고 후발국들의 추격이 만만치 않으므로 산업구조 조정을 부단히 실천해서 고부가가치를 꾸준히 창출해야 한다. 더불어 서비스나 콘텐츠를 고도화해서 우리를 더욱 매력적으로 만들어야 하며, 관광산업도 활성화해 우리나라를 자주 찾도록 해야 할 것이다.

이런 구도하에 지역은 제조든 서비스든, 산업이든 문화든 각자의 재능을 발휘하면 된다. 지금까지 우리나라 지역의 성장 동력은 제조업이었다. 울산, 구미, 창원, 안산, 광양, 군산 등이 중화학공업의 발전에 힘입어 발전하면서 크게 성장한 도시들이다. 최근 시장 환경이 변함에

Sociology 1 ; 143-186., M bius M. M. and T. S. Rosenblat(2001). "The process of ghetto formation : Evidence from Chicago," *Working paper*.

따라 점차 경쟁력이 약화되면서 동시에 지역들도 활력을 잃어가고 있다. 글로벌 시대에 세계 시장 및 국내 시장의 구도를 면밀히 파악하여 자기 지역의 핵심 역량이 무엇인지를 분석함으로써 기존의 주력 먹거리를 대신할 대안을 항상 마련하는 유비무환의 자세가 필요하다. 이미 우리는 기존 사양산업의 어려움을 딛고 새롭게 재탄생에 성공한 해외 도시들의 사례들을 많이 보아 왔다.[60]

서울 · 수도권 같은 메가폴리스는 자체의 인구 규모와 다양성으로 스스로 굴러가는 힘을 지니고 있다. 그러나 광역도시들은 주력산업을 기반으로 지속적인 혁신의 창출이 필요하다. 즉, 나름의 계획을 가지고 지역혁신 시스템을 구축해야 하는 환경에 처해 있다. 하지만 여전히 수도권을 제외하면 온전한 혁신 시스템을 가지지 못하고 있다. 지역 대부분이 가치사슬의 상류 부문인 지식생산이나 연구개발 부문이 취약하다. 연구개발 기능이 집적된 대전만 해도 생산 기능이 취약하여 지역에 밀착된 혁신 시스템을 구현하지 못한다. 중소도시들은 대도시와 비교하여 상대적으로 유리한 부문에 차별화하여 세부 기술에 세계적 기술력을 가진 품목의 클러스터나 그 지역의 특산물, 역사, 문화에 기반한 관광산업에 특화할 수 있다. 이미 많은 지방정부들이 이 같은 혁신을 추진하고 있지만, 중요한 것은 끊임없이 자기 지역의 의미를 찾고 만드는 자기 조직화 행위를 통해 유무형의 새로운 가치를 생산하는 일이다.

둘째, 주민자치를 활성화하는 일이다. 앞서 내생성을 구성하는 중

60. 미국의 피츠버그, 독일 슈투트가르트, 이탈리아 토리노가 있으며, 이들의 사례는 조형제, 『산업과 도시』, 후마니타스, 2009, pp.17~113를 참조하길 바란다.

요한 요인 중의 하나가 주체성이라 하였다. 마찬가지로 내생적 혁신을 하려면 주민의 자발적 추진 의사가 매우 중요하다. 가장 기본적이지만 쉽게 잊어버리는 것이기도 하다. 주민자치는 시간이 걸리는 일이라 지지부진할 수 있어 환영받지 못하는 경우가 많다. 그러나 한 번 궤도에 오르면 그만큼 효과적인 것도 없다. 지극히 자연스럽고 스스로 굴러가는 힘을 가지고 있기 때문이다.

주민자치는 자기 운명을 스스로 결정하겠다는 의지의 표현이다. 대부분의 지방정부들이 주민자치를 지향하고 있음에도 불구하고 실상을 보면 하향식으로 추진되고 있다. 중앙정부 차원에서도 여전히 하향식이 주가 되지만 시민단체들의 자발적인 참여가 점점 늘어나고 있는 추세여서 지방과는 사정이 좀 다르다. 반면 지방에서는 상대적으로 지방정부에 대한 의존도가 심하며 시민들의 자발성도 많이 부족하다.

도시재생에 성공한 대표적인 도시인 피츠버그와 그렇지 못한 디트로이트의 차이가 민간의 높은 참여 역량에 바탕을 둔 민관협력이 주요 요인이었음이 보고되었다.[61] 철강산업 도시였던 피츠버그가 첨단산업 도시로 변신할 수 있었던 데에는 '엘리게니 컨퍼런스Allegheny Conference on Community Development ; ACCD' 라는 민관협력기구의 주도적인 역할이 컸다. 정부, 기업, 대학, 시민단체비영리 등이 참여하여 지역의 첨단산업 유치 및 개발 프로젝트를 적극적으로 실시한 덕분이었다. 초기 민간기업과 지방정부 간의 협력에서 점차 주민 조직의 참여가 확대되는 방향

61. 조형제, 『산업과 도시』, 후마니타스, 2009, pp.59~68.

으로 이루어졌다. 이에 비해 디트로이트는 정부, 기업, 단체 등 다방면의 이해 당사자들이 각자의 이익에 매몰된 나머지 원활한 협력관계를 유지하지 못하였다. 각 주체들이 도시 전체의 번영을 우선적으로 고려하지 못하고 자기 영역을 고집함으로써 기울어가는 자동차산업을 대신할 새로운 동력을 찾는 데 힘을 모으지 못하고 흩어져 버렸다.

우리보다 앞서 지역의 내생적 발전을 고민하고 경험하고 있는 일본의 경우는 '주민자치' 라는 거버넌스에 보다 역점을 두고 지역발전을 추진하고 있다. 중앙 및 지방 정부의 하향식 추진이 아니라 지역 주민들의 자발적 역량을 중시하여 정책을 펴고 있으며, 이미 성공 사례들이 나타나고 있다. 대표적인 지역이 호쿠리쿠 3개 현인 후쿠이현, 도야마현, 이시카와현으로 저성장 · 고령화 · 저출산 시대에 주민, 기업체, 지자체의 협력으로 상향식 혁신을 추진하였다.[62] 천년 고도이지만 교세라, 와코루, 닌텐도, 무라타세작소 등 글로벌 기업들의 본사들이 자리하고 있는 교토도 도쿄로 수도 이전 이후 스스로 새롭게 탄생한 도시이다.[63] 이러한 사례들은 정치나 정책보다는 작은 목적을 가진 수많은 자발적 모임으로부터 지역의 내생성이 탄생한다는 것을 보여주고 있다.[64] 이러한

62. 후지요시 아사하루 지음, 김범수 옮김, 『이토록 멋진 마을』, 황소자리, 2016.

63. 후지요시 아사하루 지음, 김범수 옮김, 『이토록 멋진 마을』, 황소자리, 2016, pp.52~58.

64. 미쓰나가 게이코 지음, 이혁재 옮김, 『로컬 지향의 시대』, (주)알에이치코리아, 2017, pp.71~89. 자발적 모임의 생성은 도시의 다양성과 관련이 있으며, 다양성은 대면 접촉이 많을 때 높아진다. 그러려면 도시의 굴곡(주름)이 많아야 하는데, 블록이 짧아 모퉁이가 많을수록, 오래된 건물과 새로운 건물이 공존할수록 굴곡이 많아진다. 이에 관해서는 제인 제이콥스 지음, 유강은 옮김, 『미국 대도시의 죽음과 삶』, 그린비, 2010, pp.199~321을 참조 바란다.

움직임들은 1970년대 후발국 발전의 대안으로 '내발적 발전'을 제시한 쓰루미 카즈코鶴見和子, 일본의 고도성장기 거점개발전략을 비판하고 '분권적 주민자치'에 의한 지역발전의 대안을 제시한 미야모토 겐이치宮本憲一 이래 꾸준한 논의와 실천을 거듭해온 결과이다.[65]

셋째, 지방 허브공항을 만드는 일이다. 국토의 효율적 활용을 위한 보다 현실적인 방안이 되겠다. 필자는 컨퍼런스 참석 등으로 해외 출장을 가끔 가는 편인데, 세종시에서 인천공항까지 약 3시간 정도 소요된다. 적지 않은 시간이다. 가까운 일본이나 중국에 가는 경우 비행 시간보다 공항까지 가는 시간이 더 걸린다. 더 멀리 영남이나 호남 지역에서는 그러한 경우가 더 빈번할 것이다.

단순히 개인의 불편함을 떠나 국토의 교통 및 물류 시스템에 문제가 좀 있다고 생각한다. 국토의 거의 모든 활동의 70% 정도를 차지하는 수도권에 또다시 공항을 이용하기 위하여 수많은 사람들이 가야 한다. 지방에서는 인천공항이나 김포공항까지의 교통편도 고르지 않아 서울역이나 서울고속터미널을 거치는 등 여러 교통편을 갈아타는 경우도 많다. 외국인의 공항 이용 실태를 보면 2018년 기준 우리나라에 들어오는 외국인의 76%가 인천공항을 이용하고 김포공항 8%, 김해공항 9%, 기타 5개 공항이 7%로 나타나 수도권 공항이 84%를 차지하고 있다. 일본의 경우는 나리타공항 29% 하네다공항 14%, 간사이공항 26%, 후쿠오카공항 8%, 주부공항 5%, 기타 18%로 상당히 분산되어 있다.[66]

65. 박경, "미야모토의 주민자치와 내발적 발전", 국토연구원 엮음, 『공간이론의 사상가들』, 한울, 2001, pp.367~376.

그림 5-3 한국과 일본의 공항별 외국인 입국 현황

(단위 : %)

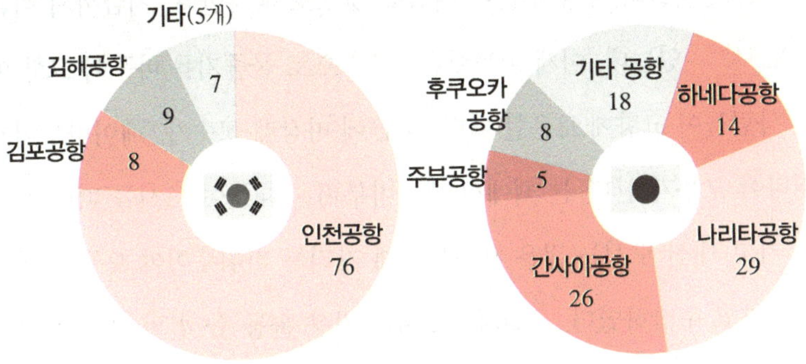

인구 분포나 경제활동, 교육활동, 교통 및 물류 시스템 등 아무튼 이래저래 수도권 중심으로 이루어지고 있다. 자연히 내외국인들의 잦은 통행과 접촉을 유발시킴으로써 수도권에 직간접적으로 광범한 기회들을 창출시킨다. 안 그래도 수도권 집중이 심각한데, 집중을 더 심화시키고 있는 형국이다. 문제의 심각성을 인식하고 정부는 몇 해 전에 동남권 허브공항을 추진하였으나 합의에 이르지 못하고 무산된 바 있다. 국토의 남부 지역을 커버하는 허브공항은 시급하며, 서울 수도권 일극 체제에서 다극 체제로 재편할 수 있는 방아쇠 역할을 할 것으로 믿어 의심치 않는다.

앞서 우리나라 대부분의 기업들이 연구개발 기능을 수도권에 두고 있다고 얘기하였다. 그 이유는 바로 지방에 인재들이 부족하기 때문이

66. 일본 법무성 자료, "오영환의 지방시대", 중앙일보 2020.1.10.

다. 인재들이 지방에 가서 뿌리를 내리게 되면 지역혁신 시스템 구축과 관련된 문제들의 상당 부분이 해결될 것으로 생각한다. 지금까지 이촌향도離村向都였는데, 이제 이도향촌離都向村으로 물줄기를 바꾸어 고향 떠난 사람들이 고향에 보은할 때다. 최근에 마강래 교수가 『베이비부머가 떠나야 모두가 산다』는 책에서 베이비부머 세대들이 도시를 떠나 시골로 가고 대신 도시는 젊은 세대들에게 자리를 비워주어야 모두가 행복해진다고 주장하였다.[67] 필자도 소위 "귀향 운동"을 펼쳐 은퇴한 사람들이 각자 고향으로 돌아가 지역의 발전을 위해 재능을 봉사하면 어떨까라는 생각을 한 적이 있어 공감이 간다.

67. 마강래, 『베이비부머가 떠나야 모두가 산다』, 개마고원, 2020.

나가는 글

하학을 다시 생각한다

이 책의 후반부를 쓸 때 코로나19가 창궐했다. 집에 있는 시간이 많아지면서 TV와 친해졌다. 그때 마침 트로트 경연대회 프로그램을 해주기에 그걸 시청하며 무료한 시간을 달랬다. 우리나라 사람들이 원래 음식가무飮食歌舞를 좋아해서 노래를 좋아하긴 하지만, 왜 이렇게까지 열광하는지를 생각해보았다. 바로 이 책의 주제인 내생성과 관련이 있다. 트로트 경연대회 프로그램은 우리 주위에 흔히 있는 노래가 좋아 노래에 빠져 있는 사람들의 얘기를 우리에게 들려주었다. 문자를 배워 노래의 세계에 들어간 것이 아니라 노래를 먼저 익혀 문자의 세계로 가는 그런 사람들의 얘기이다. 『시가 뭐고?』의 칠곡 할머니들처럼 하학의 전범들이었다. 그들이 이 시대의 갈구를 일부 해소시켜 준 것이 아닌가 한다.

공자가 위대한 것은 바로 개비[1]에서 문자의 세계로 들어가 인문정신을 꽃피웠다는 데 있다. 공자는 본인이 얘기했듯이 하학이상달을 몸소 실천했다. 역사는 하늘에서 인간으로, 인간에서 사물로 내려갔다.

---

1. 광대나 무당 집안 출신으로 혈통적으로 예능인인 사람을 일컫는 말이다. 반대로 비개비는 공부와 학문을 통하여 음악 등 전통 예술에서 경지에 오른 사람을 일컫는다.

하학하되 하학이상달의 피드백을 거치는 끊임없는 자기 조직화 과정이었다. 우리도 같이 내려갔지만 문자의 가위에 눌려 하학이상달을 제대로 하지 못했다.

손발의 세계는 거칠지만 생생하고 정직하다. 기다릴 줄도 알고 겸손하다. 머리의 세계는 깔끔하나 제멋대로여서 종잡을 수 없다. 기다릴 줄도 모르고 오만하다. 그래서 손발은 머리에게 늘 삼가라, 천천히 가라 일러준다. 손발의 힘은 부박한 마음을 단단히 잡아주고, 손발의 촉감은 지식이 아닌 지혜를 알려준다. "콩 심은 데 콩 나고 팥 심은 데 팥 난다"라고. 이렇게 손은 시간의 의미를, 발은 공간의 의미를 되새겨 우리 안의 내생성을 일깨운다.

책꽂이를 마주하여 책상에 앉아 글을 쓴다. 책꽂이를 보고 있노라면 한 폭의 모자이크 그림 같다. 미물 같은 한 권, 한 권의 책이 모여 뭔가를 그리는 것 같다. 내 얼굴 같기도 하다. 한 권, 한 권 각자의 이야기가 모여 내 삶의 여정을 이룬다. 곧 또 다른 여정이 시작되겠지. 늘 그렇지만 출발을 앞두고 머릿속에 이것저것 그릴 때 기분이 좋다. 뚜렷하지 않은 가물가물한 공간에 한 줄기 희미한 점선을 그리는 일이다.

찾아보기

나

다

라

마

바

사

하

지은이에 대하여

이덕희

학부 때부터 줄곧 경제학을 공부한 경제학도이지만 사회 전체를 통합적으로 보려고 인문학, 자연과학 등에도 관심을 가지고 공부하였다. '네트워크 경제' 연구를 통해 복잡계 과학과 경제학을 접목하였고, '도덕적 자본주의' 연구를 통해 동양 사상과 경제학을 접목하였다. 이번 『내생사회』에서는 동양 유학 사상의 정수인 중용, 서양 근대철학의 거두인 화이트헤드의 과정철학, 복잡계 과학, 진화경제학의 내생적 발전이 만나고 있다. 현재 카이스트 기술경영학부 교수로 재직 중이며, 고려대에서 경제학 학사, 석사를 뉴욕주립대(버팔로)에서 경제학 박사 학위를 받았다.

주요 저서

『공자가 다시 쓴 자본주의 강의』(2015)
『정보통신경제학』(2010)
『부뚜막이 닳도록 : 어느 경제학자의 문화적 자존 이야기』(2010)
『네트워크 이코노미 : 부분과 전체의 복잡성에 대하여』(2008)
『디지털화와 산업의 양극화』(2008)
『과학기술집적지 발전방안』(1999)
『정보통신산업의 표준화 경쟁전략』(1998)
『일본기업집단연구』(1992) 등

내생사회
머리와 손발의 소통 이야기

초판 1쇄 인쇄 2020년 9월 16일
초판 1쇄 발행 2020년 9월 23일

지은이 이덕희
펴낸이 박기남
펴낸곳 **율곡출판사**
08590 서울시 금천구 가산디지털1로 84(에이스하이엔드 8차), 803호
전화 (代) 02) 718-9872/3
팩스 02) 718-9874
home-page www.yulgokbooks.co.kr
e-mail yulgokbook@naver.com
등록 1989.11.10. 제2014-000031호
ISBN 979-11-87897-97-2 03300

정가 18,000원